UN JESUITA EN LA CIUDAD PROHIBIDA

UN JESUITA EN LA CIUDAD PROHIBIDA

MATTEO RICCI 1552-1610

Ronnie Po-Chia Hsia

Sílex

Edición original:
Oxford Publishing Limited

Editor: Ramiro Domínguez Hernanz

© Imagen de cubierta: *Emmanuel Pereira,*
Retrato de Matteo Ricci, 1610, Iglesia de la Compañía de Jesús, Roma, Italia.
Traducción de Jorge Justo

C/ San Gregorio, 8, 2, 2ª Madrid
España
www.silexediciones.com

ISBN: 978-84-10267-50-3
Depósito Legal: M-26631-2024

Colección: Sílex Universidad

Impreso y encuadernado en España

CONTENIDO

Emmanuel Pereira, *Retrato de Matteo Ricci*, 1610, iglesia de la Compañía de Jesús, Roma, Italia

Sílex Universidad es una colección de Historia nacida hace 20 años para publicar novedades historiográficas y transportar una historia crítica, analítica y rigurosa.

Colección Sílex Universidad

El presente libro ha sido evaluado por el sistema
de revisión por pares académicos.
Los dictámenes correspondientes están
depositados en el seno de la editorial.

La editorial Sílex ocupa la posición n.º 6 del *Scholarly Publishers Indicators in Humanities and Social Sciences* (SPI) de 2022 en prestigio editorial en la disciplina de Historia con un ICEE de 84.

Propuestas de publicación

Las propuestas de edición serán enviadas a:
gestion@silexediciones.com
en un archivo pdf. La colección se pondrá en contacto con el remitente para informarle del proceso de revisión por pares, las condiciones de edición y su potencial programación.

AGRADECIMIENTOS

La versión española de este libro es posible a la ayuda de muchos colegas y amigos. Especialmente a mi estudiante, Héctor Linares, quién me puso en contacto con Sílex ediciones y facilitó la colaboración entre la editorial y mi universidad. Héctor también tradujo estos agradecimientos y el prólogo de esta edición española. Me gustaría también agradecer a Ramiro Domínguez, editor de Sílex, a mi amigo Antonio Feros (Upenn), y a Jennifer Contreras y Lynn Monoski (Penn State) por su ayuda en este proceso. Finalmente, mi muy estimada colega, Amy Greenberg, directora de mi departamento, generosamente accedió a subvencionar esta publicación. Les estoy a todos muy agradecido.

En Bruselas, mayo de 2024
Ronnie Po-Chia Hsia,
Catedrático Edwin Erle Sparks de Historia Moderna
The Pennsylvania State University

ABREVIATURAS

ARSI Jap-Sin	Archivum Romanum Societatis Iesu, Japonica-Sinica
DI	*Documenta Indica, 1540–1597*, ed. Joseph Wicki, 18 vols. Roma: MHSI, 1948–88
FR	*Font Ricciane. Matteo Ricci: Storia dell'introduzione del Cristian- esimo in Cina*, ed. Pasquale D'Elia, 3 vols. Roma: La Libreria dello Stato, 1942-9
HCC	*Handbook of Christianity in China*, i: *635-1800*, ed. Nicolas Stan- daert. Leiden: Brill, 2001
Lettere	*Matteo Ricci lettere (1580-1609)*, ed. Francesco D'Arelli. Ma cerata: Quodlibet, 2001
MHSI	Monumenta Historica Societatis Iesu
Ming Shi	*Ming shi*, 28 vols. Beijing: Zhonghua shuju, 1997
OS	*Opere storiche del P. Matteo Ricci S.I.*, ed. Pietro Tacchi-Ven turi, 2 vols. Macerata: F. Giorgetti, 1913

NOTAS SOBRE LOS JESUITAS ESPAÑOLES EN CHINA

El primer jesuita que pisó suelo chino fue un español. Como describió Fernando de Monforte en estas palabras celebrando la canonización de Francisco Javier en 1622:

> "No les valio a los Chinos tanta prevencion de murallas y leyes contra los extranjeros, para no ser captivos de San Francisco, pues ya que el santo padre murío en la domanda, sus hijos han hallado entrada en tan cerrado reyno".[1]

San Francisco murió en 1552 en Shangchuan, una isla desierta frente a la costa de Guangdong frecuentemente empleada por contrabandistas portugueses y chinos. Ese mismo año nació Matteo Ricci en Macerata. Aunque los misioneros portugueses, franceses e italianos representaban las tres nacionalidades más numerosas en la Misión jesuita de China, tres padres españoles desempeñaron un papel destacado en esta historia.

Entre ellos, el más célebre fue Diego Pantoja (1571-1618), quién llegó a Macao en 1597 y sirvió a Ricci como compañero en Pekín, la capital imperial, durante su última década de vida, entre 1600 y 1610. Junto al jesuita italiano Sabatino de Ursis (1575-1620), Pantoja ayudó a organizar el funeral de Ricci y su conmemoración. Ambos hombres siguieron los pasos de Ricci y emplearon una síntesis entre la teología cristiana, la ética social, y moral educativa confuciana como forma de proselitismo. Pantoja alcanzó cierta fama con su obra china *Las siete victorias*, *Qi ke*, un discurso sobre los siete pecados capitales (orgullo, avaricia, ira, envidia, lujuria, gula, pereza) y las formas en

---

[1] Fernando de Monforte y Herrera, *Relación de las fiestas que ha hecho el colegio imperial de la compañia de Jesús de Madrid en la canonización de San Ignacio de Loyola y S. Francisco Xavier*, (Madrid: Luis Sanchez, 1622), 100. Consultado a través de la Österreichische National Bibliothek.

que uno podía vencerlos. Considerado por los conversos como el sucesor natural de Ricci en la capital imperial, Pantoja abandonó Pekín en 1617 a causa de la campaña anticristiana instigada por Shen Que, ministro en Nanjing, la capital del sur. Pantoja murió en 1618 en Macao. En 2018 se organizaron en España actos culturales con motivo del 400 aniversario de la muerte de Pantoja. En 2019, la prensa popular de Guangdong publicó sus obras recopiladas y traducidas en chino.[2]

Aunque otros jesuitas españoles también estuvieron activos en Asia Oriental, especialmente Pedro Gómez (1535-1600), que fue superior de la misión jesuita en Japón y China, los siguientes jesuitas con un amplio servicio en China llegaron tres generaciones después de la muerte de Pantoja. Juan Arnedo (1660-1715) y José Ramón Arxó (1663-1711) llegaron a Macao en el mismo barco procedente de España. Tras servir algunos años en el sur de China, Arnedo fue trasladado a Vietnam, su último destino misionero. Su compañero Arxó sirvió como misionero durante muchos años en el sur de China antes de ser enviado en 1708 a Roma como uno de los dos enviados jesuitas para representar al emperador Qing Kangxi (1654-1722) en la Controversia de los Ritos Chinos. Después de ello volvió a España y nunca regresó a China.

[2] 耶稣会士庞迪我著述集 (Escritos de Diego de Pantoja), 叶农 Ye Nong, editor. Guangzhou: Guangdong remin chubanshe, 2019).

PRÓLOGO

En mayo de 1588, el cura jesuita Alonso Sánchez, llegaba a Madrid después de haber viajado alrededor del Pacífico y el Atlántico desde su embargo en el puerto de Manila, la capital del recientemente conquistado archipiélago asiático. En audiencia con el rey Felipe II, Sánchez, que actuaba como delegado de las autoridades de Manila, presentó el primer informe de gobierno elaborado en las Filipinas. En uno de los apéndices de este informe, se incluía un memorial escrito por el mismo Sánchez, en el que argumentaba las razones, beneficios, y estrategia para una potencial invasión de China. Los evangelios, de acuerdo con Sánchez, solo podían ser llevados a China a "a través de México y Perú" porque los chinos se mostraban hostiles hacia los extranjeros. Sánchez hablaba desde la experiencia personal. A finales de 1583, Sánchez había viajado a China en nombre de las autoridades de Manila para negociar acuerdos comerciales con los funcionarios chinos en la provincia de Guangdong; también quería informar a los portuguese de Macao sobre la reciente unió de las coronas ibéricas bajo la autoridad de Felipe II. Los mandarines de Guangzhou rechazaron la oferta de Sánchez, quién fue tratado más como un entrometido que como un diplomático, lo que indudablemente le provocó un fuerte resentimiento.

El memorial de Sánchez, como amalgama entre política y fantasía, constituye una lectura fascinante. Aun siendo imperio inmenso, la China de la dinastía Ming podría ser conquistada perfectamente por España de acuerdo con Sánchez. En primer lugar, Sánchez argumentaba que los chinos no eran gente belicosa y también estaban aterrados por los piratas japoneses. Por otro lado, también existían dos Jesuitas evangelizando en el interior de China que podrían, llegado el momento, actuar como instigadores de una rebelión interna en contra de los mandarines. Sin considerar el hecho de que los dos jesuitas eran italianos –Michele Ruggieri y su joven compañero Matteo Ricci– y por supuesto, desconocedores de la quimera graciosa de Sánchez. Ellos, que no Sánchez, son los protagonistas de este libro, que es también una biografía del propio Ricci, el gran reference de la misión católica en China.

A diferencia de la postura belicosa de Sánchez, Ricci defendió una política de acomodación cultural, una evangelización pacífica que logró sintetizar el cristianismo con aspectos de la cultura china para ganar adeptos. Este enfoque ricciano propició un floreciente encuentro cultural entre China y Europa durante ciento cincuenta años, pero este modo soave siempre operó en un contexto más amplio de intereses luso-españoles en Asia Oriental, centrados en Macao y Manila respectivamente.

Desde la llegada de Miguel López de Legazpi a las Filipinas en 1564, hasta finales del siglo XVII, las aptitudes de los españoles sobre China oscilaron entre el aventurismo militarisa y el comercio pacífico, lo que también explica la alternancia de represesión violenta y aceptación de la comunidad comercial china en la isla de Luzón. Frente a los regímenes altamente organizados y poderosos de China y Japón, la política española en Manila se basó en la búsqueda pacífica de ganancias comerciales, al tiempo que apoyaba las misiones católicas en estos países asiáticos. Las órdenes mendicantes participaron activamente en estas misiones: los frailes grises en Japón y los franciscanos, dominicos y agustinos en China. Los misioneros de estas órdenes religiosas procedían en su inmensa mayoría de España, aunque también participaron algunos frailes italianos y algún inglés ocasional. En China, los frailes centraron su evangelización en la provincia costera de Fujian, al sureste del país, de donde procedían casi todos los comerciantes chinos asentados en las Filipinas.

La historia de la Compañía de Jesús fue muy diferente. El Tratado de Tordesillas de 1494 dividió el globo en dos esferas: española y portuguesa. La India quedó en manos portuguesas. Desde allí, los portugueses se dirigieron a Malaca y a la costa meridional china; los sacerdotes portugueses viajaron con sus compatriotas a bordo de las naos que navegaron hasta Macao y Nagasaki. Mientras que una expedición de frailes franciscanos españoles a Guangdong fracasó en su intento de establecer una base misionera, los padres de la Compañía de Jesús consiguieron en 1582 fundar su primera misión en Zhaoqing, donde tenía su oficina el comandante Militar de las provincias de Guangdong y Guangxi. Los dos primeros padres jesuitas fueron Michele Ruggieri, originario de Nápoles, y el más joven Matteo Ricci, de Macerata. A petición de su patrón mandarín, los dos jesuitas se afeitaron el pelo y la barba y se vistieron como monjes budistas, de acuerdo con las expectativas chinas. Estaban lejos de ser los espías que Sánchez imaginaba capaces de incitar a sus conversos a la rebelión. Este libro narra su aventura.

Ronnie Po-Chia Hsia,
En Bruselas, mayo de 2024.

Types chinois. Modeste, et plutôt enfoui, étouffé, dirait-on, des yeux de detective, et aux pieds, des pantoufles de feutre, comme il se doit, et les usant du bout, les mains dans les manches, jesuite, avec une innocence cousue de fil blanc, mais prêt à tout.

(Henri Michaux, *Un barbare en Asie*
(París: Gallimard, 1967; primera pub. 1933), 148)

1

MACERATA Y ROMA

Matteo Ricci nació el 6 de octubre de 1552 en Macerata, era hijo de Giovanni Battista y Giovanna Angiolelli. Con una población de 12.000 personas a finales del siglo XVI, Macerata era la capital administrativa de las Marcas, la región de los Estados Pontificios más rica en producción agrícola. A excepción de los valles fluviales y una estrecha llanura litoral, el paisaje de colinas de las Marcas estaba salpicado de pueblos y aldeas, esta ubicación elevada proveía de protección en contra de bandidos y enfermedades. El terreno accidentado dificultaba la comunicación norte-sur, y para viajar de este a oeste habría que escalar y descender los Apeninos, la columna central de Italia. Construida sobre una colina entre dos ríos, Macerata surgía entre ondulantes campos de viñedos, arboledas de olivos y campos de trigo (véase figura 1). La ciudad se sitúa al sur de dos importantes localidades en las Marcas. El Puerto Adriático de Ancona, el acceso al Levante mediterráneo y con bulliciosas comunidades de mercaderes judíos, griegos y turcos, había perdido su autonomía a manos de los Estados Pontificios en el 1532; con el papa Pablo IV, la Inquisición quemó a conversos portugueses en la década de 1550 arguyendo su conexión secreta con el judaísmo, lo que provocó un boicot a su comercio organizado por los judíos del Imperio Otomano. Por el contrario, Loreto florecía gracias a los peregrinos, no a los mercaderes. Prestigiosa por ser la segunda ciudad sagrada en Italia, Loreto atraía penitentes que visitaban la cabaña nazarena donde se dio la Anunciación y donde vivió la Sagrada Familia, que los ángeles habían enviado desde la Tierra Santa en el siglo XIII, según cuenta la leyenda. Mientras que el mar Adriático se sitúa a tan solo quince millas al este, fuertes lazos políticos y económicos conectan a Macerata con Roma. En el siglo XVI, un tráfico estable unía a Roma y

Macerata: peregrinos con rumbo a Loreto; frecuentes mensajeros de correos desde Roma a Ancona, Rímini y

Figura 1. Macerata, cuadro de Francesco Mingucci, 1626

Venecia; oficiales pontificios y soldados escoltando las recaudaciones de las Marcas a la Cámara Apostólica (la oficina de impuestos de los Estados Pontificios) alimentar a la creciente población de Roma. Todo este flujo se movía en la antigua Roma desde Macerata a Tolentino, Camerino, Foligno, cruzando los Apeninos, antes de dirigirse al sur hacia Espoleto, llegando a Borghetto, donde las mercancías podían transferirse a gabarras en el Tíber, y otros viajeros continuaban por la Vía Flaminia para entrar a Roma desde el norte a través de la puerta con el mismo nombre.

Descendiente de una familia medieval patricia en esta capital de provincia, Giovanni Battista Ricci tenía pretensiones para su descendencia. Su farmacia se ubicaba a un corto paseo del Palazzo del Governo en la plaza principal de la ciudad. Giovanni y su extensa familia vivían en una estrecha calle frontal a tan solo unos cuantos

Figura 2. Macerata, cuadro de Francesco Mingucci, 1626

pies de la Loggia dei Mercanti, cerca de la casa donde Matteo nació (véase figura 2). Su proximidad al centro de Macerata reflejaba el estatus de Giovanni. Como tendero próspero, Giovanni también ocupaba un puesto en el consejo de la ciudad. La familia Ricci era antigua y respetable, y quizá en una futura generación podría ascender de la clase media urbana a la nobleza. La educación era la clave. Giovanni envió a Matteo, apenas un niño pequeño, a estudiar latín con el sacerdote y maestro Niccolò Bencivegni. Cuando Bencivegni marchó para unirse a la nueva orden religiosa de la Compañía de Jesús en 1559, Matteo, con 7 años, continuó su instrucción en casa. No se sabe mucho de su vida familiar. Matteo tuvo una familia en constante crecimiento; Giovanna dio a luz a nueve chicos y cuatro chicas, de los cuales Matteo fue probablemente el mayor. Administrar tan extenso hogar dejaba a Giovanna con poco tiempo y su abuela Laria "le crió por un tiempo como una segunda madre", como Matteo recordaría años más tarde al enterarse de su muerte. Parecía próximo a su hermano Antonio María, y probablemente conocía poco a sus hermanos y hermanas menores, algunos puede que no hubieran nacido antes de que él partiera de casa.

En 1561, los gobernadores pidieron a los jesuitas que establecieran un colegio. De matrícula gratuita, excelencia en las humanidades y disciplina estricta, los colegios jesuitas eran como imanes para las élites urbanas. Giovanni Battista no dudó en apuntar al joven Matteo. Este colegio acogió a unos 140 chicos, muchos de ellos internos, casi todos de familias influyentes de la región. Durante siete años con los curas, el joven Matteo adquirió una experiencia formativa que marcaría su personalidad intelectual y emocional ante la vida.

Los profesores del colegio Jesuita, tal como especifica el posterior *Ratio Studiorum*, o Plan General de Estudios de la Educación Jesuita, "deben entrenar a los jóvenes cuya educación se confía a la Compañía de tal modo que, a la vez que las letras, interioricen sobre todo el comportamiento moral digno de un cristiano. Aún y todo, se debe dirigir la atención, tanto en las lecciones cuando surja la ocasión como fuera de ellas, a preparar sus impresionables y jóvenes mentes para el servicio devoto y el amor a Dios y las virtudes con las que debemos complacerle".[1]

Matteo alcanzó el primer objetivo, aprender latín y griego, en un programa de estudios primarios que comenzaba con la clase de gramática más básica e iba aumentando el nivel a gramática intermedia y avanzada, humanidades y retórica. En los siete años que Matteo estuvo en el colegio Jesuita de Macerata, dedicó los primeros años a dominar la gramática latina y a adquirir los rudimentos de la sintaxis griega. Cuando se graduó en la categoría de humanidades, Matteo había pasado entre dos y tres años recitando los textos de Cicerón y otros poetas romanos, mientras aprendía gramática griega. Más tarde, una extensa cantidad de latín –Cicerón, Cesar, Salustio, Livio, Curcio para la prosodia, Virgilio y Horacio para la poesía (tras eliminar los versos indecentes, por supuesto) y prosa griega más avanzada– preparaba al alumno para la clase de retórica. El intenso ejercicio de memoria, a través de declamaciones orales y composiciones escritas, traducciones y críticas, se apoyaba en la norma de conversar en latín entre los estudiantes, exceptuando los descansos de la rutina académica completa, que contemplaba clases mañanas y tardes, seis días a la semana, excepto festivos. Para los estudiantes de la clase de retórica, la memoria se volvió más importante que nunca, ya que se esperaba que recitasen largos pasajes de Cicerón, así como que perfeccionasen su conocimiento del griego leyendo a Demóstenes, Platón, Tucídides, Homero, Hesíodo y Píndaro, además de a los Padres de la Iglesia Gregorio Nacianceno, Basilio y Crisóstomo. Aun así, el núcleo del aprendizaje del griego era Aristóteles, tal y como el trabajo de Cicerón dominaba el currículum latino. *Retórica y Poética* de Aristóteles constituían los textos principales del grado, un anticipo del programa aristotélico completo en la siguiente etapa de la educación jesuita. Los jesuitas mantenían la motivación de sus estudiantes con ejercicios semanales y mensuales, competiciones y premios, y debates públicos que presentaban el esplendor de la academia al resto de ciudadanos. Los curas premiaban la excelencia, señalaban lo mediocre, castigaban la negligencia y expulsaban la insubordinación.

El segundo objetivo, inculcar las virtudes morales del cristianismo, se conseguía mediante la rutina y el ejemplo. Todas las clases en el Colegio Jesuita comenzaban con los rezos, todos los estudiantes asistían a la misa diaria y a todos se les requería confesarse mensualmente. Los más fervientes se unieron a las Congregaciones Marianas establecidas en los colegios; algunos disfrutaban de piadosas conversaciones privadas con los curas. Los estudiantes más fervientes y brillantes ejercían de responsables en la congregación y en las academias por sus notas, aprendiendo así a integrar la virtud y la inteligencia tan valoradas por la Compañía.

Entre los discípulos y amigos de Matteo, dos se unirían más tarde a la Compañía de Jesús. El primero era Girolamo Costa, proveniente de una noble familia de Macerata, cercano en edad a Matteo y compañero íntimo durante los años escolares. Se unió a los jesuitas en Roma en 1574 y escaló hasta los cargos administrativos más importantes en la Compañía. Los dos amigos mantuvieron una correspondencia de por vida. El otro era Giulio Alaleoni, pasó a ser jesuita novicio en Roma en 1577, diez años más tarde, su hermano menor Girolamo, a quien también conocía Matteo, se unió a la Compañía.

Aunque Macerata presumía de poseer una universidad fundada en la Facultad de Derecho a finales del siglo XIII, la ciudad era demasiado pequeña para un joven del talento de Matteo y para su ambicioso padre. Este municipio de encantadores tejados rojos, con su torre de catedral medieval, asentada en una colina sobre suaves y verdes valles, se encontraba escondida en las recónditas Marcas de los Estados Pontificios. Pero allí, tras los Apeninos, estaba Roma, la capital de los Estados Pontificios, de Italia, del mundo católico, *caput mundi*, la ciudad más formidable del mundo para muchos de los que elogiaban su gloria.

En 1568, Giovanni Battista mandó a su hijo a Roma. Matteo cambió las empinadas cuestas de su ciudad natal por las planicies romanas (ver Figura 3). Viajó a lo largo de la transitada ruta que le llevó a cruzar la cordillera y hasta la ribera del Tíber. El joven se matriculó en la Universidad, *La Sapienza*, y estudió derecho. La jurisprudencia era una profesión más noble que la farmacéutica. No todos los hijos tenían que permanecer en el hogar, y el más brillante debía llegar lejos. A ojos de su padre, Matteo medraría en el mundo como abogado, ascendería con éxito en la administración de los Estados Pontificios, sin duda podría ganar un sueldo digno, y quizá hacerse con un título nobiliario en la siguiente generación. No se sabe nada sobre Matteo en la Universidad. Basta decir que dominar los textos del Código Civil y Canónico precisa de buena memoria, competencia técnica y quizá paciencia para la monotonía. La cercanía con los jesuitas proveía a los jóvenes estudiantes con un sentido de continuidad con su ciudad natal: Matteo se confesó con los curas y se unió a la Congregación de la Anunciación en el Colegio Romano de los jesuitas. El 15 de agosto de 1571, rozando su décimo noveno cumpleaños, Matteo acudió al Noviciado Jesuita en el monte Quirinal y pidió ser admitido en la Compañía.

La iglesia del Noviciado jesuita, visible hoy en día, la diseñó Bernini en el siglo XVII. Sant'Andrea del Quirinale ocupa el lugar de la primera construcción Sant'Andrea en el Monte Cavallo, una parroquia que donó Andrea Croce, obispo de Tívoli, a los jesuitas unos pocos años antes de que Ricci se uniera a la Compañía. El modesto edificio alojaba a muchos novicios que habían encontrado

Figura 3. Las empinadas cuestas de Macerata. Foto del autor

un lugar allí y que obtendrían un ilustre lugar en los anales de la historia de la iglesia.

Cuando las noticias llegaron a oídos de Giovanni Battista, contrariado, marchó a Roma para disuadir a su hijo. El padre deseaba que su hijo tuviera una carrera brillante en el mundo, su talento no podía desperdiciarse en la vocación clerical. Apenas a unas horas de su partida, Giovanni contrajo fiebres altas en la ciudad de Tolentino, a no más de doce millas de camino, lo que le forzó a volver a Macerata. El farmacéutico vio esto como la voluntad divina y se resignó a que su hijo tomase la vía religiosa.

Roma, en la década de 1570, era una ciudad en constante cambio. En casi un siglo, la Ciudad Eterna experimentó múltiples cambios urbanísticos: nuevas iglesias, palacios, carreteras, monumentos, fuentes y puentes poblaban el amplio paisaje urbano delimitado por las murallas medievales, una transformación que aún llevaría otro siglo más completar. El trabajo progresaba por periodos de gran actividad seguidos por paradas; bajo los creativos pontificados de los dos papas renacentistas Sixto IV y Julio II, tío y sobrino de la familia della Rovere, se supervisó la ejecución de la Biblioteca Apostólica Vaticana y la finalización de la Capilla Sixtina; esto dio paso a años de depresión tras el Saco de Roma en el 1527; más tarde, se le dio un nuevo impulso bajo Paulo III de los Farnesio (papa entre 1534-1549) que continuó con su hijo el cardenal Alejandro, constructor del Gesù en la década de 1560. Durante los años de residencia de Ricci en Roma (1568-1577), la ciudad tomó un respiro, por así decir, a pesar de que Gregorio XIII financió algunas remodelaciones, como la del colegio Romano, antes de embarcarse en el frenesí de creación arquitectónica y artística que se dio con el papa Sixto V.

Cuando Ricci llegó a Roma, la ciudad albergaba ocho veces la población de su Macerata natal, contenida por las murallas en un inmenso espacio urbano que se extendía a lo largo de las siete colinas de la antigua Roma, más allá de la ribera del río Tíber. A pesar de su gran extensión geográfica, más de dos tercios de la confinada ciudad estaban vacíos, en palabras del ensayista francés Michel de Montaigne, quien visitó la ciudad el invierno de 1580. Roma parecía tener únicamente un tercio del tamaño de París en términos de población. Cerca del Tíber, las casas se encontraban apiñadas en el centro de la ciudad; Roma se dividía en cuartos (*Rioni*), cada uno con su propia personalidad. En uno de ellos, el *rione* Sant'Angelo, cerca del Tíber y del Teatro de Marcelo, vivían más de 3.000 judíos en un gueto establecido por el papa Paul IV. La nacionalidad española, francesa y alemana constituían las tres comunidades extranjeras más numerosas y asistían respectivamente sus iglesias nacionales en S. Giacomo, S. Luigi, y S. Maria dell'anima.

Otros encontraron un refugio de la persecución: los católicos ingleses y los refugiados griegos y albanos encontraron en Roma su hogar. Toda Italia estaba allí: los florentinos se concentraban en la V *rione* (Ponte); los corsos en la XVIII (Trastevere); los milaneses, igual de numerosos, se encontraban algo desperdigados; los únicos que no se asentaron en gran número fueron los venecianos. En medio de esta densidad urbana se distribuían iglesias medievales y monumentos romanos: el Panteón, el foro de Trajano, el Capitolio y el Teatro de Marcelo. Cerca del río, se podía ver la vía Giulia, una encantadora calle nueva pavimentada con piedras uniformes, pasaba por delante del Palacio Farnesio, una construcción comenzada bajo el papado de Paulo III, cuando aún era cardenal, que se convirtió en el palacio más importante del siglo XVI y que aún hoy es uno de los *palazzo* romanos más hermosos. Al otro lado del Tíber, el intimidante edificio del castillo de Sant' Angelo montaba guardia frente al Vaticano, aunque la ciudad papal aún tenía que convertirse en lo que hoy conocemos. La construcción de la Basílica de San Pedro comenzó en 1506 y necesitaría casi medio siglo más para completarse; bajo su nueva cúpula, diseñada por Giacomo della Porta, se podía observar aún el cielo abierto. La plaza de San Pedro no estaba delimitada por las columnatas de Bernini, el genio del siglo XVII, y las casas de Borgo Santo Spirito impedían ver directamente el Tíber. Más allá del denso núcleo urbano, las murallas contenían amplios espacios abiertos, como se puede ver en el plano urbano de 1575, el *Civitates Orbis Terrarum,* elaborado por el cartógrafo Georg Braun y Franz Hogenberg (véase Lámina I). Se podía caminar como en el campo sin aventurarse fuera de las murallas. Desde las antiguas ruinas de las Colinas Palatinas, pasado el Circo Máximo, un peregrino podía meditar mientras paseaba hacia las catacumbas de San Sebastián en la vía Apia, las únicas catacumbas accesibles en ese momento; allí, en algún momento, Carlos Borromeo y Felipe Neri, dos futuros santos de la Iglesia, fueron a recordar a los primeros mártires cristianos. Asimismo, se podían encontrar algunas estructuras en otras tres colinas romanas: el Esquilino, el Viminal y el Quirinal. La mayoría de la Roma sur y este apenas estaba poblada: el Acqua Claudiana y San Juan Letrán se situaban en los márgenes de la ciudad, y desde la iglesia del noviciado de los jesuitas en el monte Quirinal, se podía disfrutar unas magníficas vistas al centro de la ciudad, el Tíber y el Vaticano.

Una mirada distinta de la ciudad: Montaigne pensaba que Roma "es todo corte y nobleza: todos los hombres comparten la ociosidad clerical". Echaba de menos las calles repletas de talleres de París, Roma no era más que palacios y jardines. Para el cura inglés Gregory Martin, conocido por traducir la Biblia para los católicos ingleses, y quien tuvo una feliz estancia en la Ciudad Eterna, Roma estaba constituida por iglesias, conventos y hospitales. Los dos coincidían con que la ciudad organizaba numerosas ceremonias religiosas: audiencias papales, sermones, procesiones, penitencias durante la Cuaresma y exorcismos que exhibían un variado elenco de actores en ese escenario sagrado, estos representaban una obra de redención permanente dirigida por el clero católico que destacaba en un fondo formado por las formidables iglesias romanas; también las masas fervientes marchaban en un centenar de cofradías, se flagelaban la espalda, se desgañitaban al ver la ensangrentada cara de Cristo en el paño de Santa Verónica, contemplaban las cabezas como máscaras de los santos Pedro y Pablo en San Juan de Letrán y otras reliquias y escuchaban embelesados los vehementes sermones de arrepentimiento en las iglesias y las esquinas de las calles, en un acto ingente de devoción popular.

Así fuera ciudad de cortes o de iglesias, Roma atraía visitantes como ningún otro lugar en Europa. Llegaban como embajadores y presentaban sus credenciales ante la corte papal, besaban las zapatillas del papa con el diseño del escudo papal (el primer diplomático ruso de Moscovia, sin embargo, rehusó a cumplir el ritual cuando se presentó ante Gregorio XIII); decenas de miles de peregrinos visitaban desde cada país de Europa y más allá, su número constante se transformaba en un torrente durante los años del Jubileo, celebrado cada cuarto de siglo para el indulto global de los pecados; venían como turistas culturales, como Montaigne, para admirar las iglesias y las ruinas romanas, para aventurarse en la amplia ciudad junto a guías de los antiguos monumentos, de fácil acceso para los alfabetizados, y en ocasiones para visitar las colecciones de antigüedades privadas en los palacios de la nobleza, pioneros en un recorrido cultural que culminó en el Grand Tour del siglo XVII. Además de los hospicios y los alojamientos para peregrinos, más de 300 posadas alojaban a los viajeros. Una gran cantidad de prostitutas satisfacían las necesidades de los menos virtuosos, además de servir a la clientela local. A pesar de su belleza y reputación, Montaigne tuvo quejas pues las mujeres le cobraron el tiempo de conversación, al mismo precio que "todo el asunto" y ofrecieron poco tiempo para estimular su interés discursivo. Ayer y hoy, los romanos sabían cómo vivir de los turistas.

Este era el centro del mundo católico, azotado por los envites de la Reforma protestante, saqueado por las tropas del emperador Carlos V en 1527 (¡un príncipe católico!) y acosado por voces críticas de los altos cargos del clero romano durante las numerosas reuniones del Concilio de Trento. A pesar de todo, estos disturbios habían concluido en la época de Matteo Ricci. Gracias al satisfactorio desenlace del Concilio de Trento en 1563 el mundo católico recobró la confianza y un nuevo objetivo: reconquistar las almas de los herejes y convertir a los paganos. Roma restableció su lugar como centro de la iglesia apostólica y piedra angular de la religión ortodoxa. A las puertas de la ciudad, los guardias registraban a los visitantes, tal y como le tocó experimentar a Montaigne,no fuera a ser que introdujeran libros envenenados sobre herejías protestantes en Roma.

El papado era el centro de esta reivindicación de ortodoxia. En 1572 eligieron al cardenal Ugo Boncompagni, un patricio de Bolonia y abogado de estudios, en un rápido cónclave que duró menos de veinticuatro horas. Un participante en las últimas reuniones del concilio de Trento, el nuevo papa que tomó el nombre de Gregorio, el décimo tercero de ese nombre, quiso imitar a su predecesor Gregorio Magno (gobernó entre 590-604) y reformar la Iglesia. Su alianza con el rey Felipe II de España indicaba sin ambigüedades la dirección que tomaría esta reforma: una batalla constante con los protestantes para reclamar las almas perdidas. Poco después de su elección, Gregorio XIII acuñó una medalla para conmemorar la masacre de miles de hugonotes franceses en la Noche de San Bartolomé, para el disgusto del mundo protestante y para la crítica privada de algunos católicos, como por ejemplo el diarista colonés Hermann von Weinsberg. El mismo año, en 1572, el papa encargó al cardenal Giovanni Morone, presidente de las últimas reuniones del Concilio, presidir un encuentro alemán para acordar estrategias que sirvieran para combatir el núcleo de las herejías protestantes. En 1573, Gregorio renovó el seminario pontificio, el Collegium Germanicum, fundado en 1551 este lugar suspendió su actividad tan solo dos años más tarde debido a la falta de recursos. El objetivo del Collegium Germanicum, en las elegantes palabras del cardenal Morone, era construir un caballo de Troya para colocarlo dentro de la ciudadela protestante de Alemania, conquistar al archienemigo desde el interior, entrenando a una nueva generación del clero católico, instruido, ortodoxo, disciplinado y leal a Roma. En los años que siguieron, el colegio nacional húngaro, inglés, griego y otros se establecieron bajo la protección de Gregorio. Todos se los encomendaron a los jesuitas, preceptores católicos por excelencia.

Si se usase una representación acorde a los tiempos se diría que, al igual que un cuerpo humano, la Iglesia católica había enfermado, sus extremidades y órganos se habían infectado por las herejías protestantes, el paciente casi fallece si no fuera por los "nervios y tendones de la Iglesia", el clero. Si el corazón de ese cuerpo resucitado fuera el papado, entonces, los jesuitas representaban sus vasos sanguíneos, bombeando vida y energía a todas las partes del cuerpo renovado.

Creada en 1540 por el español Ignacio de Loyola, la Compañía de Jesús, a la que se unió el joven Matteo Ricci, era la comunidad religiosa más dinámica del siglo XVI. Debido a su desvío de las órdenes religiosas tradicionales, junto a sus normas para la vida corriente, incluyendo el oficio divino, Ignacio y sus primeros seguidores se consideraban predicadores del evangelio.

Extender la palabra de Cristo dondequiera que fueran requeridos implicaba movilidad y flexibilidad, elementos por los que los primeros jesuitas fueron rechazados, así como por su aparente arrogancia al haber usado el nombre del Redentor, poniéndose, en apariencia, por encima de los dominicanos, los franciscanos y otras órdenes ya establecidas, que tomaron el nombre de sus fundadores. Tras superar los primeros obstáculos, los jesuitas enseguida pasaron a ser educadores muy demandados, ya que sus conocimientos, doctrina y disciplina hacían que las élites al mando les pidieran que establecieran colegios o se hicieran cargo de instituciones extintas de órdenes religiosas anteriores. Los colegios jesuitas se convirtieron en pilares de progreso para la Compañía. Los primeros colegios jesuitas se fundaron en Gandía, Messina, Palermo y Colonia. En 1551, el colegio Romano, el emblema de la educación jesuita, abrió sus puertas con la inscripción "Escuela de Gramática, Humanidades y Doctrina Cristiana, gratuito". Ejerció como la principal institución formativa para los futuros jesuitas, y bajo el mecenazgo de Gregorio XIII tomó el nombre de la Pontificia Universidad Gregoriana. Tras la muerte de Ignacio en el 1556, existían 46 colegios; para el 1579, cuando Ricci llegó a India, se había formado una amplia red de bastiones jesuitas en el mundo católico conformada por un total de 144 colegios en tres continentes distintos. Provistos de profesores, preceptores y otros ayudantes, y captando a los más brillantes y devotos de sus estudiantes, los colegios jesuitas perpetuaron la expansión de la Compañía. Los 1.500 jesuitas de 1556, eran 3.500 en 1565 y 5.164 en el 1579; su número aumentó hasta 15.544 en el 1626 e incrementó más despacio hasta alcanzar su cumbre con 22.000 en la década de 1740.

Al igual que Roma, donde Ignacio estableció la Curia General de su nueva orden, la Compañía era un trabajo en progreso. Con su aumento de miembros y el mecenazgo papal, la Compañía representaba la orden más dinámica en la Iglesia post-tridentina. Durante el noviciado de Ricci, la Compañía contaba con más de 200 miembros en Roma, distribuidos entre San Andrea del Quirinal y la casa profesa en el Colegio Romano. Conformaban la segunda orden religiosa más extensa, menores en número solo ante las muchas órdenes de la familia de San Francisco, algunas con 315 miembros según el informe de Gregory Martin. En conjunto, alrededor de 1575, había más de 1.100 hombres y 978 mujeres miembros de órdenes religiosas, además del clero secular, con una población de aproximadamente 90.000. La Compañía era la estrella emergente en este firmamento eclesiástico. Favorecido por el papa, uno de sus miembros, el español Francisco de Toledo, profesor de Teología Escolástica en el colegio Romano, muy apreciado por ser un predicador elocuente y un hombre de gran virtud moral, ocupó el puesto de predicador en la Corte Papal con solo una pequeña interrupción durante el papado de Gregorio XIII.

En 1593 se convirtió en el primer cardenal jesuita. Otros doce predicadores jesuitas participaron en los ciclos de sermones en la Basílica de San Pedro, algunos más todavía predicaron en sus propias iglesias y después de ejecuciones públicas, satisfacían así la ingente demanda de oratoria sagrada del público en una ciudad de ceremonias religiosas donde la retórica constituía un elemento central en la representación de lo sagrado. Los jesuitas destacaban por su oratoria sagrada: 'la sabiduría hablando copiosamente', tal y como Cicerón definía la oratoria, ponían la elocuencia y la razón al servicio de los misterios de la fe cristiana. La principal iglesia jesuita, *il Gesù*, cuya construcción comenzó en el 1568, estaba diseñada para dar el sermón, era luminosa y contaba con buena acústica enfocada en un gran espacio central interior; en los tiempos de Ricci aún era un modelo de moderación y lucidez, antes de su transformación durante el Barroco en un monumento de recargadas curvas, diseños exagerados y representaciones excesivas.

Cuando Ricci se presentó al noviciado, sus modestas posesiones abarcaban un abrigo viejo, cuatro camisas, tres pañuelos, una toalla, tres libros y un poco de pan seco. Juró "observar con gracia divina todas las constituciones y reglas y la manera en la que la Compañía de Jesús vivía, y ser desinteresado y resignarse para alcanzar el grado de cortesía que la Compañía requería, y ser tan obediente como pudiera a todas las órdenes". Le recibió Alessandro Valignano, maestro de novicios y un noble de Chieti en Abruzos, no lejos de la región nativa de Ricci. Se hablará mucho más sobre Valignano, ya que ocupó un lugar importante en la vida de Ricci. Le sucedió Fabio de Fabii (1543-1615), un joven noble romano que se había ordenado tan solo dos meses antes. En el transcurso del siguiente año, Fabio trató a Ricci con amabilidad, lo que el joven novicio valoró en sus memorias. Más tarde, Fabio ocupó puestos importantes en la Compañía, ascendió de maestro de novicios a rector del Colegio Romano, luego a ayudante de Italia para el general, y provincial para la provincia romana de la Compañía. En enero de 1572, mandaron a Ricci a la casa profesa (los padres que habían jurado los cuatro votos de la Compañía) para practicar servicios domésticos humildes. En mayo realizó su profesión de fe y pasó el verano en la escuela jesuita de la Toscana, la cual usaban los jesuitas romanos para descansar. En septiembre comenzó sus estudios formales en el colegio Romano.

Desde su matriculación original de 250 en sus años fundacionales, el colegio Romano se expandió hasta los 1.000 estudiantes bajo el papado de Gregorio XIII. En 1572, había más de 920 estudiantes divididos en las siguientes clases: sesenta jesuitas y 100 no jesuitas estudiantes de teología, 215 estudiantes en total en las clases de filosofía, y el resto en retórica, humanidades y gramática.[2]

En 1572, había veintiséis académicos en el colegio, incluyendo a Ricci, se les había confiado el cuidado de Claudio Acquaviva, un futuro dirigente de la Compañía.[3] Forzado a cambiarse dos veces de lugar, el Colegio finalmente se asentó en el lugar que hoy ocupa en la Piazza Collegio Romano, en frente del Palacio Doria-Pamphili, gracias a una generosa donación de la Marchesa della Valle en 1560, Vittoria della Tolfa, una sobrina del difunto papa Paulo IV (véase Figura 4). Con algunas de las mejores mentes de la Compañía en la facultad, el colegio Romano

Disfrutaba de una reputación excelente. Montaigne se maravillaba del respeto a los jesuitas y creía que "nunca hubo una hermandad y un cuerpo entre nosotros que ocupara ese puesto o, en resumen, que produjera tales resultados como los de estos hombres, si continuaban su camino. Pronto poseerán el total del Cristianismo: es una guardería de grandes hombres en toda suerte de grandeza. Es la extremidad de nuestra Iglesia que más amenaza a los herejes de nuestro tiempo".[4]

¿Quiénes eran los jardineros encargados de cuidar las semillas de la grandeza en este vivero de la Cristiandad y cómo cultivaban las vides de la virtud?[5] El rector del colegio Romano en 1572 era Vicenzo Bonni; su sucesor, Ludovico Maselli, entró en la Compañía en 1557 con un doctorado en Derecho Civil y ejerció de rector del colegio jesuita en Loreto antes de su nombramiento en Roma. El prefecto de estudios era el español Juan de Ledesma, murió en 1575, pero su plan de estudios en el colegio Romano (*de ratione et ordine studiorum collegii Romani*) se publicó póstumamente en 1579 y serviría de modelo para el reconocido *Ratio Studiorum* de la Compañía en 1599.

Figura 4. Collegio Romano, fachada principal

Martino de Fornari y Orazio Torsellini enseñaron retórica a Ricci; y el alemán Cristóbal Clavio, de quien se hablará más, fue su profesor de matemáticas. Ricci mantuvo una correspondencia de por vida con sus mentores intelectuales Maselli, de Fornari, y Clavio, así como con Fabio de Fabii, su mentor espiritual. Los profesores más famosos en el momento eran dos: Clavio, nativo de Bamberg en Alemania, era uno de los matemáticos más brillantes de su generación, diseñó un calendario nuevo más preciso, divulgado bajo Gregorio XIII en 1582,

Figura 5. Retrato de Cristóbal Clavio en su estudio, por F. Villamena

como reemplazo del calendario juliano, es, por ello, el padre de nuestro sistema moderno de medición del tiempo (véase figura 5). El otro era el italiano Roberto Bellarmino, un teólogo erudito que se ganó su reputación exponiendo sobre Aquino en la Universidad de Lovaina en los Países Bajos españoles. Requerido para un nuevo puesto de teología controversial en el colegio Romano, Bellarmino daba clase sobre la disputa teológica contra los protestantes en el año académico 1576-1577, al que Ricci, seguramente, asistió. En 1599, Bellarmino fue ascendido a la púrpura, el segundo jesuita con ese honor.

Tras profundizar en sus estudios de retórica –Cicerón, Cicerón y más Cicerón, "el estilo se debe tomar casi exclusivamente de Cicerón", tal y como indicaba el *Ratio Studiorum*–, Ricci comenzó sus estudios de filosofía. Estipulados por un mínimo de tres años, el curso de filosofía brindaba poco desvío de la única figura de Aristóteles, honrado como El Filósofo, y cuyos textos eran minuciosamente diseccionados, discutidos y procesados; comenzaban el primer año con las obras de lógica recogidas en el *Órganon*, daban paso en el segundo año a *Física*, *Sobre el cielo*, *Meteorología*, *Sobre los elementos* y *De la generación*, y culminaban el tercer año, dedicados a *Del alma* y *Metafísica*. Se advertía a los profesores jesuitas de que no se distanciaran de Aristóteles, excepto cuando El Filósofo contradecía la fe cristiana, y que confiaran exclusivamente en la interpretación jesuita, en los comentarios sobre la lógica aristotélica del portugués Pedro de Fonseca (1564) y del español Francisco de Toledo (1572).

Años más tarde, Ricci hizo gala de su educación al criticar a los chinos por no conocer las categorías y lógica aristotélicas y al presentar la teoría griega de los cuatro elementos como reemplazo de la china basada en cinco. Pese a ello, en los escritos de Ricci, la influencia de Aristóteles era menos notoria que en algunos misioneros jesuitas que le siguieron. Lo que le atraía eran las matemáticas, más que Aristóteles.

La geometría ocupaba el centro de las matemáticas jesuitas, y Euclides era su autoridad. Además de las explicaciones textuales de los clásicos, Clavio, el profesor de Ricci en esa asignatura, sirvió de inspiración a los alumnos con su trabajo personal, sobre todo con sus observaciones astronómicas y sus cálculos geográficos. A parte de estudiar obras teóricas y textuales, los estudiantes aprendían a usar cuadrantes, esferas armilares, globos, astrolabios y sextantes; calculaban eclipses y medían las posiciones del sol para conocer las latitudes y las longitudes. En 1572, cuando Ricci aún era un novicio, Clavio y sus alumnos contemplaron una nova, el descubrimiento fue tal que el astrónomo alemán escribió:

> "Estoy convencido de que o bien la nova fue creada por Dios en el octavo hemisferio para presagiar un fenómeno (aunque lo que será aún es incierto)...".[6]

¿Podría haber sido una señal previendo la llegada de una nueva estrella en el firmamento jesuita, un nuevo alumno que estudiaría con Clavio?

Mientras que la geometría permitía imaginar el espacio celeste, también facilitaba el desarrollo de la cartografía. En el siglo XVI se produjo una revolución en la elaboración de mapas, debido a la acumulación de cartas náuticas y a los estudios topográficos que se llevaron a cabo durante los viajes de exploración de los portugueses y españoles. El desarrollo más rápido se dio justamente durante la adolescencia de Ricci. El flamenco Gerardus Mercator (1512-1594), cartógrafo y matemático, creó globos celestes y terráqueos en la década de 1560; su método de proyección empleaba fórmulas matemáticas para transformar las latitudes y las longitudes en líneas rectas separadas de manera uniforme, y, por ende, facilitó la representación de las rutas marítimas. Su amigo Abraham Ortelius, nacido en Amberes, compiló el primer atlas del mundo moderno. En 1564, Ortelius completó un "mappemonde", un mapa del mundo de ocho hojas. En 1570, su *Theatrum Orbis Terrarum,* el primer atlas del mundo moderno que contenía 53 mapas, se publicó en Amberes. Tan solo dos años después ya se podían encontrar impresos tres ediciones en latín y ediciones en holandés, alemán y francés. Al contrario que los mapas europeos medievales, repletos de simbolismo y de escasa precisión, ya fuese por representar la tierra próxima al Edén o por plasmar Jerusalén como el centro del mundo, estos mapas del siglo XVI aspiraban a ser precisos.

Por primera vez el mundo era visible para los lectores y los mapas representaban el conocimiento geográfico de la época. Las futuras ediciones de *Theatrum Orbis Terrarum* corrigieron las imprecisiones, como las que había en las costas oeste de América, pero a pesar de todo, el atlas mundial de Ortelius fue un logro magnífico. Se imprimieron ediciones caras en Roma y Amberes. Como buen estudiante de geografía y matemáticas, Ricci conocía estas obras. Años más tarde, su conocimiento y entusiasmo por estas materias le serían de suma ayuda.

Podemos reconstruir los estudios de Ricci gracias al *Ratio Studiorum*, pero ¿cómo era la vida para un estudiante jesuita? Para ello debemos volver a *Roma Sancta*, publicada en 1581, esta reflejaba las experiencias de Gregory Martin durante su estancia de dieciocho meses en Roma entre finales de 1576 y julio de 1578. Su elogio entusiasta hacia los padres de la Compañía resonaba con las afectuosas memorias de Ricci años después de partir de su alma mater:

> Contenido en un único edificio (Colegio Romano), hay una universidad entera de aprendizaje y clases... La sala está repleta, de romanos e italianos, alemanes e ingleses... otros pertenecientes a ciudades variadas tanto jóvenes como mayores, de cualquier facultad y profesión. Qué visión tan excelente es ver en las calles largas filas de dos en dos, una multitud dentro del Colegio, cuando salen a la hora de diversas clases a un patio todos juntos, y más tarde nuevas compañías sustituyéndolos en las nuevas lecciones y otras lecturas. La escuela está repleta de pupitres para escribir, es tan cotidiano, que no hay nadie que asista a diario que no escriba cada palabra si el Lector dicta ...Y en cuanto a los Lectores, los eligen para este fin en cada facultad, realmente expertos en su materia.[7]

Al comparar el colegio Romano de forma favorable con su propia alma mater, Oxford, Martin hablaba maravillas de las clases sobre lo divino: algunos profesores enseñaban la Biblia, otros los problemas y controversias con el protestantismo, los había que enseñaban casuística, o la totalidad de la *Summa Theologica* de Tomás de Aquino. Fuera de las clases, "para comodidad de toda la audiencia hay debates públicos una vez por semana, donde uno de los Lectores modera y el resto se sienta a animar y a presentar los argumentos de los oponentes más jóvenes. Esto es siempre un ejercicio considerable y con grandes beneficios y placeres, poner en controversia las obras de grandes doctores ante sus estudiantes, uno haciendo hincapié en la parte falsa para que el otro le d*é la respuesta auténtica, así, al enseñar a los oyentes* la falsedad hay posibilidades de que, cuando la verdad aparezca, sea como una niebla que el sol dispersa y consume".[8]

Este visitante inglés, cuyo amigo íntimo de Oxford Edmund Campion acababa de unirse a la Compañía en 1573, elogió la piedad y la caridad de los jesuitas, además de su enseñanza, y describió sin escatimar detalles sus ejercicios espirituales, rezos y la asistencia a los sacramentos. Sumamente impresionado por la discreción y la moderación de los curas, Martin estaba de acuerdo con sus horarios académicos y religiosos que rehuían el ascetismo físico extremo. *Mens sana in corpore sano*; la Compañía proveía de ayuda médica a sus enfermos, planificaba periodos de descanso en su horario académico y enviaba a sus miembros a la Toscana al finalizar el año académico con el fin de escapar del opresivo calor romano. Tras las vacaciones de verano, los profesores y estudiantes volvían frescos en cuerpo y alma y con ganas de comenzar el nuevo curso en el colegio.

Gracias a esta rutina académica y religiosa tan estricta, estructurada y medida al milímetro por Ignacio y sus sucesores, Ricci, al igual que sus compañeros novicios, se encontraba protegidos frente al contraste extremo de la vida secular en el siglo XVI; por un lado, el mundo de prostitutas, criminales y omnipresentes mendigos, por otro lado, el lujo y el ocio de la nobleza (incluidos los eclesiásticos) con sus palacios, sirvientes, carruajes, jardines, viñedos y retiros de verano. También había días que marcaban hitos colectivos, cuando todos los campanarios de tierras católicas tañían para celebrar la gran victoria de la flota cristiana contra la armada otomana en la Batalla de Lepanto, librada el 7 de octubre de 1571, no mucho más tarde de la entrada de Ricci en la Compañía; o el Año del Jubileo en 1575, cuando miles de peregrinos marcharon hacia la capital espiritual del catolicismo.

Instaurado en 1300 por el papa Bonifacio VIII, y celebrado cada veinticinco años desde 1475, el Jubileo, realizado para indultar los pecados de manera general, era el peregrinaje principal para la Iglesia católica romana. Era la primera vez que Ricci lo presenciaba. En 1575, los peregrinos llegaban a Roma de todas partes de Italia y más allá. Igual que el Tíber inundaba las calles regularmente, así los peregrinos se derramaban por las calles como una riada creciente: el Trinità dei Pellegrini, un hostal fundado en 1549 por Felipe Neri para recibir a los peregrinos, contabilizó 174.467, pero el total bien podría ser 400.000, cuatro veces más que la población romana.[9] La mayoría de los peregrinos viajaban en cofradías; dirigidas por sus obispos y curas, llegaban al lado de sus compatriotas, ya fueran florentinos, venecianos o milaneses, con estandartes al viento, entonando himnos y rezos. En Roma los habitantes se volcaban en su caridad: proveían de alojamiento y comida; la nobleza abría las puertas de sus palacios y jardines para acoger a dignatarios extranjeros, se contó con seis príncipes, nueve duques, cuatro marqueses, ocho condes y siete varones;y el clero repartía limosnas, organizaba rezos y procesiones y distribuía rosarios, *Agnus Dei* y otros medallones consagrados. Visitaban las siete iglesias principales de Roma, cantaban himnos en latín y en sus propios idiomas, se regocijaban de pertenecer a la comunidad de la iglesia militante, que congregaba diversas naciones dentro de la zona asediada, como nunca antes, por adversarios de la fe.

La Roma de Matteo Ricci bebía de la cultura católica, *christianitas*, como quien dice; moldeado por la ortodoxia, el pensamiento correcto y una jerarquía guiada por el vicario de Cristo, *christianitas* representaba tanto la continuidad de la historia romana desde un pasado pagano hasta un presente cristiano, así como el triunfo de ese presente sobre el pasado. ¿Qué era la oratoria sagrada sino el uso de la elocuencia de Cicerón para persuadir y demostrar la verdad de la fe cristiana? ¿Qué era Roma sino la capital de la Iglesia universal, con alemanes, franceses, flamencos, ingleses, florentinos, venecianos, dálmatas, griegos, armenios y otros muchos congregados en sus barrios? ¿No era acaso la Ciudad Eterna un monumento al triunfo cristiano sobre el pasado pagano, cuando el Panteón, un templo pagano, estaba consagrado como una iglesia cristiana y el Coliseo, una vez el escenario del sangriento martirio cristiano, se declaraba en un silencio perpetuo ante la subyugación de la Roma pagana? *Christianitas* era, por lo tanto, la unión de la renovación del Renacimiento y el catolicismo; apelaba a las élites, educaba en las síntesis de los aprendizajes clásico y cristiano, por procurar el bien público, la *res publica*, esto es, la mayor gloria de la Iglesia católica y la salvación de sus almas.

Pero el mundo de la civilización cristiana estaba fragmentado: la cristiandad ya no existía muy a pesar de Montaigne, no después de que los seguidores de Martín Lutero, Ulrico Zuinglio, Juan Calvino y muchos otros reformistas hubieran denunciado al papa como el Anticristo y a la Iglesia Católica Romana como la "Ramera de Babilonia", profetizada en el libro bíblico del Apocalipsis. "En el lugar donde miles de almas han sido abandonadas a su suerte en Alemania Superior e Inferior," se lamentaba el impresor augsburgués Johann Mayer, "el buen Dios todopoderoso... ha elegido [para la salvación] a otras personas en otro mundo, que no sabían hasta ahora nada sobre Cristo ni la verdadera fe".

Estas palabras se encontraban en el prefacio de un libro de 1585 impreso por Mayer, un enviado alemán de la Misión Jesuita en Japón durante los años 1577 y 1581.[10] La práctica de la *christianitas*, por ende, no podía quedar limitada al cultivo de la piedad, sustentada por la simplicidad de la fe y la erudición de la enseñanza clásica, tal y como el humanista holandés Desiderius Erasmus y su generación habían promovido al inicio del siglo XVI.

La *christianitas* requería acción: rebatir las herejías, salvar las almas, restaurar la ortodoxia en el mundo y, con ello, ganar el paraíso. El teatro de operaciones se había ampliado más allá de la cristiandad fragmentada al mundo fuera de Europa, donde se extendían ganancias incontables.

Hacia el final de 1576, el jesuita portugués Martin da Silva llegó a Roma. En representación de las provincias jesuitas en India, volvió a Europa para recaudar fondos y reclutar nuevos misioneros. Tras el viaje de Vasco da Gama en 1498, el portugués había convertido India en el centro de sus negocios asiáticos. Aun así, era un lugar duro para el imperio y la Iglesia. Los portugueses se marchitaban con el calor tropical, sucumbían a nuevas enfermedades y bajaban la guardia ante las exuberantes y exóticas sensualidades de las culturas incomprensibles del Sudeste Asiático. En la fina línea de los baluartes portugueses del litoral que comprendían el Estado India, con la tensión entre los portugueses de la patria y aquellos nacidos en Asia, entre los viejos cristianos y los nuevos (generalmente despreciaban y sospechaban de los judíos conversos) y la mezcla de mestizos y conversos hindúes de diferentes castas y grupos étnicos, los jesuitas representaban el orden y la ortodoxia, un firme recordatorio de la *christianitas* en tierras paganas. Bajo el mecenazgo de los reyes y virreyes portugueses, la Compañía de Jesús se convirtió en el brazo espiritual más fuerte de la presencia lusitana, con seis colegios y dieciséis residencias más pequeñas para la década de 1570. Pero el clima también afectó a los padres: la mayoría cayeron enfermos y muchos fallecieron. Las cartas de los superiores en India al general de Roma rogaban refuerzos.

A Matteo Ricci le atrajo este llamamiento. Conocía algo la Misión india. Uno de sus profesores en el colegio Romano, Torsellini, había escrito una biografía, editado y publicado las cartas del Apóstol de las Indias, el primer jesuita misionero, Francisco Xavier. Asimismo, el colegio Romano funcionaba como centro neurálgico de las comunicaciones globales de los jesuitas; las cartas y los informes para el General llegaban de jesuitas en todos los rincones del mundo, tanto de superiores informando del estado de sus provincias en los países católicos, o de incansables luchadores por la causa católica en territorios protestantes, como de misioneros solitarios presentando las últimas expediciones en las primeras filas de la conquista espiritual en tierras lejanas. Los curas en el colegio Romano comenzaron a seleccionar y recopilar los informes más edificadores e interesantes para su publicación; el primer volumen del famoso *Cartas anuales de la Compañía de Jesús (Annuae Litterae Societatis Iesu)* salió de la imprenta jesuita en 1581 a todas las bibliotecas de Europa. Previamente incluso a la publicación de esta serie de obras, Ricci pudo leer diversos informes de misioneros en tierras lejanas:

> Los anuncios de la India portuguesa de 1551 y 1552 por los reverendos padres de la Compañía de Jesús;[11] nuevos anuncios de muchos lugares en India y Brasil y, por tanto, de la conversión de muchas personas, etc.;[12] anuncios particulares del aumento de la Iglesia católica en India y específicamente del Reino de Japón, con información sobre China;[13] y, por último, anuncios diversos de la India portuguesa, recibidos desde 1551 a 1558, de los padres reverendos de la Compañía de Jesús, donde se interesan por los países y los pueblos, sus costumbres y la conversión de multitudes, que han recibido la iluminación de la Santa Fe y de la religión cristiana, recién traducido del español al italiano.[14]

Estas edificantes lecturas suscitaron el deseo de Ricci y de muchos otros tras él; soñaba con largos viajes a través de tierras inhóspitas, montañas y bosques en países desconocidos, con travesías marítimas cruzando los océanos, asaltos y torturas de bárbaros e infieles, tormentas de arena provocadas por vientos desérticos y avalanchas de saladas olas marinas, con tumbas ardientes y acuáticas, con martirios y naufragios, y con ganar la eterna gloria y salvación.[15] Estas fantasías no solo cautivaban las mentes de los hombres jóvenes, con doce años, Teresa de Ávila, la que se convertiría en la santa más famosa del catolicismo moderno, se imaginaba entregándose a los moros para ser torturada y martirizada, previo a entrar en el convento y ser santificada a través de un camino más lento y tortuoso.

A partir de la década de 1560, una nueva fuerza agitó el mundo católico. Cuando la nueva generación alcanzó la madurez, dieron la espalda a los objetivos que valoraban antes: éxito vital, ya fuera poder, fama o riqueza, un empeño que bien podía combinarse con la salvación del alma. Por el contrario, las élites espirituales del mundo católico renunciaron a la vida secular; no intercambiaban la vida activa por la contemplativa en monasterios, sino que aspiraban a someter todas las acciones vitales a un propósito sagrado. El lema de los jesuitas resumía bien este cambio: *ad majorem Dei Gloriam*, a mayor gloria de Dios. Nótese el comparativo. Dios puede estar bien en toda su gloria, pero era el deber de cualquier cristiano ferviente incrementar esa gloria. Se actuaba rebatiendo las doctrinas protestantes, predicando la fe católica, fundando órdenes religiosas, creando colegios, luchando contra infieles y herejes, apoyando las misiones, construyendo nuevas iglesias, salvando mujeres en apuros, criando huérfanos, visitando prisioneros y otras acciones que traducían la caridad católica en iniciativas prácticas, sociales, culturales y políticas. Una vez más, eran las acciones las que contaban, y cuantas más, mejor. "Más, más, más," como Francisco Xavier, el primer misionero jesuita que clamó a Dios para llenar su corazón de fervor religioso y pía determinación. "A mayor gloria de Dios" conlleva una lucha constante, "más, más, más", por actos sagrados.

El deseo lo era todo: el deseo prácticamente insaciable por la gloria de Dios y la santificación de uno mismo en acciones. El Cielo era la recompensa prometida. Además de la salvación eterna se encontraba la oportunidad de alcanzar la inmortalidad en este mundo, como ejemplificaban Carlos Borromeo, Ignacio de Loyola, Francisco Xavier, Teresa de Ávila y Felipe Neri, los nuevos santos de este mundo católico restaurado en la primera parte del siglo XVII.

Los jesuitas personificaban este nuevo espíritu. Dominaron el arte de la acción sagrada estimulando al mismo tiempo el deseo y controlando la pasión que brotaba del mismo. Por ello, las paredes de la casa de los novicios en San Andrea representaban instrumentos de tortura –tenazas, látigos, lanzas, flechas, cuerdas, potros, clavos y crucifijos– con los que a los primeros mártires de la Iglesia los desmembraban, fustigaban, decapitaban, fusilaban, colgaban, dislocaban y crucificaban. Aun así, para calmar ese deseo ferviente, para que el anhelo por el martirio no promoviera actos cercanos al suicidio, la Compañía recomendaba moderación en el ascetismo, un cuidado adecuado del cuerpo y la necesidad del raciocinio. De esa tensión, entre anhelo y disciplina, pasión y contención, brotaba la incesante energía elegida, encauzada y dirigida hacia las numerosas obras sagradas llevadas a cabo por la Compañía de Jesús.

Las misiones eran quizá los actos sagrados más espectaculares. Los jesuitas portugueses y españoles no eran los únicos en ir a estas misiones. Paolo da Camerino, Antonio Criminali y Niccolò Lancellotti fueron los primeros jesuitas italianos que marcharon a la India en la década de 1540, dejaron constancia de su fervor en las páginas de los relatos jesuitas: el martirio de Criminali en Cabo Comorín en la costa Coromandel en 1549 y la muerte de Lancelloti en el 1558, tras años de aguantar un calor tórrido y enfermedades constantes. Después de ellos, una nueva generación de jesuitas italianos fueron voluntarios en ultramar. Entre ellos se encontraba Alessandro Valignano, una leyenda entre los jesuitas novicios y los estudiantes durante los años en Roma de Ricci.

Nació en 1539 en una familia noble en Chieti, en la región de Abruzos, justo al sur de las Marchas y al otro lado de la frontera de los Estados Pontificios en el reino de Nápoles, Alessandro Valignano, alto, carismático y corpulento, había ejercido de máster de los jesuitas novicios cuando Ricci accedió. Al contrario que los jóvenes que seguían un modelo de vocación jesuita clásico, haciendo el camino de un estudiante ejemplar a un novicio devoto, Valignano accedió a la

Compañía tras una experiencia traumática. Con la arrogancia que le confería su clase y su propio temperamento irascible, el joven noble, un estudiante de Derecho de la Universidad de Padua, fue arrestado y apresado en 1562, después de que una joven lo acusara de acuchillarle la cara. Tras varios meses de prisión y una gran indemnización a la víctima, Valignano fue puesto en libertad gracias al cardenal Borromeo. Se marchó de la República de Venecia a Roma. El arrepentimiento de su vida pasada le hizo convertirse a la religión en 1566; accedió a San Andrea, la misma comunidad en la que ejerció tras sus estudios en el colegio Romano. En 1572, Mercuriano lo nombró Visitador de la India Este en representación del Superior General en la misión jesuita portuguesa. En septiembre de 1573 Valignano abandonó Roma por Lisboa e India para hacerse cargo de su nuevo puesto.[16] Entre los nuevos misioneros con los que Valignano viajaba se encontraban dos nativos de Macerata: Giulio Piani, nacido en 1537, quien ejercería en India y Japón, y Oliviero Toscanelli (1542-1601), un hermano jesuita compañero de Valignano en sus numerosos viajes y, en 1592, rector de una escuela primaria en Macao.

No existe ningún escrito de Ricci de sus años en Roma. No se sabe qué le inspiró en específico para unirse a la misión. Pero en los dos siglos que lo sucedieron los jesuitas aspirantes a misioneros escribieron miles de cartas. Enviadas al general de la Compañía, los candidatos a misiones extranjeras imploraban en estas misivas, llamadas *Indipetae* (literalmente cartas pidiendo ir a India), y exponían la urgencia de sus deseos: unos hablaban de su vocación misionera en un lenguaje sencillo, manifestaban su obediencia y su indiferencia, como era requerido en la Compañía; otros afirmaban haber recibido mensajes divinos en visiones y sueños; algunos expresaban su ferviente pasión por la salvación de las almas, tanto las propias como las de los infieles; unos pocos revelaban sus esperanzas de martirizarse. ¿Deseaba Ricci el martirio? A juzgar por sus cartas y actos una vez allí, Ricci no evidenciaba la pasión que inspiraba a ciertas personas a buscar una muerte violenta. Quizá fuera una mezcla entre el deseo por la aventura, viajar y su propia santificación: "ayudar a otros mientras te ayudas a ti mismo" por citar otra máxima jesuita. La mayoría de sus compañeros en el colegio Romano permanecieron en Italia, satisfechos quizá con una carrera más convencional y con espacios de actuación más familiares: Girolamo Benci (1554-1608) llegó a ser Provincial de la Provincia de Roma; Giulio Fuligatti (1550-1633), compañero de matemáticas de Ricci, reemplazó a su profesor Clavio en 1587 en el puesto de matemáticas y Lelio Passionei pasó sus últimos años enseñando en colegios jesuitas en Módena y Mantua; a todos ellos los recordó Ricci a pesar de los océanos y los años. Otros compartieron el deseo de Ricci.

Al inicio de 1577, Mercuriano seleccionó ocho nuevos misioneros del colegio para la misión de India.[17] Seis fueron italianos. El más destacado era Rodolfo Acquaviva (1550-1583), de veintisiete años, hijo del duque de Atri y sobrino de Claudio Acquaviva, antiguo chambelán pontificio, actual jesuita y futuro general de la Compañía, sucedió a Mercuriano en el 1581. Cuando su tío abdicó de su influyente puesto papal en beneficio de su sobrino, una práctica común en la jerarquía pontificia, Rodolfo rechazó el honor y accedió con su tío a la Compañía. Tras dos años de humanidades en el colegio jesuita de Macerata, se inscribió en el colegio Romano, era un estudiante de teología cuando lo llamaron a la misión. Francesco Pasio (1554-1612), boloñés, hijo de un secretario judicial del papa y doctor de derecho, ingresó en la Compañía en octubre de 1572 y fue estudiante del Colegio Romano. A sus 34, Michele Ruggieri (1543-1607) era el mayor del grupo. Provenía de Apuria. Laureado en Derecho Canónico y Civil por la Universidad de Nápoles, Ruggieri había ejercido en el gobierno español antes de renunciar a una carrera secular por una espiritual y unirse a la Compañía en octubre de 1572 en Roma, renunció a su nombre Pompilius por uno más cristiano como Michele. El genovés Nicolas Spinola, nacido en 1549, se unió a la Compañía en marzo de 1569 en Milán, se ordenó en 1577, y le nominaron en Roma para la misión. El quinto italiano era el hermano lego Giovanni Gerardino, un oriundo de Ferrara que accedió a la Compañía en 1561 en Roma. Matteo Ricci fue el sexto. Dos no-italianos completaban el grupo: el flamenco Rutger Berwoutz, nacido en 1551 y que se unió a la Compañía en octubre de 1576 en Roma y Pietro Berno (1552-1583), de Ascona en Suiza, un estudiante del Collegium Germanicum que había ingresado en la Compañía en julio de 1577.

Terminadas sus tareas, Martin da Silva salió de Roma hacia Portugal en mayo. Con él fueron tres de los nuevos reclutas –Pasio, Ricci y Berwoutz– los demás se quedaron a terminar sus estudios, marcharían en noviembre. El 18 de mayo, el grupo recibió la bendición de Gregorio XIII. Ricci obtuvo permiso para peregrinar a Loreto y parar en Macerata, así podría despedirse de su familia. A fin de reforzar su sacrificio, Ricci rechazó la oferta. El grupo partió de Roma hacia Génova en el norte. Siguiendo la antigua calzada romana, vía Flaminia, los jesuitas seguramente alquilaron caballos de las postas pontificias, ya que la ancha, bien pavimentada y antigua calzada romana se había deteriorado en muchas partes en el eje Nápoles-Roma-Génova y resultaba inaccesible con carruajes o coches. Tan solo la sección cercana a Siena seguía en buenas condiciones, como el incansable Montaigne observó. Unos pocos viajaban a caballo, la mayoría iban a pie, desafiando a los elementos y a los bandidos que asaltaban convoyes mercantes y los séquitos del tesoro que transportaban las recaudaciones de impuestos del monarca español desde Nápoles para pagar a sus tropas en Génova.

En Génova, los jesuitas se encontraron con multitud de soldados españoles en otro tipo de misión católica: la represión de la rebelión en los Países Bajos, organizada por rebeldes y herejes contra el rey católico. Una década antes, el duque de Alba había desembarcado con regimientos de soldados españoles para marchar al norte atravesando Saboya y el Franco Condado; el duque hacía tiempo que se había retirado, pero las tropas españolas continuaron marchando hacia el norte. Bajo un mandato distinto, los jesuitas llevaban a cabo un servicio diferente como brazos del catolicismo, preparados para otros teatros de operaciones en la guerra universal contra el Diablo. En la década de 1620, Jacobus Revius, un poeta holandés calvinista, se mofó de la carrera militar previa de Ignacio con motivo de su canonización, apodaba al fundador de la Compañía de Jesús como santo canonizado por los cañones de la armada española.

En su primer viaje por mar, Ricci tenía veinticuatro años. No había visto a sus padres en nueve años, y no los volvería a ver. Tampoco regresaría a Roma, su segunda casa; ni visitaría a su familia de Dios, los santos padres y hermanos de la Compañía, cuya acogida y amistad recordaría con enorme alegría y melancolía en otro continente. Quizá el joven jesuita no albergaba ningún presentimiento de tristeza o pérdida, ya que la certeza y la confianza de un mundo jesuita lo hacían sentir pleno, lo que Gregory Martin describe con estas palabras de admiración:

> Y, sobre la hermandad y al amor mutuo, qué puede ser más importante, o cómo puede expresarse mejor o más resumido, que diciendo que todas sus casas en el mundo... no son más que una, todos entre ellos son padres y hermanos e hijos respecto a los demás. ¿Marcha él de Roma a Milán, de Milán a París, de allí a Toledo en España, a Lisboa en Portugal, a India Este y Oeste? En todos lados se encuentra en casa como en el Colegio Romano, en todas partes con sus padres y hermanos, en todos sitios tan bien que no siente el cambio: todas las normas, todas las órdenes, todas las conversaciones son similares. Y aquí se cumple lo que nuestro Salvador prometió a quien renunciara a las cosas mundanas para seguirle, que recibirían cien veces más en esta vida. Por cada padre, cien; por cada hermano, otros tantos...[18]

En julio de 1577, tras el viaje por tierra desde España, Ricci llegó a Lisboa, el fin de la Europa católica y el portal a un mundo más amplio.

2

MARES PORTUGUESES

Dando la espalda al continente europeo, Lisboa se eleva sobre el Río Tajo desde su punto álgido en el Castelo São Jorge, recorre con la vista el estuario que se ensancha en la amplitud del lago antes de vaciarse en el horizonte infinito del océano Atlántico. Con más de 100.000 habitantes en 1577, Lisboa era la tercera ciudad más extensa de Europa, posicionada solo detrás de París y Estambul (véase lámina II). La capital gobernaba sobre un entorno poco poblado y mayormente rural, con una población de apenas 1,5 millones de habitantes. Un gran golfo separaba la Lisboa cosmopolita y pudiente de la periferia más pobre como Tras o Montes o el Algarve. Para los recién llegados jesuitas italianos, había pocos parecidos entre Lisboa y Roma, quizá en sus contornos montañosos y sus palmeras. Pocas ruinas romanas adornaban la ciudad, prevalecían las blancas murallas medievales enyesadas y los tejados de tejas rojas, fortalezas formidables y las iglesias góticas. Los edificios renacentistas, construidos en el particular estilo manuelino, en nombre del rey Manuel I, evocan más la ostentación del gótico tardío que la armonía proporcionada de la Italia Renacentista. Aunque quizá la mayor diferencia la dictase el mar; al fin y al cabo, Lisboa era un puerto en el que la mercancía y las personas circulaban desde y hacia todo el mundo, desde musulmanes prisioneros de guerra, hasta esclavos africanos o algún converso de élite. A finales del siglo XVI, un décimo de lisboetas no eran europeos: la mayoría eran negros de África, tanto hombres libres como esclavos,[1] un gran número lo conformaban cautivos de guerra musulmanes árabes y bereberes y unos pocos indios tupíes de Brasil. Durante más de un siglo, los esclavos africanos labraron la tierra en las granjas cerca de Lisboa; aprendieron oficios artesanos en la ciudad y fueron empleados domésticos en todos los sectores de la alta sociedad portuguesa, incluyendo la mayoría de instituciones de la Iglesia. Tras una corta estancia en la capital, Ricci fue a Coímbra, donde se ubicaba la primera y más prestigiosa universidad de Portugal. Allí, comenzaría a estudiar teología. En 1579, la Provincia Portuguesa registró 550 jesuitas de un total de 5.164 en toda la Compañía; casi uno de cada siete jesuitas era portugués.[2] La Compañía disfrutaba de gran prestigio e influencia en Portugal. João III fue un gran mecenas de la nueva orden desde su fundación. Al igual que las élites que gobernaban, los jesuitas eran sumamente urbanos: tenían dos casas en Lisboa que mantenían lazos estrechos con la corte, contaban con gran presencia en la Universidad de Coímbra y controlaban la universidad fundada recientemente en Évora.

Ubicada en la cumbre de la más alta colina de la zona, la Universidad de Coímbra aún se eleva sobre el pueblo y el Mondego, el río recorre con sus giros y quiebros las verdes colinas y campos. La universidad medieval se instauró finalmente en Coímbra, tras moverla a Lisboa, en el Palacio de Alcaçovas. Para aumentar su prestigio João III fundó un colegio real y se lo confió a los jesuitas en el 1555. Integraron su propio colegio de Jesús junto con la nueva institución y, así, los curas dominaron la facultad de letras. El registro de la Provincia Jesuita portuguesa de 1585 documentó en Coímbra 32 curas ordenados, 15 estudiantes de teología, 33 de filosofía y 49 de humanidades.[3] Los profesores jesuitas sobresalían en filosofía y redactaron comentarios sobre Aristóteles que se adoptaron ampliamente en la pedagogía jesuita con el nombre de *Commentarii Coimbrensis.* En teología, por otro lado, un dominicano ocupaba el cargo de las Sagradas Escrituras, Friar Luís de Sotomaior (1507-1589), de distinguida familia noble, estudiante en Lovaina y participante en el Concilio de Trento. Quizás a la vez que asistía a sus clases sobre Salmos, Ricci también acudió a las clases en el colegio jesuita, a las lecciones de Manuel de Gois sobre filosofía y a las de Luis de Molina sobre Aquino. Ante todo, Ricci y los demás extranjeros tuvieron que adaptarse a las maneras portuguesas, aprendieron el idioma, se juntaron con los padres portugueses y se prepararon para el inminente viaje. En noviembre, el resto de los reclutas de Roma llegaron a Portugal: Rodolfo Acquaviva, Michele Ruggieri, Nicolas Spinola, y Pedro Berno se reencontraron con Pasio, Ricci y Berwouts. A principios de marzo, exceptuando a Berno, quien marcharía un año más tarde, su superior envió a los reclutas misioneros a Lisboa. Allí realizarían los últimos preparativos antes de embarcar y ver al rey.

El joven rey Sebastián (1554-1578) ascendió al trono a los tres años. Su madre era Catarina, hermana del emperador Carlos V de Habsburgo. Su tío abuelo, el cardenal Henry, trató de evitar la influencia española y prohibió regentar a su madre, para ello designó a dos jesuitas como educadores del niño y como administradores de la casa real. Criado a la imagen de un rey guerrero cristiano, valoraba la historia portuguesa y el orgullo nacional, al joven Sebastián le corroía la impaciencia por adquirir renombre.

La gran Victoria de Lepanto en 1571, cuando la combinación de las flotas española-veneciana-pontificia derrotó a la otomana, hizo soñar a Sebastián con sus propios triunfos y glorias militares, que harían frente a las de su primo el rey Felipe II de España. En marzo, los jesuitas en misión a la India lo encontraron de esta guisa, ultimando frenético los preparativos para una cruzada en el norte de África. Tras la marcha de los jesuitas a conquistar almas, Sebastián lideró una armada de 15.000 hombres a Marruecos en junio, el 4 de agosto, bajo el abrasador sol africano, él y toda la flor y nata de la nobleza portuguesa perecieron en una derrota desastrosa en Alcazarquivir.

A mitad de marzo, Martin da Silva escribió al general Mercuriano sobre la inminente salida hacia India. Frustrado por la imposibilidad de conseguir una audiencia con el rey, obsesionado con una invasión planeada en África del Norte y negligente con los asuntos de los jesuitas en India, da Silva, aun y todo, expresó estar satisfecho con el número y la calidad de los nuevos reclutas misioneros. Además de los enviados desde Italia, eligió a cinco jesuitas portugueses, escogió a Lopo Abreu y a Eduardo de Sande por sus conocimientos de los clásicos y la teología. Aduciendo a una carta papal que permitía la ordenación de los misioneros que partieran desde Lisboa antes de completar la educación requerida, los superiores jesuitas pidieron al arzobispo Jorge de Almeida permiso para ordenar a seis hombres: los italianos Acquaviva, Pasio y Ruggieri y a otros tres portugueses. El 12 de marzo de 1578, festivo de San Jorge, los seis curas recién ordenados dieron misa en San Roque, Lisboa, y besaron la mano del rey Sebastián antes de su siguiente viaje. Da Silva informó al General sobre "no ordené a Matteo Ricci pues era aún joven [tenía 25 años], y no había cursado ninguna lección sobre teología [Ricci había asistido a clases en Coímbra durante varios meses]."[4]

La noche del 23 de marzo de 1578, los 14 jesuitas destinados a la India embarcaron en el puerto de Lisboa. Cuatro años antes, Valignano había embarcado en el mismo lugar, acompañado de un grupo de 42 jesuitas, la mayoría destinados a Japón. Los navíos se encontraban anclados tras Terreiro do Paço, el espacio entre la Casa de la Aduana (Alfândenga) y la Cada da Guiné, hoy en día en Praça do Comércio al sur de Baixa. Los diez padres y los cuatro hermanos se dividieron entre los tres barcos: su líder, da Silva, embarcó en el *São Gregorio* junto a los italianos Roldolfo Aquaviva y Francesco Pasio, otro padre portugués y el hermano flamenco Berwouts; el barco de Ricci era el *São Luis*, también llamado "El Capitán" –el portugués Eduardo (Duarte) de Sande era el superior de los cinco jesuitas a bordo, lo que incluía al compañero italiano de Ricci y su futuro acompañante en China, Michelle Ruggieri–; el último grupo formado por cuatro jesuitas al cargo de Nicolas Spinola, embarcaron en el *Bom Jesus*. Las vidas de Ricci, Ruggieri, Pasio y de Sande los llevarían a lugares tan lejanos como China, pero la noche del 23 de marzo, el inminente viaje los embargaba de emoción. A la mañana, más de mil marineros y soldados subieron a bordo de los barcos del rey en un largo viaje hacia la India.

El *São Gregorio*, *São Luis* y *Bom Jesus* eran unos de los navíos más grandes de final del siglo XVI. Estos barcos portugueses, llamados *naus*, estaban construidos para hacer frente a los largos viajes de hasta seis meses a la India, medían 150 pies de largo y 40 pies de ancho; sus cuatro cubiertas llegaban hasta los veinticinco pies en la principal, con una popa y un castillo de proa aún más altos. Con un cargamento de 1.200 hasta 1.600 toneladas y un armamento de entre treinta o cuarenta armas, la *nau* de cuatro mástiles, descrita como "una montaña de madera", albergaba una tripulación mínima de 400 a 500 personas, y contaba con grandes espacios de almacenaje para transportar las valiosas especias asiáticas que hacían de estos arduos viajes algo tan provechoso y deseable.[5] Mientras el pequeño grupo de misioneros embarcaba, los marineros andaban atareados cargando bienes (dinero) y vituallas (galletas, carne seca, aceite, vino y agua) bajo cubierta. Gracias al permiso de paso del rey Sebastián, los jesuitas eran viajeros privilegiados: cada grupo de misioneros compartía un pequeño camarote en la popa, equipado con ventanas y un pequeño aseo, también contaban con provisiones para el viaje que el rey les diera. Entre la tripulación, tan solo el capitán y el timonel disfrutaban de habitaciones privadas; el resto de los oficiales compartían camarote, mientras que el resto de los hombres tenían que apañarse con literas y un baúl en las cubiertas comunes. Todos conocían sus funciones como capitán, timonel, marinero y soldado embarcados a servir y explorar en nombre del rey, por el beneficio de la corona y sus propias arcas. Los jesuitas tenían la función de capellanes, ya que su consuelo y confort sería necesario en los duros meses previstos.

Las tres *naus* partieron la mañana del 24 de marzo a la vez que muchos otros navíos más pequeños hacia Brasil, África y otros destinos en el Atlántico. Las banderas ondulaban al viento, los barcos se despedían de Lisboa en una escena que describía mejor el poeta Luis Camões, como gran poeta de las exploraciones marítimas portugueses del siglo XVI, así describía la marcha de Vasco da Gama en 1498, en ruta hacia la India:

> "En tránsito tan largo y tan nocivo,
> Por perdidos las gentes nos juzgaban:
> Las mujeres con lloro compasivo,
> Los hombres con suspiros que exhalaban,
> Madres, hijas, esposas (que el más vivo
> Amor más desconfía) acrecentaban
> La desesperacion, el frio miedo
> De no volver á vernos ya tan cedo".
> (*Os Lusíadas*, IV. 89)[6]

Para los que partían, era más la emoción del viaje que el pesar lo que los animaba, especialmente para aquellos que nunca habían viajado por mar, como era el caso de los viajeros jesuitas. A la vez que veían el monasterio de los Jerónimos y la Torre de Belém desaparecer en el horizonte, el lugar donde el Tajo confluye con el océano, las palabras de Camões bien podrían haber sonado en su mente: "Vociferando estaba, cuando abrimos | Las alas al sereno y sosegado | Cielo, y del puerto plácido partimos: | Y, como es en el mar lo acostumbrado, | Las velas al soltar, el viento herimos | Buen viaje, demandando: luego el aire | Dió á los leños su marcha y su donaire". (*Os Lusiadas*, V. 1).

Tras los primeros momentos de euforia, la realidad del viaje marítimo se hizo presente. Con un viento excelente, los barcos se adentraron en el Atlántico. Inmediatamente, multitud de pasajeros se marearon. Nicolas Spinola, a bordo del *Bom Jesus*, llevaba un diario del viaje, y empezó a vomitar por la borda; no probó bocado en dos días.[7] A bordo del *São Gregorio*, Francesco Pasio también vomitó. Para la primera noche, como escribió en su diario, casi todo el mundo en su barco se había mareado. Pasio se enorgulleció en haberse habituado al movimiento de las olas en dos días, mientras que a los demás les tomó diez días agónicos. Esta incomodidad era un pequeño precio a pagar por un viaje marítimo. A pesar de que todas las islas y costas del Atlántico habían sido cartografiadas para entonces, y los portugueses contaban con las mejores cartas de navegación, había un peligro mayor acechando a los barcos portugueses en la década de 1570 que aquellos en el tiempo de da Gama: la piratería.

En 1570, un barco portugués hacia Brasil fue interceptado por corsarios hugonotes. Tras tomar el barco, los franceses lo abordaron y saquearon el cargamento. Entre los pasajeros, se encontraron con Ignacio de Azevedo, el superior de la misión jesuita en Brasil, y con sus nuevos reclutas misioneros. Los franceses respetaron a la tripulación portuguesa, pero echaron a los cuarenta jesuitas por la borda, la Compañía los conmemoró como mártires. Los piratas franceses acechaban cerca de las aguas portuguesas. Unos días tras el inicio del viaje, con el empuje de los vientos, los barcos tomaron su propia ruta, y pronto las tres *naus* se perdieron de vista la una a la otra. Un día, el *São Gregorio* avistó varios barcos pequeños y se preparó para la batalla; resultaron ser barcos flamencos que transportaban grano. El *Bom Jesus* se topó con piratas reales: fue en ayuda de un barco portugués que había salido junto a ellos de Lisboa, persiguió a dos corsarios franceses a punto de abordar a la desafortunada nave con destino a Brasil. No habría infortunios en el mar. De hecho, los tres barcos viajaron sin sobresaltos hasta el golfo de Guinea: en cuatro días llegaron a las islas Madeira, en ocho a las Canarias, y en quince días a las islas de Cabo Verde, donde los vientos amainaron. Quizá a tan solo unas horas las unas de las otras, los tres navíos trazaban su propia ruta al ecuador. A bordo, los jesuitas oficiaban la misa y las liturgias por Pascua, confesaban y llevaban a cabo los sacramentos como si estuvieran en tierra.

El siguiente tramo era el más tedioso. A finales de marzo, el clima en la costa guineana alternaba entre la calma chicha y borrascas repentinas. Podían pasar días sin una brisa. Unos años atrás, algunos barcos a India habían languidecido durante treinta o cuarenta días sin viento: más de mil personas murieron y se interrumpió su viaje. Afortunadamente para el grupo, la navegación era lenta pero sin pausa: el *São Luis*, el barco donde viajaba Ricci, probablemente fuera el primero en pasar el ecuador; el *São Gregorio* y el *Bom Jesus* lo traspasaron a la vista el uno del otro el 23 de abril, justo cerca de un mes después de haber partido de Lisboa. En vez de dirigirse directamente al sur desde Portugal, los barcos viraban ahora al suroeste, hacia la esquina noreste de Brasil, donde continuarían en paralelo a la costa a veinte grados de latitud antes de coger los fuertes vientos del oeste que los impulsarían a las rápidas corrientes hacia el cabo de Buena Esperanza.

La enfermedad era la mayor amenaza en estos días de navegación lenta. Las primeras provisionas hacía tiempo que escaseaban: no quedaba carne en salazón, pescado desecado, cebollas ni ajo; las raciones diarias consistían en galletas, agua y una pizca de vino. En todo caso, no abundaba el hambre. Bajo el ardiente sol ecuatoriano, el agua hedía, la comida se descomponía, las ropas se pegaban a los cuerpos sudorosos, los libros perdían sus colores, los utensilios de metal se oxidaban, y a muchos les afligían dolores de cabeza, encías inflamadas y dolores en cada extremidad. Todos andaban lánguidamente durante el día, ya que “dormir era sudar la noche entera, tumbados sobre un banco con un colchón fino que apestaba y estaba repleto de piojos, chinches y otras miserias humanas".[8] En el *Bom Jesus*, Spinola estuvo un mes con catarro; el dolor dental y mandibular le privó del apetito y el resto de los jesuitas temieron por su vida antes de una recuperación que el misionero atribuyó a Dios. Entre los muchos enfermos con fiebre, un hombre murió tremendamente arrepentido, para la edificación de todos y el consuelo de los jesuitas. El *Bom Jesus* perdió a un marinero que se cayó de noche por la popa;otros cuatro afortunados fueron rescatados en otra ocasión, cuando su cuerda se partió al pescar un enorme pez.

Pescar era lo único que proporcionaba algún consuelo. Todo tipo de peces plagaban las aguas alrededor del ecuador. Los tripulantes pescaron multitud de ellos, lo que alegraba las monótonas raciones diarias y probablemente restableciera la salud de muchos. Otros pasaban el tedio de los días dando caza a tiburones. Los hombres lanzaban carne ensartada en arpones a las aguas infestadas de tiburones, pescaban la primera captura, troceaban al depredador, echaban la cabeza ensangrentada de nuevo al agua y hacían una matanza de los tiburones atraídos por la sangre. Conscientes de su crueldad, la tripulación reflexionaba sobre lo similar del destino del tiburón y el hombre en las mismas circunstancias, como el jesuita Spinola anotó en su diario.

Parece que el *São Gregorio* y el *São Luis* tuvieron mejor suerte. No se reportó ningún fallecimiento. Aun así, predominaba la impaciencia. A bordo del *São Gregorio,* los jesuitas organizaron una procesión de popa a proa, transportaban dos reliquias destinadas a su iglesia en Goa, las cabezas de Santa Gerasina, la compañera de Santa Úrsula, y de San Bonifacio el mártir, capitán general de las 11.000 vírgenes mártires de Colonia. En el altar colocado en la proa, los misioneros entonaron sus rezos y predicaron sus sermones para el arrepentimiento de los pecados; desde el capitán hasta el grumete, todos los hombres clamaban perdón y benevolencia a Dios. El 29 de mayo, se organizaron las procesiones del Corpus Christi a bordo de todos los barcos, con música y exposición de las reliquias. Los rezos y la devoción coincidieron con los vientos del oeste, que impulsaron los barcos al este, al sur y nuevamente al este a veinte grados hacia el cabo de Buena Esperanza.

En las oscuras y despejadas noches del hemisferio sur, Ricci pudo ver la Estrella del Sur y constelaciones invisibles desde las colinas romanas. Habría destacado con interés, al igual que hicieran otros jesuitas, las distancias recorridas, las latitudes navegadas y la ubicación de fronteras importantes. Situado a 35 grados, el cabo de Buena Esperanza representaba la mitad del camino de Portugal a India; su paso era la parte más peligrosa del largo viaje.

En algún momento cercano al 20 de junio, el *São Luis* cruzó el Cabo sin incidencias. El insidioso paso era un pedazo de tierra que no hacía mucho los portugueses habían denominado el cabo de las Tormentas (*Capo tormentoso*), allí habían perdido múltiples barcos a manos de las fuertes borrascas. Bajo el reinado de João III, el abuelo del actual rey, se había cambiado el nombre a uno esperanzador. El 20 de junio el *São Gregorio* avistó el cabo, pero las rápidas corrientes y los fuertes vientos obligaron al capitán a volver a mar abierto, para evitar que el navío se estrellase contra los rocosos acantilados. Al día siguiente, Martin da Silva dio un sermón para levantar los ánimos conjuntos.

Como prueba de su resolución (y de su devoción), el 24 de junio comenzó una terrible borrasca, soplando fuerte en la proa, era la peor tormenta hasta la fecha del viaje entero, escribió Pasio. Con las velas plegadas, el *São Gregorio* subió y bajó las olas durante 24 horas sin dirección alguna. Todos rezaron y los jesuitas lanzaron un *Agnus Dei* y un relicario de San Pablo al océano. La tormenta amainó. Al día siguiente, un suave viento de popa permitió al *São Gregorio* rodear el cabo y llegar a la costa que los portugueses llamaban Natale, cerca de la actual Durban. El *Bom Jesus* tuvo peor suerte. El 11 de junio, cercano al cabo, se enfrentó a un terrible temporal con olas montañosas que no cesaban de estrellarse contra la cubierta. Empapados, todos temían hundirse. Los fervientes rezos las siguientes veinticuatro horas parecían haber calmado las aguas, cuando otra tormenta, si bien más pequeña, los atrapó la medianoche del día siguiente. Los misioneros ofrecieron *Agnus Dei* y otros relicarios para calmar el mar; el viento de proa se convirtió en viento de popa, lo que llevó a muchos a confesar sus pecados y su gratitud por la misericordia de Dios. Aún en mar abierto y sin avistar tierra, el timonel de la nave creyó, erróneamente como se demostraría más tarde, que el navío había bordeado ya el cabo y alteró el curso de este a noreste. Pese a las dudas del resto, el piloto persistió en su error y navegaron entre nueve y diez días por la costa oeste de África en dirección a Portugal antes de percatarse de su error y desandar el camino, perdieron veinte días en el proceso y cruzaron el cabo el 2 de julio, casi dos semanas después que los otros dos barcos.

Con el cabo tras ellos, los marineros aún no habían terminado sus problemas. Todavía tenían que navegar el canal de Mozambique, el gran paso entre el continente y la isla de Madagascar; este espacio marino cerca de Natale era conocido por ser traicionero. Aquí, al *São Luis*, que había experimentado el viaje más tranquilo de entre los tres, lo asaltó el peor temporal de su expedición; el *São Gregorio* afrontó numerosas tormentas con viento favorable de popa; el *Bom Jesus*, tras algunos días de vientos favorables, se internó en una peligrosa borrasca y no progresó en absoluto en los siguientes agónicos veinticinco días de lucha contra un fuerte vendaval. Muchos a bordo se indispusieron; todos se preocuparon por las provisiones; "la generosidad se enfría" como remarcó Spinola. Fue también en este tramo que los tres barcos presenciaron las maravillas de los marineros: el Fuego de San Telmo. Algunos lo relataron sin mayor hincapié; Pasio, a bordo del *São Gregorio*, tan solo escribió el nombre que los marineros le daban al fuego de San Telmo: "el Cuerpo Sagrado". Otros presenciaron la mano de Dios; Ruggieri, el compañero de Ricci, tuvo una visión de la Virgen María, protectora del viaje: y en esa noche de San Pedro González, santo patrón de los marineros, en la corona de rayos la Santa Virgen apareció encima del mástil de popa, el de mesana y de la gavia principal; muchas personas confiables vieron esta visión. En el peligro, los padres retrocedieron y escucharon las confesiones de los pasajeros, les dijeron que en estas situaciones tan peligrosas es normal para los marinos recibir la ayuda de la Santa Virgen para salvarles.[9]

Si las palabras de Ruggieri reflejaban el ambiente optimista a bordo del *São Luis* y el confort de lo divino, el diario de Spinola mostraba la desesperación del *Bom Jesus* cuando presenciaron el Fuego de San Telmo:

> Se levanta una tormenta. Todos sufrimos lo indecible, con tantas coronas y rayos en un mar tan vasto. Esto ocurrió en la tierra de Natale, que no era insólito, a pesar de que los marineros me contaron que nunca habían visto uno a tan gran escala y los rayos eran tan brillantes que no podíamos ver nada más, y parecía como si el barco estuviera en llamas, y aunque nunca hubiera visto o imaginado nada similar, tenía el aspecto del infierno. Tendríamos que estar muy cerca de Nuestro Señor para no perder el arrojo porque por momentos se mostraba como el puente de la muerte, ya que el mar está repleto de sorpresas y fortalece la resolución de afrontar la muerte que se hiciera antes de embarcarse, dejándola toda ahora en manos de Nuestro Señor.[10]

Desmoralizados por la cercanía de la muerte, la tripulación del *Bom Jesus* se volcó en su devoción. Los jesuitas organizaron una procesión, recitaron letanías, ordenaron penitencias; con lágrimas en los ojos los marineros suplicaron a Dios, confesaron sus pecados y algunos incluso juraron meterse a curas. Incapaz de continuar hacia el noreste, el capitán y el timonel concluyeron que debían viajar más allá de Madagascar para India, una ruta que alargaría el viaje tres meses; las escasas raciones darían lugar a muchas muertes. Los rumores se extendieron cuando la tripulación lo supo. Los ánimos de amotinarse solo se calmaron cuando los jesuitas informaron al capitán de la amenaza y cuando un viento de popa repentino permitió al *Bom Jesus* cruzar el canal de Mozambique. Se organizó una procesión en honor a San Antón de Padua en agradecimiento. Para entonces, 12 de agosto, era ya tarde para anclar en la isla fortificada de Mozambique si querían llegar a India antes de los cambios estacionales en vientos y corrientes. El *Bom Jesus* continuó su curso hacia Goa, a donde llegó el 9 de septiembre tras un viaje apacible. Los otros dos barcos fondearon en el puerto de Mozambique el 21 y 22 de julio. Los hombres a bordo del *São Gregorio* y del *São Luis* llevaban cuatro meses sin pisar tierra; la alegría del reencuentro estuvo tintado de ansiedad por el destino del *Bom Jesus*. Los dominicanos allí establecidos dieron a los misioneros una cálida acogida y les relataron su propia misión en Madagascar, pretendían combatir la dominancia del islam convirtiéndolos al cristianismo. Se quedaron alrededor de tres semanas. El descanso de las inclemencias del viaje marítimo restableció rápidamente la salud de Martin da Silva, el procurador y superior de los misioneros; así, pudo dar un elocuente sermón de gracias en la Iglesia de nuestra señora de Beluarte de Mozambique. El 15 de agosto, tras subir a bordo esclavos africanos (300-400 en el *São Gregorio*, quizás los mismos en el *São Luis*), los barcos levaron ancla. Juntos, los dos navíos cruzaron el ecuador el 27 de agosto. El viaje por el océano Índico con vientos favorables y el mar en calma fue seguro y sin mayores problemas, pero dieciocho esclavos africanos a bordo del *São Gregorio* murieron por enfermedad. El 13 de septiembre, los barcos llegaron a Goa, todos se alegraron de saber que el *Bom Jesus* había llegado a salvo después de todo.

El trayecto de seis meses preparó a los jesuitas para su nuevo trabajo de misioneros. En primer lugar, se enfrentaron a la muerte. El tormento de las olas y las tempestades eran como la tortura de los dioses paganos, tal y como incidió el jesuita belga Ferdinand Verbiest un siglo después del viaje de Ricci, en una carta enviada desde China para reclutar más misioneros europeos.[11] Naufragar y ahogarse, por lo tanto, eran el culmen del martirio. La muerte estaba presente. Durante los siglos XVII y XVIII aproximadamente el 15% de todos los jesuitas misioneros alemanes murieron durante el viaje, antes de lograr llegar a América o a Asia.[12] En segundo lugar, coexistieron con la enfermedad. Todos los jesuitas a bordo del Sao Gregorio enfermaron en algún momento: todo el mundo padeció fiebres, exceptuando a da Silva, a quien se le infectó una mejilla. Y eso en una nave con un viaje apacible. En tercer lugar, el sufrimiento y las vicisitudes a bordo fortalecieron la vocación de los misioneros, citando a Spinola: "Pero sufrimos todo con calma y sin mayor complicación, damos las gracias a Nuestro Señor, sin temer por nada, con Nuestro Señor consolándonos en estas miserias, recordándonos los piadosos deseos que trajimos a esta aventura".[13] Finalmente, los jesuitas practicaron su sacerdocio: predicaron el arrepentimiento, visitaron a los enfermos, acompañaron física y espiritualmente a los moribundos, mediaron entre litigios y fortalecieron la fe de aquellos que se enfrentaban a tormentas y naufragios.

La constitución robusta y la disciplina espiritual eran indispensables. El viajero misionero mantenía una rutina estricta a bordo, tal y como describieron Pasio y Spinola. A las mañanas los jesuitas dedicaban una hora a los rezos matutinos y a su confesión semanal; realizaban ejercicios espirituales y penitencias en sus camarotes, el régimen incluía el examen de consciencia mañana y tarde. Tras ello, efectuaban su ronda de visitas a los enfermos, acompañándolos espiritual y físicamente. Recitaban las letanías diariamente y a menudo varias veces al día, reunían a la tripulación por la noche a cantar himnos y a rezar para prevenir posibles peleas. Los curas daban el catequismo cada dos días y daban misa los festivos con sermones. Intentaban que la tripulación renunciase a los insultos y al juego, y organizaban procesiones en situaciones de peligro, como ya se ha visto. Mientras que los padres se encargaban de las tareas espirituales, los hermanos (Ricci entre ellos) se ocupaban de los enfermos. Después de Mozambique, sus deberes se extendieron también a los esclavos africanos, reconfortaban a los desafortunados prisioneros destinados al mercado esclavo de Goa.

La ciudad de Goa (hoy en día Goa Vieja) está situada en una isla en una bahía de medialuna, era la joya de la corona del Asia portuguesa y se encontraba separada del continente por el norte y el este por dos estrechos ríos, su cara oeste daba al mar Arábico. Una muralla en la parte este defendía al asentamiento contra cualquier amenaza de tierra firme, pero, por lo demás, Goa estaba expuesta al mar. Con sus hermosas casas e iglesias ajardinadas, Goa parecía a ojos de los viajeros una "pequeña Lisboa" en el trópico, las paredes encaladas de los edificios portugueses relucían al sol entre las palmeras y la exuberante vegetación (véase lámina III). En la calle principal cada mañana, excepto fiestas de guardar, se organizaba un mercado concurrido. Los mercaderes encontraban allí mercancía de toda India, especias del sureste asiático, porcelana y seda de China y esclavos traídos de África. Junto a los portugueses se entremezclaban los mestizos y conversos indios, persas, gujaratis, maratas, judíos, armenios, sirios y chinos. En total, el virrey de India gobernaba sobre 150.000 habitantes en Goa y sus alrededores, unos 90.000 cristianos y el resto hindúes. A pesar de la enorme diversidad de mercaderes, los portugueses solo permitían practicar el catolicismo en la ciudad. Se trataba del centro de su civilización.

En 1510, los portugueses conquistaron el antiguo asentamiento indio que había pertenecido al sultán de Bijapur, y lo transformaron en la capital de Estado India.

De hecho, sería una exageración llamar estado a los asentamientos portugueses en Asia. Su "imperio" consistía en una serie de puertos fuertemente fortificados que formaban una red de comercio gracias a su dominio marítimo. Desde Sofala y Mozambique en la costa este africana, hasta Ormuz en la boca del golfo Pérsico, desde una serie de fuertes en la costa oeste de India (Diu, Bassein, Goa, Cochin, etc.), bajando a Ceilán (Sri Lanka) y Malaca en la península malaya, los barcos portugueses gobernaron los mares la mayor parte del siglo XVI, tras derrotar a los otomanos y a diversos rivales musulmanes en la década de 1510. Más allá de los cañones europeos, la presencia de los portugueses se diluía ante los desiertos, los prados y los bosques tropicales de las inmediaciones.

Mientras alternaban entre alianzas y conflictos con los poderes locales, los portugueses llevaban a cabo un comercio lucrativo de especias, sedas, porcelana y plata, a mitad del siglo XVI sumaron a su red las Molucas (Amboina), Macao en la costa sur de China y Nagasaki en Japón.

Era un pequeño enclave de civilización europea plantado en tierra asiática, el colonialismo portugués dependía de dos nutrientes para mantenerse vivo: población y cristiandad. El primero era complicado de cumplir. Portugal era uno de los países europeos menos poblados, contaba con aproximadamente 1,5 millones de habitantes en la década de 1570, comparado con los tres millones de Inglaterra, siete millones de España y catorce millones de Francia (el país más poblado de Europa). La expansión portuguesa requería mano de obra, como marineros en las frecuentes flotas a Brasil, India y Asia del este, y como soldados protegiendo las fortalezas comerciales de su remoto imperio. Y lo más importante, prácticamente ninguna mujer portuguesa viajó al extranjero en el siglo XVI; más tarde, solo un limitado número de niñas huérfanas viajó con el apoyo de la corona. La gran mayoría de portugueses se juntó con mujeres locales; su progenie, los mestizos, educados como luso hablantes católicos, pero tratados por los metropolitanos como portugueses de segunda clase, eran el pilar del colonialismo portugués. En Goa, Malaca, Macao y otros asentamientos portugueses permanentes, la población masculina estaba dividida entre los casados y los soldados, todos eligibles para el servicio real (es decir, militar). El resto lo formaban dos grupos: esclavos y conversos. El primer grupo era de lo más heterogéneo, lo componían personas de piel oscura del este de África, malucos, y timorenses, distintas etnias indias y, más tarde, sirvientes aprendices comprados en el sur de China. Igual de esencial era para el colonialismo portugués la población conversa. En Goa, los conversos indígenas conformaban la mayoría de la población, de ahí la importancia de la cristianización como segunda fuente principal para continuar la presencia portuguesa. Curiosamente, los portugueses (incluido el clero) consideraban la cristiandad como sinónimo de ser portugués, en discurso, vestimenta, alimentación y fe; el color de piel y el lugar de nacimiento (metrópolis frente a colonia) recalcaban la posición social.

No había tanto clero para encargarse de las múltiples comunidades portuguesas en el extranjero y para evangelizar. La escasez de hombres obligó a los portugueses a permitir a los mercaderes italianos, alemanes y flamencos compartir su mercado asiático y sus ganancias.

Asimismo, Portugal hizo venir a misioneros de otras naciones católicas de Europa para ayudar en la evangelización.

Matteo Ricci y los otros misioneros llegaron a Goa el 13 de septiembre, la víspera del festivo de la Exaltación de la Santa Cruz. Tras el desembarco, los cuatro jesuitas italianos se regocijaron al ver una hermosa parcela de hierba. Se sentaron a descansar, como Ruggieri rememoró algo exageradamente años más tarde "ya que sus mentes aún daban vueltas a haber pasado siete meses en barcos sin avistar tierra firme". Los compañeros empezaron a comentar despreocupadamente los planes que Dios tenía para ellos "en estas tierras". Ruggieri, como el mayor de ellos, decidió asignar los puestos: todos irían a China, Rodolfo Acquaviva como teólogo, Francesco Pasio como filósofo, Matteo Ricci como matemático y él mismo como abogado. Tras el discurso, Ruggieri sonrió, satisfecho con estos “castillos en el aire que había imaginado”, tras lo cual Acquaviva respondió animadamente “No bromees sobre esto, Padre, así se hará!”.[14] Tras esto, los compañeros continuaron su camino hacia Goa y se unieron a los otros para una cálida acogida en su honor en el colegio Jesuita de San Pablo.

Cuatro años antes, el general Borgia había enviado una pieza real de la cruz desde Roma hasta Goa. Ruy Vicente, el provincial de la Provincia Jesuita de India, ofició Vísperas y dirigió la procesión a la plaza donde se encontraba la iglesia jesuita, allí los viajeros se unieron a sus hermanos locales y rezaron frente a la cruz de piedra recién erigida. Al día siguiente, Vicente recitó misa solemne en una iglesia concurrida, asistieron el virrey y todos los dignatarios portugueses. El rector del colegio, Franciscus Monclaro, celebró la homilía. Tras la misa, el padre Vicente enseñó la reliquia de la cruz en una procesión alrededor de la iglesia, bajándola para que todos la besaran. Después la procesión prosiguió en la plaza, precedida por ocho estudiantes del colegio jesuita bailando en honor de los nuevos integrantes. Otros estudiantes, algunos de seis o siete años, se vistieron de soldados (su futura profesión), marcharon con arcabuces y dispararon en frente de la cruz como homenaje. Tras tres o cuatro días en Goa, el Provincial mandó al nuevo grupo al retiro en la cercana isla Chorao, donde pudieron descansar antes de recibir tareas. Al igual que el Imperio portugués asiático, la Provincia Jesuita de la India estaba centralizada en Goa. El 1578, la Provincia contaba con 157 miembros, era casi la mitad de numerosa que la Provincia portuguesa.[15] La mayor agrupación se encontraba en Goa; el colegio contenía 106 miembros, incluidos los nuevos integrantes: 37 curas, 51 coadjutores y dieciocho novicios. Otros 82 jesuitas ejercían en otros lugares de la India: 34 en Bassein, veinte en Cochin, nueve en Chaul, catorce en la Costa Coromandel y cinco vigilaban la prestigiosa basílica del apóstol San Tomás en Santo Tomé, Meliapor (cerca de Chennai hoy día).

La Provincia de la India también tenía jurisdicción sobre otras misiones jesuitas en África y Asia. Las misiones en África no daban frutos, tres jesuitas trabajaban sin resultado alguno, intentaban convertir el reino cristiano al rito católico romano. Los diez jesuitas en Malaca asistían sobre todo a la comunidad portuguesa, mientras que tres intrépidos misioneros se encargaban del emplazamiento más difícil en las Molucas. Tal era la crudeza de la selva y los nativos que en 1552 Francisco Xavier había destituido a dos jesuitas por abandonar su puesto, un tercero murió como mártir en 1558 y el cuarto sucumbió a la locura y tuvo que ser enviado a Goa para morir en 1564.[16] Los países desarrollados como China o Japón resultaban mucho más prometedores: los siete jesuitas en Macao ministraban a la pequeña comunidad de mercaderes portugueses y a sus personas a cargo, mientras que 46 misioneros hacían múltiples conversos en Japón. Puede que una décima parte de los jesuitas en la Provincia de India no fueran súbditos de la corona portuguesa, la mayoría de ellos eran italianos. Todos habían adquirido el idioma tras la larga travesía, de hecho, en su correspondencia con el General en Roma aparecían palabras portuguesas. Pero al contrario que los jesuitas portugueses, muchos de los cuales estaban satisfechos ministrando a sus compatriotas en el trópico, los padres italianos deseaban evangelizar a la población indígena. Sus primeras tareas, sin embargo, fueron en el colegio de San Pablo. Vicente, el Provincial, designó a Acquaviva como prefecto de la Iglesia y profesor de filosofía, a Pasio como pastor del colegio, a Spinola, Ruggieri y Ricci como estudiantes de teología y el sexto italiano de este nuevo grupo, el *coadjutor temporalis*, Giovanni Gerardino, como sacristán.

Tras su primer año fallido de teología en Coimbra, ya en Goa Ricci retomó las clases de teología casuística y especulativa de mano de Eduardo de Sande, Lopo Abreu y Laurent Pinheiro (los dos primeros entre los nuevos integrantes) y sus ponencias sobre Aquino y sus ideas de la virtud, la ley y los ángeles. La rutina le podría recordar a la vida en cualquier colegio jesuita. De hecho, el colegio de San Pablo, en palabras de Pasio, podría rivalizar con el colegio jesuita mejor construido en cualquier lugar de Europa. La casa de novicios con su propio jardín y capilla se había construido recientemente siguiendo la de San Andrea en Roma, por orden del visitador Alessandro Valignano, que estuvo en Goa desde septiembre de 1574 hasta justo meses antes de la llegada de Ricci, y que ahora estaba dirigiendo la misión en Japón. Decorada con magníficos altares y pinturas realizadas por jesuitas locales, la iglesia del colegio también atesoraba las cabezas de tres santos, dos de los cuales, como ya se ha visto, se acababan de importar de Europa.

En el año académico de 1578 se registraron más de 900 estudiantes. La clase de primaria era la más numerosa con unos 700 niños portugueses aprendiendo a leer, escribir, contar y el catecismo; al siguiente nivel, humanidades, asistían 150 estudiantes externos y trece jesuitas; la clase de filosofía, con diecinueve jesuitas y un puñado de estudiantes externos, se trasladó al colegio jesuita de Cochin durante el semestre, una decisión de Vicente debido a la epidemia en Goa y a los conflictos militares en la cercana Salsete entre los portugueses y el sultán de Bijapur; y, finalmente, veinte estudiantes, casi todos jesuitas, asistían a las clases de teología. Además de sus deberes como profesores, los jesuitas ayudaban en el hospital de la ciudad por orden del virrey, se turnaban con otras órdenes religiosas de Goa. Enseñaban el catecismo a los niños locales, en Konkani, el idioma regional, aquellos que lo habían aprendido, y a través de intérpretes los que aún ignoraban las lenguas indígenas. Algunos padres acompañaban espiritualmente a los condenados a muerte y acompañaban regularmente a las víctimas de la Inquisición, que tenía jurisdicción sobre toda la Asia portuguesa. En otoño de 1578, los jesuitas también ayudaron a los refugiados de los conflictos en Salsete, se trataba de conversos indios con miedo a las represalias de las tropas musulmanas de Bijapur.

Aún y todo, la vida escolar no era lo que muchos habían pactado. Para ello, podrían haber permanecido en Europa. Para los que continuaban en Goa, la rutina podría haberles parecido anticlimática comparada con la heroica travesía marítima, que recordaban vívidamente en las largas cartas enviadas a Europa. Spinola y Ruggieri fueron los más afortunados. En noviembre de 1578, tras solo dos meses, los enviaron a la costa Coromandel como misioneros de los cristianos malabares. Aquellos que se quedaron, Acquaviva y Pasio, hacían patentes sus quejas a través de cartas privadas al General. Una señal de esa frustración era el descontento con los portugueses. Previo a su partida de Portugal, su superior advirtió a los jesuitas italianos sobre el orgullo portugués, no pronunciarían ni una crítica a bordo de sus barcos y tendrían en cuenta la devoción y el apoyo de la Corona portuguesa. Pero tras unos meses en el centro del colonialismo portugués asiático, surgieron las críticas. El 31 de octubre de 1578, Acquaviva escribió al general Mercuriano para informar de la escandalosa reputación de Martin da Silva en Goa: bajo la sospecha de incitación sexual durante la confesión, Valignano le había prohibido confesar a mujeres; y muchos en Goa estaban consternados con que hubieran admitido al antiguo procurador en el cuarto voto como padre profeso de la Compañía mientras estaba en Roma.

En todo caso, Acquaviva al final consiguió escapar del tedio escolar y del malicioso cotilleo de Goa, a mediados de noviembre de 1579, Ruy Vicente lo seleccionó junto a otros jesuitas para la corte del emperador mogol Jalaluddi Muhammed Akbar (1542-1605); el monarca había requerido hombres instruidos en el cristianismo para completar el esplendor y la enseñanza de su corte. Durante tres años, Acquaviva, Francisco Henriques y João de Mesquita languidecieron en Agra, asimilando información lingüística, cultural y política. Sin embargo, al no ver posible la conversión imperial, Acquaviva regresó a Goa en mayo de 1583, y murió dos meses después en Salsete durante un levantamiento de los hindúes locales contra los portugueses, cumplió así su deseo de convertirse en un afamado misionero y mártir.

La cruz pesaba más sobre los hombros de su amigo y compañero Francesco Pasio, quien escribió sobre la melancolía de adaptarse, no tanto al calor infernal y a las fiebres de la India, sino a la frustración de sus deberes como pastor del colegio jesuita, ya que estaba a cargo del bienestar espiritual de unos 300 jesuitas e internos. En una misiva al general Mercuriano escrita el 27 de octubre de 1580, Pasio destacó que era justamente para escapar de esas obligaciones por las que había partido de Roma a India. Para más inri, debía tratar con el provincial, un hombre santo, en opinión de Pasio, pero exigente, austero, rigoroso y colérico, atributos que habían empeorado tras una larga enfermedad en 1577; estallaba y reñía a los subordinados ante cualquier infracción de las normas o cuando se le llevaba la contraria. Los métodos portugueses eran los mejores para Vicente, informó Pasio frustrado. En el otoño de 1579, Pasio pidió permiso para servir en la misión etíope, pero al final no zarpó ningún barco y en 1580 la situación era tan desalentadora que no se previó ninguna misión. A pesar de sus quejas privadas, Pasio contaba con la confianza del provincial, y en diciembre de 1580 lo designó procurador de la provincia. Durante un año, Pasio se encargó de los asuntos de la provincia, compró aceite, vino y una diversidad de elementos, a la vez que manejaba las rentas de las propiedades de la misión de Japón y se aseguraba de su transferencia pronta y segura. De vuelta a sus obligaciones como pastor del colegio, Pasio finalmente completó su vocación misionera cuando Valignano lo convocó en abril de 1582 para unirse a él en Japón.

Otro jesuita italiano del grupo del 1578 fue requerido en una nueva iniciativa misionera. El 12 de abril de 1579, el provincial Vicente recibió una carta desde Japón: Valignano le pedía que seleccionara a alguien con talento para los idiomas; se eligió al candidato para que aprendiera chino mandarín en Macao, una preparación para la apertura del Reino Celestial a la evangelización. Valignano estaba pensando en Bernardino de Ferraris, un jesuita calabrés, pero se encontraba indispuesto en ese momento.

Tirando de lista mental, Vicente propuso a Ruggieri, al que acababan de mandar a la costa Coromandel el noviembre pasado con un baúl lleno de libros de derecho. El napolitano era doctor en derecho canónico y civil antes de unirse a la Compañía, y el provincial esperaba que Ruggieri llevara a cabo también una "misión civilizadora", enseñando a los pescadores de perlas y a los conversos recientes a atenerse a la ley cristiana y civil europea. Los superiores de Ruggieri le tenían en alta estima. Antonio Monserrate, secretario de la provincia y un misionero veterano en la Costa Coromandel, elogió a Ruggieri ante el general Mercuriano:

El padre Michele Ruggieri ha partido a China para aprender el idioma de los mandarines, el idioma más refinado y elegante en esas tierras, y esto, con ayuda divina, para poder comenzar la empresa que el bendito maestro Francisco [Xavier], que en paz descanse, y otros padres posteriormente no han conseguido por algún misterio divino. Nuestro Señor ha dirigido la mirada a esa pobre gente, y junto al empeño del padre visitador [Valignano], que ha vuelto de Japón, resuelto a esta iniciativa. Para esto se eligió al padre Ruggieri, como persona en la que la edad [tenía 35], virtud, habilidades, inclinaciones y otras cualidades necesarias confluyen, ya que en los pocos meses que ha estado en la costa Coromandel, ha aprendido tamil con tanto celo y fervor devoto que pudo empezar a escuchar la confesión en ese idioma, y fue tanto el renombre que consiguió que todos dentro y fuera de la casa [de los jesuitas] lamentan con mucho su marcha.[17]

En otra carta al general, Vicente enfatizó la habilidad lingüística de Ruggieri, adujo que tan solo días después de su llegada el italiano había comenzado a escuchar confesión en tamil, y remarcó su mérito como una de las razones para su decisión. El mismo Ruggieri, algo más modesto y realista, confirmó su capacidad de escuchar confesiones en tamil en menos de un año.[18] En abril, Ruggieri obedeció feliz la orden "ya que había soñado con ello antes de su llegada a la India"[19] y partió de la costa Coromandel a Cochin, donde embarcó en mayo rumbo a Macao (véase mapa 1).

Michele Ruggieri, la gran esperanza de China; el jesuita italiano Alberto Laerzio, había llegado con un nuevo grupo de misioneros en 1579 y escribió lo siguiente en una carta desde Goa (el 8 de noviembre de 1581): Ruggieri ya conoce el idioma y predica a los mercaderes portugueses y otros cristianos en Macao, ha convertido incluso a algunos infieles, "si nuestro Señor Dios abre la puerta a la gran recolección de almas, él podría entrar en el país y recoger una fruta estupenda".[20] Mientras tanto, esperando a que el Señor llamase a las puertas de China, Laerzio estaba acompañado de otros cuatro italianos en el colegio de San Pablo, dos de los cuales, Pasio y Ricci, habían pasado más de tres años en la India. Solo en este momento del relato se escucha la voz de Ricci. Al igual que un compañero menor, "un simple joven" en palabras de da Silva, Ricci pasaba desapercibido. Aún era solo un estudiante de teología, sus compañeros jesuitas, de puestos más elevados, no comentaban nada del discreto joven en sus cartas de la India. Ricci también escribió una misiva poco después de su llegada, dirigida a su profesor de latín en el colegio Romano, Martin de Fornari. La carta no llegó a nuestros días. La primera vez que se escuchan sus propias palabras es en otras dos cartas escritas en Cochin, datadas el 18 y 30 de enero de 1580 y dirigidas a otros dos antiguos profesores, el portugués Emmanuele de Gois en Coímbra y Fornari en Roma.

La primera carta de Ricci escrita en portugués para Gois destaca por su banalidad. Sin ningún añadido personal, la carta es un informe de los sucesos misioneros actuales, una mezcla de la información más reciente en Goa y un reflejo de devoción convencional. Ricci dedica más atención a sus largas cartas al Imperio mogol: el emperador Akbar, tras coincidir con jesuitas portuguese en Bengala, envió un emisario a Goa pidiendo cristianos cultos para su corte. Con la mente puesta en una alianza política con el poderoso emperador del norte, el virrey portugués aprovechó esta oportunidad; el provincial jesuita la acogió con entusiasmo en el colegio jesuita. Ricci informó sobre la selección de misioneros para esta emocionante y gran empresa, y reflejó los sentimientos compartidos en Goa:

> Estamos todos inquietos, con grandes esperanzas para nada menos que la conversión de toda India, si todo va bien. Pero todo tiene su dificultad, por lo tanto, Su Reverendo y otros no deberían considerar esto algo dado y descuidar sus oraciones a Nuestro Señor, ya que este asunto concierne a moros y otros obstáculos que el Diablo usa para obstaculizar obras similares.[21]

Al menos, la paz se había restaurado en Salsete mediante un tratado entre Goa y Bijapur, informó Ricci. Notificó a su vez la conversión de la hija del gobernador destituido de Bijapur, del hermano del monarca actual y del príncipe legítimo, ahora bajo la protección de los portugueses. Tras cortas observaciones sobre Malaca y las Molucas, Ricci relató las excelentes noticias japonesas: la conversión del señor feudal, el daimio de Bungo (el "rey" en fuentes portuguesas), para el que los jesuitas organizaron una procesión festiva en Malaca y Cochin. El catolicismo romano progresaba, incluso en la costa Coromandel, donde los cristianos de Santo Tomás habían accedido a adherirse a los ritos romanos cristianos, así terminaba el triunfal informe de Ricci. Únicamente un pequeño apunte sobre la geografía y la ubicación del Imperio Mogol traicionaban el interés personal de Ricci. Su corta misiva a da Fornari, escrita en italiano, repetía de manera resumida la información que envió a Gois, exceptuando las novedades de varios padres italianos en Japón. Ricci mismo estaba enseñando gramática

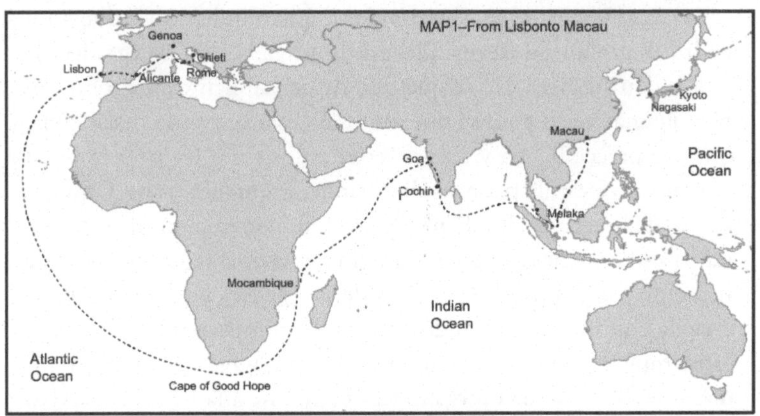

Mapa 1. De Lisboa a Macao

latina en el colegio Jesuita de Cochin. Después del primer año académico en Goa, entregado a la teología, pasó a ser profesor de humanidades de primero en septiembre de 1579; enseñaba gramática griega a una docena de estudiantes e iba a comenzar con la *Filípica* de Demóstenes cuando enfermó. El 11 de noviembre, Vicente decidió mandarlo a Cochin, donde el aire salobre le ayudaría en su recuperación. Parecía que Goa era un lugar malsano (pantanos, ríos lentos): Vicente informó al general Mercuriano de que siete jesuitas habían fallecido aquel año, incluyendo dos estudiantes de diecinueve y dieciocho años, y de la terrible enfermedad de Ricci.[22] Al recuperar su salud, Ricci enseñó retórica a los alumnos de humanidades de Cochin durante el segundo semestre; el 26 de julio de 1580 fue ordenado y dio su primera misa. Ricci permaneció en Cochin enseñando retórica hasta que Vicente lo reclamó en Goa y le mandó retomar sus estudios en teología.

El 29 de noviembre, en respuesta a una carta de Ludovico Maselli, su antiguo profesor en el colegio Romano y actual rector, Ricci abrió su corazón. Acababan de notificarle su vuelta al colegio de Goa y la misiva de Maselli había conjurado las tiernas memorias de sus días en el colegio Romano:

> Quiero decir que nada me causa tanta tristeza, [incluida] la larga separación física de mis padres, incluso aunque sea muy carnal,

> como la ausencia de Su Reverendo, a quien quiero más que a mi padre. Por ello, Su Reverendo puede juzgar cómo de agradecido estaba con su carta. No sé qué tipo de pensamientos me sobrevienen algunas veces y no sé qué me causa esta suerte de melancolía, que me parece buena y tendría escrúpulos si no los tuviera ya, al pensar en que mis padres y hermanos, a quienes quise y quiero tanto, de la escuela donde nací y crecí, pudieran estar desacompasados a mí, mientras que yo recuerdo tan vívidamente a todos, que recuerdo a Su Reverendo y a los demás padres y hermanos de la escuela con lágrimas, orando por mí en mi miseria. No obstante, estoy muy feliz con esta segunda vocación y agradezco la gran bondad que Dios me ha otorgado tras llamarme a la Compañía, vivo con grandes cosas en lo que ello concierne entre nuestros padres y hermanos.[23]

Uno de esos padres espirituales que Ricci apreciaba más que a los suyos era Gian Pietro Maffei, un enviado del general a Portugal para reunir información sobre las misiones jesuitas en las Indias y escribir una historia. Ricci reaccionó emocionado a la petición de Maffei en busca de información de primera mano, pidió perdón por su carta en portugués aduciendo a lo mucho que había olvidado su lengua materna. Animado por este proyecto intelectual, Ricci mostró un profundo interés por los estudios humanistas y científicos. Las mejores fuentes impresas, avisó a Maffei, están llenas de errores; un buen trabajo histórico precisa de información y de fuentes primarias. Aunque le ofreció sus propias experiencias y los servicios de un hermano jesuita anónimo, "un muy buen amigo", que ayudó a Maffei a verificar las fuentes, Ricci aconsejó esperar a la llegada de Valignano, que debía llegar de Japón (el visitador no llegó a Cochin hasta junio de 1583). Valignano no solo participaba en el despliegue dramático de las heroicas misiones jesuitas, sino que supuestamente era el autor de una historia de las misiones asiáticas, lo que le sería indispensable consultar a Maffei. El mismo Ricci había escrito varias cartas a Valignano, pero estas parecían haberse perdido, ya que nunca recibieron respuesta. Lo que Ricci podía ofrecer, "si así lo quería Su Reverendo", era una tabla con descripciones de los lugares más importantes de la zona, "con los mapas y eclipses que he contemplado y contemplaré, elementos más reales que lo que se encuentra impreso".[24] Las dos grandes esperanzas, relató Ricci, eran la conversión de Oda Nobunaga, el señor de la guerra japonés, patrón de los jesuitas y vencedor de las guerras civiles que habían plagado Japón durante casi un siglo, y del emperador Akbar del Imperio mogol. Pasando de los asuntos universales en el mundo de las misiones católicas a su propia tragedia personal, Ricci describió su enfermedad y su pedagogía con leve ironía:

> "En lo que a mí respecta, no puedo librarme de la gramática." Anticipándose a su regreso a Goa, donde el Provincial lo envió para terminar sus estudios de teología, escribió: "No sé si acabará antes la gramática o mi vida, ya que ese lugar es de lo más insalubre".[25] En diciembre de 1580 Ricci volvió a Goa y pronto enfermó con fiebre.

Preocupado por su salud, el Provincial no le asignó más tareas que sus estudios. El estudioso y joven cura dedicó el año de 1581 enteramente a la teología, hasta volver a contraer fiebre en los meses otoñales. Su enfermedad le impidió contestar antes a dos cartas de Maffei preguntando por información detallada de las Indias. Ricci se apresuró a escribir una respuesta el 1 de diciembre antes de que los barcos rumbo a Portugal zarparan, le recomendó la biografía sobre Francisco Xavier escrita por Manuel Teixeira, rector del colegio jesuita de Cochin y antiguo compañero de Xavier en la India, el manuscrito se había enviado a Roma. Ricci aconsejó a Maffei acudir a Teixeira, ya que estaba mejor informado en infinidad de temas. Aún no había noticias de Valignano. En relación a sus propias contribuciones, Ricci advirtió que los ríos que separaban Goa de tierra firme no eran más que riachuelos de agua salada, pero en lo que respectaba a historia política, no conocía más que Akbar. Tendría que consultar a un musulmán instruido o a un brahmín culto para aprender más sobre historia india. La misión en Akbar, en todo caso, no iba según lo previsto: la curiosidad del emperador mogol estaba más encaminada al estudio de occidente que a la fe y no parecía querer convertirse; Rodolfo Acquaviva ya había obtenido permiso del provincial para volver de Delhi. Al mencionar el martirio de un par de jesuitas portugueses en Etiopía y la enfermedad de muchos en India, Ricci se puso melancólico y le escribió a Maffei sobre la dicha que sus misivas le habían traído, esperaba que el estimado padre siempre continuara con su correspondencia. A pesar de contar con amigos en Goa, Ricci añoraba sus días en Roma. Burlándose de su propia nostalgia escribió: "a pesar de ser joven, tengo el talante de un anciano, siempre ensalzando el pasado. Sé bien que todo esto nace de mis defectos, y por una vez confiaré las incertidumbres a manos de nuestro Señor".[26]

Y el Señor quiso que eligieran a un italiano, Claudio Acquaviva, uno de los "estimados padres de Ricci en Roma", como el quinto general de la Compañía de Jesús. El 25 de noviembre de 1581, Ricci escribió para felicitar al nuevo general y para recordarle a Acquaviva la existencia de los italianos en la Provincia india (eran cinco de 100 en el colegio). Después de su tercer y último año de sus estudios de teología, Ricci esperaba que le dieran otra tarea aparte de enseñar humanidades, pero añadió seguidamente, que esto lo hacía en obediencia hacia Dios y su superior, lo que lo consolaba.

Debido a su familiaridad con el nuevo general, Ricci presumió de dar consejos confidenciales en diversos temas pertenecientes a los jesuitas de Goa. El primero de ellos fue sobre el escándalo de Giovanni Battista de Loffreda, un hermano jesuita italiano que se encontraba entre los reclutas que Valignano trajo a la India en 1574. Médico de formación, y uno muy bueno según parecía, Loffreda sentía que su verdadera vocación estaba en la sanación del alma. Tras múltiples peticiones a los superiores en Roma y Goa, Loffreda fue ordenado al fin. Aun así, se sintió menospreciado cuando sus superiores restringieron sus actividades como cura ya que no dominaba poseía ninguna habilidad para el portugués y desafiaba abiertamente a la autoridad. Sus compatriotas italianos lo consideraban emocionalmente inestable y una vergüenza para la Compañía, después de que Loffreda se escapara a territorios musulmanes, solo para volver maldiciendo a la Compañía. En un momento dado, Pasio y Acquaviva tuvieron que encadenar a Loffreda al dispensario, así de agitado y violento se encontraba el intratable hombre. Ricci aconsejó a Acquaviva ignorar cualquier súplica que pudiera llegar de Loffreda, actualmente destituido de la Compañía, quien tenía la habilidad de transformar su pesadez en victimismo. El segundo asunto en el que Ricci aconsejó al nuevo general limaba la ofensa a su superior inmediato y era un reflejo del vil cotilleo en la Goa portuguesa. A la vez que alababa a Ruy Vicente por ser un provincial diligente y mantener siempre en vista los intereses de la Compañía, Ricci lo criticaba por haber nombrado a Eduardo de Sande y Gomez de Vaz como rectores de los colegios jesuitas de Bassein y Malaca. Esta decisión provocó descontento y críticas entre los jesuitas en India, ya que los dos hombres eran "judíos neófitos" (en griego en palabras de Ricci); y dado que la Inquisición había condenado a múltiples nuevos cristianos a la pira en los últimos años, la nobleza portuguesa sospechaba y repudiaba a todos los nuevos cristianos.

De hecho, la Inquisición había llegado a Goa junto al despertar del antisemitismo portugués.[27] Las conversiones forzosas del 1497 en Portugal, inspiradas en los actos de la monarquía española de 1492, inauguraron una nueva fase en la persecución de los judíos portugueses. Una masacre en 1506 en Lisboa acabó con la vida de varios cientos de judíos;[28] debido a la presión española, João III llevó la Inquisición a Portugal en 1536. Atraídos por el dinero fácil y un control menos estricto en los territorios de ultramar, muchos nuevos cristianos se unieron a la aventura de oriente como mercaderes de éxito, médicos e incluso misioneros jesuitas. En Ormuz se encontraban "judíos blancos" y en Cochin "judíos negros", descendientes de anteriores migrantes palestinos. Algunos nuevos cristianos podrían haber regresado al judaísmo en el permisivo ambiente asiático, previo a las severas medidas de mitad de siglo. Muchos ejercían profesiones importantes. La práctica totalidad de los médicos de Goa, por ejemplo, eran nuevos cristianos; la élite dirigente portuguesa tenía tanta dependencia como odio hacia ellos e imaginaban tramas de envenenamiento que acabarían en denuncias y autos de fe. Ya en 1543 el arzobispo de Goa quemó al médico converso Jerónimo Días por hereje reincidente; tres años después Xavier animó al rey João III a establecer el Santo Oficio en la India; en 1557, a raíz de descubrir una nota blasfema en una iglesia de Cochin, varios destacados nuevos cristianos de Cochin y Goa fueron arrestados y enviados a Lisboa para ser quemados en la pira; y finalmente, en 1560, el rey mandó dos inquisidores a Goa a combatir la filtración de vicios judíos y musulmanes y la recaída de los conversos. La Inquisición en Goa duró hasta su disolución en 1812.

Debido a la enunciación de la carta de Ricci, era imposible saber si compartía el presente antisemitismo de los portugueses o si simplemente informaba al general de la decisión de Ruy Vicente la cual consideraba perjudicial para los intereses de la Compañía. De hecho, Ricci escribió: "Creo que el Padre [es decir, Vicente] ha realizado esto debido a la ausencia de otros [candidatos] apropiados", agregó su esperanza de que el general pudiera enviar personal cualificado a India. El hecho de que Ricci cuestionara el juicio del provincial era conmovedor, ya que Eduardo da Sande había sido su superior durante el viaje a India y volvería a serlo más tarde en China, a la vez que sus carreras les alejaban de ese bastión de valores y cotilleo portugueses.

En otra ocasión en la que compartió su opinión con el general, Ricci mostró sus diferencias con los portugueses. En el colegio se había llegado a una nueva decisión: los estudiantes indígenas, hijos de nativos, no podrían estudiar filosofía o teología; el nivel más alto al que podían aspirar se limitaba al latín y a la casuística. "Decían que ellos [los estudiantes indios] se volvían arrogantes cuando aprendían latín y rehusaban servir en parroquias humildes". "Pero todo esto", contraargumentaba Ricci, "se podría decir de otros que estudian en nuestro colegio, ya sea en India o en Europa: no por ello podemos dejar de enseñar a todos; la razón más bien radica en que estos indígenas, aunque sean cultos, rara vez disfrutan de la confianza de los blancos". Era tradición de la Compañía no hacer distinciones a la hora de enseñar, enfatizó Ricci. Esta nueva política de exclusión promovería "la ignorancia en el quehacer eclesiástico, en lugares donde el conocimiento es tan necesario, porque en todo caso se convertirían en curas y comisarios de almas y es indecoroso, entre tantos infieles que se conviertan en curas tan ignorantes, incapaces de responder a un argumento o de fortalecerse y fortalecer a otros en nuestra fe, no deberíamos esperar milagros cuando son innecesarios, y un simple casuista no puede englobar todo esto." Lo que encendía a Ricci más que cualquier otra cosa, y no profesó tanta pasión hasta este momento, fue la discriminación racial:

> Y la tercera razón, la que más me conmueve, es que estas personas se encuentran humilladas en nuestra tierra y nadie se dispone a ayudarlas excepto nosotros [jesuitas]; por esta razón les hemos mostrado nuestro amor. Si se llegasen a enterar de que los mismos padres están ahora en su contra y no desean que levanten cabeza y obtengan los beneficios o puestos iguales a otros, que se pueden obtener mediante los estudios, dudo mucho de si no nos odiarían, y por ende dificultaría el propósito principal la Compañía en la India: la conversión de los no creyentes y el mantenerlos en nuestra sagrada fe.[29]

Ricci pertenecía a una minoría de jesuitas que apoyaban la admisión de los indios en la Compañía.[30] El internacionalismo jesuita no pudo hacer frente a la jerarquía racial y a la discriminación portuguesa. Incluso Valignano tuvo que comprometerse con el colonialismo portugués, explicó a Roma que los estudiantes indios no contaban con las altas cualidades intelectuales que requerían los jesuitas y que, aunque se les admitiera en los rangos de la Compañía, no podrían ocupar las élites dirigentes seculares de Goa. Lejos de albergar un sentido de superioridad europea, Valignano había criticado a Francisco Cabral, un jesuita portugués y superior en la misión en Japón, por el trato cruel que tenía con sus novicios japoneses y su negativa a ordenar a curas japoneses. Hasta la supresión de la Compañía de Jesús en el siglo XVIII, tan solo unos pocos indios lograron cruzar la barrera de la raza.

Las primeras cartas de Ricci desde la India nos permiten atisbar su maduración intelectual y emocional. Cumplió 29 años en el invierno de 1581, este joven de Macerata había viajado medio mundo. Aun cuando su cuerpo seguía sufriendo la virulencia de las fiebres tropicales, Ricci se había adaptado a las normas sociales y culturales de la India portuguesa, a la vez que desarrollaba un ojo crítico con sus injusticias. Se puede sentir la pena y melancolía sosegada de su existencia, a través de la expresión efusiva de la nostalgia por el pasado, por el amor y la amistad de la comunidad jesuita en Roma, que continuó siendo su hogar emocional en las distantes tierras del mundo católico en desarrollo. Al igual que en sus proyectos intelectuales –enseñar latín y griego, un sincero interés por la geografía y continuar con las observaciones astronómicas–, Ricci se mantuvo muy unido a su formación intelectual en el colegio Romano. Se puede trazar el retrato de un alma amable, un joven intelectual profundamente interesado en las letras y las ciencias, sensible pero disciplinado, obediente pero crítico. Aunque no había experimentado directamente el trabajo de misionero en la India, Ricci era testigo de la brutalidad y violencia de las normas coloniales portuguesas, a la vez que pertenecía a su manifestación espiritual máxima.

Si hubiera permanecido, Ricci podría haber seguido otro camino, habría abierto paso a un jesuita italiano después de él, Roberto de Nobili, quien dejó atrás la seguridad de la India portuguesa para vivir precariamente entre brahmines, aprender sánscrito y utilizar el idioma y los rituales de hindúes cultos para convertirse en un gurú de los indios conversos. Sin embargo, a Ricci le aguardaba un destino distinto.

En torno a mitad de abril de 1582, Ruy Vicente recibió una carta de Valignano en la que le ordenaba mandar a Francesco Pasio y otros jesuitas a Japón y a Mateo Ricci a Macao. Ricci debía ayudar a Ruggieri, su antiguo compañero a bordo del *São Luis*, a preparar la evangelización de China. El 26 de abril de 1582, siete jesuitas subieron a un barco portugués en Goa. Fue toda una reunión: Ricci, Pasio y Giovanni Gerardino habían embarcado en Lisboa cuatro años antes; ahora, otro jesuita italino, el pintor Giovanni Nicolao (di Nola), se unía a su grupo. Exceptuando a Ricci, todos estaban destinados a Japón. El 14 de junio de 1582, el barco fondeó en Malaca. Acompañados de vientos favorables, el barco zarpó el 3 de julio y navegó sin contratiempos hacia el mar de la China Meridional. Aunque nada se comparaba a la dureza del viaje a la India, este viaje también tuvo sus contratiempos. Ricci enfermó hasta el punto en el que Pasio se preocupó por su salud. Afortunadamente, el 7 de agosto, los viajeros llegaron al puerto de Macao.

3

MACAO

Los informes chinos durante la dinastía Ming hacían referencia a la pequeña península del sur de la provincia de Xiangshan (el actual Zhongshan) como Hao jing ao (puerto de las Ostras Espejo), una referencia a la fama del marisco local recogido en la unión entre aguas dulces y saladas; nombraban los canales en forma de cruz que formaban cuatro pequeñas islas al sur de Shi zi men (la Puerta en forma del carácter diez). Cuando los portugueses obtuvieron permiso de las autoridades chinas en 1552 "para secar los daños que el agua había ocasionado en la mercancía y reparar sus barcos" en Hao jing ao, encontraron un pequeño pueblo pesquero en el norte (el actual distrito de Mongha) y un templo en la esquina suroeste de la península, marcando la entrada del mar abierto a su puerto natural interior. Dedicado a la Consorte del Cielo, *Tianfei*, la diosa y protectora de los marineros de Fujian del sur, este templo era comúnmente conocido por el nombre común de la diosa: *Ama miao* (el templo de la "Madre"). Pronto, los portugueses quitaron la "A" del vocativo y añadieron la romanización de la palabra china "men" (puerta), para su nuevo asentamiento; Macao era, de hecho, su puerta a China (véase mapa 2).

Macao demostró ser un refugio para los mercaderes portugueses. En las décadas anteriores a 1552, los portugueses habían navegado a lo largo de toda la costa sudeste de China, estableciendo bases desde el norte en Ningbo, provincia de Zhejiang, hasta el sur en Zhangzhou, Fujian, y en las islas de Langbaiao y Shangchuan en la costa de Guangdong al suroeste de Macao. Al tratar con los mercaderes y contrabandistas chinos, los portugueses obtuvieron un negocio lucrativo entre China, Japón y el Sudeste Asiático. Fue en Malaca, conquistada en 1511, cuando los portugueses se encontraron por

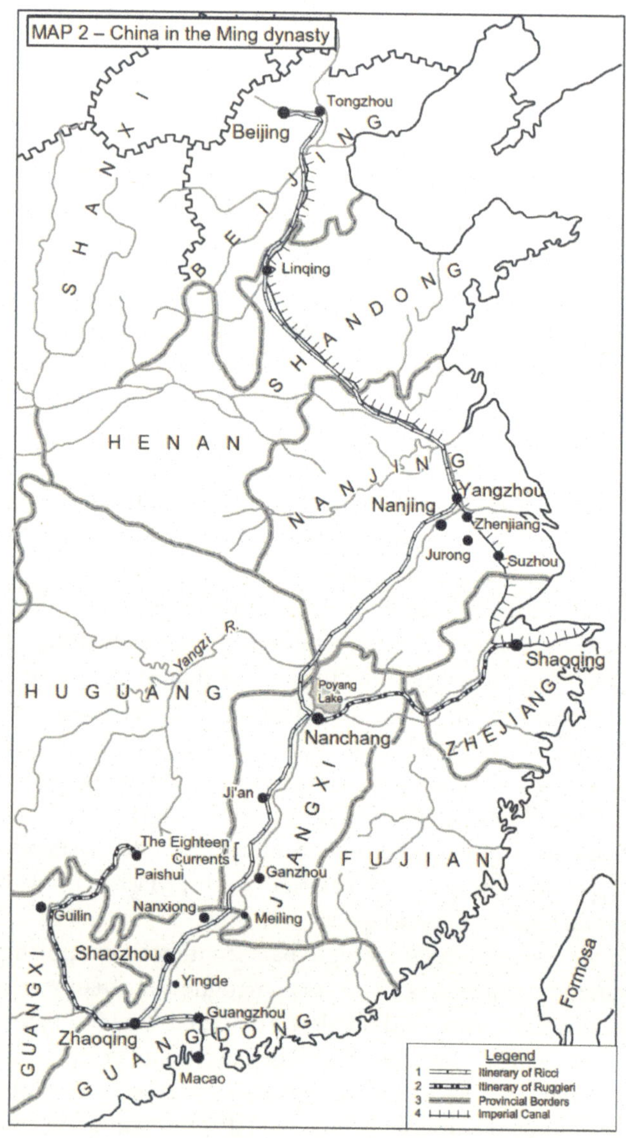

Mapa 2. China durante la dinastía Ming

primera vez con los mercaderes chinos. Guiados por juncos chinos, la primera embarcación portuguese apareció en la costa China en 1513. En 1517, el gobernador de India –China durante la dinastía Ming proveyó a Fernão Peres de Andrade con una pequeña flota, para acompañar a Tomé Pires como emisario a la corte del emperador Ming. Fueron los regalos y sobornos los que persuadieron a los mandarines chinos de Guangzhou en 1520 de enviar a la delegación portuguesa a Pekín, donde sobornaron a Jiang Bin, el oficial de la corte superior y el favorito del emperador, para obtener una audiencia con el emperador Zhengde (reinado entre 1506-1521) al inicio de 1521. Desafortunadamente, Zhengde murió poco después y le sucedió el emperador Jiajing (1522-1566). En la purga que le siguió, Jiang Bin y su bando fallecieron. Sin respaldo político, los portugueses tuvieron que afrontar los cargos, presentados por un emisario del sultán de Malaca, de que los "francos" habían invadido su ciudad y usurpado su puesto simulando ser falsos portadores de tributos. Además, Simão de Andrade, el hermano de Fernão Peres, había llegado a la costa de Guangdong en 1518 atacando a las embarcaciones chinas, atracando a los pueblos costeros y capturando esclavos, comportándose como si de la costa de África se tratara. El desafortunado Pires fue enviado a Guangzhou. Allí, los mandarines locales lo encerraron en la prisión (donde Pires murió) y los mantuvieron como rehenes para intercambiarlos por los chinos capturados por piratas portugueses.

A pesar de que las relaciones oficiales sino-portuguesas no comenzaron en los mejores términos, los portugueses se unieron a los capitanes chinos en el lucrativo e ilegal comercio marítimo de las siguientes décadas. En 1523, el emperador Jiajing reforzó la ley anti marítima heredada desde la fundación de la dinastía que prohibía a los Ming comerciar con el extranjero. Debido a la violencia de los delegados portadores de tributos japoneses en Ningpo y a la piratería portuguesa, en 1523 el emperador prohibió toda comunicación por mar entre China y los países extranjeros, oficial o no, aboliendo de este modo el sistema tributario, el único canal oficial y legal de contacto comercial entre China y sus vecinos. Entre las décadas de 1520 y 1550, una imposición más rigurosa del cierre marítimo llevó a muchos mercaderes chinos a la piratería. La seguridad costera se convirtió en una prioridad para los ministros en Pekín. Tras una exitosa pero costosa campaña militar de supresión, en 1567 la corte imperial reabrió el comercio por mar, restringiéndolo al puerto de Yueyang cerca de Zhangzhou, en Fujian. Tras pagar la cuota marítima, los mercaderes chinos podían navegar legalmente a las Filipinas, las Islas Ryukyu (Okinawa) y el continente y archipiélago del Sudeste Asiático; solo Japón quedaba fuera de los límites. Al mismo tiempo que este canal restringido, se estaban llevando a cabo muchos más negocios comerciales ilegales al amparo de los mandarines provinciales, quienes se lucraban enormemente de los beneficios del comercio extranjero.

Uno de estos mandarines, el *haidao* de Guangdong, Wang Bo, llegó a un acuerdo en 1552 con el capitán comandante portugués Leonel de Sousa.[1]

El *xun shi hai dao fu shi*, el título completo de Wang Bo, se traduce literalmente como el vice oficial para la inspección del sector marítimo. Este puesto se estableció durante los conflictos con los piratas en el reinado de Jiajing, el *haidao* de la provincia de Guangdong era el mandarín con la potestad jurídica en todos los asuntos relacionados con los portugueses. A cargo de la seguridad por mar, el *haidao* ocupaba el segundo puesto militar más alto de la provincia, tan solo debajo del *zongbin*, el comandante regional. A cargo también de una serie de deberes marítimos, el *haidao*, al igual que muchos dirigentes con mandatos militares, solía estar encomendado a los mandarines civiles, ya que los profesionales militares no gozaban de mucha confianza ni prestigio en la burocracia de la dinastía Ming. En Guangdong, la función del *haidao* normalmente la llevaba a cabo el *anchasi fushi*, el vice inspector de la vigilancia provincial. Su posición daba al *haidao* muchas oportunidades de enriquecimiento personal; por ello, cualquiera que fuera su postura ante los "bárbaros de Macao", continuaron defendiendo los intereses de los portugueses dentro de la burocracia provincial.

El acuerdo en 1552 entre Wang Bo y de Sousa estipulaba que los portugueses debían ser tratados con el mismo protocolo que los siameses, un país reconocido como amistoso y portador de tributos, con el que podían comerciar en Guangzhou anualmente (más tarde se extendió a dos ferias semi anuales), que podían usar Macao como una base permanente en tierra firme y que pagarían un veinte por ciento de impuestos en todos los bienes importados.[2] En 1557, los portugueses recibieron permiso para construir hogares permanentes en Macao. Asimismo, ganaron reputación en la corte Ming ayudando en la pacificación costera: en 1564, proporcionaron 300 hombres al general Yu Daqiu para frustrar un motín; en 1568, derrotaron al pirata Zheng Yiben, quien navegaba el delta del río Perla; y en 1574-1575 los comandantes supremos de Guangdong y Fujian llamaron a barcos portugueses para ayudarles a eliminar al pirata Lin Daoqian. Tras reconocer su superioridad en potencia y en navíos, los mandarines chinos vieron la utilidad de tolerar a los portugueses a las puertas de su hogar.

Otra razón por la que los mandarines apreciaban a los portugueses era que estos bárbaros realizaban todas las ceremonias oficiales y no ponían objeción a rituales de sumisión, tales como arrodillarse ante los mnadarines y postrarse hasta que sus frentes tocaran el suelo, el ritual del koutou (kowtow), algo que se esperaba de todos los súbditos chinos frente a los mandarines, fue más tarde a lo que los emisarios españoles y británicos se opusieron rotundamente. Si los portugueses parecían dóciles en la década de los 1550, era menos por su admiración a la dinastía Ming que a su amor por los beneficios. Gracias a la prohibición Ming de comerciar con Japón, los portugueses se convirtieron en los únicos intermediarios, compraban brocados de seda, seda sin tratar y porcelana fina en Guangzhou para transportarla a Nagasaki, Japón, y traían a su vuelta ingentes cantidades de plata en las enormes barrigas de sus *naus* para alimentar el mercado chino, hambriento de lingotes. Además, los portugueses importaban a Macao sándalo, alcanfor y especias del Sudeste Asiático, y exportaban seda, porcelana y loza artesanal, obteniendo beneficios de más del 100 por ciento en el triángulo de viajes China-Japón-Malaca. No era ninguna sorpresa que el puesto de capitán comandante (el *capitão-mór*) de la flota de Macao estuviera tan demandado en Goa. Cada año, el gobernador portugués de la India concedía este privilegio a la persona que hubiera desempeñado un servicio meritorio para la corona. El *capitão-mór* controlaba a todos los sujetos portugueses al este de Malaca. Durante sus tres años de mandato, el periodo en el que se completaba el ciclo de viajes entre India, Macao y Japón, el *capitão-mór* ejercía como dirigente de Macao a efectos prácticos, en él se combinaban los roles de comandante, capitán, mercader y diplomático. No fue hasta la creación de una diócesis en 1576 y del Senado en 1583 que el *capitão-mór* tuvo que compartir su poder.

"Desde la distancia parece una hoja de loto flotando en el agua, al final del tallo hay una puerta", esa fue la primera impresión de Macao del académico chino Lu Xiyan, que viajó allí en 1680 para estudiar con los jesuitas.[3] Se puede apreciar con claridad la forma de "la hoja de loto" en el plano de 1639 que realizó António de Mariz Carneiro –los contornos de Macao no cambiaron hasta el siglo XIX, a pesar de que las murallas y diversos edificios representados en estos dos grabados aún no se habían construido cuando Ricci llegó (ver Figura 6)–. Lo que sí está visible en el plano es la puerta "al final del tallo" (*Guanya*). Protegido por soldados chinos, se construyó en el 1574 para protegerse contra los portugueses. Por las mañanas los trabajadores y porteadores chinos cruzaban hacia Macao, anunciando agua, comida y toda clase de provisiones de las que los portugueses dependían, al anochecer regresaban. La Macao que Ricci vio era más modesta que la que reflejaba este primer plano: en 1564, un informe chino indicó que había unas 1.000 viviendas construidas con madera y tejas; en la década de 1580, los residentes de la ciudad eran unos 1.000 hombres portugueses y las personas a su cargo. El grupo de subalternos lo formaban tres categorías: varios miles de esclavos de origen africano, indio, malayo y timorés que servían como marineros, soldados y sirvientes domésticos; mujeres malayas, chinas y japonesas que vivían como compañeras de los portugueses, ya fuera como esposas o como consortes, junto a sus hijos mestizos; y reducido número de mercaderes, comerciantes y trabajadores chinos atraídos por la oportunidad económica que se presentaba junto a la nueva comunidad. Asimismo, se podían encontrar cristianos japoneses, una pequeña comunidad a finales del siglo XVI, que se volvió más numerosa y permanente tras la supresión de la cristiandad al inicio del siglo XVII en Tokugawa, Japón. La heterogénea población de Macao hablaba portugués y era cristiana, excepto por los chinos, quienes llegaban de pueblos cercanos de Guangdong, gracias a navegar el sur de Fujian,

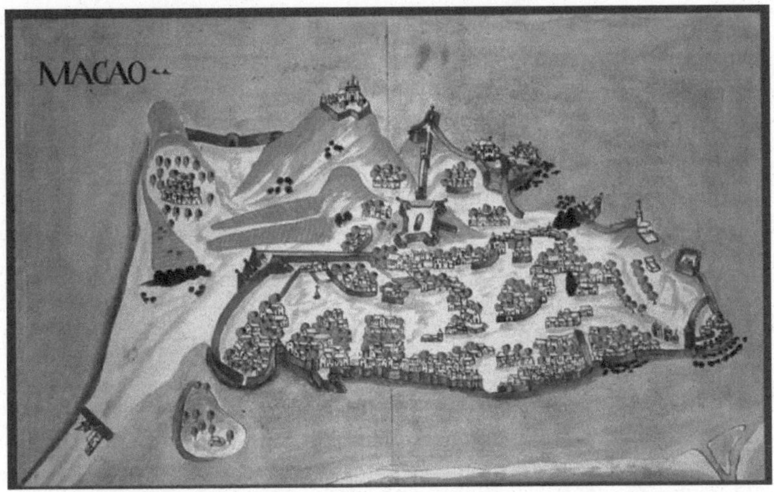

Figura 6. Macao, pintado en *Descripçam da Fortaleza de Sofala e das mais da India* por António de Mariz Carneiro, en 1639. Códice 149 de la Biblioteca Nacional, Lisboa

aunque algunos habían aprendido portugués y se habían adaptado a la religión debido a los tratos con estos extranjeros.

Los jesuitas estaban allí desde el inicio. Navegaron como capellanes a bordo de navíos portugueses, proveyendo ayuda espiritual e imponiendo algo de comportamiento civilizado en los indisciplinados marineros e irritables fidalgos (nobles). Desde el inicio, comerciantes pudientes patrocinaron la misión jesuita, para prueba la estrecha relación entre Francisco Xavier y los hermanos Diogo y Guilherme Pereira y más tarde entre Melchior Nunes Barreto y Fernão Mendes Pinto.[4] Mediando en disputas, impidiendo conflictos y en general poniendo paz, los jesuitas se aseguraron de que el ansia de lucro, el consumo de alcohol y la violencia de los aventureros portugueses no los enviaba al Infierno. Como símbolo de su rol central en este pequeño asentamiento con una calle principal, los jesuitas establecieron su residencia en la colina central, junto a la zona de la fortaleza que se construiría en el punto más alto de la ciudad.

Para el año 1582, además de los jesuitas, distintas instituciones eclesiásticas agregaron una capa de civilización a esta dura y creciente frontera comercial: en 1562, se construyó la ermita de S. António, la primera iglesia; al año siguiente los jesuitas se asentaron en su residencia y fundaron un colegio en 1571; en el 1569, el jesuita Belchior Carneiro Leitão, obispo de Nicea, abrió un hospital para leprosos (San Lázaro) y la Casa da Misericórdia para ayudar a viudas y huérfanos (entre este último grupo se encontraban muchas chicas chinas compradas ilegalmente por los portugueses); en 1575 el papa Gregorio XIII le otorgó a Macao la categoría de diócesis y nombró a Carneiro primer obispo de Macao, con jurisdicción sobre China, Japón y Corea; las obras de la catedral (Sá) comenzaron en 1567 y las de la iglesia franciscana en 1580.

"En Japón, donde nace la plata fina, que iluminada será ley divina".[5] Estos versos, quizá irónicos, de Camões, primer oficial en Macao entre los años 1557 y 1560, ilustra una verdad primaria en los portugueses de Macao: Dios y Mammón trabajaban mano a mano. Francisco Xavier, el primer misionero jesuita, recibía ayuda del inmensamente rico fidalgo Diogo Pereira, quien ejerció de *capitão-mór* en 1562, en su plan para evangelizar China antes de su muerte por enfermedad en la Isla Shangchuan en 1552. Aún más importante en la creciente misión jesuita en Japón era el comercio entre Macao y Nagasaki, ya que los beneficios de las propiedades en India y los impuestos aduaneros de Malaca concedidos por el rey se mostraban insuficientes para cubrir los gastos. En 1578, los mercaderes de Macao adjudicaron a los padres una cantidad fija de 50 picules de seda en el cargamento anual de 1.600 picules de seda sin tratar que se enviaba de Macao a Japón.[6] Tras descontar los gastos, la Compañía ganaba unos 1.600 cruzados al año. Esta suma fue invaluable no solo para la misión jesuita de Japón, sino también para las subsecuentes operaciones en China.

Matteo Ricci y Francesco Pasio no se percataron de ninguna de estas actividades, se quedaron en Macao mientras que sus compañeros de la India partían hacia la misión japonesa, más emocionante. Comparado con el enorme viñedo de Japón con 45-50 jesuitas y 150.000 conversos, entre los que se encontraban distintos daimyos y señores feudales, Macao parecía un insignificante pedazo de jardín.[7] Previa a la llegado de Ricci, la pequeña comunidad de los jesuitas de Macao la conformaban cinco personas: el superior Domingos Álvarez, los padres Fernão Martins, André Pinto y Michele Ruggieri, y el hermano Antonio Paez. Todos menos Ruggieri eran portugueses. Era sencillo imaginar la alegría de Ruggieri al ver a sus compatriotas italianos, especialmente a Ricci, al que había pedido como compañero para la misión en China en una carta escrita a finales de 1580 a Valignano.[8] Tras tres arduos años en Macao, Ruggieri confió en italiano su frustración a sus compañeros: cada día dedicaba horas a aprender chino, un idioma de lo más complicado, con una gramática de lo más diferente a cualquiera de Europa, con infinidad de caracteres, tonos fácilmente confundibles y dos sistemas distintos para escribir y para hablar. A pesar de ello, Ruggieri no se dio por vencido en su preparación para ir a China. Duro como podía parecer, aprender chino era la parte más fácil. A pesar de que "esta empresa [convertir a China] era de tan grande importancia", comentó Ruggieri, "no sentimos emoción alguna cuando pensamos en ello". Haciendo referencia discretamente a sus compañeros jesuitas portugueses, Ruggieri especificó que "algunas personas le habían comentado: '¿Por qué tendría un padre que perder el tiempo aprendiendo chino en tan penosa tarea cuando podría servir a la Compañía en otras ocupaciones?'" A lo que Ruggieri informó de haber contestado de la siguiente manera: "Padre, si alguna vez deseé algún talento o virtud, ahora mi mayor anhelo es que el Señor tenga compasión; ya que ciertamente no estoy hecho para esta empresa, no soy más que un miserable pecador y un pedazo de inútil madera seca. Si tan solo fuera posible encontrar ahora el apasionado espíritu de nuestro padre Francisco Xavier, que había por un tiempo escaso seguido su santo y ferviente deseo de acceder y convertir China".[9]

El fervor de Ruggieri pareció silenciar la objeción, ya que se le dejó batallar a solas con los caracteres chinos. Los padres portugueses ya tenían su trabajo reducido, ni se planteaban aprender chino. Representaban la única fuerza civilizadora en los primeros años de Macao, disipando enfados, previniendo contiendas y pacificando a los 800-900 mercaderes y aventureros portugueses en bruto. Tal y como el padre Pinto comentó sucintamente: "Ya que estas tierras están tan alejadas de la justicia [esto es, la justicia real de Goa] y estos hombres son tan libres y se creen la gran cosa, en lo que el orgullo hace acto de presencia, el puerto [de Macao] se abre al odio y a la venganza".[10] Pinto informó de que en 1564 los jesuitas impidieron entre cinco y seis disputas mayores. En una ocasión, el capitán del viaje a Japón había dado orden a sus hombres de abrir fuego contra un navío portugués comandado por un odiado rival; el derramamiento de sangre se evitó solo cuando los padres amenazaron a los artilleros con la condena. Solo uno de los cuatro jesuitas portugueses intentó seguir los pasos pioneros de Ruggieri. El superior Álvarez (1535-?) había servido nueve años en la India (1567-1576), dedicó su tiempo al incipiente colegio jesuita; al final, terminó volviendo a Malaca. Fernão Martins (1545-1603) también había servido en India y volvió en el 1574 a Macao como fin de su carrera. Solo André Pinto (1538-1588), cuyas palabras se citan arriba, y cuya carrera abarcó India, Japón y Macao, acompañó a Ruggieri en 1581 en una breve visita a Guangzhou.[11]

Al igual que muchos clérigos portugueses en Asia, con la excepción de Japón, estos jesuitas consideraban que ofrecer su sacerdocio a sus compatriotas en los enclaves portugueses era su primer y muchas veces único deber. Solo interactuaban con la juventud indígena desde su puesto pedagógico en los colegios, y estos habían crecido en un ambiente cristiano y de habla portuguesa.

El aprendizaje de chino era inevitable, se percató Ruggieri, si quería lograr la tarea que le encomendara Valignano. No era el primer misionero europeo con tal ambición. Los primeros dos jesuitas que visitaron China continental fueron Melchior Nunes Barreto y Estevão de Góis, capellanes a bordo de *naus*, que viajaron el verano de 1555 desde Shangchuan a Guangzhou con la misión de rescatar a unos prisioneros portugueses. En dos cartas dirigidas a sus hermanos en Goa y a Ignatius, Nunes Barreto describió brevemente Guangzhou y la apariencia, costumbres y ceremonias de los chinos. Tras observar la indiferencia de estos hacia sus propias religiones y el desdeño a sus sacerdotes, Nunes Barreto consideró que China sería una misión difícil. Solo se le ocurrieron dos estrategias: una embajada para persuadir a las autoridades chinas de sus intenciones pacíficas y sagradas, y por lo tanto ganarse el permiso de residencia;

y evangelizar a la gente en su propio idioma. Para lograr este segundo objetivo, Nunes Barreto ordenó a de Góis quedarse en Guangzhou para aprender chino. El desafortunado padre permaneció hasta el final de 1555 y volvió a residir allí entre junio de 1556 y principios de 1557. No realizó ningún progreso reseñable antes de enfermar y verse obligado a volver a Goa.[12]

En ese periodo en 1556, otro clérigo portugués, el dominicano Gaspar da Cruz, también visitó Guangzhou durante un mes. Además de sus perspicaces observaciones de la sociedad china, el fraile constató con interés la presencia de musulmanes y homosexuales. Su desconocimiento del Dios verdadero, escribió el dominicano, se debía al bajo nivel de filosofía natural en China, aunque se preguntó, tras ver una gran estatua de la bodhisattva Guanyin (Avalokitesvara en sánscrito) en un templo budista, si el apóstol Tomás no habría visitado China desde la India y habría dejado vestigios del cristianismo. Los dos obstáculos para la evangelización, según Cruz, eran la aversión de los chinos ante cualquier novedad, menos aún innovaciones extranjeras, y que, por ley, los extranjeros no podían residir en China. La única salida era una embajada, el fraile llegó a la misma conclusión que el jesuita.[13]

En 1563, el comandante supremo de Goa envió a Gil de Góis como embajador real. Era un buen momento. Los portugueses contaban con el favor de los magistrados, ya que en 1564 habían ayudado a derrotar a las tropas chinas que se habían amotinado por el pago y habían asediado Guangzhou.

Los juncos de los rebeldes no fueron rivales para los barcos de combate portugueses; tras acabar con el motín, los mandarines provinciales recibieron con gusto a la embajada real. Acompañado por el jesuita Francisco Perez, Góis visitó Guangzhou en noviembre de 1565 y presentó una petición para la regular el comercio y la diplomacia. Perez también presentó una petición, se presentó como profesor de las leyes divinas y solicitó permiso para predicar en China. A pesar de que el *haidao* se negó, el administrativo y el comisario de seguridad y otros altos puestos burocráticos hicieron gala de su benevolencia. Les gustó la respuesta de Perez de que la ley del Dios occidental prohibía matar y robar, pero tras saber que el jesuita no hablaba chino (la conversación se llevó a cabo a través de un intérprete), lamentaron comunicarle que no se le podía conceder ese permiso.[14]

Mientras tanto, los jesuitas podían visitar Guangzhou como capellanes de los mercaderes portugueses de Macao. El padre Cristóvão da Costa (1529-1582) permaneció allí un total de tres meses en 1575. Un joven monje budista chino, atraído por su doctrina, se escabulló en un barco portugués para bautizarse en Macao. La familia del monje se quejó al mandarín y este obligó a los portugueses a devolver al fugitivo si no querían paralizar el comercio. El obispo Carneiro se vio obligado a escoltar al joven a Guangzhou donde los mandarines lo retuvieron y reprendieron al obispo jesuita. Por ello, los mandarines ordenaron que ninguna persona china podría practicar con los padres jesuitas bajo pena de muerte.

El siguiente intento de implantar el cristianismo vino de la mano de los franciscanos españoles. En 1565, una flota española al mando de Miguel Lopez de Legazpi partió de México hacia Cebú en las Islas Filipinas. El 1571, los españoles establecieron su capital en Manila y expandieron su control colonial gradualmente. Los mercaderes de Fujian, a corto viaje desde sus puertos en el sur de Fujian, habían estado comerciando en Luzón, y ahora proveían a las pequeñas comunidades españolas con objetos cotidianos y lujos. En 1575, la colaboración sino-hispana para erradicar al famoso pirata Lin Manhong, un peligro en el mar Meridional Chino que asedió Manila, abrió la puerta en un corto tiempo a relaciones amigables. Tras el primer viaje diplomático, realizado entre junio y septiembre de 1575 a Fujian, los frailes agustinos Martín de Rada y Jerónimo Marín volvieron con inteligencia militar, geográfica y económica de las autoridades de Manila. En opinión de Rada, los chinos eran débiles en lo militar y poco belicosos, no eran rivales para los soldados españoles. Esta postura bélica en la conquista militar y espiritual realizada por un monje reflejaba la confianza beligerante del imperio mundial más poderoso del siglo XVI, y los recuerdos recientes de las fáciles conquistas de las Américas.[15]

Algunos frailes españoles, de todas formas, tomaron un acercamiento más pacífico. En julio de 1579, cuatro franciscanos partieron de Manila en un junco chino sin permiso oficial. A su llegada a

Guangzhou los ingenuos frailes entraron en la ciudad esperando obtener una audiencia con las autoridades competentes que les permitirían residir y evangelizar. Junto a un intérprete chino que afirmaba haber trabajado con los portugueses en Macao y ser cristiano, los frailes fueron conducidos de un oficial del gobierno (*yamen*) a otro exponiendo su deseo de quedarse y predicar la religión verdadera. Fueron tratados amablemente por distintos mandarines, quienes les proporcionaron pequeños estipendios y provisiones, tras escuchar que los frailes no traían oro o plata y pretendían pedir (esto no era costumbre en China, como se les dijo), los frailes no causaron una buena impresión. Su desconocimiento del chino les hacía depender de un intérprete, que terminó siendo poco fiable. Desde Macao el *capitão-mór* le comunicó que los castellanos eran espías y de ninguna manera se les podía permitir permanecer allí. Los mandarines no tuvieron intención alguna de acceder al deseo de los franciscanos, a pesar de que varios de ellos mostraron curiosidad por sus libros y doctrinas. Los cuatro franciscanos, los frailes Pedro, Agustín, Juan Baptista y Sebastián, fueron incluso trasladados a Zhaoqing, a varios días en barco desde Guangzhou, donde se les convocó a comparecer ante el comandante supremo de Guangdong y Guangxi, Liu Yaohui. Finalmente, sin dinero ni provisiones, y uno de ellos enfermo, los desanimados frailes pidieron que los enviaran a casa: dos viajaron a Macao para establecer un convento franciscano y los otros dos partieron en un viaje más largo hacia Zhangzhou, donde tomaron un junco a Manila.[16]

La lección a tener en cuenta del fracaso de la misión franciscana entre 1579-1580 era esta: las preparaciones lo eran todo. Los frailes españoles no hablaban ni una palabra de chino, a pesar de que había residentes chinos en Luzón; traían consigo pocas provisiones y nada de dinero, e ignoraban el funcionamiento de las instituciones políticas y culturales con las que tenían que negociar. Michele Ruggieri no iba a cometer el mismo error.

El jesuita napolitano se dio cuenta de que "aquellos que quieran entrar a China, y ser aceptados por las autoridades y el pueblo, y no ser considerados bárbaros y vulgares o personas retrasadas ignorantes de los caracteres, es necesario que conozcan sus símbolos e idioma, y no cualquier idioma, sino el refinado y cortés, el que incluso los hablantes nativos aprendían con gran dificultad desde la infancia".[17]

En otras palabras, uno tenía que aprender no cualquier lenguaje coloquial, sino el discurso refinado de los mandarines, *guanhua*. Ruggieri comenzó en el colegio jesuita de Macao, lo que atrajo a algunos jóvenes chinos del continente "porque sentían curiosidad por conocer nuestra doctrina." Así dio comienzo la primera comunidad de conversos chinos. Se construyó una pequeña casa adyacente a la residencia jesuita gracias a las limosnas de los portugueses para acomodar a Ruggieri y a sus catecúmenos, y para mantener a los chinos lejos del colegio jesuita. Al mismo tiempo que el napolitano enseñaba a estos "jóvenes talentosos" portugués y catequismo, ellos se convirtieron en sus maestros de chino. No era el acuerdo pedagógico ideal, pero Ruggieri tuvo dificultades para encontrar a un profesor de idiomas adecuado. Los trabajadores chinos en Macao eran en su mayoría iletrados, al igual que muchos comerciantes. Asimismo, como hablantes de cantonés, tan solo unos pocos hablaban mandarín y con un acento horrible. Ruggieri se volvió prácticamente autodidacta. Al contrario que los jóvenes, quienes aprendieron rápidamente portugués, Ruggieri a sus 36 años se dio cuenta de que "el chino es un idioma más difícil de aprender que cualquier otro en el mundo, tan complicado que incluso los hablantes nativos no se entienden entre ellos por la multitud de palabras con la misma pronunciación y muchas veces los tonos tampoco se pronuncian correctamente".[18] Ruggieri puso un ejemplo. Para aprender la palabra caballo en chino debía dibujar, tras lo que su tutor chino escribía el carácter y pronunciaba su sonido. El aplicado estudiante agregaba que la pronunciación era exactamente igual a la de la palabra madre, diferenciado de su homónimo solo por el tono. A pesar de que sus hermanos portugueses pensaban que su esfuerzo era ridículo, Ruggieri persistió. El lingüista jesuita progresó poco a poco en la lectura. Orgulloso de sus habilidades lingüísticas, Ruggieri afirmó haber aprendido 10.000 caracteres chinos en seis meses, algo bastante improbable, dejó asombrados incluso a sus propios tutores.[19] Para noviembre de 1581, algo más de dos años de su estudio de chino, Ruggieri alardeó ante el General Mercuriano de que era capaz de reconocer 15.000 caracteres.[20]

A pesar de que Ruggieri se afanó por prepararse en el pequeño universo chino de su casa de catecúmenos, no había sustituto para la verdadera experiencia. Además, rara vez hablaba mandarín en Macao. En abril de 1580, tras nueve meses de estudiar chino intensivamente, Ruggieri visitó Guangzhou. Se iba a celebrar la feria de comercio primaveral. Los mercaderes y marineros portugueses y sus esclavos, unos 100 cristianos en total, necesitaban un cura para su bienestar espiritual, ya que la feria duraba entre uno y tres meses. Subiendo el estuario del río Perla, los barcos de Macao pasaron a estribor por el reducto de Humen, la fortaleza costera china que protegía el estuario del Perla más importante; a babor, los viajeros vieron pequeñas islas emergiendo del agua, con largos diques protegiendo los arenosos depósitos aluviales, un importante proyecto de reclamación llevado a cabo por importantes linajes locales que comenzaron en el siglo XVI y que duraría 200 años. Durante todo el camino los portugueses se encontraron con centenares de naves chinas grandes y pequeñas. En muchas de ellas vivían los *danjia*, las marginadas personas de los barcos rechazadas por igual por mandarines y granjeros asentados. En el lugar en el que el río se estrechaba frente a un gran banco de arena donde numerosos juncos fondeaban, emergía la silueta de una alta pagoda desde una gran ciudad amurallada: Guangzhou, la capital de la provincia de Guangdong y la puerta de acceso del Imperio Ming a los mares del Sur.

El registro fiscal de la prefectura de Guangzhou de 1582 mostraba un distrito céntrico en la ciudad con 201.625 viviendas y 584.152 habitantes, lo que seguramente era una subestimación.[21] Ya solo la mitad de la población vivía en la ciudad de Guangzhou. A pesar de estar más poblada que ninguna otra ciudad europea, Guangzhou era una de las capitales provinciales más pequeñas, eso sin mencionar las capitales imperiales de Pekín y Nanjing al norte y al sur. La periferia estaba repleta de viviendas desde el embarcadero hasta la muralla, en la que tres de las siete puertas se abrían al río y al sur. Los portugueses entraban libremente en la ciudad para comprar y vender, pero cuando al anochecer se cerraban las puertas tenían que volver a alojarse a bordo. En esta capital de provincia con distintas oficinas del gobierno, los portugueses trataban sobre todo con el *haidao*. Ruggieri enseguida causó una buena impresión por hablar algo de chino y realizar las cortesías chinas, para que los mandarines "no se piensen que todos somos simplemente comerciantes". También alegó ante el mandarín no ser capaz de realizar correctamente las ceremonias religiosas en las embarcaciones. Como favor, el *haidao* permitió a Ruggieri residir en una vivienda periférica con su sirviente e intérprete, donde el jesuita pronto construyó un altar; los mandarines curiosos vinieron a ver las ceremonias e imágenes de esta exótica religión extranjera. El domingo de Pascua, tras dar misa a los mercaderes portugueses y a las personas a su cargo, el descanso de Ruggieri se vio "interrumpido por el diablo". Un hombre chino, ebrio y sangrando por la cabeza, se internó en la capilla, sujetaba una piedra en la mano y gritaba que el cura extranjero le había herido. Una muchedumbre amenazante se reunió en frente de la casa. El *haidao* interrogó a Ruggieri en el *yamen*. Incapaz de encontrar al herido, quien seguramente había querido acosar a Ruggieri para que le pagase y que huyó cuando el mandarín apareció, el *haidao* declaró inocente a Ruggieri ante la muchedumbre.

El incidente fue un recordatorio de la absoluta dependencia del misionero al mandarín, y de que, tras más de sesenta años de contacto con los portugueses, los cantoneses albergaban pocas buenas impresiones de estos "demonios extranjeros". Tras la estancia de tres meses, Ruggieri aumentó su reconocimiento entre los mandarines y literatos, que visitaban su pequeña capilla con curiosidad. Observaban las estatuas y libros cristianos, preguntaban sobre las doctrinas y dejaban pequeñas donaciones, según era costumbre en templos budistas.

Tras ganarse a los mandarines, hacer *guanxi* (conexiones) como se diría hoy día, Ruggieri volvió a Guangzhoy durante las siguientes dos ferias comerciales. Durante su estancia en octubre de 1581, un nuevo *haidao* permitió a Ruggieri y a un hermano jesuita residir en un pequeño templo tras el hostal oficial de los emisarios siameses. Una vez más, gracias a su carisma, Ruggieri se ganó al nuevo mandarín. En la audiencia, el *haidao* preguntó a través de un intérprete si el cura sabía chino, a lo que Ruggieri contestó afirmativamente. El *haidao* escribió unos caracteres en un pedazo de papel y se los entregó al jesuita. Ruggieri leyó el mensaje en alto: "Soy un sirviente de Dios y no tengo miedo, el *haidao* nunca ha recibido dinero de los portugueses". Gratamente complacido por su capacidad, el *haidao* alabó a Ruggieri frente a los portugueses. Por ello, Ruggieri y su acompañante fueron alojados en un templo dentro de las murallas mientras que los visitantes de Macao siguieron sin poder pasar la noche en tierra firme. Inmediatamente Ruggieri destrozó las estatuas y consagró el templo como una capilla cristiana. Encargó a un artesano local moldear una estatua de bronce de Madonna y el Niño y la colocó en el centro de la capilla para impresionar a la inacabable muchedumbre de observadores chinos. La recepción fue una mezcla entre curiosidad y hostilidad: una noche los jesuitas se despertaron por el ruido de piedras al chocar contra las tejas de su tejado. Sin importar quién hubiera arrojado las piedras –adolescentes alborotadores o xenófobos–, Ruggieri simplemente los ignoró por ser los demonios de las estatuas que había destruido y que habían perdido su morada. Finalmente, la violencia paró.

La benevolencia que había suscitado la curiosidad inicial por el monje extranjero que hablaba chino se acabó y el *haidao* suspendió sus visitas, le dijo a Ruggieri que no podía mostrar abiertamente su amistad debido a las consideraciones comerciales con los extranjeros. En resumen, el *haidao* quería evitar cualquier apariencia de amistad excesiva para eludir sospechas de soborno. A pesar de ello, Ruggieri se había ganado la amistad de un oficial militar regalándole un reloj. Durante sus estancias en Guangzhou, de un par de meses cada una, Ruggieri incrementó su repertorio lingüístico y cultural, a pesar de seguir necesitando un intérprete.

Suscitó la curiosidad de los chinos por su persona y su religión, pero no hubo conversiones. Ruggieri tampoco consiguió permiso para una estancia más larga, tuvo que regresar a Macao con los portugueses tras cada temporada de comercio. El cambio se dio el verano de 1582. En 1581, Chen Rui (nacido en 1513) sucedió a Liu Yaohui como comandante supremo (*zongdu*) de las provincias de Guangdong y Guangxi. Chen Rui, de Fujian, obtuvo su *jinshi*, el grado más alto del sistema de exámenes imperial en 1553 y ejerció en distintos puestos provinciales, llegó a ser el "Gran Coordinador", el *xunfu* de la provincia de Huguang (aproximadamente los Hunan y Hubei actuales), antes de ser nominado al culmen de su carrera. Como el mandarín más poderoso de Guangdong y Guangxi, Chen Rui rápidamente envió un emisario a Macao al asumir el cargo: mandó convocatoria al *capitão-mór* João de Almeida y al obispo Leonardo de Sá para comparecer ante él y dar parte del hecho de que los portugueses residían en Macao sin permiso imperial oficial. Ya que los portugueses habían estado pagando una pequeña renta anual tras 1555 al gobierno provincial y una mayor cantidad de regalos a sus oficiales, entendieron el mensaje de Chen Rui como una exigencia no demasiado sutil para más sobornos. Eligieron a Mateus Panela, auditor, uno de los funcionarios con más alto cargo en la administración de Macao, y a Ruggieri para representar a las autoridades seculares y eclesiásticas en esta delicada diplomacia.

En abril de 1582, Ruggieri y Panela viajaron a Guangzhou con otro jesuita, André Pinto. Antes de poder reunirse con Chen Rui, el grupo de Ruggieri se vio implicado en una confrontación entre los portugueses y el prefecto de Guangzhou, Zhou Qixiang (el *zhifu*, mandarín de la prefectura). Tras acusar a algunos portugueses de comprar jóvenes chinos y planear llevarlos a Macao, Zhou amenazó con arrestar a los comerciantes portugueses más adinerados. El mandarín citó a los extranjeros a una audiencia en un templo a orillas del río. Los portugueses enojados, junto a los dos jesuitas, comparecieron ante el *zhifu*, quien los acusó de siete asesinatos. Durante la larga perorata del mandarín, traducida para los portugueses arrodillados, el padre Pinto, aterrado y aún débil de una enfermedad reciente, se desmayó. Furioso, el *zhifu* ordenó a sus hombres que apalearan al cura inconsciente. En ese momento Ruggieri se levantó. Todos los portugueses se pusieron de pie y desenvainaron las espadas. Sorprendidos por la oposición, el mandarín y sus guardias se apresuraron a dejar el templo y a huir tras las murallas. Los portugueses se retiraron a sus barcos y esperaron con arcabuces y cañones a un ataque que nunca sucedió. Más tarde, el *zhifu* envió un mensaje conciliador a Ruggieri. Al día siguiente los portugueses volvieron a la ciudad como si nada hubiera ocurrido.

Cuando el *haidao* regresó a Guangzhou, tras su ausencia durante esta confrontación, estaba furioso con el *zhifu* Zhou Qixiang, su subordinado en rango, y le amonestó por causar problemas con los portugueses. Mientras tanto, el chambelán de Chen Rui llegó a Guangzhou y quiso que se azotara a Ruggieri porque Pinto no había sido castigado. Ruggieri se dirigió al chambelán en chino y contestó que lo sufriría gratamente por Dios. El *haidao* habló en favor de Ruggieri y este fue perdonado. Escoltados, Ruggieri, Panela y su comitiva viajaron a Zhaoqing, la sede de Chen Rui.

Antes de narrar la audiencia de Ruggieri con el comandante supremo, contaremos el inesperado encuentro el 2 de mayo entre Ruggieri y otro jesuita en Guangzhou: el español Alonso Sanchez (1547-93). Como uno de los primeros jesuitas en llegar a las Filipinas en 1581, Sanchez había sido despachado a China por el gobernador don Gonçalo Ronquillo de Peñalosa con una doble misión: primero, anunciar la unión de 1580 de las coronas ibéricas bajo Felipe II y asegurar la jura de lealtad de los portugueses en Macao y segundo, negociar con los oficiales chinos un acuerdo comercial para los españoles filipinos similar al de los portugueses en algún lugar de la costa de Fujian. En marzo, Sanchez partió de Manila en una fragata. Los mares tormentosos desviaron su camino de Guangzhou a la bahía de Xiamen el 6 de abril. Desde allí, el navío español fue conducido bajo supervisión china a Chaozhou. Tras dejar a la tripulación atrás, Sanchez y una pequeña delegación viajaron a Dongguan, donde el *haidao* ejercía sus labores. Después de entregar los regalos y la carta oficial del gobernador español, el grupo de Sanchez fue escoltado a Guangzhou, donde se encontraron con los portugueses y con Ruggieri. En este momento los mandarines estaban preocupados con la visita de *chayuan*, el censor imperial, de Pekín, que contaba con el poder de denunciar y destituir a los oficiales incompetentes. Mientras recibía al oficial superior de visita, el *zhifu* envió a Sanchez a hospedarse con Ruggieri durante tres días; los dos jesuitas forjaron buena relación y Sanchez no pudo más que alabar el estudio y la piedad de Ruggieri así como su servicio anterior como jurista del rey español en Nápoles.[22] Cuando Ruggieri se marchó a Zhaoqing, prometió hablar a favor de los españoles.

Desde Guangzhou Ruggieri y Panela embarcaron en barcazas durante un viaje de 64 millas, ya que los barcos más grandes no podían navegar el Xijiiang, el río de occidente, un afluente del Perla.

Dirigiéndose al oeste en un ascenso gradual, las gabarras pasaban tierras de cultivo llanas y pueblos del delta del Río Perla antes de girar hacia un recodo de acantilados amenazantes y llegar a Zhaoqing, una gran ciudad amurallada y la capital de la prefectura en la orilla norte del Xijiang, en frente de la capital de comarca de Gaoyao en la orilla sur. El viaje duró tres días, como se sabe por el relato del español franciscano Agustín de Tordesillas, realizó el viaje en 1578 y lo narró más exhaustivamente que Ruggieri. Veamos la descripción del fraile sobre el *yamen* del comandante Supremo antes de volver a los informes de Ruggieri:

> Todos nos querian ver yassi nos traian de unos en otros hasta que salio el visrey, luego començaron a tañer muchos instrumentos atabales y trompetas y gaitas y otras a manera de chirimias y sacabuesas dispararon muchas camaras y arcabuces y abrieron muchas puertas. Todo con tan gran estruendo que parecia que se hundia la ciudad los soldados de la guardia se armauan con gran priesa y se ponia cada uno en su lugar esta antes de la puerta un patio muy grande y cercado de rejas de madera demas de un estado de alto. Teñidas de negro y azul que estando de lejos parecen de hierro. [En el *yamen* del comandante supremo] hauia antes de llegar adonde estaua el visrey tres puertas una enderecho de otra, hauia de la una a la otra como treinta pasos el asiento del visrey estaua enfrente, y no entraua nadie por aquellas puertas, estaua casi arrimado a la pared encima del assiento un dosel o pintura que le parescia estaua asentada en una silla muy labrada y dorada y a sus espaldas tenia una mesa con dos velas acendidas. [...] En medio del patio frontero del assiento del virrey estaua una pared blanca, y en ella pintado un muy fiero dragon que lancaua fuego por la boca ojos y narices, es esta pintura pa dar a entender a juez la ferocidad que a de tener esta en aquel lugar no entra nadie por las puertas que estan frontero del virey ni atrauiessa nadie por delante pero estan a los lados otras dos puertas por donde entran y salen los negociantes por esta orden, sale un hombre a la puerta con un tablon blanco y en el escriptas unas letras negras muy grandes y da una gran boz y luego se entra y tras de el. Todos los que tienen

> que negociar, por la puerta de mano derecha y hauiendo passado todas tres puertas se arrodillan delante del visrey como a treynta pasos del y puestas las cabeças entierra toman las peticiones com ambas las manos y alcanlas todo lo que pueden sin alçar la cabeça y estanse assi hasta que toma las peticiones un escriuano y entomandolas dan una voz de alta dentro muy grande y en oyendola se desuian muy a priessa sin alçar el rostro y salen por la puerta de la otra mano izquierda.[23]

Aunque se le presentó ante tal espectáculo de autoridad, aumentado en honor de los emisarios de Macao con un despliegue de unos cientos de soldados, una escena suficiente para intimidar a los civiles chinos, Ruggieri no mostró temor. El jesuita, ataviado con una túnica corta negra y llevando una boina también negra, el pelo corto y la barba larga, se arrodilló frente al comandante Supremo. Cuando Chen Rui denunció enojado a los portuguese por construir casas e iglesias en Macao sin permiso, Ruggieri contestó de rodillas y de manera calmada: los portugueses siempre habían sido y eran vasallos leales al emperador Ming y reconocían a Su Excelencia, el *Dutang daren* (el título honorífico usado por los chinos para el comandante supremo), como su señor, a quien humildemente suplicaba. Halagado y apaciguado por su discurso, Chen Rui ordenó al jesuita levantarse y acercarse. Ruggieri vio a un anciano, ataviado con el espléndido uniforme de un mandarín de segundo rango: una túnica de seda roja larga hasta los tobillos que dejaba ver un par de botas negras sobre una capa de laca blanca; las mangas, largas y anchas un palmo y medio más largas que los brazos, revestidas con decoraciones azules; en el centro de la túnica se encontraba bordado, en el "cuadrado mandarín", la pieza del pecho, un par de brillantes gallos para marcar su segundo rango, centrado sobre el vientre con un cinturón holgado decorado con una hebilla hecha de cuerno de rinoceronte; el tocado estaba lacado, con dos largas "alas" sobresaliendo a los lados, el sombrío color negro tan solo iluminado por el jade en el centro del sombrero (véase lámina IV).[24] Ruggieri recordaba que "le contesté con tan buen razonamiento que se calmó y ordenó que el padre [refiriéndose a él en tercera persona] se le acercase. Descendió del trono y mostró al padre mucho amor y familiaridad, tocando su gran barba, que todos los chinos admiraban ya que no podían crecer una, ¡tan solo tenían unos mechones de cabello después de cuarenta años!"[25] Tras la audiencia, Chen Rui honró a los portugueses con un banquete, acompañado de música y ópera. Cautivado por el carisma del misionero -su conocimiento de chino, su ausencia de miedo y su peluda masculinidad- Chen Rui se tornó benevolente, sin duda ayudaron los numerosos regalos de telas, cristales y otras valiosas artesanías traídas por los forasteros. Para dar una imagen de insobornable, Chen Rui ordenó que se pagase a los emisarios en monedas por sus regalos, a la vez que discretamente dio instrucciones a Panela de que usase el dinero para comprar artículos occidentales en Macao para él.

El comandante supremo invitó a los enviados a una suntuosa cena acompañada de una ópera. Mientras Chen Rui interrogaba a Ruggieri sobre las doctrinas y ceremonias cristianas y prometía al monje extranjero que podía tener una casa y capilla en Zhaoqing, Ruggieri suplicó para que Sánchez y los españoles pudieran continuar hasta Macao. Chen Rui accedió a la petición y escribió una nota para alabar "la sinceridad de los españoles en ofrecer tributo", pero agregó que no había necesidad de que regresara a China en el futuro. La estancia de quince días en Zhaoqing fue un éxito brillante: Ruggieri y Panela partieron con regalos de brocados de seda, plata y libros chinos del comandante supremo. Por primera vez, la organización católica encontró un patrón. Ruggieri regresó a Guangzhou muy satisfecho.

En la ausencia de Ruggieri a Sánchez no le había ido tan bien. Después de que Ruggieri partiera hacia Zhaoqing, el *zhifu* encarceló a los españoles. Para su sorpresa, el jesuita español encontró otro grupo de prisioneros españoles en Guangzhou: un grupo de siete franciscanos de Manila junto a su comitiva. Bajo la guía de Martin Ignacio de Loyola, un pariente del fundador de la Compañía de Jesús, los frailes habían escapado de Manila sin permiso oficial. Su pequeña fragata arribó a la costa cerca de Zhanzhou en el sur de Fujian, no muy lejos de donde el grupo de Sánchez había fondeado. Sin embargo, a diferencia de la delegación de Sánchez, provista de regalos y cartas oficiales del gobernador de las Filipinas, los frailes solo portaban crucifijos y breviarios. Al igual que el anterior grupo de españoles, fueron escoltados a Guangzhou; pero al contrario que Sánchez, tratados como emisarios oficiales, los frailes fueron arrojados a la prisión y tratados con dureza. En la figura del *zhifu* de Guangzhou los frailes encontraron a un mandarín nada compasivo. Zhou Qixiang se mostraba continuamente hostil hacia los europeos; Sánchez probablemente pensaba en él cuando escribió que "los chinos son tan arrogantes que se consideran a ellos mismos la flor y nata del mundo y consideran que no hay entendimiento que no sea el suyo y nadie más que ellos conocen ninguna ley o costumbre. Es por ello que hacen de menos a otras naciones y los consideran bárbaras".[26] Solamente con las instrucciones de Chen Rui liberó Zhou Qixiang a los españoles, que llegaron a Macao el 31 de mayo. A pesar de que Sanchez finalmente aseguró la lealtad de los portugueses a Felipe II, fracasó en su misión de establecer vínculos diplomáticos sino-españoles. Su humillación determinó una actitud negativa hacia China, especialmente en sus acérrimas observaciones sobre los mandarines, como se verá en el siguiente capítulo. Los frailes españoles también consiguieron liberarse, fueron rescatados de la prisión por los portugueses.

Cualesquiera que fueran sus recelos privados sobre los castellanos, los portugueses de Macao juraron lealtad a Felipe II en una ceremonia el 1 de julio a la que asistieron todos los dignatarios: João de Almeida, *capitão-mór*, Leonardo da Sá, obispo de Macao, Melchor Carneiro, patriarca de Etiopía y obispo de Japón y Alessandro Valignano, el jesuita visitante. Valignano había llegado a Macao de Nagasaki el 9 de marzo con cuatro jóvenes samuráis japoneses, cristianos conversos y embajadores hacia Europa por parte de los señores de Bungo, Arima y Omura en la isla de Kyushu. Esta esperada misión, la primera embajada de Japón hacia occidente, partió de Macao a final de diciembre de 1582

Los jóvenes japoneses llegaron a Portugal finalmente en agosto de 1584 y regresaron a su hogar en julio de 1590. Su fascinante viaje y estancia, sin embargo, es otra historia. Mientras tanto, habiendo completado su misión, Sánchez quiso navegar a Manila, pero las autoridades chinas se negaron a permitir salir a su fragata ya que los viajes directos de Guangzhou a Manila estaban prohibidos. Por lo tanto, Almeida y Valignano dispusieron que el 6 de julio Sánchez embarcara en una *nau* portuguesa a Nagasaki, desde donde podría hacer un transbordo a Manila. Un tifón estrelló el barco en la costa de Formosa, donde los supervivientes, Sanchez incluido, pasaron alrededor de cuatro meses reparando el barco y luchando contra agresivos aborígenes, antes de regresar a Macao el 3 de noviembre de 1582. Después de pasar el invierno en Macao, Sánchez regresó finalmente a Manila, a donde llegó el 27 de marzo de 1583.

Gracias al jesuita español, contamos con un raro retrato de sus compañeros italianos, pioneros en la misión de China. Años después, Sánchez relataría su primera visita a Guangzhou y Macao y describiría con grandes alabanzas a Ruggieri como un hombre "de singular virtud, gran sencillez y pureza, a quien los chinos quieren y respetan. En lo que a Ricci concierne, Sanchez lo describió así: "Matteo Ricci, italiano, tan similar en todo a los chinos, parece ser uno de ellos en la belleza de su cabeza y en la delicadeza, amabilidad y educación, que tanto valoran y especialmente en su gran inteligencia y memoria. Ya que además de ser un muy buen teólogo y astrónomo, a quien ellos [los chinos] apreciaban mucho, ha aprendido en muy poco tiempo su idioma y diversos caracteres para poder hablar con los mandarines sin un intérprete, un hecho que todos ellos admiran y disfrutan enormemente".[27] En el verano de 1582, Ruggieri regresó a un escenario totalmente diferente en Macao. A diferencia de hacía tres años, cuando emprendió la solitaria tarea de aprender chino, esta vez se le unieron Francisco Pasio y Matteo Ricci, compatriotas y compañeros de la India, también contó con la presencia y apoyo inmediatos del visitador Alessandro Valignano y Pedro Gomez, en su trayecto hacia Japón para asumir su nuevo puesto como superior de la misión jesuita. El mismo Ruggieri se encontraba impaciente por volver a Zhaoqing, pero le cayó enfermo con fiebre. De hecho, enfermó hasta tal punto que los médicos le hicieron una sangría, lo que hizo que guardara cama por semanas. Por lo tanto, cuando Mateus Panela volvió a partir a Zhaoqing con la mercancía requerida por Chen Rui (su soborno), Ruggieri se vio obligado a permanecer allí. Escribió una carta recordando al comandante supremo de su autorización a la vivienda y le prometió un reloj occidental.

Cuando Panela volvió de Macao, traía consigo una carta oficial de Chen Rui, en la que permitía a Ruggieri residir en el interior y especificaba que el monje extranjero debía transportar él mismo el reloj occidental a Zhaoqing.

Ricci había traído consigo un hermoso reloj europeo, un regalo de Rui Vicente, el provincial jesuita de India, para la misión de China. A pesar de las dudas de Valignano, los otros jesuitas convencieron al visitador de aprovechar la oportunidad. El 18 de diciembre de 1582, Ruggieri y Pasio partieron de Macao hacia Zhaoqing. Valignano eligió a Pasio como el hombre más capaz, aunque Pasio había estado ocupado aprendiendo japonés tras su llegada en agosto en preparación para su futuro puesto en Japón. Ricci se encargó de los catecúmenos chinos. La víspera de su partida, Ruggieri escribió apresuradamente una carta corta y emocionada para saludar al nuevo general, su conocido en Roma, Claudio Acquaviva; Pasio también redactó una misiva al general, pero mostrando una visión más calmada y escéptica, atribuyó la benevolencia del comandante supremo a su afán de poseer un reloj occidental, no confiaba en los chinos "quienes normalmente mienten y se mueven solo por sus propios intereses".[28]

El 18 de diciembre, un jueves, Ruggieri y Pasio marcharon de Macao por tierra, acompañados de dos chicos chinos cristianos de allí, Balthazar y Gonzalo, y su intérprete, un converso del que solo se conoce su nombre portugués Felipe Mendes. El viernes por la mañana, llegaron a Xiangshan, allí presentaron su empresa al magistrado. Al saber que los jesuitas portaban un reloj para el comandante supremo, el mandarín Feng Shengyu concedió a los padres el privilegio de una audiencia sin arrodillarse. Con el permiso de viaje emitido por Feng, los jesuitas entraron a Guangzhou el lunes, Nochebuena. Celebraron allí la fiesta sagrada con tres misas. El día de Navidad, el grupo embarcó en dos pequeñas barcazas para navegar el Xijiang y llegar a Zhaoqing dos días después. Su esperanza de avanzar en el establecimiento de una residencia permanente y se precipitó contra las rocas de las políticas de los mandarines chinos, a lo que se volverá a continuación. Tras tres escasos meses, los dos jesuitas italianos se vieron forzados a volver a Macao.

Antes de que este esfuerzo fallido fuera manifiesto, Ricci se dedicó a estudiar chino con la esperanza de unirse a sus compañeros misioneros acompañando a los mercaderes portugueses a la feria de comercio de Guangzhou en marzo de 1583 y de allí viajando a Zhaoqing. Las dos cartas que Ricci envió desde Macao a Martino de Fornari y al general Acquaviva reflejaban sus intereses intelectuales y sus agudas observaciones. Escritas el 13 de febrero de 1583, justo cinco meses tras su llegada a Macao, hacen gala de un poder de observación de notable astucia y madurez.

Hablaba Ricci el humanista. Explicaba a Acquaviva las dificultades y desconocimientos del idioma chino, "no tiene nada que ver con el griego ni el alemán; y durante el discurso es tan ambiguo que muchas palabras tienen más de mil significados y no hay nada que las diferencia a unas de las otras en la pronunciación excepto por su subida o bajada, que hacían en total cuatro tonos. Y, por lo tanto, al hablar, escriben lo que quieren decir para hacerse entender, ya que todos los caracteres son diferentes. En lo que respecta a los caracteres: esto es algo inaudito para quien no lo haya visto y probado como he hecho yo. Hay tantos caracteres como palabras y cosas, superan los 70.000... Todas las palabras son monosílabas... La utilidad está en que todas las naciones que usen estos caracteres pueden entenderse entre ellas al escribir o mediante libros, incluso aunque su lengua sea distinta". Continuando con su análisis gramatical, Ricci destacó que la morfología china no tenía casos, números, género, tiempo ni modo y todo funcionaba mediante adverbios. Cuántos más caracteres supieras, más culto se te consideraba, y "esta era la razón por la que no cultivan mucho las ciencias", concluyó Ricci.[29] En medicina, sin embargo, estaban muy avanzados y Ricci observó la presencia de libros chinos de herbología en la casa jesuita. Alababa a los chinos por su imprenta, la riqueza y la fertilidad de su país, Ricci intuyó que un mapamundi le sería práctico en sus futuras negociaciones con ellos, y pidió una copia Acquaviva. En reflejo de sus propios intereses geográficos, Ricci dio las coordenadas de Macao como 22,5 grados de latitud y 125 grados de longitud (para ser exactos, 22.10 N y 133.33 E).

Dejando a un lado el lenguaje y la ciencia, hay dos claves en estas cartas que nos ayudan a entender el futuro comportamiento de Ricci. Primero, relataba con extrema franqueza a Acquaviva sus críticas a los compañeros portugueses jesuitas:[30]

> Por lo general, en esta residencia de China [Macao], que es muy pequeña, no se encuentran padres de gran calidad. Y sepa Su Reverendo que le pido que lo mantenga en secreto y no lo divulgue, ya que solo comento lo que observo, y quien no lo haya visto no sabrá, que los padres y superiores de este colegio no tienen mucho espíritu, no solo no aman lo relativo a la conversión, sino que además les genera cierto desagrado. ... los tres años que el padre Michele Ruggieri estuvo aquí representaron la mitad de un martirio con los padres, todos muy santos, pero no comprenden la *christianitas* en absoluto, ni aquellos con los que tratan.

De hecho, Valignano estaba tan poco satisfecho que liberó a Domingos Álvares del rectorado del colegio de Macao y puso a Pedro Gomez, mucho más favorable con la misión en China, como encargado temporal. El destituido Álvares acompañó a Valignano de vuelta a la India en diciembre de 1582. Había sido Álvares el que le comentó a Ricci más de una vez:

> que si permaneciera allí como superior tendría que echar a todos esos jóvenes que estudiaban aquí; y él no dijo esto porque no congeniase con nosotros, ya que era muy agradable, sino porque estaba tan acostumbrado a estar en nuestros colegios que no sabe cómo amar a los cristianos.

Si se tiene en cuenta que muchos de los jóvenes eran chinos y que "cristianos" hacía referencia a los conversos, Ricci estaba criticando la mentalidad introvertida y exclusiva del colonialismo portugués, lo que ya había criticado en India en lo que se refería a la exclusión de los estudiantes indios de los estudios teológicos en el colegio jesuita de Goa. Aseguró al general de que su "intención no es otra que avanzar en esta empresa, que es, según creo, una de las más importantes y de los mayores servicios a Dios hoy en día en la cristiandad, sobre todo teniendo en cuenta la gran ayuda que esto supondría para tantas almas que se encontraban en este otro mundo de China".

El segundo punto concierne la actitud de Ricci respecto a la civilización china. Escribió a de Fornari que "de la grandeza de China, es bien cierto que nada en el mundo se le compara".[31] Lleno como estaba de respeto hacia la literatura, política y cultura material del Imperio Ming, Ricci, sin embargo, desdeñaba las religiones chinas, describía como "los chinos adoraban algunos ídolos, pero cuando estos más tarde no les otorgaban sus deseo, los [chinos] les pegaban una paliza, tras lo que hacían las paces con ellos; adoraban u honraban al Diablo de este modo, para que no les dañara, y por ello tienen muy pocos cultos religiosos y poco respeto por sus curas."[32]

De la grandeza de China, parecía que lo que más impresionó a Ricci en su primer encuentro fue la cultura política del Imperio Ming. De forma simple, Ricci admiraba la grandeza, dignidad y el poder de los mandarines. No era el primer occidental en quedarse asombrado. Muchos extranjeros visitantes de la China imperial antes y después de Ricci se maravillaron por el poder de los mandarines, entre ellos los frailes Martin da Rada y Agustín de Tordesillas. La originalidad de las observaciones de Ricci, lo que nos brinda cierto conocimiento de su personalidad, radica en sus comparaciones constantes entre el mandarinato de la China imperial y la jerarquía eclesiástica de la Roma católica. China era una tierra sin señores nobles, pero gobernada por estos mandarines, "que son como dioses en la tierra". En sus *yamens*,

no hablan con nadie del exterior excepto en público ya sea en un recibidor o un pasillo suficientemente largo como una iglesia, y el *laoye* [literalmente "señor venerable", un honorífico para los mandarines] ...se encuentra al final como en una capilla, con un banco orientado al frente, como un altar, y sentado en una silla con una vestimenta peculiar y con [un sombrero con] orejas de tela mucho más largas que las de los caballos, que eran símbolos de su dignidad, tal y como los sombreros rojos de los cardenales. En medio de [el recibidor] hay un ancho camino bien delimitado con puertas, donde nadie salvo él podía entrar y salir. A los lados de esta habitación hay otras dos puertas por donde los demás entran, y muchos hombres armados hacen guardia según su rango ya sea cerca de él o fuera de la puerta. Cuando uno habla con él tiene que ser arrodillado, a más distancia que la del lanzamiento de una piedra y [los mandarines] apalizan tan cruelmente por asuntos nimios que muchos mueren, y lo hacen tan habitualmente como los maestros pegan a sus estudiantes entre nosotros.[33]

El único mandarín que Ricci vio en Macao fue probablemente el *zhixien* de Xiangshan, el magistrado del condado, que tenía jurisdicción sobre Macao e intervenía directamente en ocasiones. A pesar de que el *zhixien* era un oficial local menor, el séptimo de entre los nueve rangos del sistema del mandarinato chino (el cual se desarrollará en el siguiente capítulo), impresionó a Ricci con el esplendor y el poder de su cargo. Generoso con los padres, el mandarín les permitió permanecer erguidos mientras respondían a sus preguntas sobre la religión occidental. Cuando el mandarín paseaba por las calles, hombres portando armas y carteles le precedían, gritando órdenes a los plebeyos para que abrieran paso. Algunos se escabullían al interior, otros cerraban las ventanas, todos se quedaban en silencio y se arrodillaban cuando el mandarín era transportado en una silla de manos a hombros de los porteadores "exactamente como el papa". Lo que causó mayor impresión en Ricci fue que "estos *laoye* son hijos de granjeros y artesanos que gracias a sus estudios en letras llegan a ese rango". Dejando a un lado la crueldad de sus castigos, los mandarines de la China imperial le recordaron a Ricci a la jerarquía católica: la erudición conducía a un camino de honor, dignidad y orden, elevando a una élite de las letras por encima del público común a través de sus estudios superiores, con ceremonias, discursos y trajes como marca de su distinción.

Mientras Ricci redactaba sus reflexiones en Macao, Ruggieri y Pasio estaban escribiendo un nuevo capítulo en los anales de la historia jesuita. Los italianos llegaron a Zhaoqing el 27 de diciembre de 1582. Tras dos días Chen Rui los citó a una audiencia. Tras las ceremonias habituales, Chen Rui les indicó que se acercaran y observó lo delgado que se había quedado Ruggieri (tras haberse recuperado de una grave enfermedad). Levantándose del asiento, Chen Rui trató a los jesuitas con una familiaridad cordial, les preguntó su edad y les informó que había pedido al *haidao* y al *zhixien* de Xiangshan que favorecieran a los portugueses. Después quiso saber si los padres temían a los demonios, a lo que Ruggieri y Pasio contestaron que nada querrían más que tener poder sobre ellos.

Satisfecho con los regalos, papel japonés, un prisma veneciano y otras pequeñas curiosidades, el comandante supremo concedió a los jesuitas su petición de permanecer en tierra, ya que necesitarían preparar el reloj para presentarlo, incluyendo montar una caja. Chen Rui asignó a los jesuitas una serie de habitaciones en el gran templo budista de Zhaooqing, el Tianningsi, y les envió un saco de arroz, una botella de vino, algo de cerdo, pollos y dos patos. En una de las habitaciones, Ruggieri y Pasio montaron un altar y dijeron su primera misa en China el día de Año Nuevo.

Durante los siguientes días, los jesuitas lidiaron con el secretario del comandante supremo, molesto con el hecho de que era complicado usar y mantener el reloj europeo sin los monjes extranjeros. A la ineptitud mecánica del literato, observó Pasio, se le agregaba una total incomprensión del uso del tiempo occidental. Para los chinos, el reloj europeo no era más que un hermoso aparato con sonido. Cuando los jesuitas rogaron al secretario que transmitiera su petición de residencia a Chen Rui, este último fue de todo menos acogedor. Agradecido por el reloj, el 5 de enero Chen Rui ordenó a su secretario que les diera algo de plata a los jesuitas, pero Ruggieri respondió que el reloj era un regalo y envió una petición escrita al comandante supremo. En ella relataba que habían navegado cientos de miles de millas para llegar a China, tierra de la cultura y el aprendizaje, los jesuitas rogaron humildemente que les permitieran residir en China para aprender el idioma, las costumbres y las tradiciones de esta gran civilización y que ellos respetarían sus leyes y nunca regresarían a sus tierras. Los halagos culturales causaron efecto. Los chinos consideraban a los portugueses de Macao como personas incivilizadas y agresivas, con poco o ningún interés en la civilización china; claramente, estos monjes forasteros parecían diferentes. Para sorpresa de los jesuitas, Chen Rui les concedió su petición. A cambio, pidió a los clérigos que se vistieran como monjes chinos. Así, Ruggieri y Pasio cambiaron sus hábitos negros por las largas túnicas de los monjes budistas chinas, normalmente en tonos de marrón o azul grisáceo, "para llevar la luz de Cristo a los chinos", citando a Ruggieri.[34]

El 8 de enero Chen Rui citó a los jesuitas a otra audiencia. Les prometió una casa confortable, aunque no habría progreso antes del Año Nuevo Chino, cuando el comandante supremo esperaba visita de todos los mandarines de la provincia. Mientras tanto, los jesuitas eran sus protegidos y seguían recibiendo alojamiento y comida en el Templo de Tianning. En una de las escasas audiencias con Chen Rui, el septuagenario preguntó a Ruggieri si podría exorcizar un duende porque el comandante supremo poseía una casa encantada en Guangzhou, donde había tenido visiones terribles.

Ruggieri respondió que sus conocimientos le permitían realizar exorcismos. Chen Rui quedó satisfecho, y agregó que una vez había preguntado a un maestro musulmán en Guangzhou que le librase del duende sin ningún resultado. Parece que Ruggieri nunca tuvo la oportunidad de exorcizar la casa encantada, pero el duende aparentemente se marchó de la mansión de Chen Rui en Guangzhou y comenzaron a circular rumores de que los espíritus malignos temían al poder del monje forastero.

Los misioneros también obtuvieron el permiso de Chen Rui para traer a Ricci de Macao, presentaron a Ricci como su "hermano". Un cierto malentendido en la traducción ayudó en este subterfugio jesuita. Ruggieri, eufórico, describía a Acquaviva cómo estaban viviendo en un sueño, ya que la imposible tarea de entrar a China finalmente se había cumplido cuarenta años después de Francisco Xavier, gracias a la gran compasión de Dios. Para mayor consuelo de Acquaviva y la Compañía, se atrevió a suponer Ruggieri, era el prospecto de que los tres padres que tan cercanos eran en el Colegio Romano se reunirían pronto en Zhaoqing, a medio mundo de distancia.

Ruggieri se apresuró a escribir a Macao el 12 de febrero informando a los jesuitas de las nuevas noticias, de ahí la expectativa de Ricci de que viajaría con los mercaderes portugueses en marzo a la feria de comercio de Guangzhou. De vuelta Zhaoqing, Ruggieri y Pasio continuaron demostrando su fervor y buen comportamiento religioso, atendiendo a los visitantes mandarines que no dudaban en reverenciar la estatua de la Madonna y el Niño, para deleite de los jesuitas. La confianza era plena. El 18 de febrero, Pasio escribió a Gomez en Macao, pidiendo al Rector del colegio jesuita que enviara objetos y personas; además de a Ricci, Pasio solicitó vestimentas litúrgicas para llevar a cabo un exorcismo, una pintura del Salvador del Hermano Nicolao, el jesuita italiano Giovanni Nicolao (di Nola), y Alonso "el bengalí", que hablaba buen mandarín.[35] A pesar del optimismo, cabían dudas en si Ruggieri verdaderamente había tenido éxito al "llevar la luz de Cristo a los chinos". En su entusiasmo, había olvidado el hecho de que la distinción entre el budismo y el cristianismo no estaba nada clara para los chinos. Una de las conversaciones entre Chen Rui y Ruggieri dan buena cuenta de ello. Durante un discurso sobre el Dios verdadero del cristianismo, Ruggieri escuchó a Chen Rui dándole la razón, dijo que el "cielo" (*Tian*) era de hecho omnipotente y justo. Creyendo que hablaban del mismo tema, el jesuita y el comandante supremo ni siquiera contaban con un vocabulario común para diferenciar entre el cristianismo, el budismo y los conceptos de Confucio. La dificultad de este reto se haría evidente en los próximos años. A corto plazo, el "sueño maravilloso" se evaporó como rocío bajo el sol matutino.

A finales de febrero, una orden de Pekín destituyó a Chen Rui de su cargo. La caída del poder de Chen Rui fue una de la larga serie de consecuencias políticas tras la muerte del poderoso gran secretario Zhang Juzheng (1525-1582). Como reformador de voluntad férrea y un astuto político, Zhang Juzheng ayudó al niño Zhu Yijung, que ascendió al trono imperial en 1573 como el emperador de Wanli. Ejerció como ministro jefe, que erradicaba implacable a sus rivales, y como tutor personal del niño emperador, a quien educó con mano dura y una enorme carga de confucianismo, Zhang Juzheng fue el hombre más poderoso del imperio hasta su muerte a principios de 1582. A pesar de ser un oficial comprometido, Zhang hizo demasiados enemigos en la corte despiadada y en las políticas burocráticas; su propio hogar extendido intercambiaba influencia política por sobornos. Lleno de resentimiento por el duro tutelaje del gran secretario, el emperador Wanli de 19 años decidió imponer su voluntad justo tras la muerte de Zhang. Al sentir el cambio en el ambiente, los oficiales llenaron los oídos del emperador con acusaciones contra Zhang. A principios de enero de 1583 el censor (*yushi*) Zhang Ying envió una nota acusando a los dos altos mandarines de corrupción: habían conseguido sus oficinas actuales sobornando a Zhang Juzheng y al eunuco Feng Bo; uno de ellos era Chen Rui, quien supuestamente había obtenido su puesto con una larga suma de piedras preciosas y perlas y con varios favores ilegales para la casa de Zhang durante su anterior cargo como gobernador de la provincia de Huguang. El emperador Wanli respondió ordenando la destitución inmediata de los dos hombres.[36]

Cuando el edicto imperial llegó a Zhaoqing, Chen Rui mandó lejos a sus dos clientes jesuitas, temiendo que los críticos pudieran usar su mecenazgo de extranjeros como otra acusación una vez él dejara la oficina. Como último gesto de buena voluntad, el destituido comandante supremo dio a los padres una carta con su sello, destinada al *haidao*, con la disposición de que se les diera a los jesuitas un pedazo de tierra del gobierno en Guangzhou para construir su templo. A Ruggieri y Pasio, sin embargo, no les fue permitido desembarcar en Guangzhou y volvieron a Macao en marzo. La puerta de China se encontraba una vez más cerrada.

4

ZHAOQING

En medio de toda la frustración en la residencia jesuita de Macao, llegaron los oficiales chinos. Exigieron la entrega del documento oficial con el sello de Chen Rui. El nuevo *zongdu*, Guo Yinping, tras haber sido ascendido de gran coordinador de Guanxi a este puesto, examinó diligentemente los papeles dejados por el ahora caído en desgracia Chen Rui. Esto fue una medida instaurada por el fallecido gran secretario Zhang Juzheng, en un intento de arreglar el funcionamiento de la defectuosa maquinaria burocrática. Los edictos desde Pekín muchas veces los aceptaban y los mandarines locales los archivaban. El régimen Ming se había convertido en un trámite administrativo, lastrado por edictos, informes, peticiones y rescriptos imperiales detallando políticas que permanecieron como letras muertas. En 1573, Zhang estableció nuevos procedimientos que requerían a todos los mandarines rendir cuentas llevando una lista de respuestas a cada documento oficial. Por lo tanto, cuando los secretarios de Guo no encontraron un informe relleno junto a la concesión de tierra del Estado de Chen Rui a los jesuitas, se vio obligado a investigar. Guo le transmitió la orden al *haidao* de Guangzhou, quien, ignorante de la extensión del asunto, le transmitió la orden de investigación a Feng Shengyu, el *zhixien* de Xiangshan, quien en respuesta envió oficiales a Macao.

Tras meditarlo, los padres se negaron a entregar el documento, pero aceptaron devolvérselo personalmente al *haidao*. Bajo escolta, Ruggieri y Ricci viajaron a Xiangshan. En la audiencia con Feng, los jesuitas una vez más se negaron a entregar el documento, esto provocó la ira de Feng que tiró el documento al suelo gritando: "¡Para qué pensáis que os sirve un documento firmado por un oficial depuesto!" Se negó a conceder a los jesuitas permiso para viajar y les indicó que regresaran a Macao. De vuelta a la posada, Ruggieri y Ricci probaron una medida desesperada. Se subieron a bordo de un ferry a Guangzhou sin mediar permiso. Al ver entre ellos a "demonios forasteros", los pasajeros chinos montaron tal revuelo que el capitán obligó a los jesuitas a desembarcar. Su suerte cambió. Llegaron las noticias de que el padre de Feng había muerto; por ley, todos los oficiales debían abandonar sus cargos por los tres años de luto. El magistrado provincial ayudante, Deng Shiqi, fue más amable y envió a los dos misioneros a Guangzhou. Allí, Ruggieri y Ricci pidieron al *haidao* permanecer en China, aprender su idioma y sus costumbres y enseñar sus doctrinas religiosas. Cuando este respondió que solo el nuevo comandante supremo podía conceder tal petición, los padres pidieron permiso para residir en la "casa siamesa" mientras presentaban una solicitud a Guo Yingping. El *haidao* se negó, al no encontrarse en temporada de comercio la presencia de los monjes sin mercaderes portugueses suscitaría recelos. Rechazados, los jesuitas volvieron a Xiangshan, donde su humor se agrió aún más al leer un aviso público colgado por orden del nuevo comandante supremo, donde se denunciaban los "engaños" de los intérpretes chinos de Macao, que habían enseñado a los monjes extranjeros el idioma chino y les habían alentado a solicitar residencia en el interior. Guo amenazaba con severos castigos si estas inconveniencias no paraban. Los jesuitas, abatidos, volvieron a Macao en torno al 10 de agosto, tras haber perdido un mes en vano.

En su ausencia, Francesco Pasio marchó de Macao. El 14 de julio de 1583, Pasio partió hacia Japón, donde tuvo una brillante carrera, con el tiempo ejerció como viceprovincial y visitador, antes de ser nominado como el primer Provincial, cuando la misión japonesa fue ascendida en el 1611 al rango completo de provincia en la administración de la Compañía de Jesús. Regresó a Macao solo en 1612 y murió de una enfermedad a mediados de julio, casi exactamente 27 años después de su partida.

Ruggieri y Ricci estuvieron desconsolados menos de una semana. Llegó un soldado. Ahora guardia en la puerta este de Zhaoqing, este soldado había sido catecúmeno de Ruggieri. Tras la marcha de los padres, presentó una solicitud en nombre de su intérprete a Guo

Yingping, pidiendo al nuevo mandarín que concediera residencia a los dos curas extranjeros. El personal de Guo le envió la petición al prefecto de Zhaoqing, el *zhifu* Wang Pan, quien otorgó la petición. "Ha llegado la hora", escribió Ricci, "donde la gracia divina vuelve la vista hacia este miserable plano y abre con su poderosa mano la puerta firmemente cerrada a los predicadores de los santos Evangelios".[1] Ricci enseguida se daría cuenta de cómo exactamente funcionaba la gracia divina a través de manos humanas. Mientras tanto, los misioneros se prepararon, trataron de recoger donaciones suficientes, ya que estaban determinados a ser autosuficientes financieramente; algo difícil en una Macao con recursos limitados, la ciudad que había perdido un importante barco a Nagashaki el año anterior, el barco en el que Alonso Sanchez naufragó. El 1 de septiembre, partieron: Ruggieri, Ricci, un intérprete chino y sus sirvientes, guiados por el soldado chino. Diez días después, los jesuitas llegaron. Ricci vio Zhaoqing, su casa los próximos cinco años.

Con más de 16.600 viviendas y una población de 47.000 habitantes, Zhaoqing era una ciudad fluvial tranquila y agradable.[2] Carente del ajetreo de Guangzhou, Zhaoqing era famosa por la belleza natural de los Riscos de las siete estrellas, una serie de crestas de piedra caliza y cuevas en torno a un lago al norte de las murallas de la ciudad. A pesar de no ser un centro comercial como Guangzhou, los artesanos de Zhaoqing exportaban piedras de entintar y tinteros, famosos a lo largo de toda China. Por encima de todo, servía como centro administrativo, alojaba las oficinas del virreinato de Guangdong y Guangxi, la prefectura de Zhaoqing, la provincia de Gaoyeo y el cuartel militar regional. Un mapa de Zhaoqing de 1633 mostraba la ciudad muy similar a cómo era en 1583: una ciudad amurallada de forma alargada, ligeramente rectangular, paralela a Xijiang al sur y enmarcada por los Riscos de las siete estrellas y unas colinas aún más altas en la distancia. Un conjunto de oficinas gubernamentales en el centro de la ciudad alojaba las oficinas de la prefectura y la provincia, mientras que el *yamen* del *zongdu* estaba ubicada al este, junto al templo de Guanyu, el dios de la guerra y la lealtad, y cerca de la impresionante Puerta Este, que daba al Templo de Tianning y a la escuela prefectoral (ver Mapa 3). Tan solo la pagoda, la Chongxi ta, en la margen derecha (este) del mapa, estaba incompleta: cuando Ricci llegó en septiembre de 1583 solo habían construido la primera planta. Después de todo, Zhaoqing era una ciudad provincial a pesar de sus encantos: su gran monasterio budista, el Tianning, era modesto en tamaño y reputación aún bajo los estándares de la provincia de Guandong; tampoco podía alardear de famosos templos taoístas o academias privadas del confucianismo. Para los jesuitas los estanques de peces intramuros y el calmado Xijiang hacía de Zhaoqing un remanso en contraste con la ajetreada Guangzhou, el amplio delta del Río Perla y el mundo de más allá. Parecía que Ruggieri y Ricci habían atravesado las altas y prohibidas puertas de China para encontrarse con un pequeño y hermoso jardín amurallado.[3]

Su primera audiencia con Wang Pan fue bien. A través de su intérprete, los jesuitas se presentaron como "monjes del país de Tianchu" (*Tianchu guo seng*). Tianchu era el nombre chino para India; Ruggieri pretendía que los chinos identificasen a los jesuitas con la región donde una vez los monjes santos y las doctrinas sagradas llegaron a China. Servían al "Soberano del Cielo", continuó Ruggieri a través del intérprete, y habían viajado durante tres años desde el Extremo Oeste, atraídos por el buen gobierno del Gran Ming.

Solamente pedían un lugar tranquilo lejos del comercio y de las actividades seculares de Macao para construir un retiro y una capilla y servir a Dios hasta su muerte. Como budista devoto, Wang Pan les prometió su mecenazgo y la cesión de tierras públicas para ayudar a estos monjes forasteros. No se debe olvidar que Ruggieri y Ricci mantenían las cabezas y barbas rasuradas y su indumentaria era la de los monjes budistas chinos. Después de todo, monjes budistas de la India habían viajado a Guangdong durante las dinastías Tang y Song. ¡Qué casualidad tan magnífica que tras 400 años esto volviera a ocurrir en su magistratura!

Tras su audiencia, Ruggieri marchó a recuperar el altar móvil, los objetos litúrgicos y los libros que había confiado a "un joven íntegro" llamado Chen cuando se vieron obligados a dejar Zhaoqing por la destitución de Chen Rui. El joven Chen vivía cerca del Templo Tianning y había estado practicando los nuevos rituales bajo la guía de Ruggieri. En la vivienda de Chen, los jesuitas vieron que había

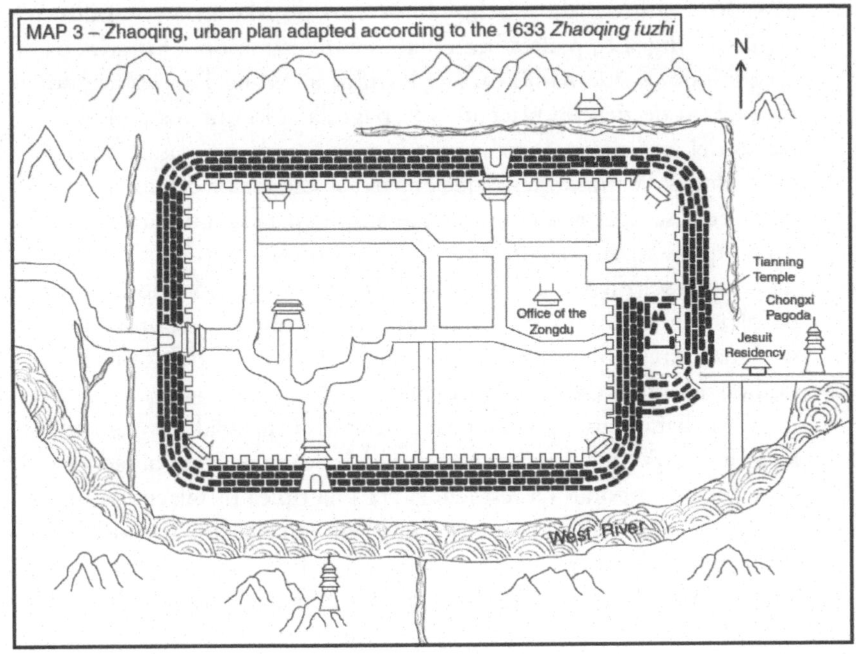

Mapa 3. Zhaoqing

colocado el altar en un pequeño cuarto con varios quemadores de incienso, detrás del altar, se encontraba un gran pergamino con los caracteres "Tian zhu" (Señor del Cielo). Complacidos con esta elegante interpretación del Dios cristiano, Ruggieri y Ricci adoptaron la nomenclatura, la apelación de lo divino que permanecería en el catolicismo chino.

Los jesuitas se alojaron con Chen durante cuatro días antes de que Wang Pan les asignara el 14 de septiembre su nueva casa: una parcela de tierra a una milla al este de la ciudad, cercana a la orilla del río, contigua a la Pagoda Chongxi y en una hermosa área suburbana sembrada de árboles y jardines. Al día siguiente, en compañía de otros mandarines y eminencias locales, Wang Pan comprobó el lugar junto a los jesuitas. Varios hombres del cortejo de Wang expresaron su preocupación de que los jesuitas fueran a ser los primeros de muchos forasteros de Macao asentándose en Zhaoqing. Los padres inmediatamente calmaron a los críticos asegurándoles que nadie más se les uniría. Wang Pan les asignó un pedazo de tierra adyacente a la pagoda, a lo que los padres, a través del intérprete, sugirieron que quizá era algo escasa para sus necesidades. Wang contestó que la parcela solo estaba destinada a su residencia; se elegiría un terreno más amplio para la construcción de un templo. Cuando su intérprete dijo que los jesuitas no adoraban ídolos sino solo al Señor del Cielo, Wang Pan se quedó visiblemente perplejo. Intercambió unas palabras con su séquito y respondió que no importaba. Una vez que el templo fuera construido, los padres podían adorar al dios que quisieran.

Inmediatamente, los jesuitas contrataron trabajadores para colocar los cimientos de su nueva casa, a la vez que vivían al lado en un refugio temporal. La residencia era una típica instalación china de una sola planta, una estancia central enmarcada con dos pares de habitaciones dobles a los lados. La Pagoda Chongxi, que finalmente tendría nueve plantas, se elevaba sobre el Xijiang, conteniendo, por así decirlo, la energía del rápido río y salvaguardando la buena fortuna de Zhaoqing (véase figura 7). Aunque los jesuitas lo desestimaron como un ejemplo de superstición china, para los habitantes de Zhaoqing representaba el proyecto de obra pública más importante bajo la magistratura de Wang Pan. Un consejo, conformado por eruditos y eminencias locales, supervisaban la construcción de la pagoda. Algunos miembros estaban molestos por ver extranjeros. Tras varias reuniones, Ruggieri aligeró la tensión devolviendo parte de la tierra que Wang Pan les había asignado.

En su residencia temporal, Ruggieri y Ricci colocaron el altar para decir misa, pusieron en exposición la imagen de la Virgen María, una réplica de la Virgen en Santa Maria Maggiore en Roma, un prisma veneciano de cristal, libros occidentales y otras curiosidades. Cada día la muchedumbre miraba asombrada las novedades y a los exóticos monjes, abriendo paso solo a los mandarines. Wang Pan estaba tan impresionado por la pintura de la Virgen María y del prisma veneciano que los trasladó a su casa para enseñarlos en el hogar. Rechazó, sin embargo, los regalos de los jesuitas, varios

Figura 7. Pagoda de Chongxi a la orilla del río Oeste, Zhaoqing

pañuelos de encaje europeos, comportándose como un íntegro e insobornable mandarín.

Una vez asentados, Ruggieri y Ricci fueron a rendir respeto al comandante supremo, que había aprobado la cesión de tierras de Wang. Pero Guo Yingping rehusó recibirlos. Los jesuitas nunca vieron a Guo durante su estancia en Zhaoqing. Los siguientes años, sus mecenas y protectores fueron Wang Pan y su subordinado, el prefecto ayudante Zhang Yiling. Tras establecer un punto de apoyo, los padres enseguida tuvieron problemas: gastaron todo su dinero. Tuvieron que prescindir de su intérprete y de los sirvientes chinos y la construcción de su nueva residencia también paró por la misma razón. En diciembre Ruggieri viajó a Macao para recaudar fondos; Ricci y las personas con las que convivían se apañaron con un préstamo de los mandarines. Durante un par de meses, Ruggieri suplicó por la voluntad, que no estaba en auge debido a los naufragios en el comercio Macao-Nagasaki. Ruggieri vendió el prisma veneciano por 30 taels de plata; también recibió ayuda de otra fuente. Su conocido y compañero jesuita Alonso Sanchez se encontraba una vez más en

Macao. En diciembre de 1583, el gobernador de las Filipinas mandó al agente real Juan Bautista Román y a Sánchez como enviados portadores de regalos para el emperador de China; su misión era viajar a Pekín, ofrecer los regalos en nombre de Felipe II y pedir el establecimiento de lazos diplomáticos y comerciales. Una vez en Macao, Sanchez escribió a su antiguo amigo Ruggieri en Zhaoqing, declarando su completo apoyo a la empresa católica y pidiendo a su compañero jesuita que interviniera ante el mandarín Guo a favor de la misión diplomática española. Así, el viaje de Ruggieri a Macao no fue solo para recaudar dinero, sino también para encontrarse con Sanchez y discutir las estrategias de evangelización. Inicialmente Ruggieri y Ricci advirtieron a Sanchez en contra de albergar esperanzas: los chinos sospechaban de todos los forasteros y consideraban a los españoles gente agresiva y bélica. Para su sorpresa, Wang Pan, a quien Ruggieri y Ricci acudieron, acogió la propuesta de los españoles. Se escribió una petición a nombre del secretario de Wang Pan y se envió al *haidao* en Guangzhou. Sin embargo, tras el regreso de Ruggieri a Zhaoqing en febrero de 1584, los padres italianos recibieron una carta de Francisco Cabral, rector del colegio jesuita en Macao, según la cual el *capitão-mór* y otros portugueses se oponían completamente a la misión diplomática española. Si se establecían lazos sino-hispánicos, razonaban los portugueses, la posición única de Macao se vería socavada por un privilegio similar a los españoles en la costa meridional china. Y una vez que los españoles pudieran transportar plata americana directamente a China, los beneficios caerían en picado en la importación de plata japonesa de los portugueses, un comercio del que los jesuitas se lucraban. Cabral, el director superior de Ruggieri y Ricci, les aconsejó abandonar su apoyo y dejar que la empresa española muriera sin hacer ruido. Los padres italianos no tuvieron problema en obedecer, Ruggieri estaba especialmente preocupado de las consecuencias negativas que pudiera tener para la nueva misión que los chinos sospecharan de sus estrechos lazos con Manila.

Es evidente el claro contraste entre la ansiedad prudente de Ruggieri y la confianza desmedida de Sanchez. En una carta a Acquaviva, datada el 30 de marzo de 1584, escrita tras su vuelta de Macao a

Zhaoqing, Ruggieri describió la misión de China como "una planta nueva y tierna, cualquier viento podría quebrarla; por ello, debe ser cuidada lo más dulce y delicadamente posible, llegará el momento en el que los cultivadores serán llamados para plantar o para arrancarla de raíz". Estaba preocupado por "el fervor no solo de nuestros padres, sino también de otras órdenes religiosas... todas quieren venir a cultivar esta planta, que... aún no ha nacido". Teniendo en mente a los jesuitas españoles en Luzón, pidió a Acquaviva ordenar a todos los superiores jesuitas no enviar misioneros hasta que se hubiera asignado un superior local para la misión china.[4]

Tras seis meses de frustrada espera, Sanchez escribió una carta el 5 de julio a Gaspar Coelho, el jesuita viceprovincial de Japón. En ella declaraba el ferviente deseo de todos los españoles en las Filipinas para la conversión de China, aunque se mostraba escéptico del método de Ruggieri y Ricci: amistad con los mandarines y evangelización pacífica. Sanchez declaró que "sobre la conversión [de China] por predicar, tras haber permanecido varios meses en China y haber lidiado con [los chinos] durante múltiples años en Luzón, puedo decir sin duda que es imposible. [Algunos dirán:] 'Para Dios nada es imposible', pero yo me inclinaría a creer a aquellos allí [en las Filipinas] que han estado lidiando durante veinte años y aquí [en Macao] durante cerca de treinta, que todo el mundo dice la misma cosa y que esta iniciativa [de la conversión] tendrá que finalizarla Dios de la misma manera que Nueva España y Perú".[5]

A pesar de que las autoridades españolas de Manila consideraban la conquista militar de China una opción realista, sigue siendo extraño que Sanchez el cura sonara más belicista que Román el oficial real. En una carta a Felipe II, fechada el 24 con una postdata del 27 de junio, Román expresó con optimismo que les permitirían viajar a Pekín. Ignorante de las maquinaciones portuguesas y aún con plena confianza en Ruggieri y Ricci, que conocían el idioma y las costumbres chinas, Román aconsejó al rey español que el único modo de obtener relaciones diplomáticas sería mediante los padres, aunque él mismo tampoco guardara una "devoción o afecto particular por la Compañía". Dada la riqueza de China, solo los regalos más exquisitos captarían la atención, Román sugirió caballos de Nueva

España, terciopelo, brocados y tela dorados, tapices flamencos, cristal veneciano, relojes, espejos, armas bañadas en oro, lanzas pintadas, espadas afiladas, plumas exóticas, vestidos de Milán y vino; todo ello costaría no menos de 60.000 o 70.000 ducados. Coincidía con la dura visión de Sánchez: sin un milagro, los chinos, con su idioma imposible, no podían ser convertidos al cristianismo, eran personas orgullosas y desdeñosas de las costumbres extranjeras. "Nunca en toda nuestra vida llegaremos a un entendimiento con ellos hasta que una mínima parte del poder de Su Majestad haya entrado en su territorio y la necesidad les fuerce a aprender nuestro idioma, que es más fácil que para nosotros aprender el suyo", informó además Román, citando a Sanchez, una empresa por la gloria de la Iglesia militante y por la reputación de Su Majestad.[6]

En octubre, sin esperanzas de noticias prometedoras, Sanchez y Román regresaron a Manila. Como enviado del gobierno filipino, el jesuita español viajaría a España cruzando México en 1587, traería consigo el primer informe sobre las condiciones del territorio colonial más nuevo de Felipe.

Un memorando, adjunto a este informe y escrito por Sanchez, aconsejó a Felipe enviar una armada para conquistar China. En él, Sanchez destacó las razones para una "Guerra Justa", a mayor interés de la evangelización cristiana y la ampliación de la España imperial. Este notable documento provocó una vehemente crítica del compañero jesuita de Sanchez, el español José de Acosta (1540-1600) y de Valignano.[7] El hecho de que Felipe confiara a un comité en la primavera de 1588 el estudio de este memorando mientras equipaba una armada para la conquista de la Inglaterra hereje agrega una nota al pie irónica a esta historia de la evangelización jesuita en China.

Si Felipe tenía que afrontar los vendavales del mar del Norte que destruyeron su armada, la amenaza de un fuerte viento que destruyera la simiente de la evangelización en China era real. Durante la ausencia de Ruggieri en el invierno de 1583-1584, Ricci tuvo un encuentro desagradable con la xenofobia. Algunos vecinos de los jesuitas nunca se reconciliaron con la presencia de los "demonios extranjeros". El mecenazgo de los mandarines solo incrementó el resentimiento popular: tanto los magistrados como estos monjes forasteros, solo hablaban mandarín e ignoraban el idioma local y las férreas costumbres locales de los cantoneses. La causa inmediata de la hostilidad fue la llegada de un indio desde Macao. Un relojero y nativo de Goa, este hombre de piel oscura vino a construir un reloj para Wang Pan, quien había expresado a los jesuitas su deseo de poseer uno. Dado que el transporte desde Europa era demasiado costoso, se decidió construir uno en Zhaoqing usando maestría extranjera y material local. Durante muchos años, los cantoneses habían acusado a los portugueses de comprar niños, una práctica accesible en Guangdong regulada por contratos y costumbres pero prohibida a los portugueses. La llegada del goense, y la presencia del bengalí Alonso en la residencia jesuita, intensificó los miedos, ya que los cantoneses despreciaban a los "bárbaros negros" aún más que a los "bárbaros blancos". Circulaban rumores de secuestros de niños; estos "demonios extranjeros" de piel oscura venían a llevarse niños chinos a Macao. Algunos niños del vecindario se entretenían tirando piedras desde las plantas elevadas de la Pagoda de Chongxi al tejado y al patio de la residencia jesuita. A raíz de las distracciones por este acoso habitual, los sirvientes de la residencia sorprendieron a un niño con las manos en la masa y lo arrastraron a la vivienda. Lo dejaron marchar tras una terrible amonestación cuando unos vecinos vinieron a suplicar.

Dos vecinos hostiles lo tomaron como una oportunidad para librarse de los extranjeros. Enviaron una petición a Wang Pan, acusando a los forasteros de haber retenido al niño durante tres días y proporcionaron un falso testimonio.

Ricci fue citado bajo escolta al *yamen* prefectoral. Incapaz de explicarse en chino, angustiado rezó para obtener ayuda divina. Afortunadamente, Alonso el Bengalí hablaba mejor mandarín y llevó consigo las piedras como evidencia. Varios vecinos testificaron que el chico solo había sido retenido durante unos pocos minutos en la residencia de los jesuitas, el secuestro se falló a su favor. Cuando Wang Pan ordenó que el culpable fuera apalizado por dar falsos testimonios, Ricci suplicó clemencia. El problema se solucionó, Wang Pan hizo regresar al relojero a Macao inmediatamente para evitar preocupaciones mayores. A raíz de esto, tras su retorno a Zhaoqing,

Ruggieri informó a Acquaviva de que mientras que los mandarines "los apreciaban y estaban muy contentos con su presencia... la gente de a pie mostraba poco afecto porque no entendían su estilo de vida".[8]

Sin embargo, no todo era negativo. Por un lado, durante sus primeros meses en Zhaoqing, Ruggieri terminó de revisar su catecismo en chino, la primera doctrina cristiana en ese idioma, comenzada en Macao y con cuatro años a sus espaldas. El 25 de enero de 1584, Ruggieri informó a Acquaviva desde Macao que enviaría una sinopsis en latín al resto de padres de la Compañía para que aprobasen su publicación.[9] Finalmente, esta obra se imprimió a finales de noviembre. Volveremos a ello en unos momentos.

En lo que a Ricci respecta, además de en sus lecciones diarias de chino, también se centraba en sus intereses científicos, fabricaba relojes de sol y diseñaba cuadrantes para medir las estrellas. Su mayor logro fue en geografía. En su residencia, los padres habían colgado en la pared el mapamundi de Abraham Ortelius. Este mapa del mundo, un ejemplar excelente de la avanzada cartografía europea, nunca dejaba indiferentes a los visitantes chinos, ya fuera por sorpresa e incredulidad o por asombro y admiración. A los visitantes interesados, Ricci les explicaba pacientemente las latitudes, longitudes, el ecuador y los trópicos de Cáncer y Capricornio, rápidamente se ganó la reputación de erudito. Wang Pan sugirió publicar el mapamundi en una edición en chino. Ricci tradujo todas las inscripciones del latín al chino, se detuvo en las costumbres y la historia de las regiones geográficas, usó la oportunidad para presentar la Europa cristiana y colocó China estratégicamente en el centro del nuevo mapa mundial. Hacia finales de noviembre de 1584, justo antes de que el catecismo de Ruggieri apareciera en imprenta, Ricci ya tenía su mapa preparado. Finalmente, Wang Pan respaldó su impresión y distribuyó copias a amigos, conocidos y compañeros.

Las cosas comenzaban a marchar bien. En octubre de 1584, Ruggieri volvió a marchar a Macao. Acababa de fondear un barco desde Japón y el enclave portugués volvía a rebosar de dinero.

Ruggieri regresó con suficiente dinero para pagar sus deudas. Su nueva residencia estaba a punto de terminarse. Se trataba de un edificio de dos plantas en ladrillo y cal, una mezcla de arquitectura occidental y china, con un balcón sobre la entrada que daba a unas excelentes vistas del río. Los jesuitas contrataron a un nuevo tutor, un académico instruido en los clásicos confucianos. Además, su mecenas Wang Pan fue promocionado a intendente del Oeste (*Linxidao*) aunque permaneció emplazado en Zhaoqing; su sucesor como *zhifu* de Zhaoqing fue Zheng Yilin, otro de sus protectores. Asimismo, la fortuna sonrió a Wang Pan: además del nacimiento de una niña, su mujer estaba embarazada y más tarde dio a luz a un hijo. La gente comentaba que los monjes extranjeros estaban dando buena suerte al mandarín.

Wang Pan jugaba una función crucial en la protección de los jesuitas, como queda extremadamente claro en los escritos de Ruggieri y Ricci. Aun así, no es más que una figura en sombras en el escenario de la historia de los misioneros, que caracteriza a Ricci como el héroe y a Ruggieri como el fiel compañero, revirtiendo los roles del Don Quijote y Sancho Panza italianos en su aventura quijotesca a introducir a China en el Evangelio. Es hora de examinar las fuentes chinas y leer con ojo crítico los informes que dejaron los primeros misioneros jesuitas para obtener la imagen completa que se oscureció parcialmente tras la póstuma glorificación de Ricci.

Recordemos el verano de 1583, cuando Ruggieri y Ricci recibieron permiso para viajar a Zhaoqing. La función de los soldados catecúmenos y de Wang Pan la relata Ricci, quien por lo demás atribuye el milagro a la mano de Dios. Pero Ricci omite mencionar la razón del interés de Wang Pan por los monjes extranjeros. Acorde a Ruggieri, Wang Pan les permitió residir en Zhaoqing porque esperaba que intervinieran en la concepción de un hijo, ya que había estado casado durante treinta años con su mujer y dos concubinas y no tenía un heredero varón. En el curso de un año desde la llegada de Ruggieri y Ricci, Wang Pan tuvo su preciado hijo, a quien llevó a la capilla jesuita para hacer ofrendas a la imagen de Madonna y el Niño, confiando a su hijo a su protección. Más tarde, tuvo un segundo hijo, al que bautizó.[10]

La deidad cristiana que otorgaba niños: esto representaba un ejemplo donde la Virgen y el Niño, imagen que los jesuitas tenían expuesta en su residencia y de la que hacían regalos, fue asimilada en la interpretación china como la Guanyin dadora de hijos. Ricci relata en sus memorias que todos los mandarines que los visitaban se inclinaban y arrodillaban frente a la imagen de Madonna y el Niño. Tras un tiempo, los jesuitas sustituyeron la imagen con una de Cristo, no fueran a pensar que el Dios cristiano era una deidad femenina.

Claramente, los visitantes de Zhaoqing confundían a la Virgen María con Guanyin la dadora de hijos. Como hombre discreto, Ricci no mencionó esto en sus memorias posteriores, pero en el momento registró este éxito en una carta de 1586. Escribió que su protector Wang Pan deseaba un heredero varón y pidió a los jesuitas que rezaran por ello, por lo que los padres le dieron una imagen de la Madonna. Con este éxito "se ha extendido el rumor en la ciudad de que nuestro Dios le ha concedido un hijo".[11] La similitud entre Madonna y Guanyin confundía hasta a los misioneros europeos, como se ha podido observar: Gaspar da Cruz pensó que la estatua de Guanyin en Guangzhou sugería la visita apostólica de Santo Tomás a China, y como se verá, el joven jesuita portugués Antonio Almeida también haría la misma identificación cuando acompañó a Ruggieri en un viaje fuera de Zhaoqing en el invierno de 1585.

Pero nos estamos adelantando a la historia. Permítannos acercarnos a Wang Pan, el oculto pero poderoso patrón de los jesuitas. Como nativo de Shanyin en la prefectura de Shaoxing, provincia de Zhejiang, Wang Pan obtuvo su grado de *jinshi* en 1573 y fue nombrado *zhifu* de Zhaoqing en 1581. Venía de una región de China con una sólida tradición monástica budista y la práctica de patronazgos de élite para estos monasterios en la tardía Ming.[12] La élite Ming de Zhejiang del este (las prefecturas de Ningpo y Shaoxing) –mandarines, oficiales retirados y literatos que conjuntamente conformaban el señorío– entrelazaban sus vidas con el budismo: copiaban textos religiosos, liberaban criaturas vivas y cantaban sutras en los monasterios bajo la dirección de los monjes. Algunos nobles tomaron votos laicos con importantes abades locales, como con Zibo Zhenke (1543-1603). También había muchas actividades seculares asociadas con los monasterios budistas: los literatos se mudaban a los monasterios como lugares de estudio, se juntaban para escribir poesía, cultivar amistades y compartir actividades culturales con el clero. La sociedad literaria se juntaba a menudo en monasterios; y era una práctica común para los literatos conmemorarse escribiendo poemas en las paredes monásticas. Mientras se encontraban en los monasterios, la élite también participaba en discusiones intelectuales con los monjes. La implicación del linaje de la élite dirigente ocurrió durante generaciones.[13] El clero budista respondió favorablemente al involucrarse también en la vida social y las actividades de la nobleza. Muchos abades locales escribían poesía y estaban familiarizados con el confucianismo. La élite daba dinero a los monasterios y les ayudaba a dirigir sus asuntos invitando a abades, intercediendo con los oficiales del gobierno, ofreciendo mecenazgos, elaborando directorios monásticos y recaudando dinero para reconstrucciones.

El escalón superior de la élite del condado, bien representada entre el mandarinato, predominaba en el mecenazgo literario de los monasterios. El patronazgo de Wang Pan a Ruggieri y a Ricci encajaba plenamente en este patrón. Los dos mecenas principales de los jesuitas venían de la prefectura de Shaoxing: Wang Pan, el zhifu de Zhaoqing, más tarde ascendido a vice comisario de seguridad provincial (*anchasi fushi*) y el intendente de distrito del círculo de Lingxi (*lingxi dao*) y su sucesor como mandarín de la prefectura, Zheng Yilin.

La llegada de Ruggieri y Ricci coincidió con un resurgimiento budista a finales de la China Ming, caracterizada por las actividades de abades y monjes famosos, renacimiento monástico y mecenazgo de la élite. Fuera de la capital imperial de Pekín, el resurgimiento era más notable en Jiangnan: las provincias de Zhejiang y Zhili del sur (Jiangsu). La figura clave era el *jushi*: el devoto laico, normalmente varón, a menudo de estatus social elevado, llevaba un régimen vegetariano, abstinencia sexual y observación ritual a la vez que vivía "en el mundo".

En la prosopografía de estos devotos laicos budistas, recogida por Peng Ziqing (1740-1796) en el siglo XVIII, el *Jushi zhuan* (*Biografía de budistas laicos*), hay 107 biografías *jushi* que pertenecen a la dinastía Ming; excepto cuatro de ellas, todas se pueden fechar entre el reinado de Wanli y el final de la dinastía Ming (1573-1644).[14] La gran mayoría eran miembros de la nobleza; estaban interesados en la síntesis del budismo, el taoísmo y el confucianismo. Muchos *jushi* veían el confucianismo como la enseñanza para este mundo, para el *gong* (la esfera pública), y el budismo como las enseñanzas para el otro mundo, para el *si* (esfera privada).

Se encuentran numerosos ejemplos de la asimilación del cristianismo al budismo en las memorias de Ruggieri y Ricci. El primer ejemplo sería cuando al finalizar su nueva residencia Wang Pan regaló dos tablas de madera talladas con su caligrafía que se colgaron sobre la puerta principal y a la entrada de la recepción. En la primera se leía "Xianhua si" [Templo de la Flor Sagrada], haciendo referencia al Templo del Loto, la flor sagrada del budismo; la segunda tabla contenía cuatro caracteres "Xi lai Jing tu" [Tierra pura del Oeste], una referencia a la Tierra pura del Oeste, la morada sagrada de Buda en las enseñanzas de la Escuela de la Tierra pura del budismo.

En las fuentes chinas se encuentra más evidencia de que Wang Pan era un budista devoto. El primer nomenclátor local que se conserva el *Zhaoqing Fuzhi* (6º año Chongzhen, 1633) contiene una entrada sobre Wang Pan en su sección "Oficiales famosos". Tras listar sus muchas obras públicas para la gente de Zhaoqing, el directorio enumera los proyectos de construcción de Wang lo que incluye pagodas en los condados de Lizhui y Gaoming, y el proyecto más importante, el Chongxi ta en Zhaoqing, junto a la residencia de los jesuitas y adyacente al Templo de los Vivos (*sheng si*) que las personas de Zhaoqing construyeron para conmemorarlo tras su marcha de la ciudad. Respecto a su carácter se escribió: "Wang Pan es ascético, reservado, independiente, incorrupto como un ermitaño ejerciendo sus obligaciones oficiales. Solía quemar incienso y sentarse en silencio (*jing xo*) a meditar".[15] El nomenclátor Chongzhen también recogía varias obras literarias de Wang Pan: un poema titulado "Mei an" [El convento de la flor de cerezo], un convento budista de la dinastía Song cercano a la muralla oeste, famoso por ser uno de los lugares visitado por Huineng, el Sexto Patriarca (Liuzu), el fundador de la Escuela Sureña de budismo Chan. El poema es el siguiente:[16]

Cansado del cargo, con pocas cuentas y libros,
Busco al monje en el verdor floral.

Nubes blancas se apoyan mansamente en mi almohada
Y hojas rojas se arremolinan cerca de la gente.
Aprecio que hagas tus ofrecimientos en servicio,
Me compadezco por no deshacerme de mis túnicas.
Permítanos compartir la brillante luna en nuestro centro Chan
Mirándonos los unos a los otros en el olvido del regreso.

En otros dos poemas, "En los Riscos de las siete estrellas" y "Subiendo Chongxi ta", Wang Pan usa imágenes taoístas y budistas, convencionales y comunes en la expresión literaria de muchos literatos del final de la dinastía Ming. En su visita a las cuevas calizas de los Riscos de las siete estrellas, Wang Pan escribe estos versos:[17]

Encontré una honda cueva con píldoras mágicas
Ojalá las hierbas mantengan mis mejillas sonrojadas
deseo saludar a una cigüeña
que me lleve en su vuelo hasta los Inmortales.

En el poema "Subiendo a Chongxi ta", hay un verso que dice "El sol gira una rueda dorada, difundiendo la valiosa luz".[18] El término "rueda dorada" señala la "rueda del dharma" (*falun*), el movimiento que impulsa la propagación de las verdades budistas.

Aunque pudiera ser un buen estilista, los sentimientos y expresiones religiosas de Wang Pan no eran nada inusuales para un hombre de su clase y rango. Ricci registró que Wang y Zheng Yilin, junto a otros mandarines interesados, solían hacerles visitas para disfrutar del lugar donde la residencia de los jesuitas y el Chongxi ta estaban ubicados, en una arboleda cercana a la orilla del Xijiang, a no más de un corto paseo fuera de las estrechas calles de la ciudad amurallada. Fue en la casa de los jesuitas, con su singular colección de curiosidades occidentales y sus particulares conversaciones sobre el Señor del Cielo, donde los mandarines celebraron el banquete de despedida para Zheng Yilin, previo a su viaje en 1585 a Pekín para su evaluación trienal; fue en ese momento cuando Zheng Yilin prometió llevar consigo al misionero a Pekín.

Todo esto se adecuaba a la pauta común del mecenazgo mandarín y noble del clero budista a finales de la China Ming. Un punto clave a tener en cuenta es que, por lo general, las élites cultas consideraban al clero sus inferiores sociales e intelectuales, un hecho surgido no solo por los orígenes sociales del clero budista, sino también por la escasez de monjes budistas notables. Por esta razón, aquellos pocos monjes que abandonaban el camino del examen imperial de servicio civil y que había logrado algo de reconocimiento inicial en sus estudios sobre el confucianismo, ascendían a la cumbre de la ingente masa amorfa del clero budista. Para Wang Pan y Zheng Yilin, poseedores de grados *jinshi* (o doctores, en palabras de los jesuitas), simplemente no había monjes budistas chinos en Zhaoqing merecedores de su interés. En comparación, a Ruggieri y Ricci, además de por su exotismo intrínseco, se les consideraba intelectualmente iguales a los mandarines, a pesar de ser sus inferiores socialmente. Francisco Cabral, que visitó Zhaoqing en noviembre y principios de diciembre de 1584, advirtió la amistad de Wang Pan por Ruggieri.[19] El poema dedicado a Ruggieri, conservado solo en la traducción latina de este, lo escribió seguramente Zhang Yilin ('versi del mandarin Cinceo'); narra de manera poética el largo viaje del jesuita a China, afrontando olas y monstruos, su devoción piadosa y pregunta si el monje extranjero envejecerá con quietud sagrada mientras recuerda su tierra nativa.[20]

A la vez que implantaban la primera misión cristiana en China, Ruggieri y Ricci estaban asimilándose en el universo chino de representaciones religiosas en estos primeros años: por mucho que recalcasen la verdad irrefutable del cristianismo, los jesuitas –sus personas, doctrinas y liturgias– eran percibidas por los chinos a través de las lentes del budismo. Ruggieri y Ricci se presentaron como monjes de *Tianchu guo*, India, la tierra de Buda; enseñaban la salvación en la otra vida en el paraíso; exponían imágenes de la Virgen y el Niño, indistinguibles para muchos chinos de Guanyin dadora de hijos; quemaban incienso, rezaban con cuentas de oración, realizaban ayunos litúrgicos y poseían libros sagrados escritos en un alfabeto extranjero incomprensible, tal y como las sutras budistas lo fueron en su día antes de su traducción masiva del sánscrito al chino.

Cierto, los jesuitas insistían en la diferencia de sus creencias, pero, de igual manera, sucesivos másteres indios y escuelas de budismo chinas en el pasado habían declarado sus diferencias y originalidad. En resumen, durante sus años en Zhaoqing, a Ruggieri y Ricci se les consideró mensajeros de las últimas enseñanzas religiosas de la India, lo que comenzó una nueva rama del budismo. Ya se ha visto como la amistad entre Wang Pan y Ruggieri encajaba perfectamente en el patrón de mecenazgo noble del monacato budista. Se puede encontrar más evidencia de la asimilación de la misión jesuita en el budismo chino. En primer lugar, examinaremos el catecismo escrito por Ruggieri, después, analizaremos las conversiones en estos primeros años de evangelización cristiana.

Publicado con el nombre de *Tianzhu shilu*, "Un informe auténtico sobre el Señor del Cielo", el catecismo de Ruggieri era un fino libro en chino de 43 hojas.[21] Ruggieri había trabajado cuatro años en este catecismo, motivado por la deficiencia de los intérpretes, quienes no eran capaces de explicar las doctrinas cristianas a los mandarines que Ruggieri se había encontrado; el texto impreso también compensaba la falta de fluidez en el chino oral de los misioneros. Acorde a Ruggieri, Wang Pan, a quien el jesuita le presentó el libro, estaba tan complacido que patrocinó una tirada de más de 3.000 copias.[22] Firmado con su nombre chino Luo Mingjian, Ruggieri se presentó a sí mismo con el título de "*Tianchu seng* (un monje indio)". Ruggieri eligió como formato el diálogo entre un monje (seng) y un interlocutor chino. En la introducción, Ruggieri sostiene que amar al Señor del Cielo es una consecuencia natural de la gratitud filial; también menciona estar agradecido por haber escrito este librito, por dar "verdad" a los chinos, quienes le han mostrado una gran hospitalidad, ya que no podía ofrecerles oro y joyas. Las acciones del Señor del Cielo, relata Ruggieri al lector, tienen Tianchu [India] como origen y más tarde se difundieron en cuatro direcciones. La suya es una religión fácil, no requiere ayunos diarios, tampoco meditación Chan, ni ninguna necesidad de abandonar la vida secular para seguir a un guía religioso; adorar al Señor con todo el corazón es suficiente para obtener bendiciones. El cuerpo principal del texto está dividido en dieciséis secciones cortas. Las primeras cuatro hacen referencia a la naturaleza del Señor del Cielo; la quinta describe la caída de Adam; las secciones seis y siete lidian con la inmortalidad del alma y sus cuatro moradas tras la muerte; la historia de redención tras la creación hasta la encarnación se cuenta resumidamente en las secciones ocho, nueve y diez; la sección once introduce el credo; la sección doce, los diez mandamientos; los votos clericales especiales se encuentran explicados en la sección trece; y el bautismo se explica en la sección catorce. Las últimas dos secciones incluyen los diez mandamientos y el ave maría.

A pesar de que el catecismo se atribuya a Ruggieri, tras haber trabajado en él por cuatro años, el *Tianzhu shilu* era un texto con más manos. Jugaba en él una función de editor/traductor crucial el tutor de Ruggieri y Ricci, un académico (*xiucai*) de Fujian, al que los jesuitas habían contratado a principios de verano de 1584 y que fue uno de los primeros conversos al cristianismo, fue bautizado con el nombre de Paul de la mano del visitante Francisco Cabral. A pesar de que Cabral mencione a Paul como el "traductor" de este catecismo, sería más apropiado pensar en él como el corrector y asesor de traducción del texto chino de Ruggieri. Esta colaboración explicaría la extraña mezcla de estilos clásicos y coloquiales en el texto, y quizá la particular elección de palabras para representar conceptos cristianos. *Tianzhu shilu* es una paradoja: la obra contiene polémicas anti budistas a la vez que usa términos específicos del budismo chino. La tercera sección, la cual critica el desconocimiento del Señor del Cielo en China, nombra las múltiples opiniones chinas "herejías". Aquellos que adoran al "Cielo" [Tian], un concepto tradicionalmente confuciano, en vez de al "Señor del Cielo" [Tianzhu], una innovación cristiana, son ridículos, escribe Ruggieri, al igual que si alguien se arrodillara ante el palacio imperial y no ante el emperador. Aunque el Diablo residía en muchos tipos de ídolos y santuarios en China, el budismo era particularmente pernicioso: todos los mantras budistas son falsos; Ruggieri cita la *Sutra del loto*, uno de los textos más importantes de la tierra pura del budismo, y ridiculiza su defensa a recitar la sutra. Si el simple recitar de sutra trae la reencarnación en el paraíso, piensa Ruggieri, entonces solo los ricos pueden acceder al paraíso ya que solo ellos pueden comprar las sutras. Cuando argumenta sobre la inmortalidad del alma humana, Ruggieri vuelve a atacar la idea budista de la reencarnación, especialmente la reencarnación de los humanos en cuerpos animales. Y, aun así, además de presentarse como un *Tianchu guo seng*, un título que solo podía significar un monje budista para los chinos, Ruggieri usaba términos budistas explícitos en su texto. Al narrar la encarnación, Ruggieri usó la palabra "hua" [transformar], un término empleado en los textos budistas para hacer referencia a la transformación de budas y boddhisatvas en sus múltiples representaciones.[23] Esta oración va seguida por otra que describe a Jesús descendiendo a la tierra para enseñar sus doctrinas. Aquí, Ruggieri usa el verbo "jiang", trayendo a la mente de los lectores chinos la familiar idea de la porosidad entre el cielo y la tierra, con deidades descendiendo a enseñar, castigar, amar y casarse con humanos mortales, y, al contrario, con humanos virtuosos ascendiendo a los cielos en un acto apoteósico. El parto de la virgen estaba narrado en un estilo que recordaba a las historias de partos milagrosos de personajes famosos de la historia China.[24] Ruggieri usó las palabras "chu jia" para denominar el entrar a la vida religiosa en el cristianismo, un término que los lectores chinos entendían con el significado de dejar a la familia de uno para convertirse en monje budista.[25] En el texto, Ruggieri usó recurrentemente la palabra *seng* (monje budista) para hablar de sí mismo, y *si* (templo budista) para referirse a las iglesias cristianas.

Dejando a un lado esta paradoja, el catecismo de Ruggieri consigue expresar de manera sucinta los preceptos principales del cristianismo: un Dios omnipotente y omnisciente, creador del cielo y la tierra, invisible pero real, perfecto y justo, que, tras la muerte, premia la virtud y castiga el pecado; la creación del universo en siete días 5.550 años atrás; la cosmología europea de nueve esferas celestiales; las nueve órdenes de ángeles y la rebelión de Lucifer; la caída de Adam y las revelaciones de las leyes de Dios, al principio a través de Moisés y los diez mandamientos, luego a través de la encarnación de Jesús; las historias de Noé y la inundación, Lot y la destrucción de las ciudades pecadoras; la diferencia entre el alma vegetal, animal y humana; la inmortalidad de la última, y su morada en el infierno, el limbo, el purgatorio y el paraíso tras la muerte; el parto de la Virgen; la muerte y resurrección de Jesús; los diez mandamientos enumerados y explicados y la descripción del bautismo y de lavar los pecados.

Todo esto era un asunto familiar de los catecismos de la Europa católica. Las adaptaciones de Ruggieri a su audiencia china eran más originales. El Señor del Cielo reina en la corte celestial al igual que el emperador gobierna en Pekín, escribe Ruggieri. Y al igual que él, que solo ha estado en la provincia de Guangdong, sabe que hay un emperador en Pekín, debido a la orden y jerarquía de mandarines y administradores, de la misma manera se puede deducir por el orden natural del universo la existencia de una deidad omnipotente. Arguyendo específicamente en contra del neo-confucianismo, Ruggieri afirma que "el cielo y la tierra no se han generado solos". Otros ejemplos: cuando comenta el primer mandamiento, Ruggieri ataca a los echadores de fortuna, que veneraban a la naturaleza y creían en sueños y presagios, todo prácticas comunes en la China Ming. En el cuarto mandamiento, destaca la coincidencia entre los ideales confucianos de la piedad filial y el orden social y lo mismo implícito en el cristianismo. Durante el quinto mandamiento, Ruggieri alaba a China por ser un país pacífico, donde las personas no portan armas y así evitan el pecado de matar. Al explicar el sexto mandamiento, Ruggieri condena la poligamia, una práctica prevalente entre las élites masculinas de la China tradicional.

Según Ruggieri y Ricci, Wang Pan estaba satisfecho con su nueva obra y patrocinó una tirada, pero rehusó honrarlo con un prefacio. Cosa poco sorprendente, ambos jesuitas adjudicaron al catecismo una parte importante de atraer conversos, a quienes les atraía la religión de los monjes extranjeros no tanto por la crítica al budismo en el *Tianzu shilu*, sino sobre todo por las afinidades entre el cristianismo y el budismo. Ha llegado el momento de examinar el proceso de las conversiones, que era después de todo el único objetivo de las misiones.

El primer bautismo realizado en Zhaoqing fue a un hombre moribundo. Los padres encontraron a un mendigo en las calles, cuidaron al enfermo terminal y bautizaron a la pobre alma agradecida antes de que se fuera de este miserable mundo. Los siguientes bautizos, resultantes de una formación adecuada, se llevaron a cabo durante la visita de Francisco Cabral: los neófitos eran el joven Chen, conocido de Ruggieri desde el 1582/3 y autor del término Tianzhu como ya se ha visto, y el académico-tutor de los jesuitas, colaborador de Ruggieri en el catecismo chino, un nativo de la provincia de Fujian y por lo tanto un extraño en Zhaoqing al igual que los italianos, al poco de ello partió a Pekín para su examen de servicio civil. Aparte de esos tres, Ruggieri y Ricci bautizaron a aproximadamente doce conversos para octubre de 1586; Ricci escribió: "Hasta ahora no contamos con más de una docena de cristianos, la mayoría penitentes, que en el contexto chino significa que no comen carne o pescado".[26] La adherencia a esta estricta dieta vegetariana, llamada *shou chang zhai* (mantener el largo ayuno), distinguía a los más fervientes budistas laicos de las masas de devotos, estos últimos se abstenían de comer carne y pescado solo el primer y el decimoquinto día del mes, y en los días festivos budistas especiales. En resumen, los primeros conversos de Ruggieri y Ricci vinieron de devotos budistas fervientes; las conversiones al cristianismo más que representar un rechazo de las "supersticiones" por la "religión verdadera", como lo veían los jesuitas, eran una sustitución litúrgica y doctrinal, que preservaba las hondas estructuras de continuidad emocional y psicológica para los neófitos. Asimismo, era la personificación de los jesuitas como "monjes indios" lo que facilitó la sustitución. Para entender este proceso, examinaremos la trayectoria de Ruggieri, el cura superior en la misión china jesuita, el pionero en estudios chinos, el que hizo que Ricci se uniera a la iniciativa.

5

RUGGIERI

En retrospectiva, es fácil olvidar que Ruggieri fue el fundador de la misión jesuita en China, pionero en el estudio del idioma y el autor del primer libro cristiano publicado en chino. En la historiografía de la misión católica, Ruggieri es recordado solo como alguien que "preparó el camino para Ricci, el que le presentó China y que más tarde desapareció en silencio del escenario", en palabras de Pasquale D'Elia, el erudito editor de *Fonti Ricciane*.[1] Al igual que un actor mayor en la ópera china cediendo el paso a un intérprete más joven y talentoso, Ruggieri finalmente se retiró de la escena de las misiones jesuitas, su papel y rol reemplazados por una nueva estrella. En medio del ensordecedor aplauso para Ricci, es necesario recordar los logros del veterano.[2]

Al contrario que Ricci, que adoptaría el papel de un académico chino, como se verá en el Capítulo 6, Ruggieri se mantuvo firme en su rol asignado como "monje extranjero". Hemos visto que publicó el primer catecismo con su nombre chino, Luo Mingjian, y la identidad de *Tianchu guo seng* (monje budista de India). La identificación de Ruggieri con el papel de un monje eminente también se veía reflejada en su poesía. Buscando emular a las élites clericales budistas (quienes a su vez imitaban a los eruditos confucianos, sus mecenas), Ruggieri compuso poesía china clásica. Recientemente se han encontrado treintaycuatro poemas escritos por Ruggieri, diez de ellos usan términos budistas, desde la autoidentificación de Ruggieri como seng, hasta las figuras budistas comunes como hojas de loto, la luna y Tianchu. Escuchemos la peculiar voz del monje-poeta extranjero:

Dos poemas escritos mientras residía en Tianzhu si para Unos Caballeros:[3]

En una pequeña gabarra partí de la costa,
y llegué a China tras un viaje de tres años;
Como agua de otoño mi mente está siempre limpia y clara;
A diferencia del árbol bodhi necesito iluminación.[4]
Si me concedieras el honor de dejarme quedar,
Sin dilación aceptaría mi morada.
Y si me preguntaras sobre los asuntos del paraíso occidental,
Mi explicación no sería la de Buda Sakya.

Aun así, Ruggieri no era un monje budista cualquiera. Era un monje erudito y exótico, cuya presencia disfrutaban los mandarines. Durante uno de los banquetes en el que Wang Pan, Zheng Yilin y sus compañeros visitaron a los jesuitas en su agradable residencia al lado del río, con motivo de despedir a Zheng para su evaluación trienal en Pekín, algo obligatorio para todos los magistrados por encima de un cierto rango, Ruggieri entregó a Zheng una imagen de Madonna y el Niño. Zheng quedó tan impresionado con la imagen, que prometió espontáneamente a Ruggieri que le llevaría en su viaje a Pekín. Más tarde, prevaleció la cautela -sería impropio de un mandarín traer extranjeros a la capital imperial por iniciativa propia-, en cambio Zheng aseguró a Ruggieri que podría viajar a Shaoxing, la ciudad natal de Zheng y su superior Wang Pan.

Emocionado por la oportunidad de abrir una nueva residencia, Ruggieri aceptó la oferta por otra razón también. Como provincial de la India, Valignano había enviado dos jesuitas portugueses, Duarte de Sande y Antonio de Almeida, de veintiocho años, para reforzar la misión china, el primero de ellos en calidad de nuevo superior. Llegaron a Macao el 31 de julio de 1585. Ruggieri y Ricci obtuvieron permiso para que su nuevo superior viajara a Zhaoqing, y más tarde licencia para residir. Para disipar temores locales de que más extranjeros de Macao se instalarían en la ciudad y teniendo en cuenta el pequeño tamaño de su residencia, los jesuitas estaban muy agradecidos ante la oportunidad de expandir sus actividades. A principios de noviembre Ruggieri viajó a Guangzhou. Allí, se reunió con un hermano de Wang Pan, un mercader de seda de Zhejiang, y le ayudó a descargar su mercancía por un buen precio con los comerciantes portugueses de Macao. Fue allí también donde Ruggieri se reunió con Almeida quien le permitió viajar como su discípulo, y quien había llegado de Macao el 12 de noviembre pleno de entusiasmo por evangelizar y sin saber apenas nada de chino. El 20 de noviembre el grupo salió de Guangzhou. La comitiva y mercancía que habían comprado en Guangzhou viajó en varias barcazas por el Beijiang, el río Norte que era la arteria principal de comunicación en el interior norte de Guangdong. A pesar de que una gabarra se incendiara, y la mercancía personal de Wang Pan se perdiera, nadie salió herido.

Tras una marcha apacible de 17 días en el río Norte, en la que Ruggieri escribió un poema chino en un día lluvioso, lo que fue objeto de admiración entre sus compañeros chinos, el grupo llegó a la frontera norte de Guangdong, allí desembarcaron para cruzar Meiling, una serie de montañas bajas que separaban las provincias de Guangdong y Jiangxi, y el mayor paso interior que conectaba el sur subtropical de China con las provincias centrales. Mientras que los sirvientes cargaban la mercancía a la espalda de las mulas, los culís portaban al mercader Wang y a sus socios monacales en sillas de manos por el bien pavimentado pero empinado camino del Meiling. Ruggieri, como hombre robusto que era, precisó de cuatro hombres en lugar de dos para cruzar la cima de la cordillera. En el descenso a los valles de Jiangxi, el grupo embarcó en tres barcazas distintas en el río Gan. Tras pasar varias ciudades amuralladas en quince días, llegaron a Nanchang el 17 de diciembre. Desde la capital de la provincia de Jiangxi, el grupo navegó a Chindezhen, el famoso centro de la porcelana china, cuyos productos eran conocidos en todo el imperio portugués y el español. Después de que el mercader Wang hubiera realizado sus compras, pusieron dirección al este hacia la provincia de Zhejiang, llegaron a Shaoxing tras un viaje de dos meses.

Este viaje causó una honda impresión en Ruggieri. Sus memorias al respecto representan los pasajes más vívidos del diario que escribió tras su marcha de China. Además de la emoción del viaje, acentuado por el descubrimiento de las novedades de otras partes del vasto imperio, Ruggieri se estaba encantado por sus encuentros. La gente fuera de Guangdong parecía menos recelosa de los extranjeros, escribió Ruggieri, y trataban a los jesuitas con más respeto que en

Zhaoqing al igual que a los demás, un sentimiento compartido por Almeida, que recalcó que "una vez que salimos de la provincia de Guangdong, no parece que padezcamos de esta ansiedad [que solíamos sentir], especialmente desde que todos nos tratan con gran respeto".[5]

Este respeto y cordialidad se extendió al encuentro con unos monjes budistas. En el último tramo de su viaje en Jiangxi, justo antes de entrar a la provincia de Zhejiang, el 5 de enero de 1586 el grupo de Ruggieri permaneció tres días en Gaoling. Ruggieri recordaba: "Mucha gente vino a verles, los había convocado un protector de los ídolos y realizaba rituales en su templo". Este "idólatra", un monje budista sin duda, invitó a los jesuitas que fueran a donde él, allí Ruggieri y Almeida vieron muchos altares con ornamentos y muchos padres vestidos con capuchones y dalmáticas de seda recitando oraciones y realizando sus ceremonias. [Los monjes budistas] los recibieron [al grupo de Ruggieri] con cariño y comieron con ellos en un banquete y mostraron a los padres especial amor y respeto.

Nuestros padres [esto es, Ruggieri y Almeida] les dieron algunas copias del catecismo en su idioma, en el que se refuta la falsedad del ídolo; y a todos les pareció que se trataba de una doctrina excelente. De este modo, nuestros padres ven cómo el demonio imita las ceremonias de la sagrada Iglesia católica como una réplica que podría haber inducido a padre Antonio d'Almeida, el compañero de padre Ruggieri, a pensar que la mujer pintada sujetando el dragón y la luna bajo sus pies podría haber sido la imagen de la Reina del Cielo, si padre Ruggieri no le hubiera contado que se trataba de la única hija del Emperador de China llamada Cunn, y que a lo largo del templo se encontraban colgados muchos cuadros de milagros, con sus ojos y pies de plata y oro, tal y como se podía ver en las famosas iglesias dedicadas a Nuestra Señora en nuestra Europa.[6]

Al llegar a Shaoxing, Ruggieri y Almeida conocieron a los padres de Zheng Yilin y Wang Pan, que tenían ochenta y setenta años respectivamente. Ruggieri atribuyó la cálida acogida a sus rezos de intercesión por un sirviente enfermo del mercader Wang, quien se recuperó prontamente durante el viaje, haciendo así que los jesuitas ganaran la reputación de intervención prodigiosa. El viejo patriarca Wang hospedó a los monjes extranjeros en el salón del linaje, un espacioso edificio con tablillas de todos sus ancestros, un espacio público de la amplia estirpe de los Wang. A Ruggieri y Almeida les asignaron dos habitaciones en el recinto, con una entrada al canal en la parte trasera y una puerta a la calle de entrada.

Rodeados de ríos que fluían a la ciudad mediante una red de canales, Shaoxing le recordó a Ruggieri a Venecia. Shaoxing era la capital del antiguo estado de Yue, un centro de comercio y cultura, con una población de más de 100.000 en 1586. Al igual que Zhaoqing, Shaoxing también era un centro administrativo, contenía la magistratura prefectoral por ese nombre (*zhifu*), y las magistraturas condales de Shanyin y Huiqi (*zhixien*). Al contrario que Zhaoqing, los monasterios budistas poblaban el espacio urbano y periférico; uno de ellos, el monasterio de Pequeño Nengren, destacaba en su meditación Chan y proveía alojamiento para los muchos peregrinos que viajaban a la isla Putoshan, totalmente dedicada a Guanyin y uno de los destinos de peregrinaje más populares de China.

La llegada de dos exóticos monjes extranjeros fue inmediatamente comunicada por el principal abad budista al magistrado. Xiao Lianggan, el *zhifu* de Shaoxing, citó a Ruggieri y Almeida a una audiencia; impresionado por la conducta de Ruggieri, invitó a los dos a un banquete y le confió a Ruggieri que quería un hijo. Según Ruggieri, Xiao y su mujer acudieron a rezar ante la imagen de Maddona. Funcionó; la Señora Xiao se quedó encinta en unos pocos meses. Dejando a un lado este éxito, los jesuitas disfrutaron de la amable hospitalidad y de la curiosidad invasiva: la oleada de visitantes era tal que los dos curas no encontraban apenas tiempo para recitar misa y sus oraciones diarias.

Todos parecían encantados con los monjes extranjeros, incluyendo un alto cargo mandarín que se encontraba en la baja de tres años por duelo en su ciudad natal, que invitó a los jesuitas a un banquete y que pidió a Ruggieri que rezase por su madre fallecida. Ruggieri agradó tanto al mandarín retirado que este le prometió llevarle a Pekín tras su periodo de duelo. Es muy probable que se tratara de Sun Kuang, que había dejado su puesto como vicedirector de la corte de los sacrificios imperiales (Taichang ci) en Pekín a la muerte de su madre en 1584. Los Suns eran una de las familias más importantes en Shaoxing, destacada con cuatro generaciones al servicio imperial. El abuelo de Sun Kuang, un censor imperial en Nanchang, había fallecido haciendo frente a la rebelión de un príncipe Ming en 1519 (véase capítulo 7); su padre había ejercido como ministro de ritos en Nanjing; su hermano y sus dos hermanastros habían conseguido todos ellos altos cargos en el mandarinato. Como Sun Kuang y Wang Pan habían aprobado la examinación *jinshi* el mismo año, las dos familias locales de élite formaron un estrecho lazo. Sun Kuang compuso un poema en honor del septuagésimo cumpleaños del anciano Wang; y el padre de Wang Pan, sin duda, estaría orgullos de presumir de sus monjes occidentales ante Sun Kuang. A pesar de que Sun Kuang nunca llevó a Ruggieri a Pekín, una década después jugaría un papel importante en fomentar el ascenso de Ricci.[7] El éxito social de los jesuitas no se tradujo en más conversos. Una de las razones era el chino oral mediocre de Ruggieri. A pesar de su dominio lector y su habilidad para componer poemas clásicos chinos, Ruggieri nunca adquirió fluidez en el habla; ya fuera por no tener oído para los tonos o por reticencia natural, fue el primero de muchos estudiantes de chino más experto en el texto que en el discurso. Durante los seis meses de su estancia, los dos padres consiguieron exactamente un converso: el septuagenario patriarca Wang, el padre de Wang Pan, budista devoto, se bautizó a pesar de la fuerte oposición de su familia. No sorprende que Almeida escribiera: "Una vida no es suficiente para convertir a China, harían falta diez mil!".[8] Fue este hombre mayor el que presentó a un familiar de quince años a los jesuitas. Se decía que el adolescente estaba poseído por espíritus (*ran gui*), lo que lo hacía displicente y catatónico. Ruggieri tenía un diagnóstico diferente: "parecía que habían reducido en dos su inteligencia y se había vuelto insensible por un estudio desmedido".[9] El adolescente Wang era tan solo uno de los muchos jóvenes depresivos y melancólicos por la extenuante preparación para "el infierno examinador", el determinante principal del éxito social en la China tradicional. El joven Wang permaneció con los padres. Después de que Ruggieri le enseñara las doctrinas cristianas, lo confió al cuidado de Almeida "quien lo instruyó con mucho cariño y le enseñó a ayudar en misa y finalmente lo curó de toda su locura".[10] En otras ocasiones, Ruggieri rechazó intervenir cuando le llamaron para salvar a otras personas poseídas, para "no perder credibilidad, ya que estas personas están dementes y no poseídas".[11]

En la primavera de 1586, Ruggieri recibió una carta de Wang Pan, pidiendo a los jesuitas que regresaran a Zhaoqing. Las memorias de Ruggieri y Ricci difieren en las razones para esta carta. No estaba claro si Wang Pan reclamaba a Ruggieri y Almeida debido a las quejas de sus parientes (se habían opuesto al bautizo del patriarca Wang), o si Wang temía que el nuevo comandante supremo, que acababa de ser nombrado, lo amonestaría por permitir demasiada libertad a estos extranjeros. En Shaoxing, Ruggieri y Almeida aguardaron al regreso de Zheng Yilin de Pekín, y juntos, volvieron a Zhaoqing, llegaron en agosto de 1586. Rememorando sus aventuras en Zhejiang algunos años después, Ruggieri recordaba con cariño y detalle el momento, toda la amabilidad y la hospitalidad con la que se habían encontrado. Por contra, hacia el final de su vida, Ricci desestimó el interludio como un fracaso debido a las deficiencias lingüísticas de sus padres compañeros. La discrepancia reflejaba una tensión creciente entre los dos hombres, quizá el resultado de un cambio en el clima en Zhaoqing. Tras la vuelta de Ruggieri, Wang Pan se distanció de los jesuitas. Pidió a los padres que no contactaran con él como era cortesía cada primer día del mes lunar y exigió que retirasen los frontispicios con su caligrafía que adornaban la entrada a su residencia. En una ocasión con otros mandarines delante, Wang Pan ignoró a los monjes extranjeros a propósito. No conocemos las razones específicas para este cambio de actitud. Quizá tendría algo que ver con la visita de Ruggieri a Shaoxing, o podría estar causado por el miedo de Wang por su estrecha relación con estos monjes extranjeros en un momento de aumento de la xenofobia en Guangdong (lo que se mencionará más adelante). En todo caso, el síntoma de este distanciamiento se manifestó en un suceso narrado por Ruggieri: en una ocasión Ricci comentó a su mecenas Wang Pan la latitud y longitud exactas de su ciudad natal y se sorprendió al saber que Wang "estaba furioso y reprendió [a Ricci] por saber esas cosas". Los misioneros no debían mostrar ante los chinos que sabían o podían describir su país o provincias, concluyó Ruggieri, pues sospecharían que albergaban perversas intenciones de conquista.[12]

A la vez que Ruggieri regresaba a un Zhaoqing menos hospitalario, Almeida regresó a Macao. Mientras tanto, Ricci continuaba bajo la autoridad de su nuevo superior, Duarte de Sande, uno de los conversos judíos que habían sido nombrados rectores de los colegios jesuitas en India, nombramientos que Ricci había denunciado al general.

Si Ricci albergaba sentimientos encontrados, fue lo suficientemente prudente como para no plasmarlos por escrito. Los documentos no hablan sobre su relación. Una vez regresó, Ruggieri volvió a impacientarse. Aconsejado por un amigo, Ruggieri obtuvo permiso para viajar como peregrino al monte Wudan en la provincia de Huguang, uno de los lugares más famosos del taoísmo. Acompañado por un sirviente cristiano y su tutor chino, Ruggieri partió primero hacia Guangxi. En Guilin, la capital provincial famosa por su bello paisaje calizo, fue ignorado por el gran coordinador Wu Shan. Se dirigió después al príncipe de Gui, un príncipe de sangre imperial enfeudado en Guangxi, Ruggieri ofreció regalos con la esperanza de obtener su mecenazgo. Cuando Wu Shan se enteró de esto, ordenó al monje extranjero que abandonara Guilin inmediatamente. Compadecido de él, el eunuco jefe del príncipe Gui organizó que Ruggieri fuera al pueblo de Baishui, un feudo del príncipe en Huguang no lejos de Guangxi. Allí, Ruggieri languideció por un tiempo hasta que Duarte de Sande lo requirió. Este viaje duró meses y no obtuvo ningún resultado.

Mientras tanto, Wang Pan se enteró del trato a Ruggieri por los mandarines de Guangxi. Aún más influían en él las repetidas quejas de los mandarines de Guagnzhou sobre la conexión entre los padres de Zhaoqing y los portugueses de Macao. Cuando el gobernador provincial de Guangdong Wu Wenhua recibió una promoción a Nanjing, Wu Shan de Guangxi fue designado para sucederle, el mismo mandarín que había echado a Ruggieri de Guilin. Temeroso por su posición, en noviembre de 1587, Wang Pan pidió a los jesuitas que regresaran a Macao, bajo la promesa de llamarlos en algún momento futuro. Atónitos, los tres jesuitas suplicaron a su patrón entre lágrimas y ruegos, conmovido, Wang dictó la siguiente solución: padre Duarte regresaría a Macao; Ruggieri y Ricci permanecerían en Zhaoqing; y Wang publicó un anuncio público con la intención de hacer saber que los monjes extranjeros habían construido su residencia con su propio dinero, no habían contribuido a la construcción de la Pagoda Chonxi, al contrario de lo que decían los rumores, y habían vivido pacíficamente en Zhaoqing y prometían no traer a ningún monje forastero más.

Tal y como dice el proverbio chino "apenas desaparece una ola ya se alza la siguiente". Esta vez las dificultades provenían de entre la pequeña comunidad cristiana. Un converso pobre de Guangzhou de nombre Cai Yilong (Martin) entabló amistad con dos conversos de Zhaoqing, padre e hijo, quienes habían sido atraídos a la cristiandad en parte por la reputación de los jesuitas como alquimistas y habían trabajado para los padres como intérpretes.

Circulaba el rumor de que a los monjes nunca les faltaba el dinero, una fantasía alimentada por las compras portuguesas de mercurio en Guangzhou y su importación de plata japonesa. El padre, Lu Chong, interrogó a Cai Yilong, quien afirmaba ser cercano a Ruggieri, sobre si era cierto que los jesuitas conocían el secreto de transformar el metal en plata. Cai aseguró a su correligionario que Ruggieri había prometido entregar el secreto y engañó al avaricioso Lu a que le agasajara y le vistiera, e incluso le comprase una mujer. Esto se extendió entre tres y cuatro meses con Lu cada vez impacientándose más con Cai. Consciente de que la mentira se había extendido suficiente, Cai acudió a Ruggieri y tomó prestado el prisma veneciano, con el pretexto de enseñárselo a sus familiares, y huyó a Guangzhou, donde esperaba conseguir una buena suma por la exótica piedra. Las víctimas de la trampa acudieron a Ruggieri y le revelaron toda la historia, lamentándose de haberle dado a Cai sus ahorros. Dos veces fue Ruggieri a Guangzhou, pero Cai permanecía oculto. El problema se agrandó cuando en una visita Wang Pan y otros mandarines pidieron ver el prisma. Los padres tuvieron que revelar el robo. Wang envió en ese momento a sus hombres a Guangzhou, quienes encontraron el escondrijo de Cai y escoltaron al embaucador de vuelta a la prisión de Zhaoqing.

Desesperado por salvar el pellejo, Cai encontró unos socios para que distribuyeran unos folletos por la ciudad acusando a Ruggieri de seducir a una mujer casada. Engañó a Luo Hung para presentar una queja formal en contra de Ruggieri, a tal efecto que, tras regresar de un viaje, Luo sospechó del adulterio de su mujer y le pegó hasta hacerla confesar su crimen. El caso fue adjudicado al magistrado Zheng Yilin, quien rápidamente declaró a Ruggieri inocente. La acusación de Luo Hung (elaborada por Cai) simplemente no se sostenía: en la fecha del supuesto adulterio, Ruggieri estaba viajando por Guangxi. Asimismo, en la sentencia escrita por Zheng, la cual los jesuitas copiaron como un apéndice en su diccionario chino-portugués, el magistrado declaro que

Dado que Luo Hung nunca ha tenido ningún asunto con Luo Mingjian [Ruggieri], ¿por qué haría de menos a su propia mujer y acusaría al monje extranjero? Además, la Puerta Sur [donde vivía Luo] se encuentra lejos del monasterio. ¿Cómo podría un monje vestido con ropa extranjera y hablando una lengua extranjera acudir allí para unirse sin ser visto por personas en el camino? Aunque llegara allí oculto, sería difícil evitar ser escuchado por los vecinos. Es difícil escapar para los criminales: habría sido prendido y enviado a la magistratura o chantajeado, y no se hubiera esperado a ser denunciado por un esposo ausente... Y puesto que ahora Luo Hung no se presenta ante la magistratura para enfrentarse al acusado, está claro que Cai Yilong ha realizado la acusación bajo un nombre falso por venganza, y por lo tanto se le declara culpable.[13] Zheng sentenció a Cai a una paliza y a prisión, donde murió. Una vez más, la calma fue restablecida en la misión jesuita.

En mitad de todos estos procesos y preocupaciones, Ruggieri mantuvo una alegría constante en su correspondencia y en sus memorias posteriores. El humor de Ricci parecía condensarse por momentos, al igual que el pesado, húmedo y caliente aire del sur de China. Sus cartas del 1585 y del 1586 revelan un individuo que se sentía aislado y melancólico, resignado y letárgico. No era que Ricci se sintiera solo: aparte de Duarte de Sande, en la residencia jesuita había otras doce personas –sirvientes y catecúmenos dependientes de los fondos de la Compañía–. No era que no se pudiera comunicar, ya que para 1585 hablaba chino suficientemente bien dispensó de su intérprete y "escribía y leía bastante bien libros [en chino]".[14] Al contarle a su compañero del Colegio Romano, Giulio Fuligatti, sobre cómo se habían adaptado a las costumbres locales, Ricci escribió que "me he vuelto chino... en vestimenta, apariencia, ceremonias y cuestiones externas nos hemos convertido en chinos".[15] Por esta razón, como Ricci explicó a Acquaviva, "muchos decían que [los jesuitas] eran prácticamente como ellos [los chinos], nada insignificante para una nación tan cerrada y orgullosa".[16] Tampoco era que el consuelo de su santo trabajo se les denegara, ya que en estos años los jesuitas hicieron varias conversiones. Ricci escribió sobre el septuagenario Nicolai, un converso ferviente que persuadió a su familia extensa de bautizarse, para la alegría del misionero;[17] o Paul, otro "penitente, se abstenía de comer carne, pescado, huevos o leche durante muchos años de penitencia, y al ver y leer el catecismo [el *Tianzhu shilu* de Ruggieri], trajo sus ídolos y libros para quemarlos y, arrodillándose y postrándose en el suelo, nos suplicó que le convirtiéramos en cristiano".[18] Pequeña como pudiera haber sido la comunidad cristiana, unos veinte en total, era un comienzo, una semilla germinada, por usar la metáfora de Ruggieri. Aun así, la tristeza prevalecía en estos informes de las actividades misioneras que Ricci destinaba a sus antiguos compañeros en Roma.

Con tan solo 33 años, Ricci ya sonaba como un anciano en su carta a Ludovico Maselli, uno de sus profesores en el Colegio Romano. Después de informar sobre los acontecimientos y curiosidades de la misión, Ricci finalizó su carta con esta queja a Maselli:

> A pesar de encontrarme muy feliz en este lugar, donde la obediencia me ha colocado, no puedo sino derramar abundantes lágrimas cuando recuerdo a Su Reverencia y los tiempos dorados en su presencia. Es fácil entender cómo de diferente es para mí estar ahora entre personas contrarias a Dios, mientras que antes me encontraba al cuidado de Su Reverencia y de otros padres y hermanos muy queridos para mí. Me consuelo con la esperanza de que Dios no me permitiría caer en un precipicio, o que me prestaría sus hombros, tras haberme alejado del nido maternal y haberme hecho volar tan lejos. Parece que terminaré mi existencia

> terrenal, en los pocos días que Dios me dé, acostumbrándome y amando esta tierra tanto como pueda.[19]

A su antiguo profesor, Ricci le podría haber puesto buena cara ("encontrarme muy feliz en este lugar, donde la obediencia me ha colocado"); a su compañero de estudios, Giulio Fuligatti, Ricci le confió sus sentimientos reales en una carta escrita tan solo dos semanas después de la de Maselli. Referenciando una carta reciente de Fuligatti, Ricci agradeció a su corresponsal por despertar el recuerdo de sus queridos compañeros en Roma, "cuyo recuerdo me ayuda inconmensurablemente en esta esterilidad, y ha refrescado en mí algo de ese fervor que en su inicio nació entre ellos".[20] Disculpándose por entreverar palabras y expresiones portuguesas y por olvidar expresiones italianas elegantes, Ricci explicó que mezclaba tanto los idiomas que cuando escribía en italiano, "no sabía si era alemán u otro idioma. Y espero que todos me perdonen por ello, ya que creo que me he convertido en un bárbaro por amor a Dios".[21] Finalmente, Ricci pidió a sus amigos que rezaran por él, "ya que me encuentro tan indiferente donde es necesario tanto fervor, que he conseguido muy poco en este lugar debido a mi indignidad".[22] En la última carta de Ricci que se conserva desde Zhaoqing, fechada el 29 de octubre de 1586 y dirigida a Maselli, Ricci finalizó con estas palabras; "Estoy, gracias a Dios, sano en lo físico, pero no contento conmigo mismo, ya que se trata de una gran iniciativa, y desearía que Su Reverencia me encomendara a mí en específico al Señor".[23]

Las tribulaciones de 1587 solo incidirían en el malestar de Ricci. A pesar de que el caso de adulterio finalizó a favor de Ruggieri, Lu Yuchong y su hijo, embaucados por Cai Yilonng, no habían recuperado su dinero, y a la larga aumentó su resentimiento con sus jefes, los jesuitas. Cuando Ruggieri viajó a Macao a final de 1587 para conceder a Duarte de Sande una oportunidad de regresar a Zhaoqing (ya que solo se permitía la estancia de dos curas a la vez), los dos Lu, que no habían recibido una compensación monetaria de los padres, fijaron anuncios en su barrio en denuncia de la residencia ilegal de Duarte de Sande. Aún peor fue el acoso a la residencia jesuita. La inundación en el invierno había dañado los diques del Xijiang.

Durante los trabajos de reparación, un grupo de trabajadores comenzaron a vandalizar los jardines y huertos cercanos, con el pretexto de buscar madera y otros materiales. Cuando trataron de entrar al jardín de la residencia jesuita, los rufianes se sorprendieron de encontrar un africano alto y fuerte, siervo de los padres, impidiéndoles la entrada. Varios sirvientes indios se apresuraron a reforzar la defensa. Intimidados por los extraños de piel oscura, la banda retrocedió para no ser dañados. Al ver que los residentes no los perseguían, se envalentonaron y arrojaron piedras en la residencia jesuita, rompieron ventanas, tiraron tejas y dañaron las paredes. De Sande y un intérprete se marcharon por la puerta trasera a alertar a los magistrados. Temiendo un ataque, Ricci les dijo que podían acceder al jardín de la residencia y tomar cualquier material que necesitaran. Extrañamente, la violencia paró. Los hombres recogieron madera y otros materiales y se marcharon sin más violencia. Para cuando los soldados llegaron, la residencia había recibido daños significativos. Al día siguiente, Ricci pidió a Zheng Yilin que fijara un aviso en la puerta, prohibiendo futuros ataques. Esta no fue la última vez que Ricci enfrentó peligros físicos durante sus años en Guangdong. Angustiado por la hostilidad latente y pública de la población local, Ricci nunca terminó de superar su recelo e incomodidad con las muchedumbres chinas. Al contrario que otros jesuitas posteriores y monjes mendicantes, Ricci nunca se convirtió en un predicador evangélico para el pueblo, estaba más a gusto en la compañía de las élites cultas como él mismo, como se verá en los siguientes capítulos.

Aun y todo, los jesuitas dependían de la buena voluntad de los mandarines. Duarte de Sande volvió a Macao, donde continuó ejerciendo como superior. Solo regresó para una pequeña estancia en China en el verano de 1591, y murió en Macao el 4 de noviembre de 1596. Mientras tanto, a finales de julio de 1588, Valignano volvió a Macao, de vuelta de Europa e India con sus jóvenes japoneses. Cuando descubrió las dificultades que habían tenido en Zhaoqing durante los últimos años, Valignano decidió que la mejor manera de asegurar unos cimientos firmes para la misión católica era enviando un representante papal a Pekín. Solo una labor diplomática de más alto nivel podría solucionar el desdeño de los literatos chinos a las costumbres extranjeras y la xenofobia de la población.

A pesar de sus publicaciones chinas, Ruggieri no podía quitarse la fama de ser un mal lingüista. Cuando Valignano decidió en el otoño de 1588 pedir al papado que enviara una embajada a Pekín, una idea sugerida en inicio por Ruggieri en 1581,[24] eligió a Ruggieri; porque, en palabras de Ricci, "Padre Ruggieri era ya mayor y no podía aprender chino, yo [refiriéndose a Valignano] elijo esta ocasión tan buena para enviarlo a Europa".[25] Pero con 45, Ruggieri apenas se podía considerar viejo. De alguna manera, parecía haber perdido la confianza de sus compañeros misioneros. Valignano también repitió las mismas razones para transferir a Ruggieri fuera de China en una carta al General Claudio Acquaviva, datada el 23 de noviembre de 1588:[26]

> Padre Michele Ruggieri ha trabajado mucho en esta misión y ahora está yendo a Roma para darle la oportunidad de un descanso, especialmente porque ya está mayor y sobrecargado, y con una carga de trabajo tan pesada, se sobrecargará aún más. Y se marcha de aquí porque no tiene buena pronunciación en el idioma; y por esta razón Su Paternidad debería excusarle de regresar, esta misión no es adecuada para hombres mayores y cansados.

Dado que Valignano no sabía chino, tendría que haber formado su opinión en base a información facilitada por Ricci. Claramente, Ruggieri no era muy querido por sus hermanos. Ya en 1584, Valignano eligió al portugués Duarte de Sande para ser el superior de la misión china, un hombre más prudente que Ruggieri. De manera similar, Francisco Cabral, Rector del colegio jesuita de Macao, creía que Ruggieri no era apto para ser superior de la misión china y escribió a Acquaviva que Ruggieri, a pesar de virtuoso, "es más simple de lo necesario y algo pusilánime" ('he mais simplex de necessarijo e algun tanto pusilanimo').[27] Comparado con Ricci, que daba una excelente primera impresión, Ruggieri no daba la talla.

Mientras que Ruggieri estaba preparándose en Macao para partir a Europa, en Zhaoqing, Ricci era el único occidental tras la marcha de Duarte de Sande. Por más de medio año, se manejó él solo. La residencia jesuita continuó siendo un destino de atracción exótica, mejorado ahora por la incorporación de un gran reloj mecánico; sus manecillas y carillones asombraban a los visitantes cada vez. En agosto, Valignano envió a Antonio Almeida para ayudar a Ricci. Enseguida, llegaron nuevos problemas. El 3 de septiembre, les llegó una petición a los mandarines en Zhaoqing. Se originó en Guangzhou. La ley Ming estipulaba que debían celebrarse banquetes anuales para todos los ancianos loables, organizados por los magistrados locales. Este año, los mayores honrados enviaron una petición a Cai Mongshui, el comisario de seguridad provincial, el *anchasi* exponiendo sus temores por los barbaros forasteros de Macao: tras haber establecido su influencia en tierras chinas, los monjes extranjeros se habían instalado en Zhaoqing y aseguraban haber construido una pagoda, y muchos más clamaban para entrar en China y conseguir permiso para enviar una misión de tributos. Temían que el buen gobierno y la paz se vieran perjudicados por esta infiltración de extranjeros y sus alianzas con elementos rebeldes.

Los solicitantes estaban claramente alterados por los repetidos intentos de los frailes españoles de establecerse en China. En agosto de 1586, el franciscano Martin Ignacio de Loyola, que ya había fallado una vez. Viajó a Guangzhoy con otros dos frailes; todos fueron expulsados a Macao en 1587. Además, a finales de 1586 y 1587, los agustinos y dominicanos españoles abrieron nuevas iglesias en Macao e intentaron en vano acceder al interior chino. A través de la cadena de magistrados, esta petición llegó a la oficina de la Prefectura de Zhaoqing. Zheng Yilin, el *zhifu* y amigo de los jesuitas, se encontraba ausente en Pekín para su evaluación trienal; su compañero, Fang Yingshi, el *tongzhi*, fue amable, le dijo a Ricci que Guangzhou no podía mediar con su jurisdicción y le aconsejó que redactara una impugnación. Los misioneros habían sido afortunados hasta ahora. ¿Pero qué pasaría si un magistrado hostil estuviera a cargo? Una propuesta diplomática del más alto nivel parecía de máxima urgencia.

El 20 de noviembre de 1588, Michele Ruggieri partió de Macao en un junco chino a Malaca. En una misión para suplicar por el envío de una embajada papal a la corte Ming, sin ser consciente de que su superior Valignano ya había decidido que no volvería con la delegación papal, si es que esa misión se aprobaba en Roma, Ruggieri portaba consigo una carta. Esta nota diplomática, escrita en chino, estaba escrita por Ricci y un académico chino de Zhaoqing: dirigida por el papa al emperador Wanli, titulada 'Tianchu Guo Jiaohua huang zhi Daming Huangdi shu' ("Carta del rey de la moralidad en India al emperador de la Gran Ming"), esta carta, que nunca se entregó, ya que la misión fracasó antes de empezar, pedía al emperador Wanli que permitiera a los monjes papales predicar su fe en el Imperio Ming. Pero el texto usaba términos budistas para nombrar al papa y a los curas católicos, dando así la impresión de que el papado se encontraba ubicado en India.[28] Esta curiosa nota diplomática terminó llegando a París, donde fue descubierta y publicada, algo más recientemente en una versión china depurada y moderna, que eliminaba toda la terminología budista y lo reemplazaba con términos católicos modernos y anacrónicos.

Tras veinte días de navegación, Ruggieri fondeó en Malaca. Después de un mes, subió a bordo de un galeón portugués, abarrotado y sucio. Las lombrices, enfermedades y el mal tiempo trajeron de vuelta recuerdos familiares y desagradables. Su barco, llegó finalmente a Santa Helena, donde se reunió con otros galeones portugueses. Ruggieri disfrutó conociendo a un compañero jesuita italiano, Monelato Penati, que había sido misionero entre los tamiles. Los seis barcos portugueses que se encontraron en Santa Helena venían de Brasil y la India, y estaban siendo seguidos por una flota inglesa.

Había mucho miedo a bordo de los piratas y herejes ingleses. Finalmente, los portugueses decidieron intentar huir y arriesgarse al combate. El convoy navegó en contra del viento durante diecisiete días hasta que las provisiones se agotaron. Algunos quisieron regresar a por vituallas, pero el peligro de encontrarse con barcos ingleses los disuadió. Más tarde, favorecidos con un viento de popa y otro contrario para los ingleses, los barcos portugueses llegaron al puerto de Lisboa el 13 de septiembre de 1589.

Tres meses permaneció Ruggieri en Lisboa para recuperarse del viaje. Fue el invitado del gobernador Felipe, el cardenal de Austria, quien le preguntó sobre China. Catarina, la duquesa de Braganza, también honró al misionero chino con una audiencia. Cuando viajó a Madrid, Ruggieri conoció a los ministros del rey antes de que le concedieran una audiencia de dos horas con Felipe II, lo que era una señal de honor. Felipe expresó su curiosidad sobre China y se maravilló ante el sirviente indio que Ruggieri había traído. A pesar de que Felipe pretendía que Ruggieri permaneciera en su corte, permitió que viajara a Roma por el bien de la misión. Haciendo el recorrido por Valencia, Génova y Nápoles, Ruggieri llegó finalmente a la ola de calor romana en el verano de 1589. Fue tratado amablemente por todos, le recibió Sixto V y varios cardenales importantes, todos expresaban su gran interés por convertir China, especialmente don Vergilio, sobrino del cardenal papal, que deseaba convertirse en un misionero chino, si su tío le daba permiso.

La diplomacia papal planeada se quedó en nada. Antes de que se pudieran tomar acción, Sixto V murió en agosto de 1590. El nuevo papa, Urbano VII, reinó por solo diez días tras su elección. Durante el largo cónclave que dio paso a la elección de Gregorio XIV, Ruggieri regresó a su casa materna en Nápoles. A pesar de que el nuevo papa citó a Ruggieri en Roma, Gregorio se encontraba demasiado distraído con las crisis religiosas y políticas en Europa. En Francia, las guerras civiles religiosas eran atroces, y el papado estaba obligado a lidiar con un candidato legítimo pero herético al trono, Enrique de Navarra, quien finalmente accedió a convertirse al catolicismo y se convirtió en Enrique IV. Felipe II, cuyo mecenazgo era imprescindible para la diplomacia católica a China, sufría suficientes vejaciones de los protestantes ingleses y los rebeldes holandeses. En todas partes, los gritos de guerra acallaban los discursos diplomáticos; y la conquista católica a espada tomaba prioridad frente a la persuasión en la retórica cristiana. Pronto, habían pasado seis años y China se convirtió en un recuerdo lejano, solo vivo en el diario que Ruggieri escribía, cumpliendo una orden del general Acquaviva, sus aventuras, personalidad y experiencias quedaban relegadas a los folios que amarilleaban en el amplio archivo de la Compañía de Jesús.

A medio mundo de distancia, la cristiandad progresaba a paso de caracol. Ricci bautizó a dieciocho personas durante su último año en Zhaoqing. Entre los neófitos se encontraban las primeras mujeres conversas, varios infantes abandonados y un joven asustado a más no poder cuando cruzó de noche un cementerio en las colinas. Sus padres lo llevaron ante Ricci después de que los curas taoístas hubieran fallado en su intento de exorcismo. Tras descartar una posesión, Ricci frotó objetos sagrados en el "endemoniado"; cuando el joven se recuperó, su familia entera se convirtió. Una señal más visible de éxito era la popularidad de la residencia jesuita. Se transformó en un proto-museo para los chinos, similar a los cuartos de maravillas y las cámaras del tesoro de los inicios de la Europa moderna. Muchedumbres venían a mirar embobados el magnífico reloj, pinturas al óleo occidentales con sus extrañas técnicas de perspectiva, grabados e impresiones, instrumentos astronómicos y matemáticos, libros occidentales encuadernados en cuero y estampados con letras doradas; los visitantes más refinados examinaban libros en cosmografía y arquitectura, maravillados por las novedades geográficas representadas en el mapamundi, incluso interrogaban a Ricci sobre el contenido de los libros: los países, políticas, costumbres y religión del Oeste. Los jesuitas, en especial Ricci, ejercían como comisarios de esta fascinante colección de curiosidades; su residencia era uno de los hitos para visitantes cultos en Zhaoqing.

Muchos visitantes refinados eran mandarines. Viajaban a Zhaoqing para rendir visitas de cortesía al comandante supremo de Guangdong y Guangxi. Un flujo continuo de mandarines de las dos provincias navegaba a Zhaoqing por el Xijiang, desembarcaban en el muelle, que estaba a un corto paseo de la residencia jesuita. Las ocasiones eran múltiples. Cada promoción y traslado, cada Año Nuevo Lunar, cada cumpleaños del comandante supremo, otros días festivos e importantes negocios oficiales, todos traían a mandarines en sus gabarras a Zhaoqing, y a estos exaltados oficiales en sillas de mano a la residencia jesuita. Los jesuitas guardaban un registro de sus visitantes notables. Como estos mandarines se mudaron a otras provincias y a oficinas más importantes, la misión jesuita adquirió futuros mecenas y amigos. Poco a poco, los jesuitas crearon su *guanxi*, su red personal, crucial en ocasiones para avanzar en la escalera del éxito en China. En sus memorias, Ricci listó algunos de los más destacados. Los conoceremos cuando sea el momento.

Uno de ellos se convertirá en un amigo cercano, Qu Rukui, hijo de un famoso ministro, que tomaría un papel relevante en el siguiente capítulo de la vida de Ricci.

Tal y como que las idas y venidas de los mandarines estructuraban la vida de los misioneros, el procedimiento de la burocracia imperial puso fin a la primera residencia jesuita en China. Como se ha podido ver, Ruggieri y Ricci dependían del mecenazgo del prefecto Wang Pan durante los primeros tres años de su residencia. También hemos comprobado que tras el ascenso de Wang Pan a *lingxidao*, intendente del Círculo Occidental, se distanció de sus protegidos extranjeros. En enero de 1588, Wang Pan abandonó por completo el escenario de la historia jesuita. Ascendido a vice comisario de la administración provincial de la provincia de Huguang,[29] Wang Pan partió de Zhaoqing como un "buen magistrado"; la gente construyó un santuario en vivo para conmemorar las muchas obras buenas de su "magistrado padre y madre" –la remodelación de la escuela prefectoral, obras hidráulicas, la construcción de la Pagoda Chongxi y la benevolencia general de un mandarín que consideraba el bienestar de su cargo y no su propia ganancia el deber principal de su función–. El santuario a Wang se estableció al lado de la Pagoda Chongxi, contiguo a la residencia jesuita.

En el reparto de promociones burocráticas, el *xunfu* de Guangxi, Kiu Jiezhai, fue designado como sucesor de Wu Shan, quien falleció a tan solo unos meses en su cargo. Este nuevo comandante supremo de Guangdong y Guangxi disfrutó de cierta reputación, "segundo en incorruptibilidad, solo después de Hai Rui", tal y como se comentaba en *Auténticos Informes de los Ming*.[30] Hai Rui, Censor de Nanjing, había fallecido en noviembre de 1587. Este excéntrico, íntegro y firme oficial era famoso por su franqueza, virtud y principios inmutables, y su muerte dejó tras ella un hogar empobrecido. Otros mandarines podrían haber elogiado a Hai Rui por ser insobornable, pero eran reacios a seguir su ejemplo insolvente. Por mucho "Hai Rui Número Dos" que Liu pudiera ser, Ricci no tenía buenas palabras para él, describía al nuevo mandarín como "un hombre cruel, ambicioso, amigo del dinero".[31] A la luz de lo sucedido entre los dos hombres, el juicio de Ricci no era nada sorprendente.

Tanto si era un hipócrita o un hombre honesto, Liu Jiezhai temía a los fantasmas. Se negaba a mudarse a su residencia oficial porque su predecesor había fallecido en el cargo. Mientras residía en la vecina Wuzhou a la espera de la construcción de su nueva residencia, Liu Jiezhai oyó hablar del santuario en vida de Wang Pan y de la belleza de la residencia jesuita. Él también quería un santuario en vida, que se encontrara colocado al lado de Wang. En abril de 1589, Liu Jiezhai ordenó al *lingxidao* Wang Shiyu que investigara los extensos contactos con Macao de los monjes forasteros de Zhaoqing y cómo tentaban a la gente mediante sus nuevas doctrinas; si sus cargos eran correctos, se les expulsaría a Macao o a Nanhua, el monasterio budista más grande en Guangdong. Era impropio de unos extranjeros residir en la misma ciudad que el comandante supremo.

Cuando el amable Fang Yingshi, el prefecto adjunto, le informó de ello, Ricci escribió a Valignano a Macao recomendándole obediencia. Pero el furioso y dominante Valignano instruyó a Ricci y a Almeida que se negaran a la expulsión. Los mandarines locales sabían, por mucha simpatía que les tuvieran a los jesuitas, que resistirse al comandante supremo era fútil. En un viaje a Macao, Ricci obtuvo el permiso de Valignano: era mejor transferir la residencia a otro lugar de China que perder su asidero del todo. Quedaba aún la cuestión de la compensación. Los jesuitas gastaron unos 600 taeles de plata para construir su residencia, Liu les ofrecía entre cincuenta y sesenta taeles como recompensa. Ricci se negó a aceptarlo; y Liu se negó repetidamente a conceder al cura extranjero una audiencia. Durante esta encrucijada, los padres recibieron la inesperada visita de Liu Jiezhai, que estaba despidiendo a un censor imperial de Pekín. En el último momento, el mandarín visitante expresó su deseo de ver las curiosidades europeas. La visita se desarrolló con las cortesías habituales, pero no hubo retracción alguna en la decisión de Liu, como Ricci había esperado en vano. En agosto, Liu Jiezhai amonestó a Fang Yingshi, quien había estado retrasando el mandato de expulsar a su protegido jesuita. Ahora, el comandante supremo dio órdenes de que los extranjeros debían volver a Macao y no se les permitiría permanecer en China. La oferta de sesenta taeles era definitiva.

Los jesuitas no tuvieron otra opción que congregar a su rebaño para una última despedida. Aproximadamente setenta cristianos llorosos acudieron a su residencia. Ricci y Almeida dejaron algunas imágenes y calendarios litúrgicos para los líderes de la comunidad, pidiéndoles que se juntaran para orar y prometiendo que regresarían. A los pobres cristianos, los padres les dieron muebles y otros objetos demasiado engorrosos para transportarlos. Cabizbajo, Ricci acudió a la oficina de Fang Yingshi para dejar las llaves de la casa. Una vez más, Fang pidió a Ricci que aceptara los sesenta taeles de plata. Ricci se negó y escribió una carta a ese efecto sobre la petición de Fang, recibió otra a su vez del magistrado testificando la buena conducta de los jesuitas. Los dos misioneros y sus sirvientes subieron a bordo de una barcaza y partieron a Guangzhou.

Ricci y Almeida tuvieron que permanecer en Guagnzhou en espera de la vuelta del *haidao* para obtener permiso oficial para viajar a Macao. Al día siguiente, se sorprendieron de encontrar un bote rápido de Zhaoqing con un mensaje citándoles para que regresaran. Con el ánimo recobrado por este inesperado giro de los acontecimientos, los jesuitas escucharon rumores del cambio de opinión de Liu: algunos comentaban que su mujer había soñado con los dioses extranjeros; otros susurraban que el alto cargo mandarín temía las consecuencias de los portugueses.

La verdad era simple: Liu Jiezhai temió por su reputación cuando Fang Yingzhi informó de las negociaciones con Ricci y enseñó a su superior la carta de Ricci rechazando el dinero. Como "Hai Rui Número Dos", Liu simplemente no podía permitirse socavar su reputación incautando la residencia jesuita sin que los extranjeros aceptaran una compensación. Un santuario en vida era adecuado para un buen magistrado, no un oficial caprichoso. Por ello el bote rápido, la llamada de vuelta. Una vez más, Ricci explicó a Fang Yingzhi, el reticente intermediario en todo este asunto, que la casa de Dios no estaba a la venta. Fang le dijo a Ricci que fuera a ver a Liu.

En la audiencia, Ricci trajo consigo un intérprete, no porque lo necesitara, sino para lucirse. Tras postrarse, Liu Jiezhai pidió a Ricci que se aproximara a su mesa. Benevolente, Liu preguntó a Ricci por qué había renunciado al dinero destinado a su viaje de vuelta a su país de origen. Ricci contestó que tenía todo lo que necesitaba; amigos y monjes compañeros le acogerían. "Aun así," rebatió Liu, "es de mala educación rechazar lo que yo te he ofrecido". Ricci habló con calma, "Ya que Su Excelencia me ha expulsado de esta tierra como una mala persona, después de que yo haya vivido aquí tantos años en paz, no hay razón para que acepte su regalo." Ante esto, Liu estalló furioso. Se levantó y gritó, "¡Cómo te atreves a no obedecer al comandante supremo!". Volviéndose al tembloroso intérprete, Liu rugió, "¡La culpa la tiene este rufián que lo ha acompañado!". Ordenó a sus guardias que encadenaran al hombre. El atemorizado intérprete se arrodilló y aseguró no tener nada que ver con ello. Impertérrito, Ricci continuó calmadamente:

> "El intérprete no es responsable; soy yo el que no quiso. No hay razón para que Su Excelencia se enfade, no tiene que mostrarme su buena voluntad dándome dinero, del que no tengo necesidad, sino ahorrándome los peligros y riesgos del viaje marítimo que sufrí en su momento. Aunque no desee que permanezca en Zhaoqing, le suplico que me conceda otro lugar en China, donde pueda pasar el resto de los días que me quedan de vida".

Aún furibundo, Liu no comprendió todo lo que Ricci dijo en un inicio. Un guardia se arrodilló y repitió las palabras de Ricci. Liu se calmó. Con la rabia apaciguada, Liu le dijo a Ricci que no era su intención original expulsarles a Macao. Prometió enviar a Ricci a otra localidad dentro de su jurisdicción, a excepción de Zhaoqing y Guangzhou. Ricci mencionó la ciudad de Nanxiong al norte de Guangdong, justo la frontera con Jiangxi. Liu aconsejó a Ricci que pensara primero en la posibilidad de establecerse en el monasterio de Nanhua o en el de la cercana ciudad de Shaozhou.

Con esto, la audiencia terminó amigablemente, gracias a la impecable diplomacia de Ricci. Las dos partes quedaron bien. A la vez que defendía su dignidad, Ricci consiguió aplacar al poderoso magistrado apelando a la benevolencia de Liu, describiendo su deplorable posición (peligros del viaje por mar, el poco tiempo restante en su vida), y ofreció una solución que cuidara la reputación y no le supusiera mucho a Liu. "Prácticamente chino", estaba claro que Ricci conocía el funcionamiento: el confrontamiento directo no servía de nada, especialmente lidiando con este tipo de cargos superiores; los halagos y la flexibilidad allanaban el camino para una negociación de éxito. Ricci podría haber sido un gran mandarín.

Ricci salió del *yamen* y vio la consternación en la cara de Fang Yingzhi, que había escuchado los gritos. El alivio al saber la solución mejoró al conocer a Lu Liangzuo, un magistrado de Shaozhou en una visita oficial, que tenía una audiencia con Liu Jiezhai, ahora lleno de alabanzas hacia el monje extranjero. Al ver a Ricci, tras la presentación de Fang, Lu se quedó estupefacto por un instante. Les contó luego a los dos hombres que su mujer había tenido un sueño la noche anterior en el que vio a dioses extraños, no las estatuas usuales de su altar. Eso era de hecho un augurio previo a conocer a este extraño, monje extranjero. El magistrado Lu invitó a Ricci a viajar con él, pero Ricci tenía que organizar unos últimos asuntos. Una vez más, se reunió y consoló a los cristianos. Por última vez, realizó una ronda de visitas a todos los mandarines de Zhaoqing, incluyendo una a Liu Jiezhai para mostrar su agradecimiento. El 15 de agosto de 1589, el festivo de la Asunción de la Virgen María, Ricci y Almeida partieron de Zhaoqing con los ánimos renovados, tan diferente de hacía un corto espacio de tiempo. Se volvieron a observar la Pagoda Chongxi elevándose sobre la orilla del río, y justo detrás un atisbo de su primer hogar en China, las imágenes del pasado se disolvían en como los reflejos de Zhaoqing en el agua mientras su gabarra navegaba más allá de la visión de la ciudad.

6

SHAOZHOU

Tras ocho días por el río, Ricci y Almeida llegaron a la orilla cercana al monasterio Nanhua. Ubicado en las colinas de hierba fresca y verde junto a un susurrante arroyo, el monasterio, fundado en el 502 d.C., lo dio a conocer Huineng (638-713), el sexto patriarca del budismo Chan. Nativo de Guangdong, el analfabeto Huineng, discípulo del quinto patriarca en la China del norte, recibió la capa de la sucesión del dharma antes de regresar a casa para fundar la escuela del Despertar Repentino en el budismo Chan. Tras el auge en las dinastías Tang y Song, el monasterio Nanhua pasó a un largo periodo de declive. A pesar de la ininterrumpida sucesión de los abades budistas chan dirigentes, el monacato de Nanhua alcanzó su nadir entre el final del siglo XV y el del XVI. Según una historia del monasterio, recopilada a inicios del siglo XVII por el abad reformista Hanshan Deqing, la afluencia de laicos –granjeros, tenderos y otras personas buscando fortuna– de finales del siglo XV fue la causa de ello. A lo largo del tiempo, las tierras alrededor de Nanhua, previamente toda propiedad monacal, se perdieron: algunas se vendieron a campesinos hambrientos de terrenos, algunas fueron ocupadas por poderosos clanes locales. Justo fuera de las puertas monásticas, se desarrolló una calle comercial completa; las múltiples tiendas incluían carniceros y casas de juego que ofendían las sensibilidades budistas. Hanshan Deqing, uno de los grandes reformistas budistas del final de la dinastía Ming, visitó Nanhua en 1596. Describió escenas de dilapidación y deterioro, un amplio y prácticamente vacío recinto monacal: la mayoría de los monjes indistinguibles del laicado, vivían en el pueblo exterior, algunos incluso con mujeres e hijos, juntándose libremente con gente laica. Tan solo un puñado de monjes y el abad residían aún en el monasterio, guardaban la sala central, la Sala del sexto patriarca, donde el cuerpo incorrupto de Huineng irradiaba la última aura de santidad budista.

Aun así, Nanhua era impresionante. Persistió como uno de los monasterios más famosos de China del sur (véase lámina V). En la orilla, los jesuitas encontraron varios monjes Nanhua esperándoles. Avisados por el virrey Liu Jiezhai, los monjes mostraron su mejor cara, mientras les preocupaba que quizá a estos monjes extranjeros les hubieran mandado para reformar su estilo de vida. Ricci pidió a Almedia que esperara con su equipaje y sirvientes en el barco y siguió a sus anfitriones budistas por el camino hacia el monasterio. Ya había decidido no permanecer en Nanhua. Desde su fundación, la Compañía de Jesús era una orden religiosa activa, su esfera de actividad eran las ciudades y las cortes y evitaban el monacato hermético. Emocionados por enseñar a Ricci las maravillas de Nanhua, los monjes lo guiaron a través del arco triunfal hasta el recinto, recorrieron la Casa de Arthats con estatuas de los cuatro reyes celestiales, reformado en el 1580, pasaron luego al jardín al aire libre frente al Salón de los Tres Tesoros, donde dos altos cipreses, supuestamente plantados por el propio Huineng, daban cobijo del sol de agosto. Tras el Salón de los Tres Tesoros, la mayor estructura del monasterio, con su tejado de tejas verdes, vigas rojas y caracteres dorados, se encuentra el santuario interior de Nanhua: la sala del Fundador, donde se conserva el cuerpo incorrupto de Huineng con sus artículos personales: un bol mendicante, un bastón de hierro, una cuenta de rezo de rubí, un anillo de jade para el manto; otros tesoros monásticos incluían dos decretos imperiales de las dinastías Tang y Yuan que concedían favores al monasterio y tres sutras de letras doradas otorgadas por poderes superiores. Esto no era todo. Había otras salas y edificios dedicadas a Guanyin, al quinto patriarca y a otras deidades, y cuartos para sermones, meditación Chan y la lectura de sutra. La pagoda, construida en la dinastía Tanga y restaurada en la Ming, se elevaba por encima del precinto; desde sus últimos pisos se podía observar la Torre de la Campana y la Torre de Tambor. Asimismo, pozos, puentes, pabellones, formaciones rocosas inusuales, cuevas, santuarios e inscripciones adornaban las colinas más allá de las murallas monásticas. En conclusión, Nanhua era un lugar apacible y un monasterio hermoso.[1]

A Ricci le era indiferente. Él solo quería marcharse. Sin prestar atención a las explicaciones de sus guías, se apresuró a través de las distintas zonas como un turista moderno, ansioso por la siguiente parada. Sorprendidos por su comportamiento, los monjes se ofendieron cuando Ricci se negó a mostrar sus respetos ante el cuerpo de Huineng. ¡Qué clase de monje era este! Se preguntarían seguramente. De buena se habían librado, pensaron cuando Ricci insistió en continuar a Shaozhou, rechazando la hospitalidad de los monjes para pasar la noche. El resentimiento de su expulsión de Zhaoqing se habría sumado a su desagrado por el monacato budista. No tenía manera de saber que su némesis, el virrey Liu Jiezhai, era un patrón de Nanhua que accedería a la petición de renovar el monasterio, lo que se llevaría a cabo en el invierno de 1590/1. Para conmemorar la ocasión, Liu redactó un ensayo, que talló en una estela de piedra, allí Liu elogió lo siguiente:

> Existe la inspiración mutua entre Chan y nuestras enseñanzas confucianas. Nosotros los confucianos decimos que la naturaleza humana es buena y que nada es superior a la naturaleza humana; ellos dicen que una vez que conoces tu corazón y entiendes tu naturaleza, puedes conseguir iluminación instantánea… los principios de la Escuela del Sur están implícitamente de acuerdo con nuestras enseñanzas. La escoria violenta y las arpías recalcitrantes ignoran las palabras de las leyes sabias y virtuosas, pero se apresuran a arrodillarse ante el budismo una vez que oyen las enseñanzas Chan de causa y efecto, por lo tanto, Chan nos ayuda a nosotros los confucianos.[2]

En su prisa por huir, Ricci llegó a Shaozhou antes incluso que Almeida. En sus ganas de imaginar un inicio propicio, Ricci creyó emocionado las cosas que escuchaba; la ciudad doblaba en tamaño a Zhaoqing (no era así) y los habitantes hablaban mejor mandarín (lo que aparentemente sí hacían); la verdad era que se trataba de otra ciudad provincial sin mayor fama. Shaozhou, hoy conocida como Shaoquan, está emplazada en un lugar fundamental al norte de Guangdong. Como unión de vías de ferrocarril en la línea Guangzhou-Pekín, Shaozhou es el acceso de Guagndong a Hunan y a China central; otra carretera, una ruta más antigua, dirigiéndose al noreste, ataja la baja cordillera de Lingnan y une el sur con la provincia de Jiangxi y China del este. Encajonada en un alargado cuello de tierra entre dos recodos de ríos y en la confluencia de tres ríos, la ciudad está situada en las húmedas planicies de los sinuosos brazos muertos, rodeada de colinas escarpadas y bajas. El paisaje que la rodea es hermoso, adornado con cascadas, formaciones fálicas y animales de piedra caliza y arenisca roja, y niebla; el clima, una gran humedad que caracteriza el frío del invierno y el calor del verano, y el aire de la ciudad atrapado entre las colinas, es menos que salobre (Mapa 4). En 1589, la ciudad amurallada de Shaozhou era la capital administrativa de la prefectura del mismo nombre y de la magistratura provincial de Quijiang. Al final del siglo XVI, unas 7.500 familias y 45.000 personas vivían en la ciudad; la población de la prefectura entera apenas superaba los 100.000.[3]

En Shaozhou, Ricci explicó al magistrado Lu Liangzuo su negativa a alojarse en Nanhua: como monjes extranjeros cultos, preferían la vida urbana y socializar con los eruditos; además, ellos practicaban un culto diferente al budismo, una aseveración constatada por los monjes budistas de Nanhua que acompañaron a los jesuitas, confirmaron la completa falta de interés de los extranjeros en sus cultos y su negativa de honrar la reliquia del sexto patriarca. El magistrado Lu accedió a otorgar a Ricci y a Almeida un pedazo de tierra perteneciente al monasterio de Guangxiao ubicado al otro lado del Río Wu para construir su residencia.

Mientras tanto, los jesutias y sus sirvientes se alojaron en una serie de cuartos en Guangxiao si.

Agotados por el estrés de los últimos días en Zhaoqing y sus recientes viajes, Ricci y Almeida, enfermaron, aunque ambos se recuperaron sin mucha intervención médica. Afortunadamente, la ayuda estaba en camino. De camino a Shaozhou, Ricci envió apresuradamente una carta a Macao, para informar a su superior del cambio de planes. A finales de noviembre, tres meses después

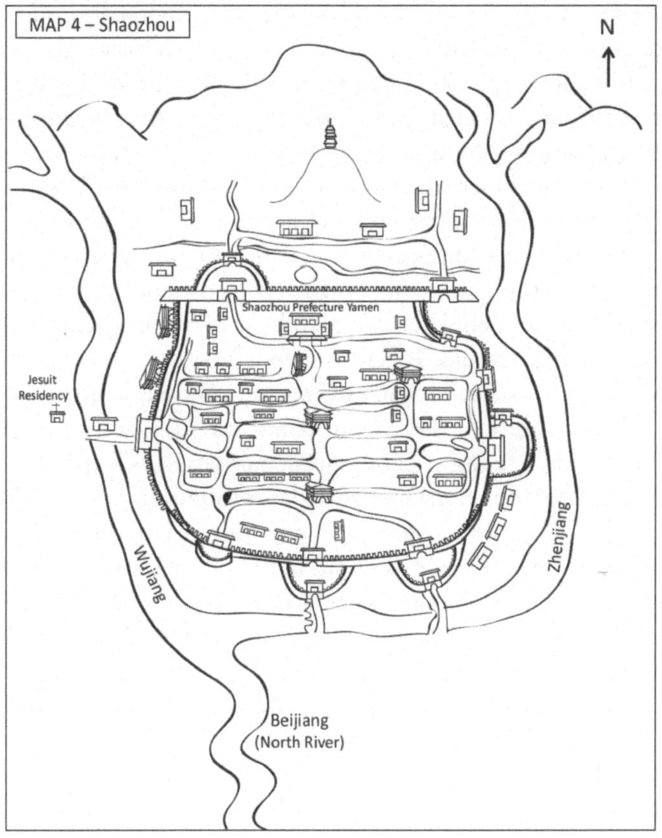

Mapa 4. Shaozhou

de su llegada, Ricci y Almeida recibieron a dos chinos de Macao enviados por Duarte de Sande. Huang Mingsha (*c.* 1569-1606) y Zhong Mingren (1562-1621) de padres chinos, el primero oriundo de Macao y el segundo de Xanshui, una pequeña ciudad al norte del enclave portugués. Bautizados a una edad temprana en Macao, los dos jóvenes chinos estudiaron en la escuela jesuita y bebieron de la cultura luso-cristiana de Macao. Huang y Zhong hablaban portugués fluido (más incluso que chino clásico) y en los registros jesuitas se les conocía por Francisco Martins y Sebastian Fernandes.

Sebastian tenía un hermano menor, Zhong Mingli, bautizado como João, que también estudiaba con los jesuitas en Macao. Al contrario que los sirvientes de la misión jesuita africanos, indios y malayos, subalternos de los portugueses, que llevaban a cabo las tareas físicas diarias, Huang y Zhong, o Martins y Fernandes, eran trabajadores espirituales y representaban a los primeros de muchos "hijos de Macao" (*filhos de Macao*), un término utilizado en un registro jesuita, cristianos tanto de padres chinos como de sino-portugueses, educados enteramente en un ambiente portugués y cristiano, y que tomaban parte en la misión china como miembros de la Compañía de Jesús. Durante el primer año, Ricci tutorizó a Martins y a Fernandes en chino clásico y en latín, como preparación para el trabajo evangélico. El 1 de enero de 1591, los aceptó como novicios de la Compañía. Como chinos, Huang y Zhong prestaban servicios importantes, ya fuese hacer recados esenciales entre las misiones interiores y Macao o en operaciones de incógnito, ya que ninguna apariencia exterior los separaba de los cantoneses, "sus hermanos de carne". Además de estos novicios, Macao también envió refuerzos en forma de un cura italiano, Francesco de Petris, que llegó a Shaozhou la víspera de Navidad de 1591. Se volverá a él más adelante. Por ahora, conozcamos a Qu Rukui (1549-1612), una figura clave en el éxito posterior de Ricci, que se convirtió en un amigo de por vida del misionero occidental.

Qu Rukui conoció a Ricci en Zhaoqing. Rememoró su primer encuentro en un prefacio escrito en 1599 para el tratado de Ricci *Sobre la amistad*:

> En el año Yin chou de Wanli [1589], yo, el inexpresivo, estaba visitando el Monte Luo fou [cerca de Guangzhou]; con la ocasión de visitar al virrey el señor Liu Jiezhai, me encontré con el venerable Li [el nombre chino de Ricci era Li Madou] en Zhaoqing. El instante en el que lo vi, me sorprendió sus aires de distinción. Y cuando el señor virrey envió a Li a Shaozhou, casualmente yo pasaba por el monasterio de Nanhua y nos encontramos de nuevo. Por lo tanto, estudié matemáticas y astronomía con él dos años antes de marchar.[4] Un encuentro fortuito, pero esa no era toda la historia.

Nativo de Changsu, cerca de Suzhou, apenas a medio camino entre Shanghái y Nanjing, Qu Rukui, de nombre literario Taisu, provenía de una aclamada familia de mandarines literatos. Su padre, Qu Jingzhun (1507-1569), obtuvo la puntuación más alta de los 300 candidatos de élite en el examen de servicio civil para la capital en 1544, y fue el segundo en el examen de palacio. Ascendió en puestos a (primer) ministro de ritos izquierdo en Nanjing, y ejerció como editor jefe en varios prestigiosos proyectos de libros imperiales, incluida una edición de la Enciclopedia compilada bajo el reinado Yongle (principios del siglo XV). Como académico Hanlin, un hombre honesto y un estilista elegante, Qu Jingzhun disfrutaba de una alta reputación entre sus compañeros mandarines. Tuvo cuatro hijos de tres mujeres: uno murió joven; dos, Ruzi (1548-1610) y Rushuo (1565-1623), siguieron el exitoso camino de su padre en los exámenes, a pesar de que nunca llegaran al eminente puesto del mandarín; Ruzi, el mayor, también adquirió una reputación destacada como un intelectual laico y seguidor del budismo; solo Rukui quedó a un lado de este listado de fama. De hecho, Qu Rukui, el admirador de Ricci, fue borrado del linaje de la familia; su nombre ni siquiera se menciona en la entrada biográfica de su padre en la historia de la dinastía de los Ming.

Como oveja negra de la familia, Qu Rukui narró su historia más tarde, la cual Ricci resumió en sus memorias:

> Este hijo [de Qu Jingzhun] era incluso más brillante que sus hermanos, y si hubiera continuado sus estudios podría haber llegado a altos puestos y honores. Pero en la cúspide de su juventud (su padre, tras haberlo mantenido bajo control, murió) y él se desvió. Entre sus malas inclinaciones, quería aprender el arte de la alquimia, perdió miles de taeles de plata en el proceso, incluyendo su patrimonio. Reducido ahora a la pobreza, marchó de su casa con su mujer y sus sirvientes, deambulando por China, viviendo aquí y allí, en cualquier sitio en el que pudiera encontrar mandarines que fueran sus amigos o de su padre. Vivía suficientemente bien de los regalos que recibía de ellos, o de personas que querían asegurarse un favor de los magistrados, siendo este un modo de vida entre la nobleza.[5]

Qu Rukui, en otras palabras, vivía de la reputación de su padre y de la red de *guanxi* que era fundamental en la sociedad mandarina. Este fue el momento de su visita al virrey Liu Jiezhai en Zhaoqing, un amigo de su padre, y a Huang Shiyu, el *linxidao*, que era de su ciudad de origen, con la esperanza de ganar su favor y mecenazgo.

Además de por sus aires distinguidos, Qu Rukui estaba sin duda atraído por la reputación del jesuita como alquimista, experto en la fabricación de plata, una fama dudosa que le llevó a ser acusado de adulterio, en el caso de Ruggieri, como hemos visto en el capítulo anterior. Los intentos frenéticos por salvar la misión y las preparaciones para la partida redujeron el tiempo para que se desarrollara la amistad. Tras la marcha de Ricci, Qu Rukui permaneció en Zhaoqing, pero ignorado por el virrey, decidió partir también. En Shaozhou, Ricci rápidamente le comentó a Rukui que no tenía nociones de alquimia. Aun así, Qu quedó prendado del carisma de Ricci y de las matemáticas y la astronomía occidentales. Cogió una habitación en el mismo monasterio budista que era la residencia temporal de los misioneros y suplicó a Ricci que le aceptara formalmente como discípulo. Desde el inicio, Qu Rukui fue un estudiante brillante de la ciencia europea y gradualmente fue aumentando su interés por la religión europea.

Esto, en resumen, es la historia de la relación temprana Ricci con Qu Rukui. Pero esto no era solo la historia entera. La verdadera historia de la juventud de Qu Rukui, oculta en los registros familiares y jamás revelada por Rukui, ni a su maestro Ricci, ni a sus amigos, solo se ha descubierto en programas históricos recientes.[6] A principio de la década de 1570, Rukui un apuesto joven en su segunda década de vida, había seducido a su cuñada. Este escándalo era muy deleznable, ya que ocurrió en los tres años de duelo por la muerte de su padre. El objetivo de las intenciones adulteras era la mujer de su medio hermano, el hijo mayor de Ruzi, hija del ministro de obras retirado de Nanjing, Xu Shi, un compañero y amigo del padre fallecido. Como mujer en un matrimonio concertado entre dos prestigiosas y amigables familias de literatos, la joven Xu estaba destinada a la desdicha. Los contemporáneos describían a su marido Ruzi como “muy bajo en estatura, como un enano”, alrededor de

1,42 metros. Un retrato de la época lo representa como un hombre de cara fina y poco agraciado. Dejando a un lado las poco atractivas características físicas, Qu Ruzi era un budista devoto, que prefería el celibato a la pasión. Sus creencias budistas se veían reforzadas por la piedad filial confuciana, por lo que Ruzi llevó las cosas al extremo y se abstuvo de mantener relaciones con su mujer durante los tres años del ritual del duelo. Como escándalo en toda regla, este adulterio era especialmente mal visto en la sociedad confuciana donde mantener las relaciones de familia se valoraban por encima de cualquier otra cosa. Cuando la unión salió a la luz, Qu Ruzi repudió a su mujer. El retirado ministro Xu envió un asesino tras el seductor y solo cedió cuando Rukui declaró su culpa ante el padre ultrajado; en la familia Qu, el nombre de Rukui fue borrado del registro del linaje; partió de Changxu avergonzado.

En Shaozhou, Qu Rukui se volcó en sus nuevos estudios. Tras lecciones básicas de aritmética occidental, Rukui fue el primer chino en aprender cosmología europea y geometría griega. Para el primer tema Ricci usó el libro de texto escrito por su profesor romano, Cristóbal Clavio, cuyo *Comentario a la Esfera de Sacrobosco* era el texto sobre cosmogonía más ampliamente leído hasta el siglo XVII. En el libro, Clavio proveía explicaciones detalladas y comentarios sobre el sucinto tratado de Johannes de Sacro Bosco, un astrónomo y profesor en París de mitad del siglo XIII, que describía un universo geocéntrico con estrellas fijas moviéndose en esferas sólidas, una síntesis entre la astrología griega y las doctrinas cristianas. En geometría, Ricci usó *Elementos* de Euclides para enseñar a Rukui sobre la geometría tridimensional. Con el tiempo, Rukui llegó a hacer relojes de sol, medir alturas y distancias, y conocía todo sobre las esferas, astrolabios, cuadrantes, relojes y otros instrumentos europeos.

A sus cuarenta y 37 años, Qu Rukui y Matteo Ricci no eran discípulo y máster, sino amigos de mediana edad que vislumbraban reflejos de brillantez y espíritu independiente el uno en el otro. Sus intereses pasaron de las matemáticas y las ciencias a la ética y la religión. Entre lecciones de cosmología y geometría, el maestro Ricci disertaba poco a poco sobre las doctrinas cristianas: la existencia de un Dios omnipotente, la creación del universo y de la humanidad, el pecado y la redención y los preceptos morales de la cristiandad. El discípulo Qu marchó por tres o cuatro días; a su vuelta trajo consigo un pequeño tratado que listaba todas las dificultades que encontraba en las doctrinas cristianas. Asombrado por las preguntas, que parecían anticipar los principales temas de la teología cristiana, Ricci compuso una respuesta tan razonable y persuasiva que Qu Rukui aceptó la fe occidental. Sin embargo, un impedimento se interponía en su camino. Con su mujer, recientemente fallecida, Rukui solo tuvo una hija. Había tomado una concubina, con la esperanza de engendrar un hijo; pero dudaba en casarse con ella debido a su clase baja. En 1591, nació su primer hijo, Shigu. Con el tiempo, ambos, padre e hijo, se bautizarían, como veremos.

En Shaozhou, el día a día de la misión repetía el patrón que ya se viera en Zhaoqing: ganar el favor de los mandarines, enfrentarse a la hostilidad de la gente común y evangelizar y organizar un pequeño rebaño cristiano. Contar con Qu Rukui como discípulo aumentó el prestigio de Ricci entre las élites locales. Se codeaba con las élites dirigentes: Xie Taiqing (*zhifu* de Shaozhou), Liu Wenfang (zhixien de Qujiang), Huang Men (al igual que Qu Rukui también un hombre Changshu y su tutor anterior), y Wang Yinlin (de nombre literario Yuzha), *zhixien* y *tongzhi*, magistrado y ayudante magistrado del vecino condado de Nanxiong, y, por último,

Su Daiyong, magistrado del condado de Yingde en el sur. En los años venideros, varios de estos hombres jugarían un papel fundamental en fomentar la carrera de Ricci, hablando sobre su fama, erudición y publicaciones, según avanzaban en el camino de ascenso de los rangos mandarines.

Su Daiyong los invitó a visitar Yingde. En cada ocasión que el mandarín visitaba Shaozhou, le hacía una visita de cortesía a Ricci y le rogaba que visitara su distrito, a tan solo tres o cuatro días en barco al sur del río Norte. Aunque al principio fuera reacio, ansioso por la reacción del virrey Liu, a Ricci le convencieron sus palabras. El padre de Su Daiyong, de 72 años, que estaba visitando a su hijo, deseaba fervientemente conocer al monje extranjero. De niño, al Viejo Su le echaron la suerte: a los sesenta volvería a casarse y a los setenta conocería a un distinguido hombre de un país extranjero, heraldo de buena fortuna. Durante años Su padre desdeñó las predicciones; una mujer era suficiente para él. Por desgracia, a los sesenta, la perdió y se volvió a casar. Por ello, cuando escuchó hablar sobre el monje extranjero Li Madou, pidió a su hijo, el magistrado, que organizara una reunión.

Qu Rukui acompañó a Ricci en su viaje. Amigo de Su Daiyong, tampoco quería perderse ninguna lección con Ricci. El grupo permaneció en Yingde de tres a cuatro días disfrutando de la cálida acogida del magistrado Su. Su padre estaba encantado de conocer a Ricci y escuchar sus explicaciones sobre las doctrinas cristianas. El anciano pidió enseguida ser bautizado, pero el jesuita creyó que debía contar con más formación. Ricci prometió continuar con la enseñanza del catecismo en la ciudad natal del anciano, Ningdu, cerca de Ganzhou en Jiangxi y le entregó un medallón de Cristo para colgar del cuello. Con el magistrado Su como anfitrión, el grupo visitó un lugar paisajístico local a poca distancia al sur de la ciudad amurallada: la Cueva Bilou, un lago subterráneo de estalactitas en mitad de un bosque de piedra caliza. Allí, conocieron a Wang Yinlin, ayudante magistrado de Nanxiong, que estaba mostrando los paisajes locales más destacados a un alto mandarín, un censor de Pekín. El magistrado Su organizó un banquete y entretenimiento musical para la excursión. Qu Rukui compuso un largo poema de siete caracteres, "Una canción de Bilou", para conmemorar la ocasión. Tras los versos describiendo el ascenso por los empinados caminos, "sus bastones apuntando como dragones en el aire", Rukui escribió que "el monje occidental (*xi seng*) podría alzar también el vuelo". Esta primera descripción de Matteo Ricci en un texto chino contrasta con los versos de Rukui que celebraban el banquete. Con libaciones dispuestas entre agua en cascada, brisa fresca, luz titilante y nubes flotantes, Rukui exponía el dharma (fa) antes del "Anciano Dragón", mientras que el monje extranjero mira atentamente sin proferir una palabra. No sabemos si Qu Rukui se refería a las doctrinas del budismo o del cristianismo con la palabra "fa"; el "Anciano Dragón" seguramente era una referencia al Anciano Su. Y Ricci, el "monje extranjero", se sentaba en un silencio intenso y enigmático.[7]

A pesar de ser su discípulo, Qu Rukui intercedió ante los magistrados en defensa de Ricci en ocasiones importantes. Un poco más de un año después de asentarse en Shaozhou, Antonio d'Almeida cayó gravemente enfermo, su salud se había deteriorado debido a las mortificaciones ascetas de la carne y al frío húmedo del invierno. A finales de 1590, Ricci envió a uno de los hermanos jesuitas nacidos en Macao que llevaran a Almeida a Macao para tratarlo médicamente. En el Año Nuevo Chino, Ricci exhibió en el altar de la iglesia una imagen de Madonna y el Niño, y del apóstol Juan, una pintura enmarcada de México. A la vez que esta novedad atraía muchos visitantes curiosos a la residencia jesuita, también provocó un ataque nocturno. Una noche, una banda lanzó piedras a las tejas de la casa jesuita. Cuando los sirvientes de la residencia salieron a investigar, fueron atacados y apalizados, regresaron con la vestimenta rota y heridas leves. Cuando Qu Rukui se enteró, quiso alertar al prefecto Xie Taiqing inmediatamente. Ricci dudaba, su razonamiento era que esperaba pedir permiso para que Francesco de Petris viajara a Macao como reemplazo de Almeida; le angustiaba parecer demasiado exigente. Qu Rukui insistió: los culpables se envalentonarían si Ricci no notificaba a las autoridades. Él mismo alertó al prefecto del ataque. Furioso, Xie citó a los dos *lijia*, los jefes del barrio a cargo de mantener la seguridad de los magistrados, dio a uno una bastonada y les envió a arrestar a los culpables. Era una tarea imposible. Los dos hombres conocían la identidad de los culpables: eran todos jóvenes del vecindario; algunos de familias importantes. Sin deseo de antagonizar a los vecinos, los dos *lijia* no hicieron nada hasta que dos sirvientes de Ricci se encontraron con uno de los jóvenes y lo llevaron a la fuerza hasta los *lijia*. Temerosos de que los entregaran al magistrado, la familia del joven suplicó a Ricci, quien decidió mostrar caridad cristiana y perdonar el ataque. Por lo tanto, los dos *lijia* informaron al magistrado Xie que les era imposible determinar las identidades de los que habían participado en el ataque. Enfadado por el informe, Xie ordenó que apalizaran a uno de ellos y que metieran al otro al calabozo. Más asustados de la ira del magistrado que de la condena de los vecinos, los dos hombres rebelaron los nombres. Los principales culpables huyeron. Ricci suplicó a Xie. Y Qu Rukui consiguió un permiso de viaje para el padre jesuita de Macao.

En vez de Petris, fue Duarte de Sande el que viajó en julio a Shaozhou con un salvoconducto. Como superior de la misión china, quería inspeccionar las condiciones de primera mano, pero como rector del colegio jesuita, solo podía ausentarse por tres meses.

Aún convaleciente, Almeida deseaba regresar a su puesto en la misión. Poco después de su vuelta, el aún débil Almeida contrajo fiebres. Francisco Martins, el hermano chino, cuidó del cura enfermo, ya que Sebastian también estaba encamado con fiebre. De vez en cuando, Ricci relevaba al hermano Francisco y consolaba al misionero portugués con que estaba muriendo en la Compañía y en una misión, por el bien de su alma. Tras siete días, Almeida falleció el 17 de octubre, a los 34 años de edad. Conmovido por la gran devoción de Almeida en sus últimos días, Martins escribió una larga carta a Duarte de Sande informando de su santa muerte. Entre las cosas que Almeida dejó, Ricci encontró siete pequeños libros, diarios espirituales, que recogían el viaje espiritual del joven jesuita. Ricci dio dos de estos a Francisco Martins como lectura edificante. Al conocer el fallecimiento, varios mandarines fueron a dar sus condolencias, al igual que el oficial-monje y los principales monjes budistas de la ciudad. Los chinos no veían con buenos ojos que los integrantes de la residencia jesuita vistieran ropa blanca de duelo solo por unos días, sin añadir la explicación de que el paso de un cura, ya fallecido para el mundo, del valle de lágrimas a la eternidad no era una ocasión de duelo. Como las leyes chinas prohibían los entierros intramuros, Almeida no podía ser enterrado al lado de la iglesia. Y como Ricci no deseaba ver a su compañero jesuita sepultado en una ladera fuera de la ciudad, lo que era costumbre para los chinos, el cuerpo de Almeida descansó en su ataúd dentro de la residencia por dos años antes de que lo enviaran a Macao para el funeral. En esto, al menos, los jesuitas mantenían sus rituales funerarios en conformidad con la práctica china.

El 8 de diciembre de 1591, Francesco de Petris partió para Macao. Ricci empezó de nuevo a enseñar a un compañero más joven el idioma, las costumbres y los conocimientos de los chinos. En la primavera de 1592, Liu Jiezhai pasó por Shaozhou en su camino al norte. Le habían ascendido a vice ministro de impuestos en Nanjing.[8]

Ricci fue con de Petris a hacer una visita de cortesía y Liu recordó con Ricci sus días en Zhaoqing. Aunque se mostrara cortés, Ricci no había dado su perdón cristiano al virrey. Más tarde en el año, a Liu lo despidieron de su oficina. Falleció en casa, pacíficamente, según una colección biográfica publicada en 1622, peor, acorde a los rumores que contó Ricci, que contó la anécdota del anciano pidiendo agua en vano, mientras que sus hijos y sobrinos discutían sobre cómo dividirse su propiedad.[9] "Parece que Dios quiere mostrar que incluso en esta vida puede castigar la injusticia ocasionada a los padres en Zhaoqing," comentó Ricci.

Liu Jiezhai había convertido la residencia de los jesuitas en un santuario en vida para él, profanando la casa de Dios con "estatuas de ídolos". Como los chinos a los que tanto se parecía, Ricci también sabía cómo guardar resentimiento en su interior a la vez que mostraba galante y amable al mundo.

Los amargos recuerdos de Ricci se desvanecieron con el éxito que experimentó, gracias a su amistad con Qu Rukui. A sesenta millas y tres días de camino al este de Shaozhou y cerca de la frontera con la provincia de Jiangxi se encuentra Nanxiong, una próspera ciudad comercial, donde los norteños venían a hacer negocio en Guangdong. Allí, Qu Rukui contó a uno de sus socios, el sexagenario Guo, todo sobre las enseñanzas del monje extranjero Ricci. Guo, un exitoso mercader con unos cuarenta hombres a su cargo, fue un budista devoto la mayor parte de su vida adulta. Seguía un ayuno vegetariano budista y estaba acostumbrado a la meditación Chan y a todos los rituales budistas. Aun así, el consuelo espiritual parecía haberlo esquivado. Por ello, el mercader Guo visitó a Ricci en Shaozhou. Su ferviente deseo de aprender sobre la siguiente vida y el alma alegró sobremanera a Ricci. Tras varios días de catequesis intensa, Ricci bautizó a Guo con el nombre de Giuseppe. Como previo devoto de la meditación Chan, Guo fue el primer cristiano chino en practicar los *Ejercicios espirituales* de Ignacio de Loyola bajo la guía de Ricci. Guo permaneció con los jesuitas por un mes antes de que el negocio lo requiriera en Nanxiong.

Un día, durante la estancia de Guo, el anciano mercante se acercó a Ricci lloroso para despedirse, diciendo que se iba a morir.

Alarmado, Ricci preguntó: "Aún no eres viejo y cuentas con buena salud. ¿Cómo sabes que tu tiempo llega a su fin?" Guo explicó: "Cuando tenía 55, conocí a un maestro astrólogo que me leyó el futuro y realizó predicciones para los próximos cinco años. A pesar de que la buena fortuna que predijo no ocurrió necesariamente, todas las cosas malas se cumplieron. Me contó que moriría antes de la mitad del cuarto mes de mi sexagésimo año. Pues bien, este mes tuve un sueño y vi varios malos presagios. ¿Acaso no se ha cumplido el augurio? ¡Qué infortunio! Tan solo con sesenta consigo un hijo; ¿quién va a cuidar de este bebé lloroso? ¡Qué tristeza más grande!".

Ricci suspiró. Dio un pisotón de frustración e intento reconfortar al lastimero anciano: "No hay nada más vacío e incorrecto en el mundo que las predicciones de astrólogos y las cosas que vemos en los sueños".

Guo rebatió: "Ves los signos, ¿cómo puedes no creerlo?".

Ricci explicó que, aunque pudiera haber consecuencias, la mayoría de las predicciones eran incorrectas. Buena y mala suerte, continuó, eran el resultado de lo correcto y lo incorrecto, actos que estaban en nuestra mano. La voluntad humana era más fuerte que las estrellas.

Para evitar la maldad, se debía renunciar a ella y volverse hacia la virtud. Aquellos que se negaban a arrepentirse y aun así tuvieran la esperanza de librarse del castigo, aunque los astrólogos lo permitieran, ¡el Señor del Cielo no lo consentiría! Ricci usó en ese momento las lecciones morales del confucianismo para reforzar su argumento: ¿Huían los oficiales leales y los hijos piadosos de la muerte y el peligro al servir a su país y a sus familias en crisis, o consultaban primero a los astrólogos? Al exponer a los adivinos y a los astrólogos como fraudes, Ricci preguntó por qué no se lucraban ellos primero si tan clarividentes eran, en vez de aprovecharse de la credulidad de los ignorantes y los ansiosos. De manera similar, los sueños eran absurdos; aunque algunos pudieran parecer reales, no lo eran.

Aún no del todo convencido, Guo dijo: "En el pasado nunca creí en astrólogos, pero todas las cosas que predijo este maestro durante los últimos cinco años se hicieron realidad. ¿Cómo puede tratarse de una coincidencia?".

Ricci suspiró: "¿Sabes cómo se produjeron estos infortunios de los últimos años? Él te los dijo y tú los aceptaste. Si no te hubiera dicho nada, no lo habrías creído y nada hubiera pasado. Así que, el hecho de haberle pedido saber tu suerte te ha causado los infortunios".

Asombrado, el mercader Guo preguntó: "¿Por qué?".

Ricci dijo que, tras venir a China, él estaba horrorizado por la creencia popular en la astrología, la adivinación y la geomancia. Pero si Guo estaba dispuesto a escucharle, le salvaría la vida. Ricci explicó a un Guo expectante y emocionado que el corazón humano era el órgano central del cuerpo, y que el peor padecimiento del corazón era el miedo mismo. Si se creía en predicciones de buena suerte, uno se alegraría, aunque alegrarse no produciría las cosas buenas de la vida. Sin embargo, si se creía en las predicciones de infortunio, esto llevaría a preocuparse; y la ansiedad llevaría a la enfermedad, cumpliendo así la predicción. Ricci usó la metáfora de alguien andando sobre un estrecho tablón de madera. Si el tablón estuviera sobre un suelo plano, no pasaría nada, pero si estuviera en equilibrio en un lugar alto, la persona caería sin duda. Como refuerzo a su análisis psicológico, Ricci agregó una historia sobre un médico que le dijo a un prisionero que estaba sangrando cuando no lo estaba y el hombre murió por creerlo sin tener ninguna herida. Finalmente, Ricci recurrió a la autoridad de los clásicos confucianos, citó ideas de *Anales de primavera y otoño*, el *Yiqing* y el *Shuqing* para argumentar que la adivinación, tal y como se practicaba en la antigüedad, se usaba como último recurso para decidir entre dos opciones al gobernar y no tenía nada que ver con la adivinación.

Esta conversación demostraba el enorme poder de persuasión de Ricci. Tras haber planteado su argumento con un razonamiento brillante, Ricci citó los antiguos clásicos chinos como autoridad irrefutable y usó ejemplos interesantes y visuales del oeste, tirando de su vasto repertorio de textos humanísticos desde la antigüedad greco-romana hasta el pasado cristiano. En años futuros, Ricci desarrollaría esta retórica a la perfección. Hacia el final de su vida, cuando Ricci narrase este episodio en su libro, *Jiren shipian*, *Diez capítulos de un hombre extraño*, contó no solo que el mercader Guo engendró un segundo hijo sus 64 años, sino también que estaba vivo y saludable a finales de sus setenta.[10]

En cuaresma de 1592, que coincidió con el Año Nuevo Chino (*c.* 12-14 de febrero), Ricci llevó a Francisco Martins a visitar Nanxiong para bautizar al único hijo de Guo. Los jesuitas permanecieron con Qu Rukui y visitaron a Wang Yinlin, el ayudante de magistrado, que estaba a cargo de Nanxiong en ausencia del *zhixien*. Cuando el magistrado Wang les hizo una visita a su vez al día siguiente, mostrándole a Ricci mucha cortesía, fue una señal para todos los nobles de Nanxiong de darse prisa y conocer al distinguido invitado. La calle en frente de la casa de Qu Rukui estaba repleta de sillas de mano y carruajes. Podemos encontrarnos aquí con el efecto Mateo en plena acción ("más fortuna se dará a los afortunados"): en China, una vez que se ha establecido una relación con una persona destacada, vendrán otras conexiones con personas que sostienen el poder; una vez que se abren las puertas a la majestuosa mansión, todas las de los espacios interiores, jardines, corredores y estancias se abrirán. Este esquema, tan dulce para el misionero, se repetiría en los años venideros cuando Ricci ascendía por el camino del éxito social en la sociedad Ming, de la zona rural hasta las capitales de provincia o imperiales.

Igual de reconfortante le resultaba a Ricci la visita al mercader Guo, donde mucha gente, "de menor dignidad, pero de mayor virtud", para usar la concisa cita de Ricci, venía a escucharle predicar sobre la salvación. Ricci pasaba días hablando, algunas veces hasta la medianoche, y pocas veces tenía el tiempo de comer o de orar. A finales de una intensa semana de catequesis, Ricci bautizó a seis catecúmenos, que mostraban buen entendimiento de las doctrinas cristianas, incluyendo a un hermano y algunos familiares del mercader Guo. También bautizó cuatro hijos jóvenes de los neófitos. Hubiesen bautizado a más, informó Ricci a Claudio Acquaviva en una carta escrita el 15 de noviembre, si los chinos no creyeran, erróneamente, que bautizarse implicaba dejar el hogar y la familia y convertirse en un eremita religioso, al igual que un clérigo budista. De todas formas, esto representaba la cúspide del triunfo cristiano, ya que los jesuitas habían conseguido solo entre seis y siete conversos en Shaozhou desde su llegada, y un par de ellos venían de lejos, lo que incluía a un primo del hermano jesuita chino Sebastian Fernandes

(Zhong Mingren). Para Navidades de 1592, la misión contaba con veintidós conversos, de los cuales diez se bautizaron en Nanxiong.

Ricci se dio cuenta de que la mayoría de gente del círculo del mercader Guo provenía de otras provincias. Concluyó que "es cierto lo que cuentan de que en otras provincias de China hay muchas más personas que creen en la inmortalidad del alma e intentan asegurarse de su salvación". Al general fue al que Ricci le expresó su esperanza de que una vez que salieran de Guangdong a otras provincias, realizarían más conversiones.[11]

Sin querer dejar al inexperto Francesco de Petris solo por demasiado tiempo, Ricci volvió a Shaozhou. Bajo el tutelaje de Ricci, de Petris avanzó rápidamente con el chino. Para mediados de noviembre, tal y como informó al general Acquaviva, de Petris podía hablar y leer lo suficiente en chino como para recibir visitantes él mismo. Como observador perspicaz que era, de Petris analizó en detalle el mayor impedimento de la conversión en China: lo habitual de la poligamia. Era imposible convencer a la élite para que se convirtieran, ya que la práctica totalidad de los hombres de élite tenían concubinas. De Petris pidió al general permiso para bautizar a aquellos que hacían ayuno vegetariano y que no residían con sus mujeres o concubinas. Esta contradicción entre la moralidad cristiana y la práctica social china se daría como una constante en la historia de la misión cristiana.

Una medianoche en julio, los habitantes de la residencia jesuita se despertaron por un estruendo. En un intento de asustar a los ladrones, los padres y sus sirvientes se dirigieron hacia unas sombras en el jardín y se asombraron de encontrar unos veinte intrusos armados con hachas, antorchas y otras armas. En la refriega, dos sirvientes recibieron heridas graves. Los intrusos también hicieron un corte con un hacha a de Petris en la cabeza. Sin una sola arma y sobrepasados en número, Ricci ordenó a sus hombres retirarse detrás del pasillo e intentar bloquear la puerta que daba a los cuartos interiores. Con las manos dañadas, Ricci y sus hombres no pudieron aguantar la puerta. Huyeron a sus habitaciones y obstruyeron las puertas. Un joven estudiante subió y comenzó a lanzar mesas a los intrusos de abajo. Saliendo por la ventana para intentar conseguir ayuda, Ricci se cayó y se lesionó el pie. Sin poder moverse, gritó con fuerza para alertar a los vecinos. Nadie vino. Asustados por la conmoción y la violencia que habían causado, los intrusos huyeron rápidamente en dirección al monasterio de Guangxiao.

A la mañana siguiente, los jesuitas dieron parte del ataque armado. El magistrado sospechó del vecindario, ya que nadie acudió en ayuda de los jesuitas. Arrestó a algunos hombres, sometió a uno a tortura judicial y obtuvo una confesión: los intrusos, jóvenes malos del barrio, habían perdido dinero en el juego y pensaron en entrar a robar a la residencia jesuita; varios de ellos eran culpables del incidente de las piedras el año anterior.

El magistrado arrestó a otra docena de jóvenes. A pesar de las súplicas de los familiares y de Ricci, sentenció al líder a muerte, y a varias penas de cárcel y palizas para los miembros del grupo y el *lijia*. En mitad de las muchas sesiones judiciales, a las que Ricci tuvo que asistir, se encontraba guardando cama por su pie lesionado. Mientras tanto, el magistrado Wang de Nanxiong envió hierbas medicinales; y un oficial militar apostó tropas para salvaguardar la residencia. Convencido de que no habría otro ataque, ahora con sus enemigos lo suficientemente intimidados, Ricci se preocupó por la dura sentencia; una ejecución llevaría a la venganza.

La presión era descomunal. Se veía en un aluvión de cartas que Ricci escribió a mitad de noviembre, en medio de los juicios. Tras recibir una carta de Fabio de Fabii, su maestro durante el noviciado, con el que no había tenido contacto, Ricci expuso su emoción de que de Fabii, "ocupado por tantas cuestiones importantes en la capital del mundo [podía] aún recordar vívidamente a este pobre, que está haciendo nada y menos aquí, en medio de ninguna parte". La carta de Roma fue de gran consuelo para Ricci, que "se encontraba en este desierto tan lejos de sus padres espirituales". Cuando resumió sus aventuras tras su marcha de Roma, Ricci declaró que narrar "todo lo que hemos sufrido debido a esta gente [los chinos] en los seis o siete años que hemos estado aquí sería mucho más largo que el límite de una carta". Tras ello, Ricci narró la acusación sobre raptar niños en su contra, la aún peor contra Ruggieri, sin mencionar los cargos específicos por discreción, las múltiples sospechas de espionaje, la denuncia por los ancianos de Guangzhou, el ataque a su casa y los insultos diarios en las calles de Zhaoqing. Luego vino la adversidad definitiva, la expulsión de Zhaoqing. Y, aunque la gente de Shaozhou parecía más benevolente, Ricci había perdido a su compañero durante tres años, Almeida; y ambos, él y su nuevo compañero de Petris, habían sido heridos en un ataque reciente. Cuánto deseaba Ricci que "si agradaba a su majestad divina, todo esto acabaría con una muerte afortunada, al igual que la de Rodolfo Acquaviva...".[12] Pero al igual que muchos misioneros, el destino de Ricci era sufrir "martirio blanco" de exilio y trabajo duro, no el glorioso derramamiento de sangre.

Ciertamente, la muerte rondaba los pensamientos de Ricci. El exilio y la mortalidad le fueron recordados en una carta de Geronimo Costa, su amigo de la infancia de Macerata, también jesuita, donde le informaba de asuntos en el hogar, incluyendo la reciente muerte de su abuela Laria. Recibió las nuevas un tiempo después del ataque, aún en cama por el pie torcido de mala manera y sin haber dicho misa en muchos días.

Ahora, "recuerdo con mucha ternura el amor que me profesaba cuando era un niño pequeño, y los tiempos en los que me crio como una segunda madre", escribió Ricci en una carta a su padre Giovanni Battista, se obligó a salir de la cama para dar tres misas por su alma. En esta carta, Ricci pedía perdón por no escribir cada año. Escribió una carta muy larga tras marchar de casa, pero no había recibido ninguna misiva desde su casa en todos los años que llevaba en China. Y a pesar de que su amigo Costa lo mantenía al corriente de las noticias en su hogar, ni una sola carta le había llegado de su padre Giovanni Battista o de su hermano Antonio Maria.

Los mensajes de su casa podrían haberlo acompañado en su misión, en su intento de "dirigir de nuevo hacia el creador a esta gente que se han desviado tanto del camino". Los chinos son "un pueblo con mucha capacidad pero poco interés por su salvación". En lo que a él respecta, Ricci pedía que su padre y sus hermanos orasen por él. Y para ellos, Ricci "reza a Dios para que, con muchos años y buenas acciones, partan y disfruten de la felicidad eterna", agregando que "a pesar de que en vida vivamos tan lejos unos de otros, ojalá seamos merecedores de estar juntos en el tabernáculo eterno tras la muerte, ya que al final esta miserable vida es tan corta que poco importa si estamos juntos o separados". Ricci le comentó a su padre que quería que su madre frecuentara la iglesia jesuita, y terminó la carta recordándole a su padre que debía preparar la vida para la eternidad: "Si hay una cosa por la que deseo verle, sería para hablar sobre este asunto." Ricci firmó la carta "Tu hijo que más te ama en el Señor".[13]

Los magistrados de Shaozhou enviaron a Ricci a Zhaoqing a principios de diciembre, donde el *anchasi*, el comisario de seguridad provincial, tuvo que confirmar la sentencia. Ricci utilizó la oportunidad para exhortar a su rebaño cristiano y bautizar a cinco niños que habían nacido entre los conversos tras su marcha. Mientras se encontraba en Zhaoqing, Ricci recibió una carta de Valignano, quien había llegado a Macao desde Nagasaki, citándole para una conferencia sobre el estado de la misión.

Durante su mes de estancia en Macao, Ricci informó a Valignano con detalle de la misión china y se recuperó de sus heridas. Ricci también se mostraba entusiasmado por ver a Oliviero Toscanelli, su compañero de Macerata, un hermano jesuita, compañero de viaje y ayudante de Valignano. Los médicos portugueses, sin embargo, poco podían hacer por su pie. Valignano, quien siempre tuvo una muy buena impresión de Ricci, lo consideraba alguien "de gran talento, juicio y prudencia, de grandes distinciones literarias, virtuoso y muy trabajador, quien ahora ya sirve a nuestro Señor, y con el tiempo, espero, aún mucho más". A pesar de que Ricci no tuviera ninguna experiencia administrativa, Valignano lo creía capaz de dirigir una escuela o una residencia.[14]

En febrero de 1593, Ricci regresó a Shaozhou. Los culpables aún languidecían en prisión y sus familias seguían afligidas. Su única esperanza era el indulto. La ley Ming estipulaba que todas las sentencias de muerte en el país tenían que confirmarse a través del Ministerio de Justicia de Pekín. Otoño era la estación de las ejecuciones. Los familiares de los condenados aguardaban angustiados la llegada del censor imperial, el *chayuan*, quien tenía la última palabra. El 3 de octubre, más de cincuenta de ellos juraron pelear las sentencias. Escribieron una petición, dirigida al *chayuan*, para quejarse de que la presencia de extranjeros en Macao era la causa directa de los disturbios locales y que su expulsión restauraría la paz. Después de que varios mandarines se negaran a aceptar la petición, encontraron un magistrado que traspasara su reclamación al *chayuan*: al ayudante prefecto Guan Gu no le gustaban los jesuitas y aparentemente era un rival político de algunos mandarines que eran amistosos con Ricci.

Cuando Ricci se enteró de la queja, envió un mensaje a sus enemigos: solo agravarían la situación ya que el ataque era incuestionable; el propio Ricci había estado suplicando clemencia a favor de los condenados. Tras esto, los demandantes retiraron la petición. Ricci fue fiel a su palabra de caridad cristiana. Gracias a su intervención, el *chayuan* cambió el castigo capital y las sentencias de prisión a veinte bastonazos para cada uno de los condenados. A los enemigos de los jesuitas, sin embargo, no les impresionó cuando Ricci puso la otra mejilla. El día después de la liberación de los prisioneros, más de 200 fueron a ver al *chayuan*. Acompañados por el ayudante prefecto Guan, exigieron presentar una petición para expulsar a los jesuitas. Ya preparándose para partir de Shaozhou, el *chayuan* se negó a recibir a la multitud. Una cuestión tan importante no se podía dejar para el momento de partida, recriminó el *chayuan* a los solicitantes, sino que debe enviarse al inicio de la inspección. Marchó de Shaozhou el 28 de octubre. La implacable hostilidad de sus vecinos, "su ingratitud", para usar las palabras de Ricci, era una de las sorpresas más desagradables de su vida.

Anno horribilis. El 5 de noviembre, Francesco de Petris murió. Ocurrió de improviso. De salud férrea, de Petris tenía solo 31 años. Contrajo unas fiebres. Para los demás, parecía una enfermedad habitual. Pero de Petris preveía la muerte. Después de que Ricci escuchara su confesión, de Petris se levantó de la cama, colocó sus brazos en torno al cuello de Ricci y con palabras ahogadas en lágrimas, pidió a Ricci que permaneciera con él un poco más. Sorprendido por esto, Ricci se quedó momentáneamente sin palabras. Tras ello consoló a su joven compañeros, le dijo que la enfermedad no era terminal, que no debía sentir temor.

Pero de Petris respondió: "Sé lo que es: no hay manera de evitarlo". Esta escena lúgubre no mejoraba con la presencia del ataúd de Almeida en la residencia; por dos años, Ricci había esperado una solución desde Macao en lo que al funeral de Almeida respectaba. De Petris pidió perdón a Ricci porque su muerte causaría aún más problemas, Ricci tendría dos cadáveres con los que lidiar. Unos días después de esta conversación, de Petris falleció.

La melancolía de Ricci estaba compuesta por la doble pérdida en dos años. Parecía tenerle cariño a su joven compatriota. Francesco de Petris nació en el pueblo de Farfa fuera de Roma y se inscribió como un joven estudiante al colegio Romano. Su vida se asemejaba a la de Ricci de muchas maneras. De Petris se unió a la Compañía en 1583 como un joven estudiante de 21. En 1585, él y otro jesuita italiano acompañaron a los cuatro cristianos japoneses en su viaje de vuelta a su país de origen. Tras una larga estancia en India, el grupo llegó a Macao el 28 de julio de 1588. Con la idea de unirse a la misión jesuita de Japón, de Petris ya había aprendido algo de japonés en su largo viaje. Pero en Macao, Valignano lo eligió para la misión de China. Permaneció para aprender chino mientras que los japoneses partían a Nagasaki. Finalmente, con la muerte de Almeida en 1591, fue elegido para ser el compañero de Ricci en Shaozhou. De manera similar a Almeida, de Petris aprendió chino de Ricci, desde los primeros caracteres y frases hasta el estudio de los cuatro libros canónicos de Confucio (*Gran Saber, Doctrina de la medianía, Analectas de Confucio* y *Mencio*) y uno de los Cinco Clásicos. Todo ese esfuerzo en vano. Al contrario que Almeida, cuya constitución se vio debilitada por un ascetismo excesivo, de Petris era robusto. Ricci creía que tenía mucho talento, y alababa su prudencia, piedad y modestia: "querido por todos en casa". Estos años en Shaozhou fueron los más duros de su vida.

Una vez más, la muerte de un compañero le hizo recordar su hogar. Ricci escribió a su padre el 10 de diciembre: "hace ya unos años que no recibo cartas o noticias de casa. Bien no habéis escrito, o las cartas se han perdido por el camino; pero yo no me he olvidado de recordaros en mis humildes sacrificios. Si no es mucha molestia, me alegraría saber cómo estáis y si todos siguen vivos". Al narrar a su padre la muerte de Petris, su segundo compañero en cuatro años, Ricci escribió que "si alguien me viera con los ojos del mundo, estoy sin duda abandonado; pero, sabiendo que el Señor es nuestra ayuda, me parece que nunca he sido más feliz en mi vida." Un consuelo para la melancolía de Ricci era su dominio del chino, lo que le permitía socializar ampliamente. El mayor pesar de Ricci era no haber podido marchar de Guangdong para construir una nueva residencia, lo que había sido su esperanza al preparar a Almeida y a de Petris para el trabajo misionero en solitario.

Un final, un comienzo. Los superiores jesuitas de Macao finalmente lo habían organizado todo para transportar los ataúdes de Almeida y de Petris para el entierro en tierra cristiana. Prometieron enviar un nuevo compañero a Ricci. A pesar de que la misión de China estaba sembrada con "semillas de lágrimas", con informes con más tribulaciones que edificación, tal y como se lee en las cartas de Ricci, las simientes para una cosecha abundante se plantaron en estos complicados años. La necesidad de enseñar a Almeida y a de Petris a hablar, leer y escribir en chino, hizo que Ricci, una vez más, se dedicara intensamente a los clásicos de Confucio. Durante su estancia en Macao en el invierno de 1592-1593, Valignano estuvo de acuerdo con Ricci en establecer una segunda residencia jesuita y en llevar a dos jesuitas portugueses, João Soerio y João da Rocha, a quienes Valignano había encargado aprender chino en Macao. Ricci se enfrentaba a otra importante tarea: preparar un nuevo catecismo chino para reemplazar el *Tianzhu shilu* de Ruggieri, "que no tuvo tanto éxito como se esperaba". A pesar de que de Petris esperaba en noviembre de 1592 que Ruggieri volviera pronto con una delegación papal a China, estaba claro que la misión jesuita necesitaba un nuevo enfoque. Los siete años en Zhaoqing no habían producido más de ochenta conversos; y menos de treinta bautizos en los cinco años en Shaozhou. Poco a poco, Ricci desarrolló una nueva visión, un programa y un nuevo catecismo, que tenía como objetivo la conversión de los literatos y las élites del mandarinato. A lo largo de 1593 trabajó duro en sus clásicos confucianos; en palabras de Ricci, "contraté a un maestro y en mi vejez me he convertido en estudiante de colegio". En respuesta a la orden de Valignano, Ricci se dedicó a traducir los *Cuatro Libros* de Confucio al latín y, para diciembre, había acabado tres de las cuatro obras.[15]

La nueva visión suponía nada menos que la completa renuncia del budismo. Hay que recordar que en todos estos años los jesuitas habían vivido en China vestidos como monjes budistas: con cabezas y barbas rasuradas, túnicas budistas, presentándose como "monjes de India" (*Tianchu guo seng*). Desarrollada por Ruggieri, quien parecía muy cómodo con este papel, la identificación con el budismo, en gran parte impuesta por las expectativas chinas, nunca había terminado de convencer a Ricci. "Es imposible convencer a los chinos de que somos nada más que *heshang* [monjes budistas], ya que no contraemos matrimonio, rezamos en una capilla, hacemos todo lo que sus *heshang* hacen", se quejaba un frustrado Ricci.[16] El primer signo claro de esto fue la visita de Ricci al monasterio de Nanhua en el verano de 1589: se negó a permanecer allí, incluido hacer noche, y no mostró interés o respeto alguno por ninguna reliquia o ritual budista. Al establecerse en Shaozhou, Ricci no solo no hizo ningún esfuerzo de nuevo para adaptarse a los monjes budistas en el monasterio de Guangxiao, parecía que se había enemistado con ellos, ya que se encontraban entre los enemigos de los jesuitas envueltos directamente en el ataque nocturno de julio de 1593. Este nuevo enfoque, rechazar el budismo y apropiarse del confucianismo para la evangelización cristiana, fue creciendo con el tiempo y con las experiencias de Ricci. Pero podemos reconocer un momento clave: la visita de Ricci a Nanxiong en febrero de 1592. Cuando describió a Acquaviva su visita al Magistrado Wang, las muchas atenciones, la pompa y solemnidad, el banquete y los honores, Ricci narró cómo había viajado no a pie sino en una silla de mano, portada a hombros, "igual que la gente de bien, de cuya autoridad dependemos en este lugar, ya que sin ella nuestro trabajo no daría frutos entre los gentiles; y los nombres de los extranjeros y los clérigos son tan odiados en China que tenemos que recurrir a esto y a otros inventos similares para mostrar que no somos clérigos tan miserables como los suyos." Además, usando un poco de sofisticación, Ricci justificó estos honores ya que las calles estaban tan concurridas que, si no viajara en sillas de mano, simplemente no podría atravesar a la muchedumbre boquiabierta.[17] Hay que recordar también que en Nanxiong Ricci estaba hospedándose con Qu Rukui. Fue su amigo, descendiente de un gran mandarín y una familia intelectual, quien aconsejó a Ricci distanciarse de su papel de budista, debido a la posición social inferior del clero budista. Con el tiempo, en Shaozhou, nadie se refería a Ricci como *xi seng* o monje budista occidental, sino como *daoren*, hombre del Camino, o *yiren*, hombre extraordinario, dicho de otra forma, un maestro indefinido de doctrinas esotéricas, un hombre cultivado y místico, un término que los chinos usaban para aquellos con poderes especiales que no se podían clasificar como monjes budistas, sacerdotes taoístas o académicos confucianos. Con sus conocimientos en matemáticas y astronomía, su biblioteca de libros occidentales e instrumentos científicos, Ricci, el maestro del Camino, era merecedor de la atención de los intelectuales confucianos. Con el tiempo, su nuevo papel como *daoren* y *yiren* le abrió puertas a lugares más importantes, pues a las élites chinas les fascinaban los poderes mágicos y extraordinarios de estos *yiren*, tal y como las entradas en los nomenclátores locales darían fe para la profunda curiosidad de la sociedad de la tardía era Ming.

El *daoren* del Oeste recibió a su nuevo compañero en algún momento entre finales de la primavera y principios del verano. Al igual que Ricci el toscano Lazzaro Cattaneo ingresó al noviciado de San Andrea en Roma; junto con Ricci, "después de un tiempo recrearon su tiempo en Roma" en Shaozhou. Un consuelo para Ricci, que había perdido cuatro compañeros en sus doce años en China, dos a manos de la muerte, el tercero, Ruggieri, regresó a Roma y Duarte de Sande, destinado a Macao. Con Cattaneo, Ricci podía compartir recuerdos de Roma, los años formativos de su vida, como le contó en a Fabio de Fabii en una carta el 15 de noviembre de 1594:[18]

> Y, por ende, las cosas de los primeros años en la Compañía son aquellas que se han quedado específicamente en mi memoria y que más profundamente arraigadas se encuentran en mi corazón y permíteme confesarte mi verdad: con todas las cosas que me han ocurrido entre esta gente en tantos años, si no hubiera contado con los recuerdos de las cosas que Dios me mostró, cuando me separó de mi familia y me enseñó la montaña de la vida religiosa, me habría encontrado en un peligro mucho mayor que aquellos en los que estuve.

Cattaneo conocía al difunto de Petris, ya que ambos habían viajado desde Roma a la India con el séquito de los samuráis japoneses cristianos. Mientras que de Petris continuó a Macao, Cattaneo se quedó en India, ejerciendo como superior de la misión jesuita en la Costa Coromandel al sur de India antes de que lo destinasen a Macao y a China en 1593. Dotado de formación musical y con buen oído, Cattaneo, tras el periodo inicial de dificultad, enseguida adquirió una buena pronunciación en chino mandarín y diseñó un sistema occidental para anotar las diferencias tonales del idioma. Ricci progresó en el chino clásico. Para octubre de 1594, Ricci se sentía seguro con la redacción en chino clásico. Había avanzado con el canon confuciano más allá de donde había llegado Ruggieri. Contratar a un maestro confuciano era una decisión excelente. Antes de reanudar el intenso trabajo en 1593, Ricci no había tenido un maestro chino durante siete u ocho años. Con su nuevo tutor, Ricci escuchaba dos clases diarias y practicaba redacción. Comenzó a escribir "una nueva obra sobre nuestra fe, repleta de razones naturales, que se distribuirá por toda China una vez que se imprima".[19] Lo bien que funcionó quedaba seguramente fuera de los deseos más inconfesables de Ricci, una historia para otro momento. Su progreso intelectual compensaba quizá la escasa conversión de almas: solo cinco o seis bautizos en 1594, aunque uno de ellos fue el de su profesor chino. Resignado a que las semillas que había plantado fueran a ser cosechadas por otros, Ricci, no obstante, le confió a su amigo Girolamo Costa, "la imperfección humana daría más consuelo si viésemos el fruto de nuestra labor".[20] Al menos, "el Enemigo de la Humanidad", el Diablo, ha sido incapaz de erradicar la pequeña llama de cristiandad en Shaozhou. Ricci halló consuelo en la muerte de su oponente, el Magistrado Guan Gu; con el prefecto Xie Taiqing fuera en Pekín para su informe trienal, el magistrado Guan, amigo de Ricci, se quedó como mandarín jefe en Shaozhou.

Una vez que Ricci se libró de las expectativas chinas del monacato budista, pudo pensar en adoptar el papel de un académico confuciano occidental, *xiru*, o un intelectual de occidente, *xishi*. En noviembre de 1594, Ricci visitó a Valignano en Macao para pedir permiso formal para el cambio de la identidad jesuita en la misión de China, una decisión que obviamente había tomado hacía un tiempo. Con la bendición del visitador, Ricci y Cattaneo cambiaron sus túnicas budistas por las de seda largas y los sombreros de cuatro puntas de los académicos confucianos. También se dejaron crecer el pelo, porque "rasurarse la barba y la cabeza en China era un signo de la secta de los idólatras [budistas], y nadie que se afeite no adora a los ídolos", justificó Ricci.[21] Para el verano de 1595, a los dos italianos les había crecido el cabello y la barba les llegaba a la cintura.[22] Vestidos con sus túnicas de seda y los sombreros de cuatro puntas en sus visitas a los mandarinos, Ricci y Cattaneo empezaron a realizar la ceremonia del *xiucai*, estudiantes confucianos, y estaban felices de que los recibieran como tales. En medio de estos cambios llegó una señal prometedora. A mitad de 1594, Wang Zhongming, ministro de ritos en Nanjing, paró en Shaozhou de camino a su ciudad natal, Dingan en la isla Hainan. Al tanto de la reputación de Ricci, Wang hizo una visita al jesuita. Impresionado por Ricci, sobre todo por su conocimiento de las matemáticas, Wang le prometió que le patrocinaría su viaje de regreso a Nanjing. El observatorio imperial estaba ubicado en las colinas de Nanjing; y el ministro de ritos tenía jurisdicción sobre la Rectorado de Astronomía: Ricci era perfecto para la tarea de enmendar el calendario.

Pero para cuando Wang volvió de Hainan, Ricci ya no estaba en Shaozhou. Otro poderoso mandarín había acogido al jesuita bajo su protección. Los caminos de Wang y Ricci se volverían a cruzar, cuando el ministro de ritos patrocinara el siguiente ascenso de Ricci al éxito. Mientras tanto, Ricci encontró otro mecenas poderoso, alguien a quien Ruggieri seguramente conoció en 1586 durante su estancia en Shaoxing (ver capítulo 5). En abril de 1595, Sun Kuang y su familia pasaron por Shaozhou.[23] Ascendido al rango de viceministro de guerra, Sun fue citado urgentemente en Pekín para lidiar con la complicada debacle diplomática que la invasión de Japón a Corea en 1592 había dejado tras ella. Sun Kung tenía un hijo de veintidós años, que hacía poco había suspendido su examen para el grado de *xiucai*. El padre estaba preocupado por su único hijo, que había caído en depresión; ningún remedio médico parecía hacer efecto.

Figura 8. Una vista del callejón Zhuji, parte de la carretera de Nanxiong a Meiling que Ruggieri y Ricci recorrieron. Foto del autor

La hazaña de Ruggieri con el estudiante melancólico y "poseído" en 1586 no se habían olvidado al parecer. Una vez en Shaozhou, Sun envió un oficial portando regalos y una invitación a la residencia jesuita. Ricci y Cattaneo se apresuraron a embarcación de Sun. Allí, tras la amable conversación sobre el Oeste, el padre abordó el tema de su hijo. Ricci respondió que era incapaz de curar el sufrimiento espiritual del joven Sun en un día o dos, pero si el ministro le permitiese viajar con su hijo a la provincia de Jiangxi, podría dispensarle más cuidados espirituales durante el viaje. Sun Kuang no tuvo reparos en acceder y encargó al magistrado de Shaozhou que expidiera permisos de viaje para Ricci. Como la salida era inminente, Ricci solo tuvo un día y medio para prepararse. Se llevó consigo a João Barradas y a Domingo Fernandes, dos jóvenes chinos católicos de Macao en periodo de prueba antes de su admisión en la Compañía, y dos sirvientes chinos de confianza. Los dos hermanos jesuitas chinos, Wang Mingsha y Zhong Mingren, permanecieron en Shaozhou, Wang

Figura 9. Paso Meiling, puerta en la cima. Foto del autor

tenía que guardar cama por enfermedad y el otro era indispensable para ayudar a Cattaneo, aún sin mucho nivel de chino. El 18 de abril de 1595, el grupo partió hacia Nanxiong. Allí, desembarcaron y viajaron por tierra a través de Meiling, la cuenca entre el Río del Norte y el Río Gan, y una cordillera que separaba Guangdong y Jiangxi. El grupo ascendió en sillas de mano, a lomos de mula y a pie, un viaje que ya hiciera diez años antes el antiguo compañero de Ricci, Michele Ruggieri. A mitad de camino de la cima, en una vía bordeada por árboles y atendida por posadas, se encontraban una serie de escalones pavimentados con piedras. Construido en el 716 durante la dinastía Tang, el Camino de Meiling permitía a los viajeros, soldados y los mercaderes una subida cómoda, a paso lento en ambas direcciones con sus mulas y sus carretillas de una rueda, repletos de mercancías y equipaje (véanse figuras 8 y 9). Ricci admiró la belleza del camino, dejando volar sus recuerdos a 1577, cuando él y sus compañeros caminaban con dificultad por la vía Flaminia, que tan mal pavimentada y mantenida les parecía, comparada con esta carretera que lo dirigía a su futuro.

LÁMINAS

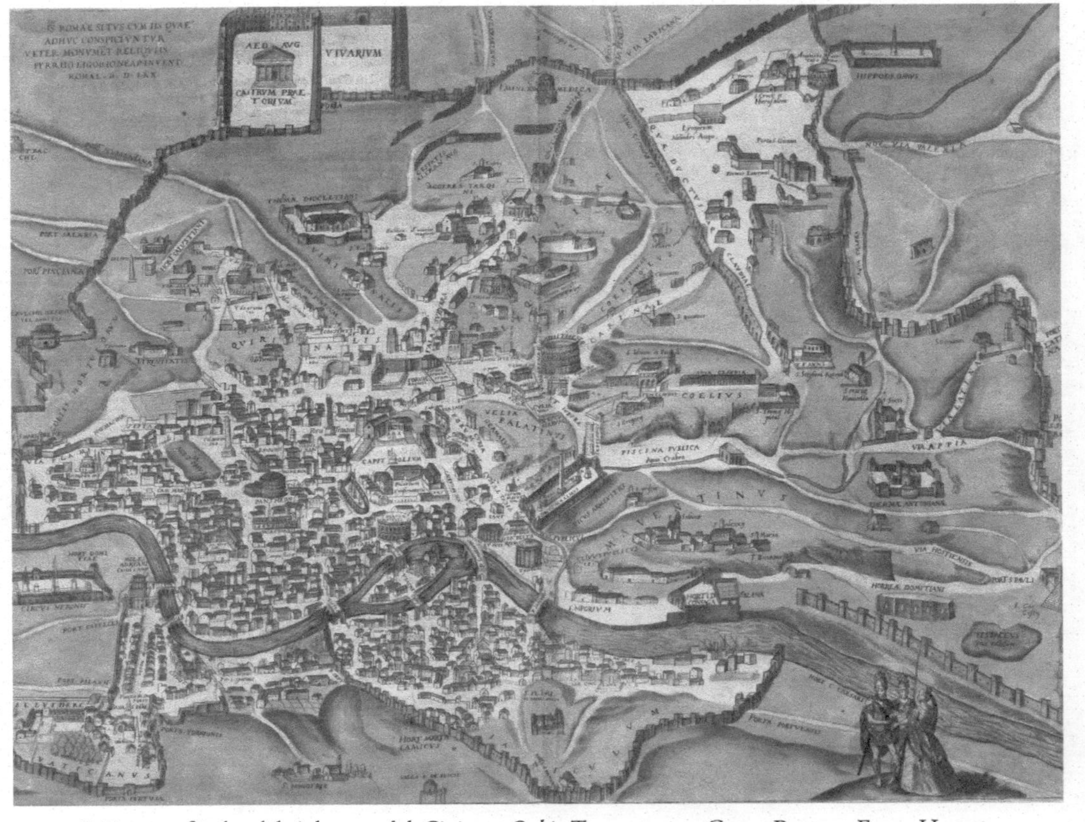

I. Roma a finales del siglo XVI, del *Civitates Orbis Terrarum* por Georg Braun y Franz Hogenberg (1575), facilitado por la Universidad Hebrea de Jerusalén y la Biblioteca Nacional de Israel

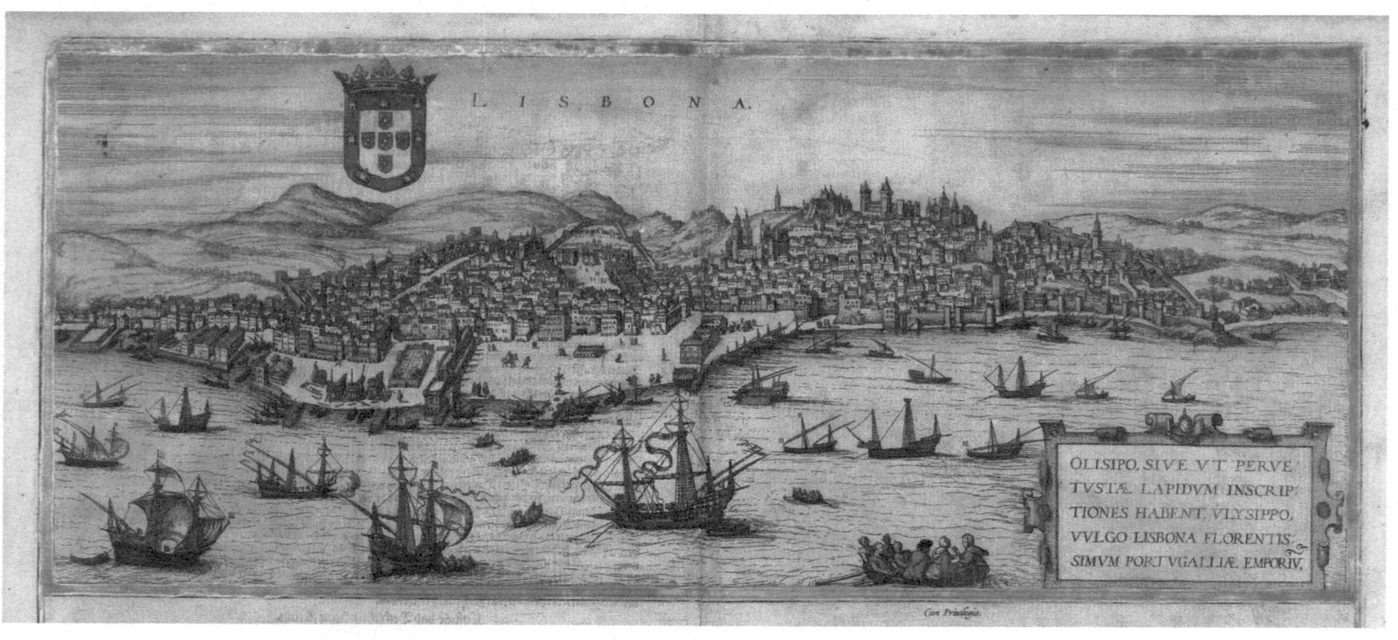

II. Lisboa a finales del siglo XVI, del *Civitates Orbis Terrarum* por Georg Braun y Franz Hogenberg (1575), facilitado por la Universidad Hebrea de Jerusalén y la Biblioteca Nacional de Israel

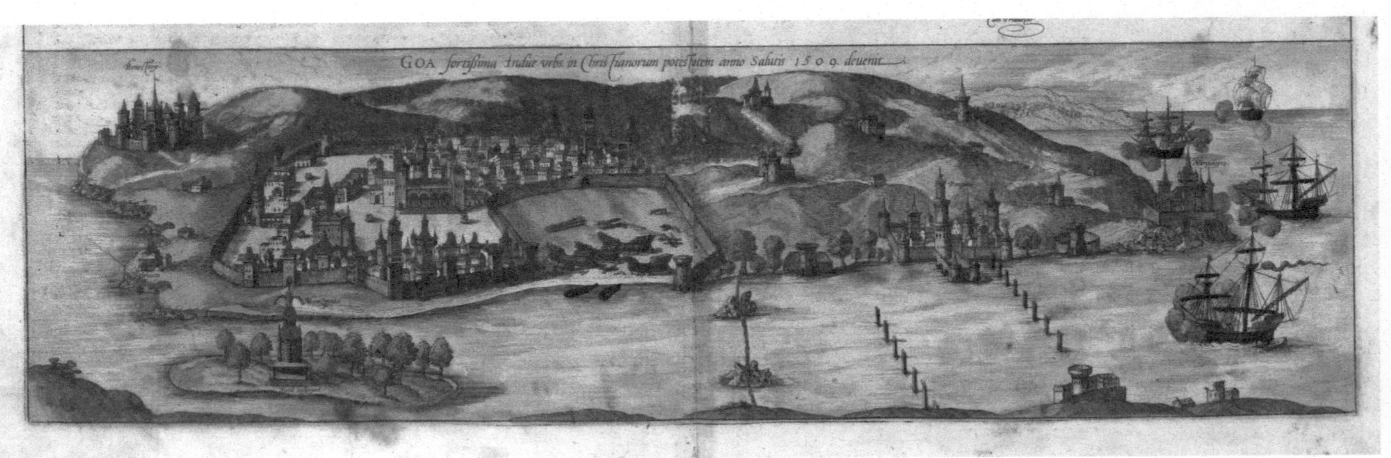

III. Goa a finales del siglo XVI, del *Civitates Orbis Terrarum* por Georg Braun y Franz Hogenberg (1575), facilitado por la Universidad Hebrea de Jerusalén y la Biblioteca Nacional de Israel

IV. Retrato de los mandarines Ming, una escena de la vida del mandarín Ming Xu Xiangqing. Palacio Museo, Pekín

V. Monasterio de Nanhua, entrada principal. Foto del autor

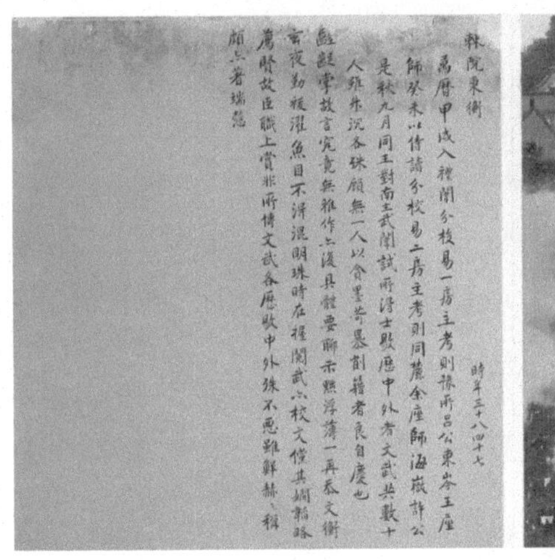

VI. Candidatos en el Salón del Examen Civil Imperial, una escena de la vida del mandarín Ming Xu Xianqing. Palacio Museo, Pekín

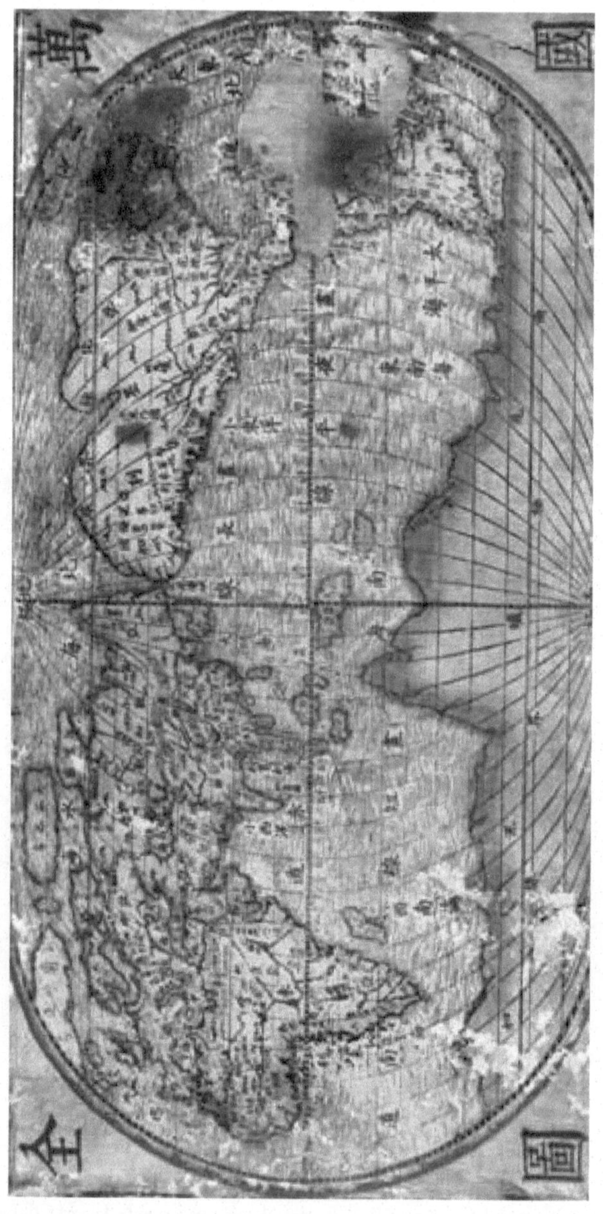

VII. Mapamundi de Ricci, edición de 1600

VIII. Retrato del emperador Wanli

IX. Una pintura Ming de la Ciudad Prohibida en Pekín

X. Nicholas Trigault, retrato de Pedro Pablo Rubens, Museo Metropolitano de Arte, Nueva York

7

NANCHANG

Los tres años que Ricci pasó en la capital provincial de Jiangxi fueron decisivos para su carrera. Para empezar, ocuparon el centro de su estancia en China: en abril de 1595, cuando Ricci partió de Shaozhou apresuradamente, dio la espalda a sus doce años de aprendizaje, de amargura y de frustración en Guangdong; cuando finalmente marchó de Nanchang para siempre en el verano de 1598, esperaba al menos doce años de éxitos. Sus cartas cuentan la historia completa. De las 54 cartas existentes escritas por Ricci, 11 se enviaron desde Nanchang. En tres cortos años, Ricci escribió con prisa 11 cartas a sus superiores, amigos y familia, incluida la carta más larga que había escrito nunca. Comparemos esta actividad epistolar con las dieciséis cartas de sus doce años en Guangdong y las dieciocho de sus nueva años en Pekín y obtendremos la ilusión de un nuevo comienzo. De hecho, en Nanchang Ricci accedió más a los pasillos interiores y estancias de la sociedad Ming. En Jiangxi, Ricci experimentó el centro del renacimiento intelectual del tardío Ming, conoció a dirigentes escolares confucianos, asistió a lecciones en academias privadas y ganó reputación académica con sus primeras publicaciones en chino. En Nanchang, Ricci se internó aún más en los círculos de poder internos, estableció relaciones con príncipes Ming y altos mandarines, y observó en persona los exámenes del servicio civil imperial, el mecanismo de formación de la élite en la China tradicional. Finalmente, su éxito en Nanchang catapultó a Ricci a nuevos baremos de fama en las dos capitales Ming.

Aún al final de su vida, Ricci tenía los más vívidos recuerdos de Jiangxi. ¿Cómo podría no tenerlos? Allí, se acercó a la muerte.

Los viajeros estaban subiendo el Meiling. En la cima, donde se encontraba un monasterio budista, Ricci vio ondulantes planicies y colinas extendiéndose hasta el horizonte y a sus pies, Nan'gan, la primera ciudad de Jiangxi donde embarcaron en nuevas gabarras. Conocedor de las costumbres chinas, Ricci instruyó al secretario y mayordomo (*guanjia*) de Sun Kuang y le prometió un regalo valioso al mandarín. Mediante esta intercesión, Sun Kuang invitó a Ricci a una comida en su barcaza y satisifizo su curiosidad sobre las costumbres, religión y enseñanzas del Oeste. En lo que respectaba al deseo de Ricci, el ministro no recomendaba al jesuita ir a Pekín o Nanjing; los extranjeros no podían establecerse sin permiso imperial. Sun Kuang sugirió su provincia natal Zhejiang, pero Ricci temía que las provincias costeras chinas fueran especialmente hostiles con los forasteros. Ni siquiera la sugerencia de Nanchang lo impresionó. En su camino a Jiangxi, tantos mandarines locales recibieron al ministro de viaje que Ricci apenas tuvo tiempo de ofrecer apoyo espiritual al hijo atormentado. El misionero disfrutó de la visión de los soldados, en fila por millares en las orillas del río, descargaban sus arcabuces en honor del viceministro de guerra, una ceremonia organizada por el gran coordinador, *xunfu*. Después de Ganzhou, las barcazas entraban en un tramo peligroso: los Dieciocho Rápidos, con sus veloces corrientes, bancos rocosos, giros y requiebros. Para desconcierto de Ricci, Sun Kuang, el gran mandarín, como todos los viajeros, hizo ofrendas a un templo budista para pedir un paso seguro. En el segundo rápido, Tianchu tan, una barcaza que transportaba a la mujer de Sun y a sus concubinas, se estrelló contra una roca. No se hundió, pero el equipaje se echó a perder por el agua entrando en el casco. Ricci y sus hombres recogieron a las asustadas mujeres y niños en su gabarra. Mientras esperaban un reemplazo de Ganzhou, Ricci y uno de los chicos de Macao, João Barradas, cedieron sus puestos a bordo y se embarcaron en otra. De repente, se levantó un fuerte viento. Antes de que los marineros pudieran modificar las velas, la barcaza se inclinó de lado. Ricci y otros cayeron al agua. Incapaz de nadar, Ricci ya estaba encomendando su alma a Dios cuando su mano agarró una soga atada a la embarcación. Con la cabeza fuera del agua, Ricci y todos los demás hicieron lo posible por encaramarse al barco medio sumergido. Pero faltaba João Barradas. Los marineros lo buscaron, pero no pudieron encontrarlo, vivo ni muerto. Encariñado con el chico, que se confesaba semanalmente y habría sido un perfecto candidato para el sacerdocio, Ricci se sentía profundamente abatido e incluso dudó de lo conveniente de continuar el viaje. Tan solo el pensamiento de que el joven João estaba disfrutando de su regalo eterno le proporcionaba algo de consuelo a Ricci.

Cuando la flota de barcazas llegó a Ji'an, comenzó una tormenta. Temeroso por el presagio del agua, Sun Kuang decidió continuar por tierra a Pekín. Como esto suponía un mayor coste, pensó en enviar a Ricci de vuelta a Shaozhou. Consciente de las intenciones del mandarín, Ricci habló con el secretario de Sun, con el que había forjado amistad en el trayecto, y enseñó un prisma como regalo si el ministro lo llevaba a Pekín. Pensando que era una gema preciosa, el secretario lo organizó todo para que Ricci continuara a Nanjing en barco acorde al plan original, viajaría con un par de sirvientes que custodiaban el equipaje más pesado de Sun Kuang. Mientras que Sun y su séquito partió en trece carruajes, seguidos de más carromatos transportando su equipaje y cientos de sirvientes y soldados a caballo, Ricci y sus sirvientes, acompañados por dos hombres de la casa de Sun, continuaron vía fluvial.

La siguiente parada era Linjiang. Tras un día de navegar, Ricci paró en una pequeña ciudad de Zhangshuzhen (actual Qingjiang), famosa por ser la ciudad natal de cuatro censores imperiales, mientras que toda la provincia de Guangdong solo podía jactarse de uno.[1] Aquí, Ricci hizo una visita a Liu Wenfang, el magistrado de Qujiang, un amigo de los jesuitas. Liu se encontraba de vuelta de Pekín tras su evaluación trienal. Ataviado con su mejor túnica de seda, Ricci visitó a Liu y le agradó comprobar que era recibido con mayor cortesía que aquellas a las que estaba acostumbrado de Shaozhou. Al explicar su cabello, barba y ropaje académico al magistrado Liu, Ricci comentó: "Nuestra profesión es la de las letras y somos hombres que enseñan la ley de Dios y otras cuestiones. Como no sabíamos hablar chino ni tampoco las costumbres cuando recién llegamos a Zhaoqing, nos equivocamos al vestir los hábitos de los monjes budistas, de los que somos totalmente diferentes pues profesamos doctrinas distintas".[2] Ricci estuvo encantado con que su explicación se aceptara sin mayor revuelo y comenzó a sentirse cómodo bajo su seda jesuita.

El 29 de abril, once días después de marchar de Shaozhou, y tras pasar lo que parecían una infinidad de sampanes y barcos, Ricci llegó a la capital provincial Nanchang. Junto a algunos de sus compañeros de viaje, Ricci accedió a la ciudad y visitó el famoso templo taoísta, el Tiezhugong, el templo de la Columna de Hierro, llamado así porque según la leyenda un sabio taoísta la había usado para derrotar a un dragón fluvial y salvó así la ciudad. En su primer encuentro con sacerdotes taoístas, Ricci observó que llevaban el pelo y la barba largas. Una gran muchedumbre había seguido a Ricci desde el desembarco hasta el templo. Domingo Fernandes, el joven de Macao, contó a la multitud que Ricci era un intelectual académico del Oeste. En frente de una enorme estatua del sabio taoísta Xu zhen jun, los observadores urgieron a Ricci a arrodillarse en una reverencia. Ricci respondió que no reconocía la estatua. Los chinos contestaron que todos los mandarines mostraban su respeto. Cuando Ricci se negó, la muchedumbre aún intentó convencerlo, temerosos de que la deidad ofendida castigara al extranjero. Algunos incluso quisieron obligarle a arrodillarse, por su propio bien, y solo cejaron cuando uno de los marineros de su barco dijo que el extranjero no adoraba a ídolos. Al oírlo se dispersaron. Perturbado por la experiencia, Ricci decidió no volver a visitar ningún otro templo en China. Mientras que Ricci regresaba a la barcaza, los sirvientes de Sun Kuang contactaron a los amigos de su maestro, cuyo jefe era Huang Jilou, un gran médico que conocía al *zongdu* de Jiangxi y a todos los demás mandarines de la élite. Resultaría ser un buen contacto para Ricci.

Desde Nanchang, un viajero tenía dos opciones: navegar al este hacia Zhejiang, la ruta que tomó Ruggieri en 1586 que tuvo poco resultado, o dirigirse al lago Poyang, la dirección que tomó Ricci, desde donde bajó por el Yangzi, pasando por Jiujiang y Anqing, en su constante búsqueda de reconocimiento. Ricci observaba los múltiples pueblos amurallados en ambas orillas del Yangzi, apuntaba las latitudes y las longitudes de los principales, la gran variedad de pescado y cereales y observaba "la increíble multitud de barcos, [un hecho] imposible de hacer creer a alguien que no los hubiera visto y la gran cantidad de troncos flotando a la deriva con la corriente, hasta el extremo de que el río estaba obstruido".[3] Por esta razón, el visitante occidental también se dio cuenta del paisaje deforestado, totalmente despojada de árboles excepto por el bambú, toda esa madera transformada por el trabajo humano en multitud de barcos de tres y cuatro mástiles navegando arriba y abajo por el Yangzi.

El 31 de mayo, seis semanas después de marchar de Shaozhou, Ricci puso pie en la capital imperial del sur, la antigua ciudad de Nanjing. Ricci apenas llegó a conocer la próspera metrópolis, una vez el centro del poder imperial y aún el centro cultural del país, ya que su estancia se acortó a dos semanas. Alojado en el exterior de las murallas, Ricci paseaba por la ciudad durante sus primeros días planeando su próximo paso cuando un amigo de sus conocidos de Guangdong lo reconoció. El hombre avisó al quinto hijo de Liu Jiezhai, quien, al contrario que su padre, tenía buena predisposición hacia Ricci y había visitado al jesuita dos veces en Shaozhou. Fue el Quinto Hijo Liu el que invitó a Ricci a banquetes y lo presentó. Ansioso por conseguir los contactos correctos, Ricci dejó incluso su tarjeta de visita a la familia Zhu, cuyo hijo, Zhu Zhifang, había sido el primero en el examen metropolitano ese año y se le honraba como el *zhuangyuan*, el candidato para el examen trienal con más nota de todo el país. Luego Ricci supo sobre otro antiguo conocido que había triunfado en Nanjing. Era Xu Dayin. Ricci lo interpretó como una señal del Cielo. Como nativo de Xuan cheng en la provincia de Anhui, Xu estuvo la mayoría de su carrera burocrática en Nanjing, excepto por un corto periodo como Comisario Ayudante (*shenyi*) de Guangxi, un puesto que le llevó a viajar varias veces a Zhaoqing. Al igual que muchos mandarines, conoció a Ricci y recibió regalos –una esfera, un globo y un reloj– del monje occidental. En 1592, Xu Dayin visitó a Ricci en Shaozhou, mientras viajaba a su nuevo puesto en Nanjing. Para el 1595, cuando Ricci llegó a la capital del sur, Xu ejercía como viceministro (*shilang*) de obras.[4]

Animado por las noticias, Ricci se vistió con sus mejores galas y llevó consigo un valioso regalo para la visita al viceministro. A Xu Dayin, asombrado, le llevó un momento reconocer a Ricci, ya no como el monje budista occidental, sino vestido con una túnica académica de seda, con la barba larga y el sombrero de cuatro picos. Tras recobrar la compostura rápidamente, Xu Dayin le ofreció al sonriente y expectante Ricci té y la cortesía habitual. Después, Ricci le enseñó a Xu Dayin el permiso de viaje otorgado por Sun Kuang y le dijo a Xu Dayin lo contento que estaba de ver a un viejo amigo, que podría ayudarle a conseguir un permiso de residencia. Al oír esto, Xu Dayin exhaló un fuerte suspiro: no era una jugada inteligente venir a Nanjing, especialmente a visitarle, le amonestó Xu, más aún en estos días de guerra, cuando las tropas chinas luchaban contra los invasores japoneses en Korea. Ricci debía volver a Guangdong, le aconsejó Xu, ahora alzando la voz. Un permiso de residencia en la capital del sur para un extranjero era impensable. Xu reprendió a Ricci por hora y media, en algún momento rozando la descortesía. Ordenó a sus secretarios que citaran al casero de Ricci y a él le aconsejó dejar la capital. Mientras su anfitrión lo escoltaba hasta la puerta, a Ricci le dio la impresión de que Xu temía ser visto con un forastero. Entristecido, Ricci concluyó, "por la gran amistad que nos unía a este mandarín, podemos entender lo poco que podemos confiar en las palabras y promesas de los chinos, porque si este poderoso mandarín, considerado un hombre virtuoso y sagaz en China, me trata de esta manera por miedo a los otros mandarines, no hay problema en imaginar qué hará el resto, con menos poder y más hostilidad hacia nosotros".[5] Decepcionado, regresó a su residencia para encontrar a la familia de su casero temblando de miedo, ya que los secretarios de la oficina de Xu ya lo habían citado.

En la audiencia, el viceministro Xu reprendió al pobre hombre y lo amenazó con un castigo por contacto ilícito con un extranjero; el casero debía desalojar a Ricci de inmediato. Algunos conocidos aconsejaron a Ricci ignorar la amenaza, pero Ricci se negó, lo tomó como una señal, "esta vez el Señor no quiere que permanezca en Nanjing".[6] Profundamente humillado por el rechazo de Xu, ya que Ricci había hablado de su amistad con el poderoso mandarín a todos sus conocidos en Nanjing, solo podía mantener su reputación yéndose. ¿Qué motivos tenía Xu? Una biografía contemporánea describió a Xu como un mandarín íntegro y austero, parco a la hora de gastar los fondos públicos y atento a evitar cualquier ocasión para lucrarse.[7] Era un hecho que Xu creía que relacionarse con Ricci dañaría su reputación. Ricci podría vestir túnicas confucianas, pero seguía siendo un don nadie en el campo del poder burocrático.

Apesadumbrado, Matteo Ricci embarcó en Nanjing el 16 de junio de 1595 para navegar el Yangzi. Los doce días de viaje en barco hicieron que el misionero italiano entrara en un estado de ánimo pensativo. Había estado en Nanjing solo dos semanas, pero había vivido en China casi durante trece años en total. Su desánimo era aún mayor por las esperanzas frustradas de las altas expectativas que tenía debido sus experiencias recientes.

Tras diez días a flote, mientras el barco se aproximaba a Nanchang, y habiendo cruzado el lago Poyang, Ricci se durmió, agotado por los años de trabajo que tan arduos parecían tras este cambio de suerte tan inesperado. Ricci soñó:

Cerca de la metrópolis de Jiangxi, andaba bastante pensativo todo el día sobre lo que tenía que hacerse, y un desconocido se le apareció en un suelo, que le dijo en los caminos: "¿Y tú vas con la intención de erradicar la antigua religión de este reino y sustituirla con una nueva?" El padre, quien en este momento tuvo gran cautela de no revelar a nadie su intención de difundir nuestra santa ley, dijo: "Oh, debes de ser Dios o el Diablo para saber esto". Él respondió: "No soy el diablo, sino Dios". El padre se prostró inmediatamente a sus pies, ya que había conocido al que deseaba encontrar para lamentarse, y dijo: "Señor, ya que sabe mi intención, ¿por qué no me ayuda?" Y comenzó a llorar a sus pies. Después el Señor lo consoló y le dijo que estaría a su favor en la corte.[8]

Otra versión de este sueño era Dios señalando a Pekín y Ricci entrando con éxito la capital imperial.

Agua y caminos: Ricci se encontraba literalmente en una encrucijada vital. Se iría flotando con el Yangzi más de una década de trabajo, como el poeta Su Shi (Su Dongpo, 1037-1101) lamentaba en la "Oda del acantilado rojo": "El Gran Río fluye al este | sus olas borran | ¡oh, tantos héroes de los últimos mil años!". ¿Apartarían a una provincia rural a un decidido misionero italiano, que se había arriesgado a nueve meses de olas oceánicas para navegar desde Lisboa a Macao, los ciclos de las políticas mandarinas? Ricci conocía la respuesta cuando se despertó. El sueño de Ricci en Nanchang fue uno profético y fundacional: vaticinaba la gracia divina que otorgaría a Ricci el éxito en Nanjing y Pekín, y marcaba un paralelismo entre el fundador de la misión de China y el fundador de la Compañía de Jesús. Casi sesenta años antes (1537) cuando Ignacio de Loyola y dos de sus compañeros decidieron dejar su sueño misionero de predicar en la Tierra Santa y ofrecer en cambio sus servicios a Roma, el futuro fundador de la Compañía de Jesús tuvo una visión de Dios, el Padre y Cristo mientras rezaba intensamente en una iglesia a unas millas de Roma.

Esta visión en La Storta, resumida en la *Autobiografía* de Ignacio, la narró con más detalle uno de sus compañeros, Diego Laínez, el futuro sucesor de Ignacio como segundo general de la Compañía:[9]

Nos encontrábamos viajando a Roma por Siena, cuando nuestro Padre –como tenía mucha sensibilidad espiritual, especialmente al recibir la eucaristía, lo que pedía a diario, ya fuera administrada por el maestro Pietro Fabro o por mí, que daba misa diariamente, y él no– me contó que parecía que Dios el Padre estaba grabando las siguientes palabras en su corazón: "Estaré a tu favor en Roma". Y sin saber lo que esto significaba, dijo: "No sé qué será de nosotros, quizá nos crucifiquen en Roma". En otra ocasión dijo que le pareció ver a Cristo cargando la cruz, y el Eterno Padre le dijo [a Cristo]: "Quiero que le pidas ser tu sirviente". Y así Jesús se lo pidió [a Ignacio] y dijo: "Quiero que sirvas en este camino". Y, por lo tanto, con gran devoción a este santo nombre, quiso nombrar la congregación la Congregación de Jesús.

Dios fue favorable a Ignacio en Roma, apoyándole en mitad de "persecuciones intensas" tras su llegada en 1538, el éxito culminó con la fundación de la Compañía con aprobación papal en 1540. Las palabras del sueño de Ricci, "il signore a consolarlo e dirgli che nelle Corti lo favorirebbe", apenas reformulaban al discurso indirecto las palabras de Dios a Ignacio, "Ego ero vobis Romae propitious". A imagen y semejanza del primer jesuita, Ricci, en su escritura, imitaba el estilo de las fuentes fundacionales de la Compañía: Laínez llamaba a Ignacio "il Padre", y de la misma manera Ricci se refería a sí mismo en la tercera persona, "il Padre", en sus memorias, *La historia de la introducción de la cristiandad en China.* Aún en las supuestas persecuciones sufridas por Ignacio en Roma en el 1538 presagiaban las breves pero intensas persecuciones que sufrió Ricci en 1600, cuando por fin se le permitió visitar Pekín como enviado del oeste, viaje en el que el Eunuco Ma Tang acusó a Ricci de practicar magia al ver un crucifijo en el equipaje del jesuita (véase capítulo 9).

Un clásico "logro del deseo", para usar la definición de Freud, el sueño de Ricci en Nanchang contenía multitud de significados: en calma por el largo viaje por río, el subconsciente de Ricci (su intención, *disegno*, sin revelar a nadie de China) se reafirmó por una promesa divina, una profecía, expresada con palabras similares a las de la visión fundacional de la Compañía de Jesús. Del mismo modo que Ignacio fundó la Compañía que se convirtió en el baluarte de la renovación católica tras la Reforma Protestante, a Ricci Dios le prometió el papel de fundador de la Iglesia católica en China como hijo devoto de la Compañía de misioneros.

En todos los aspectos, el sueño de 1595 es singular: sucedió casi en mitad de la larga carrera de Ricci en China (1582-1600) y anticipó su ascenso a Nanjing y a Pekín, su triunfo, gloria y muerte recordados en los anales de la historia de China y de los jesuitas. El sueño de Ricci es interesante en otro sentido también: es el único sueño narrado por Ricci en sus largas memorias; y es el único sueño descrito por un misionero jesuita en China sobre sí mismo en casi 200 años.[10]

El 28 de junio, Ricci volvió a pisar Nanchang. Probablemente desembarcó fuera de la Puerta Guangrun, detrás de la que se encontraba el templo de la Columna de Hierro que había visitado tan solo un mes antes. Ming Nanchang era una enorme ciudad amurallada de forma prácticamente cuadrada a la que le faltaba la esquina inferior izquierda justo en la puerta Guanrun, el lugar donde el río Gan se adentraba en la ciudad, formando tres grandes lagos en el precinto este. Delimitada por dos de los brazos del Río Gan, Nanchang miraba hacia el agua, con tres de sus siete puertas orientadas hacia el brazo principal del Gan. Palacios, oficinas del gobierno, templos y casas estaban abigarradas entre sus murallas; el censo de 1587 tenía 76.705 hogares y 167.098 habitantes, cuatro veces el tamaño de Zhaoqing, o "el doble del tamaño de Florencia", según Ricci.[11] La ciudad de Nanchang no solo era la capital de Jiangxi, con el conjunto habitual de las oficinas provinciales, incluyendo una gran sala de examinación, también contenía los siguientes dos niveles del gobierno local, ejercía como la ubicación de la prefectura de Nanchang (Nanchang fu), y las dos magistraturas condales de Nanchang y Xinjian. Las diferentes magistraturas sub-provinciales gobernaban una gran parte del territorio. Además, la ciudad hacía las veces de sede de varios mandos militares. Finalmente, tres palacios ocupaban grandes parcelas de tierra dentro de las murallas: estos pertenecían a príncipes Ming herederos, hijos jóvenes de antiguos emperadores y sus descendientes quienes se habían enfeudado en las provincias; para finales del siglo XVI, los palacios en Nanchang pertenecían a los príncipes de Jian'an, Le'an y Yiyang (véase mapa 5).

Ricci notó la diferencia con Guangdong, "un lugar bárbaro e incivilizado", remarcó.[12] Hay mucha menos ajetreo mercantil, observó, "y la naturaleza de las personas es más moderada y se contentan con menos… La gente es más piadosa y muchos de ellos ayunan toda su vida". Todo le parecía mejor al jesuita en Nanchang:

> "La gente es mejor: tienen mejor aspecto, son más nobles, más cultos y más corteses y considerados; las casas son mejores, las calles son más anchas y rectas… hay más arcos ceremoniales, erigidos por mandarines; hay muchos más aquí y mucho mejores que los de Guangzhou…".[13]

Ricci también notó la presencia de academias privadas, donde los académicos se reunían a discutir "asuntos de la virtud".[14] De hecho, la provincia de Jiangxi era uno de los centros de la vida intelectual y el poder mandarín de la Ming tardía: tenía más academias privadas que ninguna otra provincia, un total de 294 entre 1.946 academias de la dinastía Ming; proveía de uno de los números más altos de personas con grado *jinshi*. "Y si los portugueses escriben muy negativamente sobre la falta de cortesía en China," informó Ricci al general Acquaviva en Roma, "debería saber que no se aplica a la totalidad de China, sino solo a la provincia de Guangdong y otras como ella".[15] En el examen metropolitano de 1595, Ricci escribió otra carta a su superior Duarte de Sande en Macao, solo Nanchang

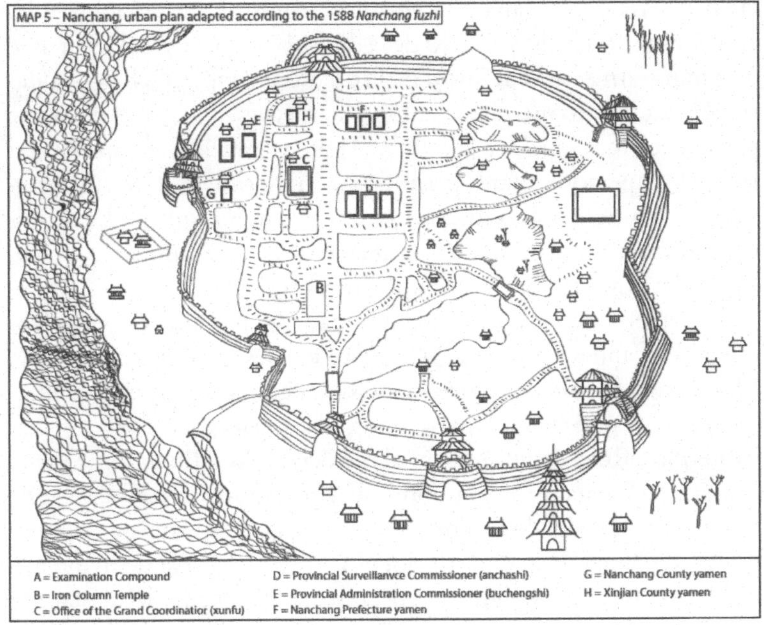

Mapa 5. Nanchang

suministraba siete u ocho *jinshi* entre los 300 candidatos finales, mientras que la provincia entera de Guangdong no producía más que cinco o seis;[16] Zhang Wei, que ejercía como uno de los grandes secretarios entre 1591 y 1598, era oriundo de Nanchang;[17] y la ciudad estaba estrechamente asociadas con la figura principal de la vida intelectual de la tardía Ming, el oficial y filósofo Wang Yangming (1472-1529).[18]

Originario de Yuyao (actual Shaoxing), Zhejiang, de la misma ciudad que Sun Kuang, Wang ejerció en varios puestos del gobierno hasta su ascenso a Gran Coordinador de Jiangxi. En 1519, ahogó el levantamiento del Príncipe Zhu Chenhao, durante la que mataron al abuelo de Sun Kuang, el Censor Sun Sui, como uno de los únicos dos oficiales en Nanchang que se negaron a someterse al príncipe rebelde. Durante su cargo en Jiangxi, Wang Yangming también construyó escuelas, reavivó extintas academias privadas y promocionó la enseñanza confuciana. Sin embargo, como Wang se opuso a las enseñanzas del erudito Zhu Xi de la dinastía Song, cuyas doctrinas se declararon ortodoxas al inicio de la dinastía Ming, muchos mandarines y eruditos lo marginaron. Finalmente, las enseñanzas de Wang permanecieron, gracias a la influencia de sus muchos discípulos. En 1584, el emperador Wanli permitió hacer sacrificios a Wang Yangming en los templos confucianos, el mayor honor que podía recibir un erudito, colocaron su estatua al lado de la de Confucio, Mencio, Zhu Xi y otros sabios de la tradición confuciana.

Sin querer destacar mucho durante varios días, Ricci envió a Domingo Fernandes a preguntar si había conocidos suyos de Guangdong. El resultado fue poco prometedor y Ricci culpó a su joven subalterno "quien tenía poco talento para lo necesario y para otras cosas".[19] Tras varios días, Ricci decidió visitar al médico Huang Jilou. Deseoso de causar una buena primera impresión, Ricci se atavió con túnicas de seda y con un alargado sombrero académico, al estilo de Su Dongpo, el famoso poeta de la dinastía Song, y fue en una silla de mano a la residencia del doctor Huang. Al tanto de la llegada del destacado extranjero en el séquito de Sun Kuang, Huang Jilou recibió a Ricci cortésmente. Como hombre ávido de conversaciones nuevas que era, Huang quedó encantado por las cosas occidentales, los regalos y discurso de Ricci, así como por el conocimiento del extranjero de los textos chinos. Al ser el médico de la élite de Nanchang, el Doctor Huang tenía contactos muy valiosos. Invitó a Ricci al banquete, al que asistieron también los príncipes Ming y sus familiares. "Con la amistad del médico", admitió Ricci, "mi reputación comenzó a circular y a crecer en la ciudad, y no solo me tenían por un gran académico que podría haber obtenido el grado *jinshi*… tras haber estudiado los seis clásicos de Confucio, sino que también dicen que conozco otras ciencias importantes, de las que no saben nada en China. A esta fama, creo que ha ayudado sobremanera lo que nuestro amigo [Qu Rukui] ha estado contando a los demás".[20] Ricci deseaba poder devolverle a Qu el favor convirtiéndolo en cristiano, siempre y cuando Dios quisiera.

Pronto, Ricci comenzó a recibir muchos visitantes distinguidos, a quienes introdujo a las matemáticas y astronomía occidentales, impresionándoles aún más con su memoria fotográfica, al reproducir en un papel en blanco los caracteres chinos que se le enseñaban y que no guardaban orden alguno.

Mucho se ha hablado sobre la prodigiosa memoria de Ricci. Los intelectuales de Nanchang también se maravillaron ante la habilidad del extranjero de recitar pasajes completos de los clásicos confucianos y les asombraba su proeza al recitar en orden inverso cualquier pasaje particular que se le pidiera. Ciertamente una fórmula milagrosa debía explicar su prodigiosa memoria. Casi a diario, los intelectuales se acercaban a Ricci para pedirle ser sus discípulos, algunos ofrecían pagos lucrativos por los secretos de su ciencia mnemotécnica. Alegando que aún debía asentarse en Nanchang, Ricci prometió que pronto satisfaría sus ruegos. Imaginen un atajo al éxito en el examen de servicio civil, liberando a miles de académicos del esfuerzo de memorizar rollos y rollos de textos antiguos. Halagado por la increíble atención, Ricci resumió las técnicas mnemotécnicas de occidente en su segunda obra china, *Xiguo jifa* (Mnemotécnicas occidentales), que compuso por encargo del virrey Lu Wangai, como se verá.

Este corto tratado de seis capítulos presentaba un método espacial de memorización, el llamado "palacio de la memoria". Sin embargo, el *Xiguo jifa* fue un libro decepcionante, ya que no era de ninguna utilidad para los múltiples y ávidos lectores chinos. En esencia, este libro de Mnemotecnia occidental usaba la imaginación espacial para clasificar los caracteres chinos, un método que solo tenía sentido para los hablantes de chino no nativos. El método representaba la larga experiencia personal de Ricci para memorizar los caracteres: como podían descomponerse en radicales, sonidos y significado para una mejor comprensión. Sus métodos tenían sentido solo para estudiantes no familiarizados con la naturaleza no fonética del chino, quienes necesitaban una guía visual para descomponer y clasificar las complejas formas de los caracteres chinos. Los lectores chinos de Ricci, quienes habían aprendido los caracteres desde su más tierna edad, ya reconocían estos símbolos; el método de Ricci era inservible para ellos. Tomemos por ejemplo la explicación de Ricci en el capítulo 2, "Aplicando el método":

Para aprender mnemotecnia, se debe ordenar en una secuencia las imágenes visuales de las cosas y acontecimientos en un lugar específico; por lo tanto, a esto lo llamamos mnemotecnia visual. Supongamos que quiere recordar los cuatro caracteres "*wu*" (militar), "*yao*" (querer), "*li*" (beneficio) y "*hao*" (bueno), debe imaginar una habitación con cuatro esquinas para almacenaje, usar la esquina sureste como el primer lugar, el noreste como el segundo, el noroeste como el tercero y el suroeste como el cuarto. Toma el carácter "*wu*", que parece un soldado sujetando una lanza preparado para la batalla, y otro hombre agarrándolo de la muñeca, formando así la imagen de "*wu*", y lo coloca en la esquina sureste.

Toma el caracter "yao", imagínelo como una musulmana de Asia Central, formando el carácter "*yao*" y lo coloca en la esquina noreste. Toma el carácter "*li*", imagínelo como un campesino portando una hoz y cosechando los campos, formando así el carácter "*li*", y lo coloca en la esquina noroeste. Tome el carácter "*hao*", imagine que es una joven, jugando con un bebé que sujeta, formando así el carácter "*hao*", y lo coloca en la esquina suroeste. Una vez que ha colocado los cuatro caracteres en estos cuatro lugares, si quiere recordarlos evoque la habitación y encuéntrelos en las diferentes esquinas, así recordará sus imágenes y los caracteres.[21]

Este era solo el paso más básico. En los capítulos 4 y 5, Ricci presentó métodos mucho más complicados y elaborados de ubicación espacial para facilitar recordar oraciones y párrafos completos.

El problema con el método de Ricci, como indicó un estudiante de chino, era que "estos preceptos son las reglas reales de la memoria, pero se necesita tener buena memoria para usarlas".[22] Además, a los lectores las incursiones lingüísticas de Ricci en la etimología de los caracteres chinos les parecieron bien ingenuas o absurdas, quizá tenían sentido para estudiantes extranjeros de chino, pero no para los intelectuales chinos inmersos en una larga tradición de fonética histórica y etimología. *Xiguo jifa* no tuvo una gran acogida: solo se imprimió una edición y se difundieron unas pocas copias.

Al igual que los caracteres chinos que evocaba, las figuras de su pasado también aparecieron sin un orden particular. En Nanchang, Ricci se encontró con Li Chunhe, quien ejerció un año en 1589 como prefecto ayudante (*tongzhi*) en Shaozhou. Nativo de Nanchang, Li estaba visitando a su familia de camino a otro cargo; prometió ayudar a Ricci a asegurar un permiso de residencia y lo remitió a su primo, un *xiucai*. Mientras tanto, el gran coordinador, Lu Wangai, quien había escuchado sobre la fama de los jesuitas durante un aviso previo en Guangxi, envió a un oficial a preguntar si el extranjero en su jurisdicción era la misma persona. Acudió a la cita con sus mejores galas, sin saber qué esperar, a Ricci lo alivió mucho cuando Lu Wangai le pidió que se irguiera de estar arrodillado. El magistrado Lu le contó que había escuchado hablar de la virtud y las enseñanzas del misionero. Durante la hora que duró la audiencia, Ricci narró su viaje desde Shaozhou como séquito del viceministro de guerra y su visita a Zu Dayin en Nanjing, omitió los detalles desagradables, impresionando así a Lu con sus importantes contactos. Mientras conversaban sobre temas astronómicos y matemáticos, Ricci también enseñó a Lu el prisma veneciano, este gustó tanto al magistrado que lo hizo llevar a las estancias interiores para que las mujeres de su hogar lo disfrutaran.

Cuando le preguntaron sobre sus planes a futuro, Ricci respondió que pretendía regresar a Guangdong, a lo que Lu sugirió que debería permanecer en Nanchang, un lugar mucho más noble. Ricci estaba complacido con la audiencia. Su amigo, el doctor Huang, agradecido por un valioso regalo de Ricci, y que trataba al hijo del magistrado, habló bien de él, le habló de la pericia de Ricci al construir relojes de sol, su memoria y su exótica colección de prismas, libros occidentales y el mapamundi. Por ello, el magistrado Lu pidió a Ricci que construyera un reloj de sol para él y que escribiera una guía mnemotécnica en chino para que la usaran sus tres hijos, que se encontraban estudiando para el examen. Gracias a esta oportunidad, Ricci siguió con las visitas a todos los demás mandarines de Nanchang. En dos cortos meses, había conseguido establecerse entre las élites de la ciudad.

Entre la élite de la élite, en estatus si no en poder, estaban los príncipes Ming de Jian an y Le an. El enfeudamiento de los hijos más jóvenes en las provincias lo estableció Zhu Yuanchang, el fundador de la dinastía Ming. Tras el inicio del siglo XV, estos príncipes imperiales ya no poseían poder efectivo, estaban apartados del mando militar y de la burocracia civil. Con sus mini palacios, languidecían como terratenientes ricos, tenían prohibido visitar la capital imperial excepto por orden del emperador, y generalmente estaban limitados a sus feudos. Los hijos más jóvenes de estos príncipes enfeudados recibían a su vez cargos más bajos. Con el paso del tiempo, algunas ramas murieron; otras se erradicaron; y todas recibieron estipendios del gobierno. Hacia el final de la dinastía, el linaje imperial creció sobremanera, no menos de 627.424 hombres y mujeres con sangre imperial según un recuento en 1624, consumiendo la mayor parte de los ingresos anuales del gobierno.[23] Sin ninguna función para la sociedad, algunos príncipes provinciales amasaron fortunas, disfrutaron de la vida y se comportaron como pequeños tiranos mezquinos; otros se entregaron a las artes, patrocinaron poetas, sacerdotes y "hombres del camino" esotéricos; unos pocos, como el príncipe Zhu Chenhao, se rebelaron contra las cadenas del confinamiento provincial, incapaz de tolerarlas ante sus ambiciones y habilidades, y planearon una rebelión, como se ha visto. El príncipe Chenhao era la quinta generación descendiente del décimo séptimo hijo de Zhu Yuanchang, enfeudado como príncipe de Ningxiang. Tras la rebelión fallida, Zhu Chenhao fue obligado a suicidarse, y su título se abolió. Había otras ovejas negras de sangre imperial de menor rango en Nanchang, que cometieron crímenes menores: en 1583, tres cadetes miembros de la línea Ruichang (el título se abolió en 1519 tras la rebelión) entregó peticiones fraudulentas de estipendios; en 1591, varios hijos más jóvenes del fallecido príncipe Jingjiang aterrorizaron la ciudad, agrediendo a plebeyos e incluso a un mandarín, y fueron degradados a plebeyos o puestos en arresto domiciliario; en 1592, en una vendetta contra un plebeyo, varios cadetes miembros de la línea Ruichang fueron acusados de robo, violencia y violación, y fueron sentenciados a prisión como plebeyos.[24]

Los príncipes de Le an y Jian an no se asemejaban a sus parientes rebeldes. Ambos eran descendientes de los hijos más jóvenes de la rama principal de la línea de Ningxiang. Ya un anciano cuando conoció a Ricci, el príncipe de Le an, Zhu Duogang, heredó el puesto en 1561. Dedicado al academicismo, en 1584 había pedido al emperador que le concediera una colección de *Cuatro Libros* y *Cinco Clásicos*, y un nombre para el académico que patrocinaba.[25] El príncipe de Jian an, Zhu Duojie (fallecido en 1602), a quien Ricci llegó a conocer bien, heredó el puesto en 1573. Él también era un hombre intelectual.

Como siempre en China, las conexiones abrían puertas. El doctor Huang presentó a Ricci a estos príncipes, uno de ellos tenía una hija de Qu Rukui, el buen amigo de Ricci, como nuera. Como de costumbre, la amistad se efectuaba con banquetes y el intercambio de regalos. El príncipe de Le an obsequió a Ricci con unos metros de seda cara, un par de zapatos de seda y un libro pintado con una escena del banquete; a cambio, Ricci le presentó un libro europeo con ilustraciones de santos cristianos. Para el príncipe de Jian an, Ricci entregó regalos caros y exóticos: un reloj de sol grabado en mármol negro, que marcaba las 24 temporadas del calendario chino, las horas de la puesta de sol y del amanecer, una esfera, un mapamundi, cuadros y cristal y dos libros impresos en papel japonés, uno titulado *Descripción del Mundo* y otro el primer libro de Ricci en chino, *Sobre la amistad* (*Jiaoyou lun*).[26] Y como el príncipe mostraba "una inclinación hacia la siguiente vida", y su conversión "representaría un gran comienzo ya que muchos seguirían su ejemplo y nuestra fe se expandiría ampliamente por China", Ricci también obsequió al príncipe Jian con una pintura representando a San Esteban rezando.[27] Tan encantado estaba con la obra, que el príncipe la hizo enmarcar cuidadosamente y rogó a Ricci que se convirtiera en su huésped permanente y en su maestro de religión, una oferta que el jesuita rechazó educadamente, ya que había puesto la mirada en un premio mayor.

Jiaoyun lun era mucho más que un "ejercicio de redacción china", la descripción que Ricci usó en una carta a Claudio Acquaviva. Escrita en respuesta a una consulta sobre la amistad en occidente por el príncipe de Jian an, quien disfrutaba haciendo amistades, como virtuoso y culto occidental que era, Ricci compuso un corto tratado en varios días a principios de diciembre de 1595. El texto consistía en 100 máximas o aforismos que tenían que ver con la amistad extraídas la mayoría de autores griegos y romanos, los principales eran Plutarco, Aristóteles, Diógenes Laercio, Cicerón y Séneca. Seguramente

Ricci seleccionó la mayoría de las máximas del texto *Sententiae et Exempla ex Probatissimis uibusque Scriptoribus Collecta* (*Máximas y Ejemplos recogidos por Autores dignos de aprobación*), recogidas por el humanista portugués y dominicano Andreas Eborensis (1498-1573), y disponible en las bibliotecas de las escuelas jesuitas. Otras se las sabía de memoria.

El primer aforismo define la amistad: "A pesar de que mi amigo y yo tengamos dos cuerpos, no tenemos sino una mente". Pero la amistad es más que únicamente mi placer en compañía de un alter ego, satisface nuestra más profunda necesidad de ayuda material y espiritual mutua, y es la alegría de la humanidad. La amistad debe basarse en la sinceridad, lealtad y desinterés material; Ricci incluyó muchos aforismos para ilustrar como la amistad verdadera trascendía la división de riqueza y pobreza, la suerte y el infortunio. Sobre todo, la base de la amistad estaba en la virtud. Para ello, Ricci seleccionó múltiples máximas para mostrar su argumento:

> Solo cuando la virtud y la voluntad son parecidas, puede la amistad ser fuerte; hacer amigos es como curar una enfermedad, ya que el médico ama a los enfermos, pero odia la enfermedad. Para curarlos, hiere el cuerpo y les administra amarga medicina. Si un médico no puede tolerar la enfermedad en un enfermo, ¿cómo puede un amigo tolerar la maldad en otro amigo? ¡Repréndelo, repréndelo! No te preocupes por su disgusto al escucharte, no temas su obstinación; si hay más placer que virtud en la amistad, esta no puede durar; si los amigos de una persona son tan numerosos como los árboles en un bosque, sabrás que es virtuoso. Si los amigos de una persona están lejanos los unos de los otros como estrellas matutinas, sabrás que es poco virtuoso; una amistad que se torna en enemistad cuando hay un conflicto de intereses se debe a la ausencia de honestidad en la amistad. Si la amistad es íntegra, tanto los momentos buenos como los malos se pueden compartir.[28]

Muchas de estas máximas eran familiares para los chinos, quienes tenían sus propios aforismos sobre la amistad. Pero Ricci incluyó seis aforismos de la historia griega (tres concernientes a Alejandro Magno) para dar una gota exótica a su texto chino. *Jiaoyou lun* fue un éxito instantáneo, ya que reflejaba, por diseño, la visión confuciana de la amistad, que estudiaremos a continuación. En la forma, se parecía al texto más importante del canon confuciano, los dichos de Confucio recogidos por sus discípulos, recogidos en las *Analectas*; las enseñanzas del "Gran Sabio" también se compilaban en máximas y aforismos cortos en su mayoría, gemas de repetidas lecturas y reflexiones. Ricci guardó una copia de su manuscrito, que tradujo al italiano, y anotó los caracteres chinos con sonidos italianos. Conocidos tomaron prestado el texto; muchos lo copiaron; un amigo, seguramente Su Daiyong, madarín en Ganzhou, anterior *tongzhi* de Yingde, Guangdong, pagó por una impresión privada en 1596 sin el conocimiento de Ricci. La primera obra china de Ricci llegó al menos a cinco ediciones; al texto le pusieron prefacio eruditos y mandarines cultos a la vez que el círculo de amistades de Ricci crecía aún más. Para la edición de 1599, su amigo Qu Rukui escribió un prefacio, en el que Qu afirmaba que desde la antigüedad los chinos siempre habían tratado a los visitantes extranjeros con las ceremonias de la amistad apropiadas, ya que pueblos diversos se sentían atraídos por China gracias al esplendor y la virtud de su civilización. Y al igual que la dinastía Han se internaba en los desiertos del norte y la dinastía Tang visitaba a sus vecinos marítimos, Qu continuó:

> Solo bajo nuestra excelente Dinastía Ming, espléndida como el sol del mediodía y excediendo todas las épocas, con emperadores sagrados sucediéndose los unos a los otros, y su virtud creciente sin límite, hace que un hombre tan profundamente virtuoso como el Señor Li [Ricci] venga de visita, admirado por nuestra civilización. Él no desea forjarse un nombre, sino posicionarse entre la gente, recitando los sagrados mandamientos [del canon confuciano], respetando la ley imperial, vistiendo el cinturón y el tocado de un académico, haciendo sacrificios en otoño y en primavera, observando sus propios principios morales y practicando el respeto debido a la verdad.[29]

Es interesante destacar que Ricci firmó su obra como *Da Xi yu shanren* (Hombre de la montaña de la Gran Región del Oeste). Ricci usó el término *shanren* en el mismo sentido que los académicos que moraban en las montañas, lejos del bullicio del comercio urbano, de ahí el significado derivado de ermitaños o eremitas. En la dinastía Ming, el título lo tomaban artistas intelectuales que no lograron puestos importantes de oficial y que no tenían oficina, o aquellos retirados de cargos insignificantes, pero capaces de forjar amistad con oficiales que podían contratarlos para sus propios proyectos literarios, o patrocinarlos para promover sus obras o recomendarles a otros mecenas.[30] Claramente, Ricci conocía su nueva delicada posición en la sociedad de élite.

Al representar al Oeste bajo una mirada positiva, Ricci también alabó a los chinos, ya que la amistad entre personas y culturas consistía en el reflejo del "yo" y el alter ego, entre amigos con dos cuerpos pero una única mente. En *Doctrina de la medianía*, uno de los textos en los *Cuatro Libros* del Canon de Confucio, la amistad se define como una de las cinco relaciones humanas básicas, junto a aquellas que unían al gobernante y a su oficial, padre e hijo, hermano mayor y menor, marido y mujer.

De manera similar a la representación de Ricci de la amistad occidental, los académicos confucianos también entendían la virtud moral como la base de la verdadera amistad. Se sabían de memoria las máximas de Confucio sobre la virtud y la amistad en las *Analectas*: "Zi Gong preguntó por la amistad. Confucio dijo: 'Dad buenos consejos y guiad [a los amigos] por el camino [de los justos],' y agregó, 'Hay tres tipos de amigos beneficiosos y tres tipos de amigos dañinos: amigos que son directos, amigos que son sinceros, amigos cultos, ellos son buenos; amigos que disimulan, amigos que halagan para gustar, amigos que discuten testarudamente, ellos son perjudiciales'". De hecho, estas máximas formarían la base de la amistad de Ricci con un eminente académico confuciano.

Zhang Huang (1527-1608), el principal académico en Nanchang del momento, era ya un venerable hombre de setenta años cuando conoció a Ricci. Como profesor del buen amigo de Ricci, Qu Rukui, Zhang Huang había escuchado muchas cosas buenas del virtuoso académico occidental. Mediante la amabilidad del doctor Huang, Zhang Huang expresó su interés en conocer a Ricci. El joven visitó al venerable y más mayor académico y los dos encajaron enseguida. Tras varias visitas y conversaciones largas, Zhang Huang encontró en Ricci una persona tan afín que comenzó a llamarle hermano menor. Ricci impresionó a Zhang Huang con su comportamiento y su aprendizaje, no solo su erudición europea, sino también su conocimiento de los textos confucianos. Por ende, el círculo cercano a Zhang Huang, "que acostumbraban a tratar a todos con gran arrogancia, comenzaron a tratar al Padre con mucha humildad y cortesía", observó Ricci mordaz.[31] Pese de la ironía, Ricci apreciaba a los intelectuales de la academia y en su presencia se encontraba donde más a gusto.[32] A cambio, Ricci admiraba a los ancianos escolares por su erudición y virtud, sobre todo por su hostilidad hacia el budismo. A pesar de que "él no era un mandarín", recalcó Ricci, "o mejor dicho, el hacía de no querer ser un mandarín una profesión, todos le trataban con gran respeto y cortesía".[33] Con sus muchos discípulos y respetado por todos los mandarines, Zhang Huang disfrutaba de un generoso estipendio del gobierno. Como un sabio viviente que transcendía la vulgaridad del poder y la riqueza, Zhang Huang ejercía como un modelo a seguir; esto era el culmen de lo que Ricci podía esperar conseguir en una sociedad que no era la suya.

En la orilla del Lago Este dentro de Nanchang, Zhang Huang había construido una sala de conferencias (Cixi tang), donde presidía las reuniones de intelectuales. Además de los temas de discusión estándares en estos coloquios –la naturaleza de la virtud y la moralidad, la conciencia humana y el conocimiento natural, temas habituales en los clásicos de Confucio– Ricci introdujo el tema del cristianismo, usando argumentos racionales y libros occidentales como autoridad.

Sus charlas sobre astronomía y matemáticas occidentales, en particular, fascinaban a los académicos. "Sin duda puedo decir que para ellos soy otro Ptolomeo," Ricci agregó irónicamente, "ya que no saben nada".[34] En un escrito a Acquaviva, Ricci comentó, "si China fuese el mundo entero, yo sería sin duda alguna el mejor matemático y filósofo natural, ya que las cosas que dicen son ridículas, y es asombroso lo poco que saben, ya que todo el mundo se dedica a la filosofía moral y a la elegancia del discurso y la escritura".[35]

Despectivo con la ignorancia sobre la astronomía de los intelectuales, Ricci descartó su falta de habilidad técnica (solo podían hacer relojes equinocciales inclinados) y su ridícula concepción del universo (el Cielo es redondo y líquido, la tierra es cuadrada y sólida). Si bien Ricci y Zhang disentían en muchas cuestiones –origen del universo, la existencia de un Dios omnipotente, el castigo del infierno y el premio del cielo– también compartían una creencia fundamental en la ordenación ética de la sociedad y en el papel dirigente de las élites educadas en la virtud. No era de extrañar, que los coloquios en el Salón Cixi le recordaran a Zhang Huang dos de los aforismos en las *Analectas*: "Practicar lo aprendido, ¿no es eso un placer? Coincidir con un amigo lejano, ¿no es eso una alegría?" "A través de textos y aprendizaje, un hombre culto (*jun zi*) hace amigos; y confía en sus amistades para desarrollar su virtud (*ren*)".

A pesar de que Ricci se mostraba reticente en estos momentos, sus conversaciones con Zhang Huang representaron un momento clave en la búsqueda de armonía entre la cristiandad y el confucianismo. Durante un par de años, Ricci estuvo ocupado con el estudio intensivo de los textos confucianos. Para este momento, su objetivo había progresado más allá de perfeccionar su dominio del idioma para comprender el pensamiento confuciano desde dentro y de encontrar puntos en común con las enseñanzas cristianas. Las doctrinas cristianas también se vestirían con un vestido confuciano, al igual que Ricci el jesuita con una túnica académica, a gusto de los chinos. Una lectura meticulosa del *Tianzhu shiyi* (*Verdadero Significado del Señor del Cielo*), el aclamado diálogo de Ricci escrito durante sus años en Nanchang, revela temas clave que reflejan las ideas de Zhang Huang. El mismo Ricci describe sus intercambios intelectuales:[36]

> He tenido ya muchos debates [con Zhang Huang], como resultado de asombrarse por el hecho de que debato basándome en las doctrinas y los argumentos de sus propios textos. Un día el Anciano Maestro Zhang se aproximó y concluyó que no había nada más que decir sobre la doctrina que yo había presentado sobre el cielo y el infierno, que ellos negaban, no tenía valor alguno sin la virtud

> moral y la bondad de esta vida, una pena ciertamente, excepto por una única frase escrita por un gran académico del pasado: "Si existe el paraíso, la gente buena irá allí; si hay un infierno, la gente mala lo merece". Y esta única frase concluyó nuestro desacuerdo.

La oración que puso de acuerdo a Ricci y a Zhang provenía del *Chujian lu* de Yu Wenhao, un académico de la dinastía Song que prosperó alrededor del 1240. En realidad, no se iban a poner de acuerdo en esa cuestión. Zhang Huang enfatizó la hipótesis: si el cielo y el infierno existían de verdad, estaría de acuerdo con Ricci de que los buenos y los malos irían a sus destinos separados. En ningún momento admitió Zhang la existencia de estos lugares cristianos. Sin embargo, en las memorias de Ricci cuando narró este intercambio, el origen hipotético de la primera declaración de Zhang se transformó gradualmente en un acuerdo tácito en sus cartas y finalmente admitió la doctrina cristiana en *Diez capítulos de un hombre extraño.*[37] Sin embargo, el hecho de que esta cita, y muchas ideas similares, aparecieran en *Tianzhu shiyi* reflejaba la importancia de estas discusiones en la formación de las ideas de Ricci.

Por esta razón, veremos el pensamiento de Zhang Huang y su lugar en historia intelectual de la tardía Ming y enfatizaremos los puntos que se corresponden con el programa intelectual de Ricci. Primero, la vuelta a los textos antiguos de tradición confuciana para reconstruir una ortodoxia confuciana intacta de las siguientes exégesis y por ideas del budismo y del taoísmo. Segundo, la búsqueda de la armonía entre el estudio de la naturaleza y el desarrollo propio, la defensa de un programa unitario de introspección, autodisciplina y el estudio de textos y naturaleza. Finalmente, la práctica del conocimiento moral en el día a día, como ejemplifican las sociedades cultas y los coloquios.

Al contrario que la gran mayoría de académicos, que consumían los clásicos de Confucio solo para aprobar el examen, y cuya visión del poder y la prosperidad se mantenían enfocados y sin distracciones de los preceptos morales de los libros que leían, Zhang Huang nunca rindió el examen de servicio civil y nunca ejerció un cargo oficial. Era una especie poco común en la tardía sociedad Ming: un académico puro. Una biografía póstuma escrita en 1611 por su discípulo Wan Shanglie describía los presagios prometedores del nacimiento de este sabio confuciano.[38] Su padre, quien deseaba fervientemente un hijo, tuvo dos sueños: un anciano en la Vía Láctea, conocía su deseo y le advirtió que acumulase méritos éticos; en el segundo sueño, vio a un bebé sentado muy digno en la luna. Era cierto que el joven Zhang Huang tenía un aire de dignidad solemne. Nunca pronunció una palabra vulgar; era un estudiante modélico, dibujara retratos de Confucio, Mencio y otros sabios; y le conmovía el sufrimiento, especialmente el de un deudor que fue encadenado durante tres días sin sustento. Tras perder a su padre y a su querido hermano menor cuando era un joven, Zhang Huang decidió renunciar a la fama y a la fortuna y dedicar su vida al estudio y a la reflexión.

En su búsqueda del significado de la vida, Zhang Huang se centró en el estudio del *Yijing*, "El libro de los cambios", un libro esotérico de adivinación de diagramas y textos recogidos a inicios de la dinastía Zhou (1122-256 a.C.), en la China tradicional se creía que había sido compuesto por la figura mítica de Fu Xi, uno de los primeros dirigentes legendarios de China en el tercer milenio antes de Cristo. Del *Yijing*, los académicos confucianos desarrollaron la teoría del universo: que se auto generaba desde la materia primordial, combinaba los elementos del yin y el yang, simbolizaba así la naturaleza de la tierra y el cielo, y todas las cosas vivas e insensatas en el mundo; que sus fuerzas, siempre yendo y viniendo, opuestas y complementarias, gobernaban la vida humana; y que todas las cosas en el universo, incluida la humanidad, comparte la misma sustancia universal. Esta visión de un universo unitario implica un camino unificado y justo en todas las cosas: en la construcción del orden del mundo, en el buen gobierno, en mantener relaciones familiares adecuadas y en el desarrollo moral de uno mismo. Para Zhang Huang, no existía una diferencia sustancial entre mirar las estrellas, la herboristería y la filosofía moral, ya que todo conocimiento era el mismo. Por esta razón, Zhang Huang estaba especialmente impresionado por el dominio de la astronomía de Ricci. Incluyó extractos del trabajo de Ricci en su compilación de obras importantes *Tushu bian* ("Antología"), y escribió: "Hace poco que he conocido a Qu Taisu (es decir, Qu

Rukui), que visitó Guangdong y vio un monje, que se llamaba a sí mismo huloba (esto es, europeo), un gran experto en el calendario y las matemáticas. Cuando navegó por los mares, todo lo que hacía era observar el cuadrante, y así supo no solo la hora y la posición, sino también la distancia de las cuatro direcciones de la brújula".[39] Lo que impresionaba a Zhang Huang aún más era que este increíble astrónomo también era un hombre virtuoso. Una vez Ricci se quejó a Zhang Huang sobre las multitudes de visitantes que le dejaban poco tiempo para el estudio y el desarrollo personal. El famoso académico confuciano le aconsejó que enseñara a sus sirvientes a anunciar su ausencia cuando no quisiera ser molestado. Ricci contestó que sería mentir. Zhang Huang replicó que esto difícilmente se podía clasificar como mentira. Pero Ricci aseguró que un hombre dedicado a servir a Dios debía decir siempre la verdad, sin importar la ocasión. Estas palabras se difundieron por el círculo de Zhang Huang y Ricci fue conocido y respetado como el hombre que nunca mentía.

Podemos intuir las ideas centrales del pensamiento de Zhang Huang en el Programa de ocho claves del estudio que escribió en 1592 para el Bailu dong shuyuan, la Academia del bosque del ciervo blanco.[40] Contenía la importancia que daba a la auto disciplina y a la introspección moral, su énfasis en los antiguos textos de Confucio y su rechazo del sincretismo de la tardía Ming con el budismo, todos temas importantes que aparecerían en el *Tianzhu shiyi* de Ricci.

Ubicada en Lushan, la paisajística montaña al norte de Nanchang, la Academia del bosque del ciervo blanco, fundada en la dinastía Song y restaurada por Wang Yangming durante su cargo como Gobernante de Jiangxi, era una de las academias privadas más prestigiosas de la dinastía Ming, gracias a su asociación histórica con Zhu Xi y Wang Yangming, las dos figuras más importantes del pensamiento neo-confuciano. En 1592, Zhang Huang fue elegido como presidente de la academia (*zhudong*). Redactó un programa de ocho claves, probablemente como un discurso inaugural para los estudiantes, que resumiremos a continuación.

Uno. La raíz de todo aprendizaje es confirmar el deseo de cada uno por la virtud... Mientras que mucha gente está dotada al nacer de habilidades y talento por el Cielo, sin deseo, sus mentes sucumbirían a la riqueza, la carrera y a los placeres sensuales... Con el deseo de la virtud, la mente se enfoca a los asuntos del cielo y la tierra y a la continuación de las enseñanzas perdidas de antiguos sabios.

Dos. El objetivo principal de aprender es hacer amistades nuevas que nos ayudarán en el camino a la virtud... Nuestra voluntad tiene que enfocarse a obtener virtud (*ren*), y a no perdernos en los disfrutes lujosos o en el éxito y derrota del examen... Hoy, nos reunimos en este salón, un día para hacer amigos, para ayudarnos mutuamente en la virtud y para aprender juntos la entrada a la sabiduría. Todos deberíais reflexionar en silencio para vuestros adentros, a encontrar evidencias de lo que sabéis, a cuestionar vuestras dudas para ganar entendimiento y a debatir pasajes difíciles en textos canónicos o aforismos de antiguos académicos que hayáis encontrado. Deberíais cuestionaros los unos a los otros con ecuanimidad, aceptar las críticas con humildad, corregiros los unos a los otros cuando seáis competitivos, perezosos o cometáis fallos en palabras o actos.

Tres. La manera de aprender es observar el mundo físico y la mente de cada uno... Ya que el mundo, el país, nuestros cuerpos y nuestras mentes, nuestro conocimiento y deseos, son todo uno... Todas las cosas en el cielo y en la tierra no son sino un cuerpo... Estos días, hay quien habla de conocimiento moral innato, *liangzhi*, piensan que solo lo que conocemos actualmente es práctico para el pensamiento moral innato, y que esto representa la iluminación repentina... Se olvidan de que solo lavando arena se consigue oro auténtico, y que un estanque desbordado se debe limpiar antes de volver al origen. ¿Cómo puede alguien decir que el aprendizaje de uno mismo no involucra el conocimiento del mundo físico?

Cuatro. El escudo del aprendizaje consiste en la ansiedad de sostener normas. Los antiguos temían las órdenes del Cielo, respetaban la virtud y temían la negligencia... Si te adecuas a las normas con cuidado, tu espíritu se verá limitado por tu conciencia aguzada, centrada y unificada, como si Dios en lo Alto (*Shangdi*) se te hubiera aparecido...

Cinco. La fundación del aprendizaje es la piedad y la honestidad... Aun Confucio, el mayor sabio enviado por el Cielo, dijo que no había ni siquiera seguido uno de los cuatro caminos de la virtud. Asegurarse de que las acciones corresponden con las palabras es de hecho una característica de un hombre moralmente cultivado. Nosotros, que queremos emular a Confucio, ¿cómo podríamos no aspirar a conseguir esto?

Seis. Inspeccionar el aprendizaje consiste en castigar los errores, controlar los deseos y corregir nuestros fallos. La bondad es infinita, la humanidad tiene muchos fallos, el deseo de cometer errores es difícil de erradicar y nos mueve fácilmente el deseo sensual. (Zhang Huang ilustró este punto analizando la naturaleza del cambio en dos hexagramas (*qua*) en los trigramas del *Yijing*.)

Siete. El objetivo final de aprendizaje es satisfacer nuestra naturaleza humana y el destino... Todo lo que se ha mencionado hace referencia al principio de la naturaleza humana y el destino. ¿Por qué? Todo es uno. Si de verdad puedes estudiar cosas y comprender, entonces todos los actos y palabras de piedad representan manifestaciones de esta única cosa. La relación adecuada entre los seres humanos, *ren*, es naturaleza humana y destino y representa otro nombre para esta misma cosa.

Ocho. La autoridad para aprender yace en investigar la Antigüedad y extrayendo todo el significado de los clásicos... ¿No son acaso los *Seis clásicos* y los *Cuatro libros* el legado y las enseñanzas de los antiguos sabios? Pero aquellos que hablan de aprender hoy en día renuncian a las leyes de sabios anteriores, y desdeñan las limitaciones de los académicos Song. En todo, confían solo en su propia mente, participan en un discurso desarraigado y auto referencial, defienden la iluminación moral instantánea, fundan sus propias escuelas, afirman que un plebeyo analfabeto podría unirse a la categoría de los sabios. Afirman que, o bien no hay textos antiguos que merezcan la pena ser leídos, o presumen de que los *Seis clásicos* no son más que simples notas al pie de su propia mente. Por ende, todo el mundo profiere discursos heterodoxos, insulta las palabras de los sabios, se alejan del camino de los sabios, ¡hasta el punto de que casi no pueden ser salvados! Hay algunos en

> nuestros tiempos, considerados las mentes más brillantes, hombres que se consagran al Aprendizaje de la Mente (*xin xue*), muchos abandonan a sus familias, para ir con sus compañeros a un mundo de ensueño... para practicar sus meditaciones silenciosas y para probar sus verdades. ¡Si mezclas las tres enseñanzas [confucianismo, budismo y taoísmo] en una sola, no estás más que tratando el trabajo de nuestra sagrada escuela como si de basura se tratara!

Como discípulo de tercera generación de Wang Yangming, las ideas de Zhang Huang mostraban la marca del gran maestro. El concepto clave en la filosofía de Wang era el *liangzhi*, el conocimiento moral innato; el individuo no debería confiar en ninguna autoridad externa en su búsqueda de la verdad, sino que debería buscar en sí mismo para descubrir su propio conocimiento moral innato. Wang creía firmemente en la naturaleza benévola de la humanidad: "En la sustancia original de la mente donde no hay distinción entre bueno y malo

Cuando el deseo se vuelve activo, sin embargo, esta distinción existe. La facultad del conocimiento innato es diferenciar el bien del mal. El estudio de las cosas es buscar la virtud y erradicar la maldad". Del mismo modo, Zhang Huang compartió las enseñanzas de Wang sobre la unidad del universo: "El hombre es la mente del universo. Al fondo el Cielo y la Tierra y todas las cosas son mi cuerpo. ¿Hay algún sufrimiento o amargura de las grandes masas que no sea una enfermedad o un dolor en mi propio cuerpo?" Además, los discípulos de Wang Yangming creían que los hombres mortales podían acceder a la sabiduría, y que la unidad de la naturaleza humana con todas las cosas entrañaba un deber moral para curar el cuerpo enfermo del mundo, aliviar el sufrimiento y ayudar a los demás.

En la clasificación estándar de la enseñanza Ming promovida por el fallecido académico Ming Huang Zongxi (1609-1695) en *Mingru xue an* (*Informes de los académicos Ming*), los discípulos de Wang podían dividirse en tres grupos geográficos. Zhang Huang pertenecía al grupo de Jiangxi, la llamada escuela Jiangyou [escuela de la orilla derecha del Yangzi]. Las figuras clave se asociaban con el Fugu shu Yuan [Restaurar la Academia Antigua] en Ji an. De alguna manera, además de ser una de las paradas de Ricci en su viaje en abril de 1595,

Ji an proveía más candidatos exitosos para el grado de *jinshi* que cualquiera de las otras prefecturas durante la dinastía Ming. Zhou Shouyi, Ouyang De, Nie Bao y Luo Hongxian, los líderes de este grupo, dirigían sus enseñanzas a las élites y al emperador. Creían que mantener la virtud moral requería de un esfuerzo de por vida, y acciones externas prácticas, así como refinamiento interno. Algunos de ellos también eran muy críticos con las otras dos escuelas de los discípulos de Wang Yangming, concretamente con las escuelas Zhejiang y Taizhou, por dar demasiada importancia a la meditación taoísta y budista, y por complacer a las masas. Por lo tanto, el ataque al sincretismo por parte de Zhang Huang entraba dentro de las tradiciones de la escuela Jiangxi. Las mofas del discurso de Zhang Huang en la Academia del bosque del ciervo blanco hacían referencia a dos líderes contemporáneos de la escuela de Taizhou: He Xinyin (1517-79) defendía la sabiduría para las masas analfabetas; y Li Zhi (1527-1602), quien abandonó a su mujer para buscar la iluminación como un monje budista e ignoró las normas sociales al aceptar a mujeres jóvenes sin casarse como discípulas. Ambos hombres causaron un alboroto al desafiar las ortodoxas normas sociales confucianas; ambos murieron en prisión. Ricci tendría ocasión de conocer al brillante y excéntrico Li Zhi.

El 24 de diciembre de 1595, Ricci acogió a João Soeiro (1566-1607) y a Francisco Martins (Huang Mingsha). El portugués Soeiro se había unido a la Compañía de Jesús en 1584 y partió de Europa en compañía de los japoneses samuráis cristianos. Tras trabajar en Mozambique y Goa, lo enviaron a Macao. El Hermano Martins lo acompañó desde Shaozhou para apoyar a Ricci. Con estos nuevos integrantes, los pensamientos de Ricci se centraron en asegurar una base firme en Nanchang. Una vez más, visitó a Lu Wangai con un reloj de sol y el libro de mnemotecnia, como el mandarín le había pedido. En lo que respectaba a la residencia, Lu envió a Ricci al prefecto (*zhifu*) Wang Zuo. Al no conocerle personalmente, al principio Wang Zuo reaccionó fríamente a la petición de Ricci y quiso establecerle en un monasterio budista fuera de las murallas de la ciudad. Angustiado por no volver a la categoría de monje budista, Ricci renovó sus ruegos a Lu con aún más regalos. Como se descubrió luego, una palabra favorable de Lu Wangai era más que suficiente. Era mucho mejor para los mandarines proteger verbalmente al extranjero que emitir un documento escrito; el patronazgo informal permitía quitarse responsabilidad en el caso de que algo fuera mal. Por ello, a fianles de junio, justamente un año tras el regreso de Ricci a Nanchang desde Nanjing, usando el poco dinero que le enviaban desde Macao, compró una modesta casa cerca del *yamen* del prefecto, pese a las objeciones de los jefes de su barrio. Esto fue un poco precipitado, ya que Ricci era responsable de un hogar de dos jesuitas además de ocho o diez sirvientes y discípulos, incluido el converso Ignacio, un joven bautizado en Shaozhou en contra de la fuerte oposición de su padre y que se escapó para unirse al maestro occidental una vez que supo que Ricci se había mudado a Nanchang.

Mientras se asentaba en 1596, Ricci volvió a trabajar en su nuevo catecismo, comenzado en Shaozhou e interrumpido por su mudanza a Jiangxi. Para octubre, Ricci probablemente había acabado su primer borrador, que envió a amigos chinos para solicitar sugerencias sobre revisiones estilísticas y textuales. Sin duda, la participación de Ricci en los coloquios mensuales de Zhang Huang había agudizado sus pensamientos, como hemos visto. Pero Ricci aún era víctima de su propio éxito. No tenía casi tiempo para descansar, mucho menos para escribir. Recibía visitas durante todo el día. Casi no había tiempo para comer. Cada semana le llegaban de dos a tres invitaciones a cenar, algunas veces dos el mismo día. Toda esta popularidad exigía un pago, especialmente los días de ayuno cristianos, cuando Ricci había ayunado todo el día, luego asistía a banquetes para horas de conversaciones con el estómago vacío, a menudo tomando una cena vegetal tardía (evitaba el pescado, ya que los chinos pensaban que esto no era realmente ayunar). Su obra, completada finalmente tras su mudanza a Pekín, se publicó en 1603 con el título de *Tianzhu shiyi*. Mientras, Valignano y de Sande consideraron que el texto de este catecismo debía sustituir al *Tianzhu shilu* de Ruggieri,el cual con sus referencias al budismo era inaceptable, y ordenaron destruir las planchas de madera.

Día tras día, la reputación de Ricci como un gran académico incrementó. Muchos llegaban a su puerta: la mayoría querían aprender mnemotecnia, algunos deseaban que los instruyera en matemáticas, otros en alquimia, pero sus rangos cada vez eran menos importantes, y había todavía menos pidiendo enseñanzas religiosas; todos lo trataban de maestro. Despidiendo a los alquimistas, Ricci accedió a enseñar a los demás, rechazaba las ofertas de dinero y el título de maestro. El tiempo no era propicio para la conversión. "Todavía no queremos forzarlos a ser cristianos", le confió Ricci a Giulio Fulgati en una carta, "estamos satisfechos con establecer los cimientos para un gran trabajo, cuando Su Divina Majestad abra el camino".[41] Para Ricci la pedagogía era predicar, y la erudición la salvación, en sus conversaciones, "a pesar de que no explican todos los misterios de nuestra santa fe, todos establecen los principios fundamentales, a saber, que Dios es el creador del cielo y la tierra, la inmortalidad del alma, que el bien y el mal serán premiados y castigados, todo asuntos desconocidos y no creídos hasta ahora por ellos; y escuchan con tanta satisfacción y con tantas lágrimas que a menudo estallan espontáneamente en versos de halago".[42]

Dos cosas estaban claras, escribió Ricci a Acquaviva: si les dieran permiso oficial para predicar el evangelio, podrían conseguir millones de conversos en un corto espacio de tiempo; sin permiso oficial, podrían perder de pronto lo poco que habían conseguido. Aún obsesionado con acceder a Pekín, Ricci esperaba la tan ansiada embajada papal, mientras recordaba a Ruggieri, su compañero anterior. Si esto no se materializaba, Ricci esperaba que sus elevados contactos intercedieran: los príncipes imperiales o los tres hijos del gran secretario Zhang Wei, todos amigos suyos.

Repleto de optimismo durante sus tres años en Nanchang, Ricci esperaba el futuro, esto mitigaba su nostalgia melancólica del pasado. La única nota discordante ocurrió en el otoño de 1595, cuando una carta de su amigo Girolamo Costa informó a Ricci de la muerte de sus padres (lo que no era cierto). Con tono de triste resignación, Ricci escribió a su hermano Antonio Maria: habían pasado muchos años desde que había tenido noticias de casa, y a pesar de que sus amigos lo mantuvieran informado, rogó a Antonio Mara que "escribas con detalle sobre todos nuestros hermanos, primos y hermanas, lo que cada persona se encuentra haciendo, cómo están, quién vive bien y quién no, para que pueda consolarme y ayudarles con mis pobres plegarias". Ricci felicitó a su hermano por obtener un beneficio eclesiástico en el cabildo de la catedral de su ciudad, pero le advirtió que, si la comodidad y la riqueza trajeran daños espirituales, sería mejor vivir como mendicante.

Ahora que su padre no estaba, Ricci ordenó a su hermano que cuidase de los más jóvenes, que los guiara por el buen camino, que actuara como su padre. En lo que a él se refería, "Estoy ya anciano, muy ocupado en China, donde he vivido muchos años y donde creo que terminaré mis días". Ricci pidió a su hermano que no creyera que "vivo [vivía] miserable, tan lejos de nuestro país y entre gente bárbara para el amor de Dios porque el cielo y los ángeles, ciudadanos de nuestra verdadera nación, que es el cielo, siempre están con nosotros y nos acompañan a todos los lugares, y ya en este mundo contamos con un depósito asegurado de bondad, que disfrutaremos en el siguiente".[43]

El propio Ricci acumulaba una gran reserva de fama, tanto en China como en el Oeste. La historia de su éxito empezó a extenderse en todos los lugares del mundo católico, desde Japón, a la India y a Europa. Se había convertido en el experto principal sobre China. En octubre de 1596 Ricci envió una *Descripción de China* a Roma, un texto que probablemente sirvió de base para los primeros cinco libros de su obra vital, *Historia de la entrada de la cristiandad en China*. Como observador agudo y acervado que era, Ricci presentaba imágenes vívidas de la China en la tardía Ming. A su amigo y antiguo compañero en la Escuela Romana, el jesuita Lelio Passionei, Ricci le describió con detalle el examen imperial de servicio civil, que presenció en Nanchang. A pesar de que China estaba gobernada por un emperador, "se parece más a una república que a una monarquía, ya que ningún familiar del emperador... ejerce ningún cargo en el reino... El gobierno del imperio está enteramente a manos de los intelectuales".[44] Tras describir el desprecio por el ejército y por el bajo rango de los oficiales militares, Ricci explicó que a todos los mandarines se les escogía a través del examen.[45] El primer rango, el *xiucai*, se otorgaba anualmente por Intendentes de Educación (*tidu xuedao*), que examinaban candidatos de diferentes ciudades.

El segundo grado, el *juren*, se decidía en exámenes provinciales, organizados cada tres años en el noveno día del octavo mes lunar (cayó el 19 de septiembre de 1597 en Nanchang). Solo unos 4.000 candidatos de unos 30.000 *xiucai* en la provincia de Jiangxi ganaron el derecho a presentarse a este examen tras aprobar un examen preliminar. Miles de ansiosos jóvenes académicos (algunos no tan jóvenes) fueron a la capital provincial, acompañados de sirvientes y familia. El día del examen, se presentaron en el enorme salón del examen, un recinto dividido en 4.000 pequeñas celdas, cada una equipada con un escritorio y una silla, solo tras una inspección para prevenir copiar (véase lámina VI). Vigilado por soldados y supervisado por mandarines enviados de otras provincias, los candidatos sufrían largas horas de componer ensayos en temas asignados. Una vez terminado, los escribas copiaban el escrito original para que los oficiales evaluadores no pudieran reconocer el nombre o la letra.

Un proceso de graduación cuádruple reducía los 4.000 exámenes a 190, el doble de la cuota de Jingxi para el grado de *juren*. Los examinadores mandarines seleccionaban a los afortunados 95 candidatos al grado, cada ensayo se calificaba de uno a 95 acorde a la excelencia. Luego los ensayos se juntaban con los originales y los nombres de los nuevos *juren* se publicaban en un gran tablón de anuncios, entre escenas de desesperación y euforia. El año siguiente a todos los portadores de un grado *juren* se les permitía participar en el examen metropolitano, organizado en Pekín, para el grado máximo de *jinshi*. De los miles de aspirantes, solo 300 aprobaban en cada selección, todos clasificados en una jerarquía por méritos que determinaba su primer cargo en la enorme burocracia imperial.

Plenamente consciente del rango, Ricci destacó que en Nanchang se codeaba con viceministros (*shilang*), prefectos (*zhifu*) y altos cargos oficiales provinciales en las ramas ejecutivas y judiciales (*buzheng shi si* y *ancha shisi*) y mandarines del tercer y cuarto nivel completos, a diferencia de los mandarines más humildes con los que solía socializar en Guangdong, los magistrados condales (*zhixien* y *tongzhi*) de los rangos séptimo y octavo.[46] Su obsesión con el rango y el estatus parecía indicar que Ricci estaba pensando como un miembro de la élite china. De hecho, se comportaba como tal. Durante un banquete en Nanchang, Ricci conoció a un mandarín, antiguo magistrado del Condado de Xiangshang con jurisdicción sobre Macao, luego prefecto de la isla Hainan, que halagó a Ricci con el mayor cumplido al comentar a los otros mandarines que no había nada de extranjero en el jesuita, excepto por su cara.

Cuanto más se comportaba Ricci como las élites chinas, más exitoso se volvía. Cuanto más aumentaba su reputación, mayor era su confianza en la superioridad del Oeste. En múltiples cartas desde Nanchang, Ricci analizó las razones de su éxito, la principal era su conocimiento exhaustivo de los clásicos confucianos, aún más impresionante por su increíble memoria, lo que los intelectuales no esperaban en un extranjero; igual de importante era su conocimiento superior de las matemáticas y la astronomía. En septiembre de 1596, ocurrió un eclipse solar. Ricci lo había predicho con meses de antelación. Sus amigos chinos se preocuparon por lo impreciso de la previsión publicada por el Rectorado Imperial de Astronomía. Ricci les explicó que la medida de los eclipses dependía del lugar particular de observación: un eclipse no era el mismo fenómeno visto desde diferentes observatorios. Hemos visto anteriormente sus comentarios ácidos y despectivos sobre el estado de la astronomía china. El sentimiento de superioridad cultural se expandió a otros campos: "Es evidente que somos superiores a ellos [los chinos] en muchas cosas, como podemos ver en nuestras pinturas, tapicería, libros, discursos, la ciencia y los instrumentos de las matemáticas, armas, instrumentos musicales, indumentaria valiosa como terciopelo, brocados, paños de lana y una infinidad de cosas. Por todo ello, se diría que ellos tendrían que someterse a nosotros y ser más humildes. Creo que también en jurisprudencia podríamos enseñarles algo".[47] A su profesor Clavio, que le envió su último libro sobre astrolabios, Ricci le contestó que se lo había mostrado a académicos chinos, "quienes se asombraron por la variedad de ilustraciones".[48]

Quizás todas estas expresiones de superioridad, justificadas por el éxito y los triunfos, permitieron a Ricci desahogar su profunda amargura del pasado. Mientras explicaba el cambio de las tácticas misioneras a Duarte de Sande en agosto de 1595, Ricci escribió:[49]

No es nuestra intención conseguir honores, pero en esta tierra, donde la ley de Nuestro Señor nunca se ha dado a conocer, la reputación y el crédito de los predicadores de esta santa doctrina, y hasta un punto la reputación de la ley misma, depende adaptarse y actuar externamente como los chinos. Y ahora vemos que es importante, porque hasta hace poco nos hemos comportado externamente con humildad y nos han considerado monjes budistas; siempre éramos tratados como personas humildes y donnadies, y nunca pudimos establecer conexiones con los mandarines y otras personas importantes. Ahora, con esta transformación, hemos entablado relación con ellos y somos tratados con más respeto y cortesía. Para salvaguardarnos de la maldad de este respeto, que empezamos a recibir, Nuestro Señor nos ha hecho pasar doce años en Zhaoqing y en Shaozhou, sufriendo muchas afrentas, humillaciones, insultos y multitud de persecuciones suficientes para construir una buena base, ya que en todo este tiempo éramos tratados y tenidos por la escoria de la tierra. Nuestro Señor, que nos dio fuerza para perseverar a través de tantas tribulaciones, dennos la misma gracia para que no nos destruyan estos honores.

8

NANJING

Con sus suaves túnicas de seda, codeándose con príncipes, mandarines e intelectuales, "nada de extranjero en él, excepto por su cara", como un mandarín comentó, podríamos olvidar con facilidad que Ricci era un jesuita. En realidad, más allá de la red local de amistades, invisible para sus amigos de Nanchang, se extendía una lealtad aún mayor a la Compañía internacional de misioneros. El 1 de enero de 1596, Ricci juró el Cuarto Voto de la Compañía: además de los votos de pobreza, castidad y obediencia jurados por todos los religiosos católicos, los jesuitas tenían un cuarto voto de obediencia especial al papa, prometían servir en cualquier tarea misionera que el pontificio supremo pudiera declarar. Los profesos, como se llama a los padres que profesan el Cuarto Voto, forman la élite dentro de la Compañía, solo ellos pueden optar a posiciones de liderazgo. Ricci consiguió ese cargo enseguida. En agosto de 1597, Valignano designó a Ricci superior de la misión de China, en teoría sujeto a la autoridad del Rector de la escuela jesuita de Macao, en la práctica contaba con gran autonomía ya que Ricci era ahora el mayor y el dirigente experto en asuntos chinos. En Nanchang, Ricci dirigía una casa con unos diez internos y supervisaba también la residencia en Shaozhou. Había llovido desde la época en la que Ricci era el compañero menor de Ruggieri; en 1597, fue superior de tres curas, dos hermanos chinos y más de una docena de sirvientes chinos. Pronto, su cargo sería aún mayor.

Recordemos el viaje de vuelta a Roma de Michele Ruggieri en 1588. A pesar del fracaso de Ruggieri por asegurar una embajada papal para el emperador chino, Valignano estaba obsesionado con asegurar la mayor protección política para la frágil misión china, sin duda inspirado por el gran éxito del que disfrutaba la misión jesuita en Japón bajo el patronazgo de los señores feudales que se habían convertido al cristianismo. Desde Macao, Valignano preparó y envió a Ricci regalos para una embajada. Pero para Ricci, aún con sus contactos, era una tarea abrumadora. El príncipe de Jian an, a quien Ricci se dirigió, se negó de pleno a ayudar: la ley Ming prohibía a todos los príncipes feudales viajar sin autorización a Pekín; todas las acciones percibidas como intervenciones políticas solo traerían sospecha y censura desde la corte imperial.

Una vez más, la ayuda apareció de donde menos la esperaba. Un conocido de su pasado, Wang Zhongming, antiguo ministro de ritos en Nanjing, que había parado en 1594 en Shaozhou mientras viajaba a su ciudad de origen en la Isla Hainan, había prometido usar el conocimiento matemático de Ricci para enmendar el calendario imperial. De vuelta a su puesto tras el periodo de duelo parental estipulado, Wang Zhongming pasó por Shaozhou. Cumpliendo instrucciones de Ricci, Lazzaro Cattaneo le hizo una visita al mandarín y le recordó su promesa, también le informó de que Ricci se encontraba en Nanchang. Viajando rápido, Cattaneo y un nuevo misionero portugués, João da Rocha, llegaron a Nanchang dos días antes que Wang. Informado de esta nueva oportunidad, Ricci se preparó. Realizó una visita a Wang, cuando este llegó. Al contarle al mandarín su ferviente deseo de ofrecer regalos como tributos al emperador, Ricci enseñó a Wang los preciosos productos que había recibido de Macao: dos relojes europeos, una pintura del Salvador y un prisma veneciano. Ricci presentó el último objeto como un regalo para persuadir al mandarín Wang; a esto agregó el irresistible regalo de un reloj para forzar la buena voluntad de Wang.

De talante optimista, Wang Zhogming prometió llevar a Ricci no solo a Nanjing sino a Pekín, a donde se dirigía a llevar regalos para el cumpleaños del emperador Wanli el décimo séptimo día del octavo mes lunar. La decisión fue rápida. Los dos padres portugueses Soerio y da Rocha se quedarían en Nanchang y dos antiguos compañeros acompañarían a Ricci, Cattaneo y el hermano chino Sebastian Fernandes (Zhong Mingren), así como el joven chino de Macao You Wenhui (1575-1633, bautizado como Manoel Pereira). Tras estudiar con el famoso pintor jesuita Giovanni Nicolao, uno de los compañeros de Ricci en el viaje de Goa a Macao en 1582, You Wenhui se unió a la Compañía más tarde y se convirtió en el compañero de Ricci en sus últimos años, de su pincel proviene el único retrato auténtico del legendario misionero. Después de un corto viaje, el grupo de Wang llegó a Nanjing por barco el 25 de junio de 1598. Ricci, por supuesto, conocía bien la ruta. Desafortunadamente, llegó en un mal momento, al igual que su primera visita. En 1595, la invasión japonesa de Corea había ensombrecido la primera visita del jesuita a la capital Ming del sur; ahora, la ruptura de las negociaciones de paz y una segunda invasión de Corea a manos de Hideyoshi, sembró aún mayores sospechas hacia todos los extranjeros.

Nanjing vivía aterrorizada: se habían arrestado espías japoneses y los oficiales advertían a todos los posaderos que no aceptaran personas sospechosas. Incapaces de encontrar alojamiento en tierra, Ricci y su grupo sudaban en las barcazas. Pagó una exorbitante suma a un académico chino famoso que compuso una conmemoración elegante para acompañar sus ofrendas de tributos. Pero el *tongzheng shi*, el oficial responsable de transmitir todas las conmemoraciones de Nanjing a Pekín, se negó a aceptarlo. Ya que Wang Zhongming estaba viajando a Pekín a presentar los regalos de cumpleaños de parte de todos los ministerios de Nanjing, y como era el patrón del extranjero, el *tongzheng shi* rehusó tener ninguna responsabilidad, no fuera a meterse en problemas. El estado de ánimo tan cruel afectó incluso al optimismo de Wang. Quiso enviar a Ricci a Nanchang. Pero endeudado con Ricci por los extravagantes regalos, Wang decidió dejar a un lado sus miedos. Tomando la vía por tierra más rápida, Wang partió a Pekín, mientras organizaba todo para que Ricci y sus compañeros pudieran viajar por barco como miembros de su casa.

Una invitación retrasó la marcha de Ricci. Sin su conocimiento, un conocido de Ricci de sus días en Shaozhou, el subprefecto del condado de Nanxiong, Wang Yinlin (Yuzha), había publicado en privado el *Mapamundi* de Ricci. En 1598, Wang Yinlin había ascendido al rango de *zhifu* de Zhenjiang, un puerto y fortaleza importantes en el Yangzi a poca distancia río abajo de Nanjing. Wang había regalado copias del *Mapamundi* a sus superiores y colegas del mundo mandarín, si bien sin el nombre de Ricci. Una copia acabó en manos de Zhao Kehuai, el *xunfu* de Nanjing (la provincia Zhili del Sur) y el superior inmediato de Wang. Encantado con el mapa, Zhao escribió un prefacio, lo reimprimió y distribuyó copias como su propio regalo, incluida una para Wang Zhongming, para felicitar a su viejo amigo por volver a ejercer el cargo de ministro de ritos en Nanjing. Como había visto un mapa similar en posesión de Ricci, Wang Zhongming preguntó al jesuita y estuvo orgulloso de descubrir que era el patrón del autor de un famoso mapa mundial. Wang Zhongming escribió para informar a Zhao, quien en seguida envió una invitación para que Ricci lo visitara en su magistratura, ubicada en la pequeña ciudad de Jurong, veinticinco millas al sureste de Nanjing. La invitación de Zhao llegó el día anterior a la partida de los jesuitas. Tras cargar a Cattaneo con el viaje a Pekín, Ricci partió hacia Jurong, donde pasó entre ocho y diez días en conversaciones amenas sobre matemáticas, Europa y el cristianismo con Zhao Kehuai, quien reverenció inusualmente una imagen de Cristo, poniéndola en una mesa para ofrecerle incienso y saludos. Incapaz de hacer que Ricci se quedara más tiempo, Zhao envió un grupo para escoltar al occidental al Yangzi, donde Ricci se subió a bordo de un barco rápido para viajar al norte por el Gran Canal.

No hubo incidencias en el viaje. Tras marchar de Nanchang, Ricci apuntó las distancias entre ciudades y las ubicaciones geográficas de las ciudades; ahora, en el Gran Canal, Ricci anotó los detalles de la vida en la ruta, observó escenas a lo largo de la línea de suministros más importante de la capital norteña, donde cientos de lentas gabarras transportaban arroz, vegetales, fruta, seda, porcelana y otros productos de las fértiles y ricas provincias del sur del Yangzi hacia el austero norte, donde los barcos rápidos llevaban el correo urgente y los alimentos perecederos, eunucos violentos e importantes mandarines se abrían paso entre el tráfico que hacía cola en las esclusas con gritos de amenaza y anuncios ostentosos. En cada esclusa, cientos de trabajadores de ambas orillas estaban preparados para tirar de cada barco mediante gruesas cuerdas amarradas alrededor de sus andrajosas ropas y enormes hombros. En cada ciudad, posadas, restaurantes y tiendas se dirigían a los viajeros, soldados y trabajadores. En el verano de 1598, Ricci también vio numerosas barcazas cargadas con troncos, cortados en los bosques de montaña de la remota provincia de Sichuan, todo para reconstruir los edificios del palacio imperial destruidos por incendios recientes. En algún lugar del Gran Canal, Ricci se reunió con su grupo. A lo largo de la ruta, los jesuitas tuvieron un primer contacto con el poder arbitrario y avaricioso de los eunucos palaciegos, empoderados y enviados por el emperador Wanli como recaudadores de impuestos, que aterrorizaban el país con sus demandas crueles y corruptas.

El 8 de septiembre, el festivo de la Virgen María, los jesuitas llegaron a Pekín. Desembarcaron en Tongzhou, el final del Gran Canal, y siguieron por tierra la corta distancia que distaba de la capital. Allí, de entre la tierra marrón y polvorienta, emergía la imponente ciudad. Pekín era una auténtica fortaleza: las murallas exteriores eran inexpugnables y más altas que las de cualquier ciudad europea, medían de ancho más de veinte pies y delimitaban la capital rectangular; una segunda muralla protegía la Ciudad Imperial o Prohibida; a lo largo de los parapetos, las torres vigía y las puertas de la ciudad los soldados montaban guardia. A Ricci no le gustó Pekín. Polvo por todos lados. Las calles sin pavimentar. No había casi agua. Cuando los vientos del norte soplaban desde el desierto Mongol, levantaban el polvo en pequeños torbellinos hacia la cara de las personas, que andaban por la ciudad tapados con capuchas negras para protegerse los ojos de la arena que se metía por todas partes: ropa, habitaciones y camas. Cuando llovía, las calles se embarraban. Al contrario que en las ciudades del sur, en Pekín no había ríos, arroyos o canales para navegar, ni sillas de mano para pasear por las calles arboladas y pavimentadas. Los pobres andaban.

Aquellos que podían permitírselo alquilaban caballos. Este medio de transporte, abundante, aunque caro, tenía la desventaja de la suciedad: los caballos defecaban, al igual que los camellos de las caravanas de Asia Central y los burros que acompañaban a los campesinos para vender sus productos. Un olor fétido envolvía Pekín. En los meses de invierno, los vientos traían una mezcla de arena, heces desecadas y polvo de carbón, el último proveniente del extendido material para calentar usado en la China del norte y extraído de la superficie de la tierra. Hacía mucho que no había madera. Las colinas al norte y al oeste de Pekín se habían deforestado hacía más de un siglo antes de Ricci. Después de que la capital pasara de Nanjing a Pekín en 1421, la población de la antigua y desolada ciudad fronteriza se cuadruplicó en medio siglo; la alta demanda de combustible enseguida deforestó las colinas alrededor de Pekín.

Ricci permaneció dos meses en esta árida, fría y sucia ciudad, una imponente capital de un poderoso imperio, y, aun así, una fortaleza fronteriza. Esta era la capital del Gran Catai, Cambuluc, descrito en el libro del viajero veneciano Marco Polo, concluyó Ricci. Su desagrado reflejaba lo sentido por muchos intelectuales Ming, quienes soñaban con los climas apacibles, las vías fluviales y las verdes ciudades del sur. Durante su primer mes, Ricci y Cattaneo se quedaron con Wang Zhongming, pero los esfuerzos de este para conseguir poner en contacto a Ricci con los eunucos de palacio fallaron. A pesar de parecer agradecer los regalos de los jesuitas, los eunucos no creían que fuera adecuado dejar pasar a extranjeros a la capital en estos peligrosos tiempos de guerra. Tras un mes, por decreto. Wang Zhongming dejó la capital. Con el dinero de Macao para este propósito, Ricci alquiló una casa privada. Sin embargo, no consiguió hacer ningún contacto. Sus conocidos mandarines lo evitaban. Los eunucos solo hablaban el idioma del soborno, para lo que el dinero de Macao distaba mucho de ser suficiente, y sobre la reputación alquímica de los jesuitas, expectativa que Ricci no podía cumplir.

Ricci se cansó. El problema con Pekín, concluyó, "era que el emperador era muy cruel con los eunucos de palacio y los mandaba apalizar hasta la muerte por la menor de las ofensas. Nadie se apresuraba a realizar ningún negocio externo si no había oportunidad de ganar dinero. Del mismo modo, los mandarines albergaban la misma intención, pedir dinero de aquellos provenientes de fuera que buscaban acceder a la corte para cualquier asunto, para hacer así que los mandarines provinciales, que habían despojado de dinero a las provincias y ciudades, pagaran grandes sumas de dinero. Parece que esta ciudad es una auténtica Babilonia de la confusión, llena de todo tipo de pecados, sin nadie interesado en la justicia, la piedad o su propia salvación".[1]

Los jesuitas partieron de Pekín a principios de noviembre, habían conseguido un buen precio en las barcazas vacías que regresaban al sur. El barco tardó un mes en llegar a Linqing, justo al otro lado de la frontera provincial de Shandong. Para entonces, las aguas del Gran Canal estaban congeladas. Se vieron forzados a pasar el invierno en Linqing. Impaciente por regresar, Ricci encargó a Cattaneo cuidar de los regalos, el equipaje y los viajeros y se apresuró hacia el sur con un sirviente. Estaba decidido a buscar a Qu Rukui, su discípulo y buen amigo de sus días en Guangdong.

Tras dejar a Ricci en Shaozhou, Qu había regresado a Suzhou. Desde su ciudad, Qu escribió alguna vez a Ricci en Shaozhou y Nangchang, sugirió que su maestro quizá se asentara allí. Hacia allí se apresuró Ricci. En esta "Venecia del Este", con sus canales, puentes y jardines urbanos, afamados por su belleza urbana y femenina, Ricci supo que su amigo estaba alojado en un monasterio budista en la cercana Danyang. A finales de 1598, los dos viejos amigos se encontraron de nuevo. Qu Rukui ofreció a Ricci su propia cama y durmió él en el suelo, mientras los dos recordaban el pasado y debatían sobre el futuro. Cansado de su viaje y el estrés, Ricci cayó gravemente enfermo. Pero en un mes, Qu lo cuidó hasta que se curó. Suzhou tendría que ser, decidieron los dos: una ciudad tan hermosa, centro comercial y cultural, donde la familia Qu se contaba entre las más notables. Los dos viajarían a Nanjing para pedir una carta de patronazgo de Wang Zhongming para presentarla a los mandarines en Suzhou. Pero antes, los amigos celebraron el Año Nuevo Chino, el 27 de enero en 1599, en Zhenjiang, donde se encontraron con otro antiguo conocido, el magistrado Wang Yinlin, que preparó una escolta oficial para Ricci y Qu. El 6 de febrero, los amigos llegaron a Nanjing. Se alojaron en el Cheng en si, un templo budista construído en la década de 1450. Ubicada cerca de la puerta sur de la ciudad (la actual Zhonghua men) cerca del Río Qinhuai, el templo se erguía en medio del distrito de entretenimiento de Nanjing, famoso por sus tabernas, casas de té, restaurantes y salones de cortesanos.

Los amigos hicieron una visita a Wang Zhongming. Sintiéndose culpable, quizás, por su fracaso al asegurar una mejor audiencia para Ricci en Pekín, Wang fue un anfitrión amable, invitó al occidental a su residencia oficial para pasar la velada del Festival de los Faroles, el décimo quinto día tras el Nuevo Año Chino, donde veían el cielo en Nanjing iluminarse en un espectáculo de fuegos artificiales. Para triunfar se necesita "el momento propicio, ventaja local y armonía humana", como dice el proverbio chino. Ricci tenía los tres. El momento era el adecuado. La guerra de Corea había acabado por fin. El caudillo japonés Hideyoshi murió el 18 de septiembre de 1598. Fatigados por la guerra, la invasión armada regresó a Japón, no sin antes perder ante la flota sino-coreana. Nanjing, y toda China, estaban pletóricos. Respecto a la armonía humana, Ricci disfrutaba de la amistad de Wang Zhongming, quien presentó al occidental a sus compañeros en los otros ministerios de Nanjinng; Ricci también estaba en compañía de Qu Rukui, cuyo padre había sido una figura famosa en Nanjing y que conocía a casi todas las personas importantes. Día tras día, oleadas de visitantes le mostraban sus respetos en sus habitaciones del templo budista. En cuanto a la ventaja local, Nanjing era incomparable.

El poder político podría haberse traspasado al norte con la corte imperial en 1421, pero Nanjing continuó siendo la capital cultural y social de la Gran Ming. Tres anillos de fortificaciones protegían la gran capital del sur: una extensa muralla exterior, construida con tierra intercalada con fortificaciones de ladrillos, una pared media que incluía grandes espacios y dieciséis puertas y las murallas de la ciudad, construidas entre 1365 y 1386 por Zhu Yuanzhang, el fundador de la dinastía Ming. Este último círculo de las murallas de la ciudad medía más de veinte millas, lo que las hacía más largas que las de Pekín. Al contrario que la planta rectangular de la capital norte, las murallas de Nanjing se adaptaban al paisaje, incorporaban los ríos y las colinas en sus defensas. Emergiendo de las orillas del Yangzi al oeste y al norte, las murallas bordeaban el Lago Xuanwu y circunvalaban las colinas al noroeste (el Ziqinshan y el Zhongshan) antes de dirigirse hacia el sur para aprovechar un afluente del Yangzi y sujetar las murallas del sur. No menos de trece puertas, algunas con capacidad para alojar miles de tropas, custodiaban la capital con una población de más de 780.000. Como oriundo de una ciudad de montaña con formidables murallas, Ricci se mostraba impresionado y describiría las murallas de Nanjing con gran detalle.

No menos impresionante era la división funcional del espacio urbano. La Ciudad Imperial, delimitada por sus propias murallas, se encontraba tras las montañas norestes y ocupaba la parte este de Nanjing, junto con las oficinas de los ministerios y otros departamentos gubernamentales. Abarcaban parte de los terrenos elevados y de cara al Yangzi, el sector norte conformaba el baluarte militar donde se encontraba la guarnición. Como hemos visto, el distrito sur, nombrado así por el río Qinhuai que fluye por sus calles, estaba el centro de entretenimiento. Apelotonados en el espacio urbano había altares al cielo y la tierra, las Torres de Tambor y Campana, palacios de príncipes por vía sanguínea y duques hereditarios, oficinas de magistraturas regionales y locales, el Rectorado de Educación Nacional (el *guozi jian*), y las academias confucianas oficiales. Numerosos templos budistas y taoístas salpicaban la ciudad y las colinas periféricas. A un lado y al otro, los antiguos monumentos recordaban a los visitantes de que, bajo distintas apariencias, la ciudad había ejercido como capital de seis dinastías y varios reinos regionales en el pasado de China. Para especial interés de Ricci, en la Sala Jiming al norte se situaba el observatorio del Rectorado Imperial de Astronomía; el Departamento Musulmán, que los Ming habían heredado de la dinastía mogola Yuan, estaba ubicado fuera de la puerta sur (la puerta Jubao, ahora la puerta Zhonghua) y su observatorio se situaba en la colina tras Yuhuatai (véase mapa 6).

Este centro de poder ya no existía, después de que la corte imperial se trasladara al norte. Deshabitado, la antigua gloria del palacio imperial se deterioró. Solo resistieron los últimos retazos de la burocracia imperial: al cargo de un personal mínimo, los seis ministerios no eran más que prestigiosas sinecuras, un triste reflejo del poder real que se ejercía en los pasillos ministeriales de Pekín. Aun así, Nanjing mantuvo su puesto como capital cultural y de consumo: toda la mercancía y la riqueza de Jiangnan llegaban a la ciudad; todo el talento del país se congregaba aquí. Desde la periferia provincial y de las vecinas Zhejiang y Jiangxi, de donde salían la mayoría de los candidatos que aprobaban el examen y donde se aclamaba a los

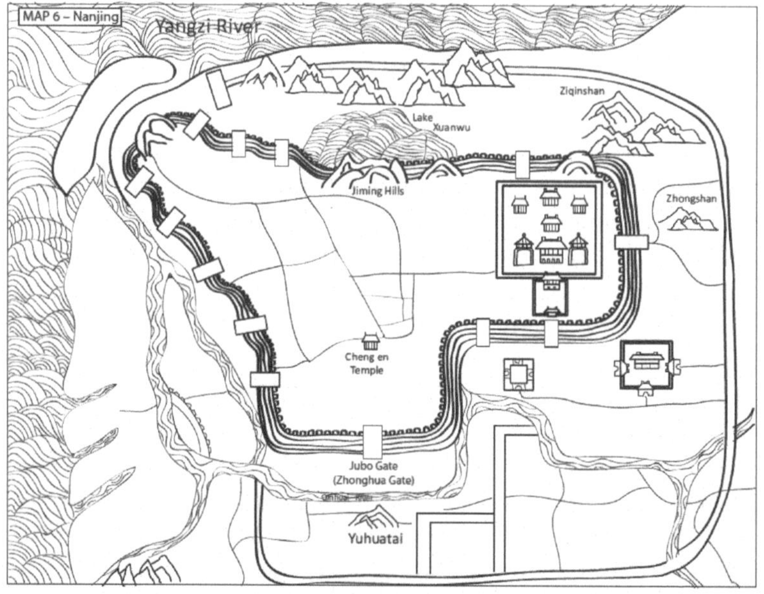

Mapa 6. Nanjing en la dinastía Ming

intelectuales famosos, Nanjing se abastecía de personas. A pesar de ser una capital secundaria, Nanjing ofrecía una vida mucho más amable que la de Pekín, con su duro clima y sus políticas inciertas.

Wang Zhongming instó a Ricci a asentarse en Nanjing, al igual que muchos visitantes que ofrecían consejo y referencias para potenciales compradores de viviendas. Al encontrarse con un éxito inesperado, Ricci poco a poco cambió de idea respecto a Suzhou; su amigo Qu Rukui no volvió a mencionarlo, feliz de saber que a Ricci le iría bien en la capital del sur. Con el tiempo, Ricci se mudó del monasterio a una amplia casa alquilada antes de comprar una espaciosa residencia. Aunque Ricci estuvo solo quince meses en Nanjing (del 6 de febrero de 1599 al 18 de mayo de 1600), consiguió más en ese periodo que en ningún otro periodo de su larga estancia en China. Al igual que una piedra que se tira a un estanque, la fama de Ricci se agrandaba tras olas y olas de reconocimiento. Con un nombre más asentado que antes, tras haber publicado *El Mapamundi* y dos tratados chinos en

Nanchang y haber regresado de un viaje como portador de tributos a Pekín, Ricci encontró en Nanjing el cuerpo de agua más grande de su estancia en China hasta la fecha, un mar de redes sociales que podían poner a flote o hundir una carrera.

En sus memorias, Ricci menciona muchos nombres del gran número de personas que se encontró: aristócratas, mandarines, literatos, científicos y conversos. Entre los cargos más altos, a Ricci lo recibió el duque de Wei, Xu Hongji, descendiente del general Xu Ta, que peleó al lado del fundador de la dinastía, Zhu Yuanzhang y del marqués de Fengcheng, Li Huan el comandante militar jefe en Nanjing. También se dio una reunión curiosa entre Ricci y Feng Bao, el jefe de los eunucos en Nanjing y, antes de caer en desgracia en 1582, uno de los hombres más poderosos del país. Cuarenta años antes, como acompañante del joven heredero, el futuro emperador Wanli, Feng Bao adquirió una extensa influencia. Todavía tras ascender al trono, el emperador adolescente trataba a Feng Bao con una mezcla de afecto y admiración, lo llamaba “Gran Compañero”. Al contrario que la mayoría de los eunucos, Feng Bao era un hombre culto, que apreciaba la música y la literatura. Designado como director de ceremonias, Feng Bao era el jefe de miles de eunucos en la corte interna. Acercándose a la Emperatriz viuda Ci Sheng, una madre amada y temida por el joven Wanli, y aliándose con Zhang Juzheng, el nuevo y ambiciosa gran secretario, Feng Bao controlaba las comunicaciones entre el Palacio Interior y la corte, se convirtió así en un poderoso influyente durante la primera década del reinado de Wanli. Mientras Wanli crecía bajo la estricta supervisión de su madre y el gran secretario Zhang, se revolvía bajo el control de su estricta educación moral. Una noche el joven emperador de dieciocho años, bajo la influencia de dos eunucos de confianza y ebrio, tuvo un ataque de ira e hirió a dos eunucos que pertenecían a la casa de Feng. El eunuco jefe Feng informó de ello a la emperatriz viuda, quien amenazó con destronar al alborotador, hasta que su hijo, a lágrima viva y arrodillado, aseguró arrepentirse, un acto que se formalizó con un edicto de disculpa a su corte, impuesto al joven profundamente humillado. Wanli nunca perdonó a Feng Bao. Tras la muerte de Zhang Juzheng, destituyó a Feng Bao del cargo. Solo los recuerdos de momentos más felices con su compañero de la infancia salvaron la vida de Feng Bao. En vez de la ejecución en la que insistían varios censores de la corte, Wanli relegó a Feng Bao a Nanjing y se aseguró que tuviera un retiro cómodo con un estipendio generoso, tras confiscar su enorme riqueza acumulada por el poderoso eunuco durante sus años en el poder.[2]

En 1599, Feng Bao, un anciano de setenta años que hacía tiempo que ya no estaba en el poder, tuvo curiosidad por conocer a Ricci. Como compartía con los mandarines su desdeño hacia los eunucos, Ricci era reacio, concretamente desde que los sirvientes de Feng insistieran en que el occidental profiriera cumplidos de adulación. Ricci se negó. Saludó a Feng con la cortesía habitual que usaba para los mandarines, pero ya que Feng estaba prácticamente sordo, uno de sus ayudantes repetía lo que Ricci decía y le agregaba los cumplidos deseados. De todas maneras, la audiencia no llevó a ningún sitio. Feng Bao quería un prisma como regalo. Ricci respondió que estaba reservado para el emperador. El eunuco contestó que el emperador poseía muchos más grandes. Se separaron y nunca volvieron a encontrarse. Tras mucho tiempo lejos del poder, el eunuco jefe Feng Bao no había olvidado la pompa de la gloria pasada. Para el misionero jesuita, el encuentro reforzó aún más su imagen negativa de los eunucos, que Wanli usaba para obtener impuestos sobre la minería y otros impuestos extra y que se estaban convirtiendo en una plaga en el país.

Algunos no aguantaron en el poder, otros fueron destinados a cargos más importantes. Entre los mandarines que Wang Zhongming presentó a Ricci se encontraba Ye Xianggao (1559-1627), el viceministro de ritos, el subordinado inmediato de Wang. En 1607, ascendieron a Ye a ministro de ritos en Pekín y al Gran Secretariado; desde 1608 hasta 1614, y otra vez entre 1620 y 1624, ejerció como gran secretario superior; tras retirarse a su nativa Fuzhou, se convirtió en patrón y protector de una nueva generación de misioneros jesuitas en su provincia natal.[3] Otro mandarín de Nanjing con el que Ricci coincidió, y que ascenderían a un cargo más alto en Pekín, era el académico hanlin Yang Daobin, quien sería viceministro de ritos en Pekín.

Entre los literatos y científicos (ninguna era una categoría excluyente en la China tradicional), Ricci conoció algunos de los intelectuales más importantes de la tardía Ming. En términos de empleo político, algunos habían trabajado para la burocracia imperial y se habían marchado por desilusión, otros aún ejercían el cargo y otros solo pertenecían al mundo de las letras. En cuanto a la afinidad intelectual, se los podría dividir en tres grupos: el primero conoció a Ricci debido a su fama literaria y a su amistad con Qu Rukui; otros se acercaron a Ricci por su interés en las matemáticas y la astronomía; y el último, muchos de ellos literatos confucianos con fuertes compromisos budistas, participaban con Ricci en debates filosóficos y políticos.

En este auténtico mercado de cultura e ideas, Ricci deambulaba, "vestido con ropas… por completo al estilo de los literatos, que es bastante honorable, y ataviado con una boina cuadrada en forma de cruz, bastante similar a nuestras boinas sacerdotales". Por ende, Ricci comenzó a debatir en contra de las enseñanzas del budismo y el taoísmo y a alabar las de Confucio, "quien, ignorante de los asuntos de la siguiente vida, solo ha creado doctrinas sobre vivir una buena vida en este mundo presente, y de gobernar y conservar la paz del reino y la república".[4]

Pero no todos los literatos, aunque educados en el canon confuciano habitual, eran enemigos del budismo y el taoísmo. Intelectualmente, los intelectuales Ming eran un grupo tan diverso como su moda, como el oriundo de Nanjing Gu Oiyuan, un estudiante de Ye Xianggao, advertiría en su colección de viñetas de 1617 sobre la vida en la capital del sur, Retazos de *Conversaciones desde el Asiento de Invitado* (*Ke zuo zhui yu*). En su anécdota sobre los tocados y calzado masculino, Gu escribe:

> La moda en la capital del sur aún era austera antes del reinado de Longqing y Wanli… En los últimos años, la deriva es a la novedad, la curiosidad y lo raro. Existen muchos nombres para el tocado de los literatos: el estilo Han, el estilo Qin, el estilo Tang, el estilo Zhuge Lian, el estilo taoísta, el estilo Su Dongpo [esta era la boina de Ricci], el estilo Wang Yangming, el estilo Jiuhua, la

> Plataforma de Jade, el estilo Desenfadado, el gorro de lana, el estilo Huayang, el estilo de cuatro aperturas, el estilo del guerrero. Algunos atan alfileres de jade a su sombrero, otros un florero de jade atado con dos grandes anillos de jade. Para el taoísta, Jiuhua, los estilos Desenfadado y Huayang, con alas delanteras y traseras que aletean con el viento. Las puntadas están dadas con hilo dorado. Las telas son sedosas, entretejidas o teñidas; en vez de hilo simple, alguno usa tejido de cola de caballo o de escama de dragón; los hay en azul o verde cielo. Para aquellos tocados tejidos con hilo de cola de caballo, existen diferencias entre enhebrado sencillo o el doble. ¡En nuestro tiempo, hemos alcanzado la cúspide del consumo de lujo y ostentosidad en cuanto a moda![5] Comparado con algunos de estos dandis, Ricci sin duda daba la imagen de un hombre modesto y austero.

Conozcamos al primer grupo de literatos con los que Ricci tuvo relación a través de su amistad con Qu Rukui y que eran conocidos por sus logros literarios. El más importante era Li Xinzhai. Al igual que Qu Rukui, Li Xinzhai también vivía de su esmerada caligrafía y sus redacciones elegantes. Al inicio receloso de Qu, a quien temía como competencia por usar la reputación del destacado occidental, Li Xinzhai fue cordial con Ricci una vez que Qu Rukui los presentó para evitar su enemistad. Después de comentarle a Li que su presencia en Nanjing era solo temporal para ayudar a Ricci a encontrar una casa, Qu Rukui convirtió a Li Xinzhai en un aliado del jesuita. Del mismo modo, Qu presentó a Ricci a su amigo Zhu Shilu, quien ejercía el cargo de secretario supervisor de la Oficina de Escrutinio para el Personal (*li ke gei shi zhong*), un poeta y calígrafo famoso, que admiraba a Ricci por su libro *Sobre la amistad.* Ayudaba que Zhou fuera nativo de Jiangxi, donde Ricci había pasado tres años y donde había publicado su elogio a la amistad.

Un segundo grupo de intelectuales interesados en las matemáticas y la astronomía se acercaban a Ricci porque el occidental, en sus propias y modestas palabras, era “otro Ptolomeo”. La crítica de Ricci de que “los chinos no sabían nada [de astronomía]” y de que los intelectuales Ming “tan solo se dedicaban a la filosofía moral y a la elegancia en el habla y en la redacción", aunque exagerada (véase capítulo 7), contenía un atisbo de verdad. De hecho, el conocimiento matemático y astronómico en la dinastía Ming se había quedado detrás de los logros del periodo medieval durante las dinastías Song y Yuan. Había una explicación social y política a la falta general de interés en la filosofía natural entre los intelectuales Ming. Las matemáticas no eran un tema del examen de servicio social imperial y por lo tanto eran irrelevantes para avanzar socialmente. La astronomía, por otro lado, estaba envuelta en privilegio político: el conocimiento sobre las estrellas y los secretos del cielo que revelaba, pertenecían a la esfera más arcana y protegida del gobierno, invisible para los plebeyos. Sin embargo, había un interés en la China del siglo XVI por recuperar el conocimiento de logros astronómicos y matemáticos pasados, lo que explicaba, en parte, la gran fama de Ricci entre los literatos.[6]

Entre sus primeros estudiantes de Nanjing había dos discípulos de Li Xinzhai, uno especialmente habilidoso en matemáticas. Pero el mejor estudiante de Ricci era Zhang Yangmu, un discípulo de Wang Kentang. El académico hanlin e hijo de un famoso mandarín Wang Zhao, había renunciado al cargo y vuelto a Nanjing. Como estaba interesado en la filosofía natural y específicamente versado en medicina, Wang Kentang era plenamente consciente del deficiente estado de la astronomía.

Debido a su edad y a residir en Zhenjiang, Kentang no podía ir a Nanjing, así que enviaba a su estudiante Zhang Yangmu en su lugar. En esta situación, Qu Rukui, el amigo de Ricci y su primer discípulo, ejercía de ayudante de enseñanza, ya había traducido casi en su totalidad el primer libro de los *Elementos* de Euclides durante su estancia con Ricci en Shaozhou.

Entre las múltiples ideas astronómicas que introdujo Ricci, algunas eran nuevas y representaban una imagen más precisa del firmamento, otras reflejaban los límites de la cosmología ptolemaica-aristotélica habitual a finales del siglo XVI en Europa, tan solo a una década de la invención del telescopio de Galileo y su desafío a la visión tradicional geocéntrica del universo. En términos de progreso científico, la presentación de la geometría euclidiana o de tres dimensiones representó un punto de inflexión. Ricci fue capaz de enseñar a sus estudiantes chinos el proceso por el que los eclipses solares y lunares se podían predecir y demostrar la razón por la que se deducía que el sol era un cuerpo celeste más grande que la luna. Con ayuda de sus estudiantes, Ricci, un técnico experto, construyó varios instrumentos astronómicos tanto para objetivos pedagógicos como propagandísticos: astrolabios (para medir ángulos), cuadrantes (para medir alturas en observación), esferas celestes con la tierra en el centro (mostraban el ecuador, los equinoccios, los solsticios, la eclíptica, el círculo polar y el meridiano), y relojes de sol, ambos modelos, los horizontales y los que se podían colgar de una pared, pintados con símbolos celestes y los veinticuatro términos estacionales chinos. Muchos se crearon como regalos, que pronto extendieron la fama del astrónomo occidental en Nanjing.

La maestría de Ricci provocaba temores. En el Rectorado de Astronomía, los astrónomos imperiales, cuya tarea consistía solo en observaciones nocturnas y el registro de las posiciones estelares, temían que el extranjero pudiera comprometer su reducido estipendio y su seguridad laboral. Discretamente, contactaron con los estudiantes de Ricci que alardearon de que su maestro era un hombre tan importante en su país de origen que cualquier cargo en el Rectorado estaría por debajo de su nivel. Con sus boles de arroz asegurados, los mandarines hicieron una visita de cortesía a Ricci. Su falta de curiosidad científica le causó a Ricci una mala impresión, quien los desestimó como "hombres de poco espíritu y conocimiento". Sin embargo, a nuestro astrónomo jesuita le impresionaron mucho más sus instrumentos. Al devolver la visita de cortesía, Ricci deambuló por el Observatorio Imperial en la cima de la Colina Jiming, ubicada dentro de las murallas del norte de la ciudad cerca del Lago Xuanwu (véase figura 10). Esto fue una experiencia esclarecedora para Ricci, que pudo ver hermosos instrumentos astronómicos de bronce, más grandes que ninguno de los que hubiera visto en Europa.

Le impresionaron cuatro en particular: un globo celestial más grande que el abrazo de tres hombres, con los meridianos y las latitudes (líneas mostrando la ascensión recta y las declinaciones) señaladas, emplazado en un cubo con una puerta que permitía al astrónomo entrar, sin embargo, no parecía terminado ya que no había anotada

Figura 10. Nanjing, murallas Ming, con vistas a la pagoda del templo Jiming al fondo

ninguna constelación; una esfera armilar ecuatorial con un diámetro de dos brazos mostraba los polos y la línea del horizonte, mostrada en 365 grados, y en el centro, en vez de la tierra, se insertaba un visor que se podía mover para observar cualquier sector del cielo; un gnomon de cuatro o cinco brazos de altura, emplazado en una placa de piedra para medir los solsticios y los equinoccios; y el instrumento más grande de todos, un torquetum ecuatorial, que consistía en tres o cuatro círculos que mostraban los equinoccios y el círculo vertical con grabados de gradaciones que podían leerse de manera táctil si se estaba bajo el oscuro cielo nocturno. Estos instrumentos eran prueba fehaciente del ingenio del gran astrónomo Yuan, Guo Shoujin (1231-1316), cuyo conocimiento astronómico insuperable y registro astral se había perdido en la época de la dinastía Ming.

Ricci tenía un conocimiento parcial de la astronomía china. No era culpa suya. La imposibilidad de acumular conocimiento astronómico en China impedía el desarrollo científico. Aunque Ricci podía dar predicciones más precisas de los eclipses y explicar fenómenos astronómicos de una forma teórica más sistemática, no comprendía algunas diferencias fundamentales entre los sistemas astronómicos europeos y chinos. Mientras que la astronomía europea, siguiendo la estela de los griegos, se centraba en la eclíptica, medían los cielos y el paso del tiempo con el recorrido del sol (esto es, el recorrido de la tierra alrededor del sol) y lo representaban a través de los doce signos del zodiaco; los astrónomos chinos se centraban en la Estrella Polar y medían el tiempo dividiendo los cielos en veinticuatro casas lunares (constelaciones), se basaban en sus observaciones de los movimientos de las estrellas en torno al Polo Norte.

Dos obras de Ricci en Nanjing ilustraban perfectamente la naturaleza ambivalente de la pedagogía científica de Ricci: presentaba en China ideas y técnicas avanzadas a la vez que asumía su superioridad occidental basada en conocimiento erróneo. El primer trabajo es una edición actualizada y ampliamente difundida del *Mapamundi*, publicado primero en Zhaoqing, y la otra es un manual, *Sobre el funcionamiento de los cuatro elementos*.

La segunda edición del *Mapamundi* (el título en chino era *Kunyu wanguo quantu*) ofrecía una mayor cantidad de conocimiento geográfico que la edición de Zhaoqing en 1584 (véase lámina VII). Además de mostrar los contornos de los continentes más definidos y precisos, Ricci aportó apuntes detallados sobre varias regiones y países del mundo. La mayor innovación, sin embargo, fue incorporar el conocimiento astronómico occidental a la cartografía. En las cuatro esquinas del nuevo Mapamundi Ricci dibujó cuatro círculos: dos representaban el globo visto desde los polos norte y sur; el tercero representaba la visión ptolemaica del cosmos, con la tierra en el centro de nueve esferas concéntricas, donde los planetas se encuentran inmóviles en su sitio; la cuarta muestra una esfera armilar, con sus círculos polares, ecuatoriales, eclípticos y equinocciales. Por último, dos minúsculos diagramas explicaban los equinoccios y los eclipses solares y lunares. Esta edición revisada del *Mapamundi* se imprimió no solo en formato de una enorme lámina plana, sino que se colocó en un globo; esta obra tuvo un impacto inmenso y se reimprimió muchas veces durante la vida de Ricci y tras su muerte.

La segunda obra, *Sobre el funcionamiento de los cuatro elementos* (*siyuanxing lun*), la escribió para refutar la teoría china de los cinco elementos y más tarde la incorporó como un capítulo en la obra mayor *Qiankun tiyi* (*Una teoría sobre el Cielo y la Tierra*), publicada en 1601 después de que Ricci se mudara a Pekín. Escrita como un diálogo entre él y un interlocutor chino, este trabajo seguramente represente las conversaciones durante sus clases de astronomía. La teoría china explicaba las interacciones entre los cinco elementos, metal, madera, fuego, agua y tierra, como esenciales para cualquier fenómeno natural. Como crítica a esta teoría errónea, Ricci sugirió en cambio la teoría de los cuatro elementos desarrollada por los griegos, en la que el aire, el agua, la tierra y el fuego constituían toda la materia.

El interés de este corto tratado subyace no en la sustitución de la teoría de la materia greco-romana por la china, sino en la retórica de persuasión de Ricci, un método que también caracterizaría su obra más famosa, el *Tianzhu Shiyi*, un tratado sobre filosofía y teología publicado en Pekín más tarde. Para exponer sus argumentos, Ricci acudió a la lógica aristotélica y a los antiguos clásicos chinos. Definía el *xing* (operación) como un acto de esencia pura, Ricci extendió la duda sobre la teoría china: a pesar de que el agua, el fuego y la tierra representaban esencias puras, el metal y la madera eran elementos compuestos y no se podían considerar elementos fundamentales. Los chinos, en términos aristotélicos, confundía la sustancia con accidentes: solo el aire, el agua, el fuego y la tierra representaban sustancias, mientras que el metal y la madera eran accidentes de operaciones materiales, producidas por la interacción entre el fuego y la tierra (para el metal) o del agua y la tierra (madera). Para mitigar su crítica, y no dejar en mal lugar a los chinos, Ricci declaró que:

> Cuando leo narraciones de la Creación en leyendas antiguas sobre Tang y Yue, y el *Chen Mo* de *Xia Yu*, me doy cuenta de que estas cinco cosas se listan junto a los cereales como los seis suministros esenciales para las personas. Nunca se cita al agua, el fuego, el metal, la madera y la tierra como operaciones elementales o como la esencia de toda materia. Solo los académicos de tiempos siguientes (*hou ru*) explicaron que el agua daba paso a la madera, la madera al fuego, el fuego a la tierra y la tierra al metal y luego lo ampliaron para decir que la madera nacía del agua, el fuego de la madera, la tierra del fuego y el metal de la tierra, y el agua del metal. Esta teoría no es muy convincente.[7]
>
> Dicho de otro modo, en ciencia y en religión, los antiguos chinos tenían un buen entendimiento, todos los errores los hicieron académicos posteriores. Ricci no hacía más que demostrar a los académicos Ming las ideas correctas de sus propios antiguos sabios. Después de explicar cómo los cuatro elementos regían el carácter de los cuerpos celestes, las cuatro estaciones y los cuatro fluidos del cuerpo humano (siguiendo la teoría médica griega), Ricci usó la ocasión para atacar las teorías budistas sobre la naturaleza. Convencido por el discurso del maestro, el interlocutor chino murmura para sí: "Las cinco operaciones y los seis esenciales de nuestra antigüedad hacen referencia entonces a los usos de los cuatro elementos. Nuestros intelectuales han confundido estos términos, no han sabido distinguir entre sustancias y accidentes. ¡Eso no puede ser!".[8]

Aun así, el estudiante chino se sorprende por la ubicación de Ricci de los cuatro elementos: "Maestro, dices que el fuego se concentra bajo el noveno cielo [la esfera del sol en la cosmología ptolemaica], esto es una idea nueva, jamás conocida en China. Desearía saber cómo ha llegado su estimado país a este enfoque".[9] La respuesta de Ricci reflejaba la mezcla entre lo correcto y lo erróneo que caracterizaba este encuentro de la astronomía sino-europea. Después de demostrar que el sol tenía una masa mucho mayor que la de la tierra, un hecho desconocido en la astronomía tradicional china, Ricci continuó con un error de la cosmología ptolemaica. Entre las razones que citó para respaldar la ubicación del fuego en la novena esfera, Ricci explicó: "los fuegos fugaces que se ven por la noche se asemejan a estrellas fugaces, pero no son estrellas, sino corrientes de humo elevándose desde la tierra que se prenden cuando llegan al emplazamiento del fuego. Desde la antigüedad hay un número fijo de estrellas que forman constelaciones y no se pueden reducir. Si las estrellas cayeran del cielo cada noche, ¿cómo se mantendría su número y sus constelaciones? ¿No morirían acaso todas las estrellas celestes? Ya que la materia celeste no se descompone, ¿cómo puede caerse?".[10]

Ricci ignoraba que los antiguos astrónomos chinos habían observado supernovas, estrellas variables y cometas, así como varios avistamientos del cometa Halley entre el 87 a.C. y el 1066 d.C., muchos siglos antes de que Halley lo avistara en el 1628. Sin salir de las sólidas e inamovibles esferas de Ptolomeo, las doctrinas astronómicas ortodoxas de occidente, Ricci desestimó la astronomía china, ignoraba la teoría china del universo como un espacio vacío y sus meticulosos registros de las estrellas fugaces.

Las rígidas esferas celestes, por así decir, sostenían una doctrina de creación, situaban al Hombre y a la tierra en el centro del mundo creado, con esferas planetarias concéntricas que el Principal Impulsor, Dios, hacía girar. Aunque todos los sistemas astronómicos buscan la regularidad celestial a través de mediciones, y así poder diseñar calendarios para dividir periódicamente la luz de la oscuridad, las estaciones cálidas de las frías, también están inmersos en imperativos culturales específicos. La cosmología cristianizada que presentó Ricci a los chinos, proveniente de la astronomía ptolemaica y de la lógica aristotélica, tenía como objetivo lo permanente y lo demostrable, las manifestaciones cósmicas de una autoridad divina. La astronomía china, en cambio, se centraba en observar, registrar y quizá prevenir los cambios celestiales que regían los asuntos humanos, con fines adivinatorios.

Al igual que los antiguos griegos y de las prácticas renacentistas condenadas por la Iglesia católica, los chinos no hacían mucha distinción entre la astronomía y la astrología. Hay múltiples anécdotas en *Conversaciones desde el Asiento de Invitado* del contemporáneo de Ricci Gu Qiyuan que mostraban esta mentalidad:

Una vez un amigo comentó: Si la cuarta estrella de la constelación Polar Norte [La Osa Mayor, El Carro o Ursa Major] es tenue, significa que los mandarines del reino están indefensos. Esta interpretación es diferente de la adivinación antigua. Hay siete estrellas en el Polo Norte, las primeras cuatro forman el cazo, de la quinta a la séptima el mango. La primera estrella se llama *tian shu* [eje celestial, alfa], la segunda *xuan* [esquema celestial, beta], la tercera *ji* [armilar celestial, gama], la cuarta *quan* [equilibrio celestial, delta], la quinta *yu heng* [visor de jade, epsilon], la sexta *kai yang* [abridor térmico, zeta] y la séptima *yao guang* [esplendor centelleante, eta]. *Shu* significa cielo; *xuan,* tierra; *ji*, humano; *quan*, tiempo; *yu heng*, sonido; *kai yang*, melodía, *yao guang*, estrellas. De acuerdo con el maestro Shi [esto se refiere a Shi Shen, un astrónomo del cuarto siglo a.C., autor de un catálogo de estrellas y un libro sobre astronomía], la primera es la estrella ortodoxa a cargo de la virtud del yang, y es el signo del Hijo del Cielo [el emperador], la segunda es la estrella de la ley a cargo de la justicia en las regiones bajas, y tiene como significado el de una dirigente, la tercera es la estrella pública a cargo de los desastres, la cuarta es la estrella de la represión a cargo de la justicia celestial y reprime las injusticias, la quinta toma el nombre de estrella de la muerte que domina el centro y ayuda a los cuatro puntos, y mata al culpable, la sexta es la estrella del peligro a cargo de los cinco granos en el granero celestial, la séptima es la estrella de los seguidores o la respuesta a cargo de los asuntos militares. También dice: la primera rige el cielo, la segunda el aire, la tercera el fuego, la cuarta el agua, la quinta la tierra, la sexta la madera y la séptima el metal… Zhang Heng [el astrónomo Han famoso por su catálogo, 78-139 d.C.], escribe: si el Hijo del Cielo no respeta a sus ancestros y a los espíritus, entonces la primera estrella se atenuará o cambiará de color; si [el emperador] construye lujosos palacios y elimina las colinas, entonces la segunda estrella sea atenuará o cambiara de color; si no ama a su pueblo, y aumenta los impuestos y exacciones, entonces la tercera estrella se atenuará o cambiará de color; si da órdenes contrarias a la estación y a los caminos del cielo, entonces la cuarta estrella sea atenuará o cambiará de color; si es negligente con sus deberes y cede ante

> sus caprichos, entonces la quinta estrella se atenuará o cambiará de color; si no fomenta la agricultura, inflige castigos arbitrarios o excesivos, y desdeña a los sabios consejeros, entonces la sexta estrella se atenuará o cambiará de color; si no consigue pacificar a los bárbaros de las cuatro direcciones, entonces la séptima estrella se atenuará o cambiará de color... Si las siete estrellas brillan, el país prosperará, si se atenúan, el país perecerá.[11]

Dadas las correspondencias exactas entre los asuntos celestiales y humanos en la china tradicional, un buen astrónomo también podía vaticinar el futuro. Gu recogió tres historias sobre estos académicos eruditos en las artes ocultas. El primero fue Wang Qi, "un experto en astronomía, adivinación y numerología estelar", que llegó a Nanjing en el reinado de Cheng Hua (1465-1487), y que predijo la suerte y las desgracias que acontecerían las carreras de los mandarines.[12] El segundo fue el astrónomo Zhou Gongxian, que se convirtió en el jefe del Rectorado de Astronomía en el reinado de Jiazheng (1522-1566), y que tenía la fama de poder decir, tan solo con mirar, la posición y el brillo exacto de una estrella. Pero sus libros sobre matemáticas y el calendario ya se habían perdido para la época de Gu Qiyuan.[13] El tercer hombre, Cui Zijun, un familiar del famoso académico Jiao Hong, especializado en numerología, predijo que Jiao Hong obtendría la mayor calificación en el Examen Metropolitano de 1589.[14]

Ricci censuró la astrología y los pronósticos, los consideraba parte de las numerosas supersticiones chinas, que creían en la suerte e intentaban controlar su suerte. En cambio, la astronomía europea que él enseñaba, a pesar de los errores en su doctrina ptolemaica y geocéntrica, planteaba una metodología diferente, usaba la geometría para demostrar el tamaño, la distancia y el ángulo de los objetos celestes y la explicación tras los eclipses. A pesar de su frustración porque solo el primer libro de Euclidio estuviese disponible en chino (la traducción completa aparecería en 1608), Zhang Yangmo, el mejor estudiante de Ricci, aprendió todo lo que pudo del maestro occidental. Poco a poco, transmitió todo su conocimiento nuevo a su maestro chino, el académico Hanlin, Wang Kentang, que lo había enviado con Ricci en primer lugar. Más tarde, en sus propias publicaciones, Wang recapitularía el uso de la geometría de Ricci para demostrar la mayor masa del sol ante la tierra, y comentaría que "el occidental Li Madou [Ricci] dice: el sol es más grande que la tierra. A pesar de que esto asombró a la mayoría de las personas, que siguieron sin creerlo, es un hecho irrefutable".[15]

Si el imperativo cultural de la astronomía china era predecir los asuntos humanos, Ricci aspiraba a difundir la fe cristiana con sus clases de astronomía: el conocimiento correcto de los cielos servía en el fondo para conocer al único, al verdadero Creador, y deslegitimizar las teorías erróneas de la creación y del universo de las religiones rivales. Ya hemos hecho referencia a los ataques de Ricci a las teorías budistas del universo en su libro *Sobre el funcionamiento de los cuatro elementos*. Ricci no lo mantuvo oculto. A sabiendas de la intención de Ricci de erradicar el budismo, su estudiante Zhang Yangmo le dijo a su maestro que "no [era] necesario refutar las doctrinas de los idólatras; céntrate en enseñar matemáticas". "Una vez que los chinos conozcan la verdad del cielo y de la tierra material, se darán cuenta ellos solos de los engaños de los libros de los idólatras", concluyó Ricci. Con desdén, comentó además: "Los autores de esta secta [del budismo] no están satisfechos con teologizar y enseñar falsedades sobre la otra vida, también quieren filosofar y debatir sobre la astrología y la cosmografía".[16] "De hecho, ocurre que muchos de los que han estudiado nuestra ciencia de las matemáticas rechazan las leyes y las doctrinas de los idólatras, dicen que si tienen tantos errores sobre la naturaleza y sobre esta vida, no hay razón para creer lo que dicen sobre las cosas sobrenaturales y el otro mundo".

Ricci tenía muchas cosas que decir sobre lo natural y lo sobrenatural, ya que había un gran grupo de intelectuales Ming devotos al budismo. Incluían algunos de los académicos más eruditos y pensadores originales de la tardía Ming –el historiador y filólogo Jiao Hong y el filósofo Li Zhi estaban entre ellos–. Sacarlos del budismo representaría el reto más difícil para Ricci. Pasaremos ahora la atención a la interacción de Ricci con su tercer grupo de literatos durante su estancia en Nanjing.

Jiao Hong (1539-1620) era una de las estrellas más brillantes en el centelleante firmamento literario de Nanjing.[17] Oriundo de la ciudad, Jiao

Hong creció en una familia militar, donde su padre, un oficial de grado medio, era un budista devoto. Jiao Hong compensó los errores previos en el examen imperial de servicio civil obteniendo el primer puesto en el Examen Metropolitano de 1589 y logrando el título honorífico de *zhuangyuan*. Designado a la Academia Hanlin, Jiao Hong adquirió la fama de campeón y tutor del príncipe mayor, Zhu Changlo, hijo de la emperatriz. Pero el emperador Wanli procrastinó al declarar a Changlo su heredero, y apoyó en cambio al hijo de su amado Consorte Zheng, Zhu Chanxun. Una decisión así hubiera ido en contra de la tradición imperial. Durante años el emperador y sus mandarines se estancaron en confrontaciones: los oficiales enviaban recordatorios reiterados a favor del príncipe mayor y exhortaban al emperador a recordar la tradición dinástica; Wanli ignoraba a sus oficiales generalmente, pero de vez en cuando se veía inclinado a destituir, relegar o castigar con palizas. La situación sobre la sucesión imperial paralizó la corte durante la década de los 1590; solo en 1601 Wanli cedió ante la opinión pública y declaró a Changlo su heredero. Extremadamente frustrado con la oposición de los mandarines a la voluntad imperial, Wanli se negó a reunirse con sus oficiales en audiencias diarias y se recluyó cada vez más en el palacio Interior, un aislamiento intensificado por su obesidad y mala salud. Tal era el contexto de las políticas de la corte en Pekín, aún invisibles para Matteo Ricci.

Admirado por su ferviente defensa del príncipe mayor, Jiao Hong era también un autor y editor prolífico, escribió sobre historia, los clásicos confucianos, taoísmo, budismo, poesía, fonología y etimología. Su personalidad abierta y su elevada posición en torno al Príncipe Changlo causó envidia y resentimiento entre algunos compañeros. En 1598, dos de ellos criticaron a Jiao Hong por no haber detectado afirmaciones heterodoxas en nueve exámenes aprobados del examen provincial de la Prefectura de Pekín, donde Jiao Hong ejerció como examinador adjunto. El emperador, que ya sentía antipatía por Jiao Hong, lo relegó a un cargo provincial en Fujian. En 1599, Jiao Hong dimitió y volvió a su Nanjing natal el mismo año que Ricci llegó.

Ricci podría haber dejado atrás su papel budista, pero no pudo librarse de los budistas. ¿Cómo podría? Había más instituciones budistas en Nanjing que en ninguna otra ciudad Ming: hay ocho templos grandes, 38 medianos y 130 más pequeños registrados en una ciudad donde el budismo tenía múltiples devotos fervientes entre la gente de a pie y las élites de mandarines e intelectuales.[18]

Al igual que Zhang Huang, importante confuciano y amigo de Ricci en Nanchang, Jiao Hong también era un discípulo de tercera generación del gran filósofo Ming Wang Yangming. Al contrario que Zhang Huang, Jiao Hong pertenecía a una tradición diferente de los seguidores de Wang, la escuela Taizhou, que buscaba una síntesis entre el taoísmo, el budismo y el confucianismo, y cuyas enseñanzas, si lo recordamos, fueron muy criticadas por Zhang Huang (véase capítulo 7).

La necesidad de sintetizar, de rechazar las diferenciaciones, de ver la relatividad en la Verdad Única, está presente en muchos de los escritos de Jiao Hong. Criticaba a los confucianos ortodoxos por su censura moral, y se lamentaba por la intolerancia de Mencio hacia Yang Zhu y Mozi, pensadores de estados enfrentados calificados como heterodoxos por este gran discípulo de Confucio. De manera similar, Jiao Hong señaló muy inteligentemente que ZhuXi, el gran académico Song neo-confuciano, solo criticaba al budismo Chan justamente porque se sentía amenazado por la verdad de sus enseñanzas. Jiao Hong, un autor ecléctico, escribió sobre *Zhuangxi*, el gran texto taoísta, sobre sutras budistas, así como sobre una gran variedad de temas confucianos más "ortodoxos".[19] El siguiente texto representa el pensamiento de Jiao Hong, es interesante ya que hace referencia a la publicación de una sutra budista relacionada con Ricci. Se sitúa en el grabado del *Huayan Sutra*, un texto budista chino de principios del medievo que en parte se basaba en la traducción del sánscrito del *Avatamsaka Sutra*, un título que significa un anillo o guirnalda de flores. El impulsor del proyecto era Qu Ruzi, devoto budista, académico famoso, y marido cornudo, ya que era medio hermano de Qu Rukui, el primer discípulo de Ricci (véase capítulo 6). Jiao Hong, famoso por su estilo, escribió un prefacio para su nueva edición del *Huayan Sutra*:

> El *Libro de los Ritos* dice que seguir la naturaleza es el Camino (*dao*), y cultivar el Camino es enseñar. A pesar de que las enseñanzas

> de los sabios sean diferentes, cultivar el Camino para recuperar la naturaleza de uno mismo es unitario. Los hombres importantes y de verdad de la antigüedad existían junto a dioses y espíritus. Era diferente cuando los sabios purificaban y escondían sus corazones en secreto, mientras compartían la suerte y el sufrimiento con la gente de a pie. Cuando el Único Gran Piadoso [Buda] reconoció que su cuerpo no era más que sueño e ilusión, y su corazón no más que suciedad y tierra, ascendió al cielo y puso a las personas como modelo para mostrar su Ser admirable, perfecto y real a diez mil generaciones. ¿Acaso no es idéntico a las enseñanzas de los sabios de China? He leído recientemente el *Huayan Sutra* y he aprendido que los antiguos sabios tomaron diferentes caminos al mismo fin. Por lo tanto, todas las dudas deben disiparse. Las enseñanzas perfectas de Huayan declaran que en la naturaleza no hay un yo; no hay naturaleza que no sea dharma; un dharma no es diferente de los otros; no hay dharma que no sea naturaleza, que significa que no hay necesidad de abandonar el mundo y nuestro corazón. Por lo tanto, la inacción se revela en el mundo de la acción; y cuando la inacción se revela, el dharma no puede descomponerse. Aquellos que pueden lograr esto, ¿cómo es diferente de aquellos que purifican y ocultan sus corazones, mientras comparten el sufrimiento de la gente común?[20]

Después, Jiao Hong comenta que el último capítulo del *Huayan Sutra*, "La entrada al dharma-dhatu (*ru fa jie pin*)", enumera 53 personas que se convirtieron en bodhisattvas, solo algunos de ellos eran monjes. Por lo tanto, todo el mundo puede convertirse en Buddha; todo lleva a la iluminación. Jiao Hong continua:

> Irguiéndote en tus talones, entras al reino del dharma. Agachando la cabeza, practicas devoción budista. Al limpiar, lavar, conversar, entiendes las enseñanzas de los caballeros; al comer, beber y a en la vida diaria, saboreas la *Doctrina de la medianía*. Confuciano, budista: son diferentes y lo mismo. Por ello, el yo, Buda, y todos los fenómenos pertenecen al único dharma. Razón y práctica emanan del mismo yo.

Usando una metáfora de *Zhuangzi*, Jiao Hong describe la verdad como un océano, sin origen ni final. Concluye:

> Tras leer esta sutra, sé que los *Seis clásicos*, las *Analectas* y *Mencio* son simplemente meditación Chan; y [los antiguos emperadores y sabios] los emperadores Yao y Shun, el duque Zhao y Confucio eran en realidad Budas.

A pesar de ser rechazadas por académicos confucianos más tradicionales, las ideas de Jiao Hong no eran infrecuentes entre los intelectuales de la Ming tardía. Uno de los que compartían sus pensamientos era su mejor amigo Li Zhi, el filósofo radical confuciano convertido en budista Chan, considerado por algunos como un genio, por otros por un seductor de jóvenes y mujeres, un heterodoxo y un pensador subversivo. Li Zhi (1527-1602) nació en el puerto de Quanzhou en la provincia de Fujian.[21] Era centro del comercio marítimo de la China medieval y los mercaderes de Quanzhou navegaban hasta el golfo Pérsico. Uno de ellos fue un antepasado de Li Zhi, se casó con una mujer musulmana. Las tradiciones islámicas continuaron en el hogar, hasta la generación de Li Zhi. Tras obtener el grado de *juren* en el examen local de 1552, la pobreza familiar forzó a Li Zhi a abandonar toda esperanza de futuros estudios y logros. Durante más de veinte años, se esforzó por sacar adelante a su familia con el escaso salario de un oficial de bajo rango, ejerciendo a distintos niveles como un mandarín formativo en Henan, Pekín y Nanjing. Su vida no era fácil. De cuatro chicos y tres chicas, tan solo su hija mayor sobrevivió hasta la edad adulta. Mientras tanto, Li Zhi había perdido a su padre y a su abuelo. Para cuando Li Zhi tuvo su primer descanso, el momento en el que lo nombraron Prefecto (*zhifu*) de Yaoan en Yunnan en 1577, un puesto que proporcionaba un estipendio holgado, había perdido todas las ambiciones mundanas. Tras los tres años iniciales del cargo, Li Zhi renunció al puesto.

Retirarse no significaba renuncia. Nada más lejos. Li Zhi no tenía en mucha estima al resto, pero sí a él mismo. Escribió en "Elogio para mí mismo" que era una persona "de personalidad impaciente, arrogante en su presentación, vulgar al escribir, obsesivo en su interior, directo al actuar, distante en la amistad, cálido en las reuniones, deseoso de encontrar errores en los demás y sin placer en sus capacidades; y cuando alguien le es antipático, corta todo vínculo y les desea lo peor".[22] Por encima de todo, Li Zhi detestaba la hipocresía y la incompetencia entre los mandarines, lo que era la razón principal por la que dejó la burocracia imperial. Una vez, cuando un académico se burló de él preguntándole si tenía relación con Lin Daoqian, el famoso pirata (véase capítulo 3), porque los dos eran de Fujian, Li Zhi replicó con alabanzas hacia el pirata como el verdadero líder de los hombres, mientras que los mandarines e intelectuales recibieron su desdén:

> ¡Ajá! Cuando todo está en silencio, lo único que saben hacer es ser corteses. Se sientan inmóviles todo el día como estatuas de arcilla, diciéndose que son santos y sabios porque no tienen pensamientos ruines. Aquellos que han aprendido algo de maldad darán clase de conciencia (*liangzhi*), mientras para sus adentros sueñan con un cargo mayor. En una crisis, se miran los unos a los otros, pálidos como fantasmas, negando cualquier responsabilidad, deseando salvar solo su pellejo.[23]

Sus comentarios más sarcásticos los reservaba para los intelectuales confucianos. Li Zhi los desdeñaba por su hipocresía: carecían de cualquier entendimiento de los conceptos de la vida y la muerte; ignorantes, insustanciales, odiosos, lo máximo a lo que pueden aspirar es a una reputación vacía. El mayor logro para un confuciano era morir de fama: "así se conoce el horror del aprendizaje confuciano".[24] Para Li Zhi, la mayoría de los académicos era despreciable, ya que:

> daban lecciones sobre moralidad abiertamente, a la vez que en secreto confabulaban por la riqueza; vestidos con la elegancia de las túnicas académicas, se comportaban como perros. ¿Por qué tantos hablan, aleccionan y aceptan discípulos? ¡Quieren ser ricos! Pero los inteligentes pueden enriquecerse sin estudiar, solo los mediocres tienen que recurrir a la erudición. Por ello, hoy día, los poco talentosos, los ignorantes, los vagos y los necios, que aspiran

> a una gran fortuna, no les queda otra opción que debatir sobre ética y erudición. A día de hoy, aquellos que de verdad desean debatir sobre la ética para encontrar las enseñanzas transcendentales del confucianismo, el taoísmo y el budismo, y eludir el sufrimiento de la riqueza, no les queda otra opción que afeitarse la cabeza y convertirse en monjes.[25]

Cumpliendo con su palabra, Li Zhi mandó a su mujer y a su hija a Quanzhou. Se afeitó la cabeza, se vistió con túnicas budistas y se declaró un maestro budista. Aun eligiendo este camino alternativo en la vida, Li Zhi creó aún más contradicciones. Li Zhi era un crítico acerbo de los eruditos y vivía como invitado de la familia Geng en Hubei, un poderoso linaje de nobles que habían patrocinado a mandarines y literatos famosos. Aun así, discutía incesantemente con su patrón, al que escandalizaba el desacato de Li Zhi con todas las convenciones morales: visitar burdeles, debatir sobre filosofía en las habitaciones privadas de una joven y, en general, suponiendo una mala influencia para los académicos más jóvenes, muchos de los cuales admiraban la originalidad y audacia del anciano. Tanto en actos como en palabras, Li Zhi suscitaba el rechazo de las élites gobernantes. Cuando se le pidió que abandonara el hogar de los Geng, Li Zhi encontró en seguida otros apoyos influyentes, que le ayudaron a establecer un pequeño monasterio, donde ejercía como abad sin licencia. En 1599, cuando viajaba para solicitar donaciones y ver a amigos, Li Zhi visitó a su mejor amigo Jiao Hong en Nanjing, donde conoció a Ricci, una de las pocas personas que le parecieron admirables.

De hecho, fue Li Zhi el que nos ofreció el retrato más incisivo e interesante de Ricci. Al describir al jesuita a un amigo, Li Zhi escribe:

> Me preguntas por Ricci: es un occidental del Extremo Oeste, viajó durante más de cien mil *li* para llegar a China, navegó primero al sur de India, donde supo de Buda por primera vez... Cuando llegó a Guangzhou y al Mar del Sur, se encontró con que nuestro Gran Reino Ming había tenido a los virtuosos reyes Yao y Shun y a los sabios Zhou y Confucio. Vivió en el sur y

> en Zhaoqing durante casi dos décadas, leyó cada libro de nuestra nación, pidió ayuda a profesores para que le ayudaran con la pronunciación y el significado de las palabras... por ello ahora habla y escribe con fluidez y en nuestro idioma y sigue nuestros rituales. Es un urbanita. Es complejo y refinado en su interior (*zhong ji linglong*) y muy sencillo y modesto hacia el exterior; al escuchar a varias personas debatiendo ruidosamente, puede comprenderlo y recordar sus argumentos en orden. Nunca vi a nadie más impresionante. Las personas son o muy críticas o muy halagadoras, o bien muestran su brillantez, o bien son demasiado aburridas. Pero no tengo idea ninguna de por qué está aquí. Nos hemos visto tres veces ya y sigo sin saber sus intenciones al venir aquí. Quizá quiera estudiar nuestras enseñanzas confucianas, pero seguramente esta sea una suposición estúpida que no refleje su intención real.[26]

La brillante apreciación sobre Ricci reflejaba no solo su propia inteligencia, sino la razón por la que el occidental se les hacía tan atractivo para él y para su amigo Jiao Hong: aquí se encontraba un hombre extremadamente sutil e inteligente, original, inconformista, con un interés profundo por las cosas de fuera de este mundo. Es interesante destacar que el adjetivo que usa Li Zhi (*linglong*) al describir el carácter de Ricci refleja el término para la esfera armilar (*linglongyi*) en el Observatorio de Nanjing. El término hace referencia al artificio, la inteligencia, la sutileza, lo intrincado y la complejidad. De hecho, estas cualidades insinúan la personalidad del jesuita, cuyos escritos revelan tan poco de sí mismo.

En Ricci, Li Zhi encontró un alma gemela: una mente original, un camino solitario. Al marchar, Li Zhi compuso un poema para Ricci:[27]

> Descendiendo tranquilo desde el Polo Norte, viajando
> por gusto hacia el Sur,
> dejando tu nombre en templos,
> señalizando el viaje marítimo en asombrosas montañas.
> Tras de ti quedan cien mil *li*
> cuando miras hacia la ciudad de nueve murallas.

¿Has visto la luz del país?
El sol del mediodía brilla luminoso.

Li Zhi dejó Nanjing por su monasterio en Hubei. Recordemos la discripción de Ricci hecho por Li Zhi: "al escuchar a varias personas debatiendo ruidosamente, puede comprenderlo y recordar sus argumentos en orden". Esto hace referencia a un acontecimiento real, un banquete, un momento de gloria para Ricci, cuando Li Zhi bien podría haber estado presente.

El anfitrión del banquete era Li Ruzhen, un oficial retirado a la venerable edad de 70 años, con fama de virtuoso y un gran grupo de discípulos. Li Ruzhen, un budista devoto, invitó a Ricci a una reunión a través de Qu Rukui, su amigo en común. Desconcertado por la crítica directa de Ricci al budismo, al que comparó con media manzana podrida, Li Ruchen pensó que el jesuita no sabía mucho de las doctrinas budistas. Al poco tiempo de aquello, en un coloquio de literatos, Li Ruzhen habló sobre la superioridad de las enseñanzas del budismo. Liu Guannan, el vicedirector de uno de los departamentos del Ministerio de Obras (*yuan wai lang*), exclamó enfadado: "¡Cómo puedes hacer de menos las enseñanzas de nuestro sabio Confucio y alabar la superioridad de estas doctrinas extranjeras del budismo!". Desahogándose aún más, Liu Guannan le dijo a Li Ruzhen que incluso un occidental como Li Madou (Ricci), al que solo conocía por su reputación, elogiaba las virtuosas enseñanzas de Confucio y criticaba la falsedad del budismo. Li Ruzhen respondió que en efecto había conocido al occidental, quien no parecía bien informado de todo el asunto, y que él le enseñaría mejor las doctrinas budistas. Con esto acabó el coloquio; y Liu Guannan se marchó airado.

Unos días después, Li Ruzhen invitó a Ricci a un banquete. Ricci intuyó las intenciones de Li: no quería meterse en una confrontación; además, era Cuaresma. Ricci rehusó educadamente. Sin embargo, Li Ruzhen repitió la invitación. Qu Rukui, invitado también, convenció a Ricci de cambiar de idea ya que hubiera sido descortés rechazar tres invitaciones seguidas.

Cuando Ricci y Qu se presentaron, se encontraron con unos veinte o treinta invitados en la casa de Li Ruzhen. El invitado de honor era el clérigo budista más famoso en Nanjing, el abad Xuelan Hong'en.[28] Nacido en la ciudad, Hong'en, cuyo apellido era Huang, tomó el título budista de Xuelang (Ola nívea), por la montaña en Zhejiang donde practico en su inicio la vida monástica. Con 13 años, Hong'en acompañó a su padre en una visita al Templo Bao en, donde escucharon un sermón sobre la *Sutra del loto*. En el momento en el que el texto comparaba los sufrimientos de la vida a una casa en llamas, el adolescente sintió una agitación súbita. Se cortó el pelo en secreto. En el momento de regresar, Hong'en le entregó un mechón de pelo a su padre y le preguntó si podría dárselo a su madre como recordatorio. Su padre rompió en llanto, pero el chico tan solo observaba calmado al hombre, con quien había cortado todos los lazos carnales. La leyenda dice que el monje aprendiz mostró un gran talento desde el inicio: su elocuencia y entendimiento innato impresionó a todo el mundo. Bajo el ala del Abad del Templo Bao en, Hong'en se convirtió en el monje budista más famoso de Nanjing, conocido no solo por sus grandes conocimientos sobre múltiples sutras budistas, sino también sobre los clásicos confucianos y literatura. Con el tiempo, Hong'en heredó el manto del abad.

Cuando Hong'en conoció a Ricci, en marzo/abril de 1599, estaba en la cúspide de su fama. Como orador brillante que era, Hong'en había dado charlas sobre los textos budistas durante treinta años. Dejando a un lado los comentarios áridos, Hong'en regresaba a las mismas sutras: con una taza de té y un quemador de incienso, Hong'en se sentaba y disertaba; o discurría mientras andaba entre la audiencia, usando el paisaje natural de alrededor como metáforas para las ideas más específicas de las doctrinas budistas. Como experto en la *Sutra Hua yan*, Hong'en disfrutaba de una enorme fama como un gran intelectual budista que entendía las ideas de la intercausalidad y la interpenetración de todos los fenómenos, los conceptos difíciles y centrales de la escuela Hua yan. En 1598, el techo de la pagoda del Templo Bao en se derrumbó. Construido en cristal y rematado con cobre, la pagoda era uno de los monumentos budistas más famosos de Nanjing. El abad Hong'en lideró varios cientos de monjes y recorrió la ciudad para solicitar fondos. La campaña fue todo un éxito.[29] Li Ruzhen obviamente había invitado al abad Hong'en para enseñar a Ricci las doctrinas budistas.

Ambas partes estaban preparadas para el combate verbal. Ricci sabía que Hong'en era "suficientemente diferente de los otros clérigos budistas porque era un gran poeta, inteligente y conocedor de las doctrinas de todas las sectas".[30] Tras presentar a sus invitados, Li Ruzhen sentó a Hong'en al lado de Ricci, quien inmediatamente sintió "la gran arrogancia envuelta en la túnica rota y miserable que [Hong'en] vestía". Hong'en con su frente alta, ojos claros, pómulos marcados y boca grande era una figura imponente. Exigió hablar de religión con Ricci.

> Ricci contestó: "Antes de que debatamos nada, me gustaría que me dijeras qué piensas del primer principio, del creador y señor del cielo y de la tierra y de todas las criaturas creadas, al que llamamos Tianzhu, el Señor del Cielo".
>
> Hong'en explicó: "Sí, existe el creador del cielo y la tierra, pero no es un ser grandioso, ya que todos los seres humanos son iguales a él".
>
> Aquí, Hong'en hacía referencia a la enseñanza central de la Escuela Hua Yan, que argumentaba que Buda existía ya en su forma humana y que todas las personas tenían el potencial de convertirse en Budas.
>
> Irritado por la autosatisfacción de Hong'en, Ricci lo provocó: "¿Puedes hacer las mismas cosas que este creador del cielo y la tierra? ¡Si no, esto es mera palabrería!".
>
> Sin dudar de la doctrina de que todos los fenómenos naturales existen debido únicamente a la conciencia humana, Hong'en respondió con confianza: "Sí, puedo crear el cielo y la tierra".
>
> Ricci intervino: "No quiero molestarte con la creación de otro cielo y otra tierra. Te ruego tan solo que crees otra cazuela como esta de aquí".
>
> Hong'en exclamó: "¡Pedir eso es ridículo!".
>
> Aún más alto, Ricci replicó: "¡No deberías prometer lo que no puedes cumplir!".

Con el alboroto, los demás invitados se acercaron. Según Ricci, que registró cada palabra de este intercambio, todos pensaron que estaba en lo cierto.

Relajados los ánimos, Hong'en comenzó a explicar a Ricci las enseñanzas fundamentales del budismo.

"He oído que eres un gran astrónomo. ¿Sabes de matemáticas?"

"Sí, sé algo del tema," contestó Ricci.

Hong'en prosiguió su argumento: "¿Cuando hablas del sol y de la luna, viajas a los cielos, donde se encuentran los planetas o bajan estos planetas a tu corazón?".

Ricci explicó: "No subo al cielo, ni tampoco bajan las estrellas a la tierra. Cuando vemos algo formamos una figura y unos tipos de lo que hemos visto. Después, cuando queremos pensar y hablar de ello, miramos en nuestras mentes estas imágenes que hemos formado".

"¡Ajá!" Hong'en se levantó y exclamó: "Justo como has creado de nuevo el sol y la luna, puedes crear también todo lo demás".

"Las imágenes de la mente no son el sol y la luna," discrepó Ricci, "solo son figuras, y son muy diferentes del sol y la luna. Y si alguien no ha visto antes el sol y la luna, no sería capaz de formar estas imágenes, sin mencionar crear el sol y la luna".

Usando el espejo como una metáfora de la mente, Ricci explicó que nadie confundiría el reflejo con los objetos reales del sol y la luna. Apoyándose en el principio Tomista del conocimiento sensual, Ricci reivindicó una filosofía que argumentaba la existencia real de los fenómenos físicos: todas las cosas creadas son visibles, y mediante la percepción sensual del orden visible creado, el intelecto puede percibir al creador invisible, Dios.

Es interesante que Ricci usara la metáfora del espejo, que era una favorita de los maestros Hua Yan. La intercausalidad e interpenetración de todas las cosas, se puede comparar a un conjunto de espejos colocados en posiciones diferentes respecto a una llama:

los reflejos y los reflejos de los reflejos se asemejaban a una cadena interminable de causas que negaban el primer principio,

> la llama original, tan solo una esencia en apariencia debido a la subjetividad limitada de la conciencia humana. En ese momento, Hong'en no pensó en esta respuesta; y Ricci destacó con satisfacción, en sus memorias, que la mayoría se pusieron de su parte, para irritación de un enojado Hong'en. Para evitar que la batalla discursiva escalara, el anfitrión Li Ruzhen vino y se llevó a Hong'en a un lugar diferente del salón comedor.

El banquete comenzó. Como extranjero, a Ricci le ofrecieron el lugar de honor, sentado en el lugar directamente opuesto a su anfitrión en la enorme mesa redonda. La conversación cambió a la naturaleza humana, un debate que originalmente tuvieran los pensadores de la antigua China. Algunos invitados tomaron la perspectiva de Mencio, que escribió que la naturaleza humana es buena y solo la ignorancia y la falta de educación lleva a actos malvados. Otros argumentaron la posición de Xunzi y los pensadores de la Escuela Legalista, que veían la ley y la disciplina como la única medida para refrenar la tendencia humana al egoísmo y al mal. Un tercer grupo propuso que la naturaleza humana no era intrínsecamente mala ni buena, sino una mezcla lo que explicaría las diferencias en el comportamiento humano. A lo largo de este debate, que duró una hora y varios platos, Ricci se sentó en silencio, pensando para sí que los intelectuales "no conocían la lógica ni la distinción entre lo moral y lo natural, aún menos de la corrupción de la naturaleza humana por el pecado original y la gracia de Dios".[31] Los comensales entendieron el silencio de Ricci de manera diferente: quizá su debate era demasiado sutil para un extranjero, que no era capaz de seguir un discurso ruidoso en una lengua extranjera. Por cortesía, alguien se giró hacia Ricci para preguntarle su opinión. Ricci había estado esperando este momento. Primero resumió con detalle los argumentos y posiciones de las partes opuestas, lo que sorprendió a todo el mundo. Luego añadió: "Nadie puede dudar de que el Señor del Cielo y la Tierra es la bondad suprema. Si la naturaleza humana es tan endeble que se duda si es buena o mala, ¿cómo puede el Maestro Hong'en decir que la naturaleza humana es la misma que la de Dios, el creador del cielo y la tierra? ¿Quién puede dudar si esta naturaleza es buena o mala?".

Uno de los invitados se levantó y aplaudió a Ricci. Se volvió hacia Hong'en y le preguntó: "¿Qué opinas de esto?". El abad budista trató de restarle importancia, sin querer responder. Ricci y otros invitados lo presionaron. Hong'en citó textos y autoridades budistas, pero Ricci se negó a reconocer la autoridad. Quería debatir con la razón. Finalmente, Hong'en expresó su opinión de que Dios no era ni bueno ni malo, ya que todo podía ser en ocasiones bueno o malo. Aquí, Hong'en basó su argumento en la idea central del budismo Mahayana, la doctrina del vacío, esto es, ningún fenómeno posee una esencia permanente e inmutable. Todas las cosas –la vida, la muerte, la felicidad, el sufrimiento– se conforman por una combinación de circunstancias y causas, que están en constante cambio, por ello, lo inherentemente irrelevante del bien y del mal. A esto Ricci rebatió que la naturaleza del sol es la luz, no la oscuridad. Rechazando la doctrina budista del vacío y la relatividad, Ricci argumentó los principios de Aristóteles, una filosofía basada en la distinción entre sustancia (esencia) y accidentes. La mayoría de los asistentes estaba del lado de Ricci, así se lee en sus memorias. A pesar de que solo tenemos un registro parcial de este encuentro intelectual entre el budismo y el cristianismo, dos cosas estaban claras: creó una agitación entre los literatos de Nanjing, "todo Nanjing estaba hablando mucho sobre este debate", en palabras de Ricci (y en las de Li Zhi, como hemos visto); y dio forma a la polémica del misionero jesuita con el budismo. Los argumentos de este debate con Hong'en formarían parte del capítulo 7 en la obra maestra de Ricci *Verdadero significado del Señor del Cielo*.

Poco tiempo después del famoso banquete, en algún momento de abril de 1599, Ricci compró una gran casa para la residencia jesuita. Fue Liu Guannan quien consiguió el trato. Este mandarín que estaba tan airado con el discurso pro-budista de Li Ruzhen, poseía una casa encantada. Construida como residencia para los oficiales públicos, la gran casa estaba situada en las murallas interiores, cerca de la puerta sur y estaba deshabitada. Múltiples mandarines anteriores que habían vivido allí se marcharon apresurados, hablando de fantasmas y demonios. Nadie la quería comprar en el mercado privado. Al inspeccionar la vivienda, Ricci vio marcas de espadas en las columnas debido a exorcismos taoístas sin éxito. Liu le ofreció la propiedad con pérdidas, feliz de recuperar una parte del coste público y aceptó el pago a créditos ya que el jesuita no tenía suficiente dinero para pagar por ella. Ricci estaba deseoso de comprar una casa tan céntrica, sobre todo desde que Cattaneo y otros habían llegado al fin a Nanjing. Esta casa encantada seguramente era la descrita por Gu Qiyuan: el anterior oficial de la Inspección de Escuelas, ubicada dentro de la puerta sur, donde un inspector y su mujer, paseando bajo la luz de la luna, de pronto vieron docenas de jóvenes estudiantes bailando en las escaleras. Aterrados, se marcharon y desde entonces nadie se aventuró en ella, incluso a plena luz del día.[32]

Además de ser una ganga, la casa estaba construida en lo alto, una ventaja a considerar en una ciudad propensa a las inundaciones. En junio de 1586, llovió durante catorce días. Las calles quedaron anegadas bajo varios pies de agua y la única manera de cruzar las puertas occidentales cerca del Yangzi era en barca, como Gu Qiyuan registró en su libro de viñetas.[33]

Atraídos por la creciente fama de Ricci, los mandarines e intelectuales venían a verle, "como locos".[34] Había tantos visitantes, escribió Ricci, "en ocasiones, no tengo tiempo para comer".[35] En ningún momento confundió Ricci esta sociabilidad con éxito real: los chinos venían simplemente a visitar un objeto muy curioso –el famoso occidental–; cuando Ricci "les hablaba del milagroso trabajo de Dios en el Oeste, se mostraban estupefactos".[36] Con un sentido firme de realismo, Ricci respondió a su amigo de Macerata y compañero jesuita Girolamo Costa, que había preguntado sobre noticias de una gran conversión:

> Sabed que yo y todos los que aquí estamos no soñamos con otra cosa día y noche. Por esto dejamos nuestro país y a nuestros queridos amigos y llevamos ropas y zapatos de China; y hablamos, comemos, bebemos y vestimos acorde a la cultura China. Pero Dios no desea aún ver más frutos de nuestra labor, aunque nuestros logros pueden compararse e incluso superar aquellos de otras misiones, y parece que hemos hecho cosas admirables. Esto se debe a que nuestro tiempo en China aún no es el de cosechar,

> ni siquiera el de sembrar, sino el de adentrarnos en bosques inhóspitos y combatir serpientes salvajes y venenosas. Por la gracia de Dios otros vendrán y escribirán sobre conversiones y sobre el fervor de los cristianos.

Aunque el trabajo pionero fuera duro, Ricci era optimista sobre la evangelización, ya que creía que:

> China es muy diferente de otras tierras y personas ya que la gente es culta y se interesa por las artes y no la guerra; son inteligentes, y ahora, dudan de su propia religión y supersticiones más que nunca. Por ello será fácil, como claramente intento, convertir un número infinito de ellos en un corto espacio de tiempo.

El único obstáculo, advirtió Ricci, era el recelo de los chinos hacia los extranjeros, un miedo a la rebelión que imperaba en el emperador y las clases gobernantes. Por lo tanto, cuando los cristianos se congregaban, las sospechas crecían. Por lo tanto, la tarea más urgente era "ganar credibilidad con estas personas y disipar las sospechas, y luego proceder a convertirlos". Afortunadamente, los jesuitas se habían separado de todos los extranjeros previos gracias a su aprendizaje y reputación, Ricci agregó, "y algunos, gracias a Dios, nos consideran los mayores santos que han llegado a China en un milagroso y largo viaje".[37]

Ricci, de hecho, era impresionante. Gu Qiyuan, el autor de las viñetas de la vida de Nanjing, conoció al jesuita y dejó esta descripción:

> [Li Madou, esto es, Ricci era un] europeo de los océanos occidentales. Su cara es pálida, tiene una barba rizada y ojos profundos y calmados de color amarillo brillante como un gato; sabe chino. Vino a Nanjing y residió al oeste de la puerta Cheng Yang, a todos narró el camino (*dao*) de su país al adorar a *Tianzhu*, el Señor del Cielo. Este *Tianzhu* es el creador del cielo y de la tierra. En pintura se le representa como un niño pequeño sujeto por una mujer, llamada *Tianmu* (madre celestial). Esta pintura se hizo en una plancha de cobre y las figuras parecen vivas, con los cuerpos, los brazos

> y las manos elevadas por encima de la plancha; las concavidades y declives de las caras los hace indistinguibles de las personas reales. La gente pregunta: "¿Cómo pintas esto?" Él responde: "En las pinturas chinas, se pinta lo visible (yang), pero no lo invisible (yin), por lo tanto, las figuras humanas se muestran planas, sin contraste. La pintura de mi país usa ambas técnicas el yin y el yang y así hay contrastes en las caras y redondez en los brazos y las manos. Ya que la cara humana, si mira hacia la luz, se pinta brillante y blanca; si mira de lado, el lado al que da la luz es blanco, mientras que los ojos, las orejas, la nariz y la boca a los que no llega la luz se pintan oscuros. Los retratistas de mi país entienden este método y por ello pueden borrar la distinción entre las figuras pintadas y la gente real". Ha traído muchos libros impresos de su país, todos impresos en papel blanco por las dos caras, con las palabras en horizontal. El papel es como el papel de hoy en día de algodón de Yunnan, grueso y resistente, y la tinta es excelente. A veces hay ilustraciones de personas y edificios, tan delicadas como el cabello. La encuadernación es como el sistema de plegado Song, con cuero lacado en el exterior para protegerlo, mientras que los cantos están revestidos de oro, plata o cobre, y las páginas están pintadas con oro arriba y abajo. Abres el libro y cada página parece nueva; cierras el libro y parece una lámina pintada en oro. Hay un reloj que suena solo, construido con metal, se le da cuerda con alambres, repleto de ruedas que suben y bajan sin cesar y dan las horas con sonido. Hay muchos objetos similares, todos construidos finamente… Ha escrito *Tianzhu shiyi* y *xilun*, con muchos dichos nuevos, pero es más habilidoso en la astronomía y las matemáticas.[38]

Más tarde, Gu Qiyuan también conoció a João da Rocha, que viajó a Nanjing a finales del 1600 para reemplazar a Ricci; pensó que este "discípulo" de Ricci no era de ninguna manera tan elegante e inteligente como el maestro.

Tras haber establecido su pequeña residencia, los misioneros jesuitas se convirtieron en los cuidadores de una nueva comunidad cristiana. El primer converso en Nanjing fue un señor mayor de setenta años, un tal Señor Cheng, un oficial militar retirado. Su hijo, Cheng Qiyuan, que obtendría más tarde el cargo de *jinshi* militar en 1604 y tuvo una exitosa carrera militar, siguió los pasos del anciano Cheng.[39] Padre e hijo fueron bautizados como Paul y Martin; la mayoría de miembros de su extensa familia los siguieron y se convirtieron en los primeros cristianos en Nanjing.

Animado por su éxito, Ricci se encontró pensando una vez más en Pekín. Necesitaba refuerzos: personal, dinero y regalos para el emperador. En agosto de 1599, Ricci envió a Cattaneo a Macao para pedir refuerzos. En enero de 1600, Cattaneo volvió con fondos y regalos adicionales y otro misionero para el viñedo chino, el español Diego de Pantoja.

Tras obtener el permiso de viaje gracias a su amigo el mandarín Zhu Shilu, Ricci estaba preparado una vez más para viajar a Pekín, en apariencia para ofrecer tributo al emperador, en realidad para obtener protección imperial para la misión católica. Ricci dejó a Cattaneo a cargo de la residencia jesuita y de la comunidad cristiana en Nanjing; se llevó consigo a Pantoja y a los otros dos hermanos chinos jesuitas, Sebastian Fernandes (Zhong Minren) y Manoel Pereira (You Wenhui).

A través de Zhu Shilu, Ricci consiguió dos habitaciones en un barco al mando del eunuco Liu Cheng, que había sido enviado como un intendente de impuestos a Suzhou y a Hangzhou. Liu estaba regresando a Pekín cargado de brocado y ahora además, con un portador de tributos occidental oficial, con sus relojes, pinturas y libros como regalo para el emperador Wanli. El 18 de mayo de 1600. Ricci partió una vez más desde el Gran Canal. Con su "cara pálida, barba rizada y ojos profundos y calmados", ¿había visto ya Ricci su futuro en las estrellas sobre Nanjing, al dirigirse a su último destino?

9

PEKÍN

Matteo Ricci casi no llegó a Pekín. Al principio, el viaje fue bien. Transportado por la ola del éxito, Ricci, a sus 48 años, embarcó con su pequeño grupo de jóvenes: Zhong Minren, de 38 años, que había seguido a Ricci durante diez años desde Shaozhou, Nanchang y hasta Pekín y vuelta; You Wenhui, de tan solo veinticinco, y ya un buen pintor; y Diego de Pantoja, nacido en 1571 y recién llegado de Toledo, el primer jesuita español en unirse a la misión de China.[1] Gracias a Zhu Shilu, los jesuitas y sus sirvientes fueron recibidos amablemente por el eunuco Liu Cheng, que rechazó el pago de las dos amplias habitaciones. Durante estos tranquilos días, Pantoja practicó el clavicordio, que había aprendido de Cattaneo en Nanjing, en preparación para presentarle el instrumento musical al emperador; también continuó sus lecciones de chino con Zhong Mingren y practicaba conversación con un sirviente de diez años, un nativo de Nanjing que el Eunuco Liu había comprado y dado a Pantoja. Cargados con seda de Hangzhou y Suzhou para el emperador, estas gabarras del gobierno, apodadas *ma chuan* o barcos caballo, combinaban velocidad y comodidad. Aun así, el Gran Canal estaba bloqueado con tráfico fluvial, la mayoría oficial y muchos barcos se agolpaban para ser los primeros en pasar las numerosas esclusas a lo largo del camino. Al mostrar a los famosos occidentales y sus exóticos instrumentos a cada mandarín en cada puerta, el eunuco Liu obtuvo tratamiento preferente; y para finales de junio su pequeña flotilla había llegado a Jining en Shandong, donde el rector del Canal de Transporte tenía su cargo.

El gobernante, Liu Dongxing, un hombre sexagenario, estaba deseoso de recibir a Ricci. El hijo de Liu había conocido al famoso académico de occidente en Nanjing, y le contó a su padre todo sobre el extraordinario hombre y sus maravillosas doctrinas de salvación, anécdotas confirmadas por Li Zhi, un amigo íntimo del mandarín, que casualmente se encontraba visitando al anciano Liu cuando Ricci llegó. En la mansión del mandarín,

Li Zhi saludó a Ricci como si de un viejo amigo se tratara; y los tres hombres conversaron sobre asuntos del Oeste y de la otra vida. Cuando devolvió la visita en la barcaza, Liu vio una imagen de la Virgen María, acompañada por Cristo y Juan Bautista. Más tarde, la señora Liu le habló a su marido de un sueño anterior que había tenido, en el que había visto a la bodhisattva Guanyin asistida por dos chicos. Reflexionando sobre este augurio, Liu tomó la mano de Ricci y le dijo: "Quiero acompañarte al paraíso". Conmovido por su calidez y sinceridad, Ricci deseó poder convertir a los dos hombres algún día, pero eso no sucedería.

El 3 de julio, llegaron a Linqing, donde aproximadamente un año antes, Cattaneo se vio forzado a pasar el invierno tras el primer intento fallido de los jesuitas de asentarse en Pekín. Allí, cayeron en manos del eunuco Ma Tang. Como intendente de impuestos, el eunuco Ma incitaba un profundo odio por su codicia extrema y cruel; en 1599, los sublevados mataron a 37 de los hombres de Ma Tang y quemaron su oficina. Sin embargo, el eunuco recibió el apoyo incondicional de su todavía más avaricioso superior, el emperador, que quería exprimir hasta la última moneda de plata de sus súbditos. Ma Tang rechazó los regalos entregados por el eunuco Liu Cheng y se negó a ceder el paso a sus barcazas. Temeroso por la demora, no fuera a ser castigado, Liu ofreció a Ma Tang un soborno más jugoso: había occidentales a su cargo, portando regalos únicos y valiosos para el emperador; si el eunuco Ma interviniera a su favor, podría llegar a recibir una recompensa imperial por sus esfuerzos. Al percibir una oportunidad para progresar y enriquecerse, Ma Tang prometió que haría una visita.

Alerta y preocupado, Ricci buscó ayuda de un antiguo conocido, el comandante de asuntos militares de Linqing, Zhong Wanlu. Oriundo de Qingyuan, Guangdong, Zhong había conocido a Ricci en Zhaoqing; reanudaron su amistad en 1599 cuando a Zhong lo destinaron a Nanjing. En Linqing, había estado esperando a Ricci.

Consciente del poder de los intendentes de impuestos eunucos, Zhong Wanlu avisó a Ricci de que sería imposible escapar de las garras de Ma; lo mejor era simular una amistad y seguirle el juego. Los eunucos importantes no eran gente a la que subestimar, eran hombres inteligentes de origen humilde y reclutados de jóvenes. Aduladores y serviles, odiados por los mandarines e intelectuales y sujetos a la crueldad y capricho del emperador, muchos ansiaban el poder, una vez que se les encomendaba alguna posición de autoridad, y se imponían sobre los mandarines y los plebeyos con la misma crueldad. Ma Tang estaba satisfecho con los regalos de los occidentales, los cuales vio en la gabarra. El eunuco Ma se ofreció a transmitir el recordatorio del occidental al emperador. Muy educadamente, Ricci rechazó la oferta, listando sus muchos conocidos mandarines en la capital. El eunuco se rio. El emperador rara vez leía las notas de los mandarines, pero respondía rápido a sus mensajes, se jactó Ma Tang. Ordenó a sus hombres que transportaran el equipaje de los jesuitas a uno de sus propios barcos. Tras abandonar a sus pasajeros y haber conseguido el visto bueno de Ma Tang, el eunuco Liu marchó apresuradamente.

Ricci y sus hombres estuvieron casi un mes en Linqing. Fueron bien tratados. Ma Tang los invitó incluso a un banquete, seguido de actuaciones de la ópera de Pekín y acrobacias. Zhong Wanlu también ayudó. Sus frecuentes visitas a Ricci recordaron a Ma Tang que estos extranjeros tenían amistades poderosas. En varias ocasiones Ma Tang aludió a sobornos, pero Ricci fingió inocencia. Ante la petición del eunuco de mover los regalos tributarios a su palacio, Ricci alegó los riesgos de daño del transporte y la necesidad de estar presente para el mantenimiento diario de los relojes mecánicos. Ma Tang lo dejó estar por el momento.

Tras la escritura de un nuevo recordatorio, el 31 de julio, Ma Tang envió a los jesuitas a Tianjin, donde llegaron el 8 de agosto; él mismo los siguió a mitad de agosto. Tras un mes, un edicto imperial pidió un desglose de los ofrendas tributarias. Ricci preparó una lista, que enviaron a tiempo para el cumpleaños de Wanli, el 23 de septiembre de 1600. En contra de las expectativas de Ma Tang, el emperador no citó a los occidentales. El eunuco Ma comenzó a preocuparse por si había perdido el favor imperial al patrocinar a los extranjeros.

Llegó el invierno. Antes de que el Gran Canal se congelara, Ma Tang tenía que volver a Linqing. El eunuco Ma llevó a los jesuitas a un templo dentro de las murallas y guardó los regalos tributarios en un depósito oficial. En sus sucias y frías habitaciones, los misioneros recibieron una visita inesperada de Ma Tang. El pomposo eunuco llegó con el comandante y una gran comitiva de soldados. El furioso Ma Tang acusó a Ricci de esconder gemas preciosas y de no informar sobre todos los miembros del hogar. Los soldados abrieron y registraron el equipaje. No encontraron nada de valor. Ma Tang estaba iracundo. Después, un soldado descubrió algo en posesión de Pantoja. Se lo mostró a Ma Tang. Era un crucifijo de madera con una figura de Cristo crucificado y ensangrentado. Estupefacto, Ma Tang exclamó: "Esto es un instrumento que habéis creado para asesinar a nuestro emperador; ¡las personas con estos artilugios son malvadas!". Al ver el crucifijo, los otros chinos retrocedieron y miraron con aversión a los occidentales, los presuntos autores de tamaña crueldad. Ricci respondió con calma. "No quería decir que este era el verdadero Dios" porque habría sido complicado explicar este misterio a "esta gente ignorante en este momento". Además, Ma Tang habría desestimado la explicación como una excusa.

Eligiendo sus palabras con cuidado, Ricci explicó: "No creáis que esto es lo que creéis que es. Se trata de un gran santo de nuestro país, que quiso sufrir las penurias de la cruz por nosotros. Por ello, lo hemos esculpido y pintado de este modo, para admirarlo por siempre y ser agradecidos". Tras escuchar esto, el comandante dijo que seguía sin ser bueno tener una figura humana como esta.

Ma Tang no estaba convencido. El registro continuó y los soldados encontraron otros crucifijos y pinturas de la Crucifixión. El eunuco comenzó a tranquilizarse. Estos objetos no podían ser todos instrumentos de brujería. Ma Tang y el comandante hicieron sentar a Ricci y a Pantoja. Primero, el eunuco Ma hizo todo un espectáculo para devolver a Ricci una bolsa con más de 200 ducados de plata, los fondos de viaje de los jesuitas, para expresar su honradez, a lo que Ricci simuló una enorme gratitud. Después, Ma Tang ordenó a sus hombres que hicieran un inventario de más de cuarenta objetos confiscados a los jesuitas, incluyendo un par de relicarios de marfil y un cáliz de plata. Ricci pidió los relicarios, pero Ma Tango lo ignoró. Cuando Ricci ansioso le imploró que les devolvieran el cáliz, un recipiente sagrado para realizar ofrendas a Dios, intocable por manos sin consagrar, explicó, Ma Tang ordenó que se le trajera el cáliz. Mientras daba vueltas al recipiente en sus manos, el eunuco Ma se burló de Ricci: "¿Por qué dices que no se puede tocar, eh?" Controlando su enfado, Ricci contestó con voz de desagrado: "Toma esta bolsa [de monedas de plata], que pesa más que el doble del cáliz, y devuélvenos lo que necesitamos para nuestro cometido". Al escuchar esto, el mandarín intervino. Pidió a Ma Tang que devolviera el cáliz ya que no era el dinero lo que preocupaba a estos extranjeros. Incluso el eunuco Ma se apiadó y devolvió el cáliz.

Ma Tang regresó a Linqing y dejó en paz a los jesuitas. Transcurrieron los días esperando ansiosos alguna noticia, temerosos de que todo lo que habían conseguido en los últimos años se desvaneciera en un momento. Los rezos no funcionaron. A finales de 1600, Ricci envió a dos sirvientes a Linqing: uno recibió una paliza y Ma Tang lo envió de vuelta; el otro lo recibió Zhong Wanlu a escondidas, quien advirtió a su amigo jesuita que las cosas no pintaban nada bien, ya que Ma Tang quería publicar una nota acusando a los occidentales de usar brujería para asesinar al emperador. Destruid todos los crucifijos, salvad la vida, huid a Guangdong –estas eran los únicos consejos para un desconsolado Ricci–. Zhong Mingren, que se escabulló a Pekín con cartas de Ricci para sus amigos mandarines también volvió con las manos vacías. Nadie podía o quería ayudar. De pronto, en enero de 1601, llegó un edicto imperial, ordenando a los occidentales a que siguieran a la capital con sus regalos. Al parecer, un día el emperador recordó algo sobre un "reloj con sonido" y preguntó por ello; el eunuco ayudante le recordó que no había respondido a la nota de Ma Tang y que los occidentales seguían esperando en Tianjin, por ello el edicto repentino. Para ese momento, los jesuitas habían estado tiritando durante diez semanas en el frío templo y ya hacía más de ocho meses tras su optimista partida de Nanjing. Reacio, Ma Tang ordenó devolver los regalos y las posesiones de los occidentales. Lo último incluía los textos matemáticos de Ricci, que el eunuco Ma había confiscado, citando la prohibición de libros de adivinación en la ley Ming. Afortunadamente, los soldados que fueron a buscar las posesiones al almacén eran analfabetos y no podían leer las órdenes selladas de Ma Tang. Sin estos libros occidentales, el ejercicio científico de Ricci se habría visto obstaculizado en Pekín.

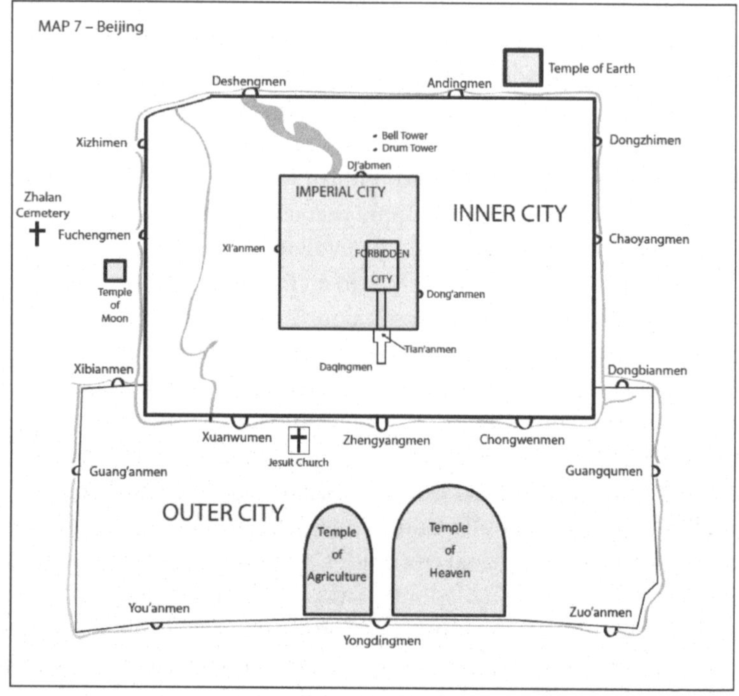

Mapa 7. Pekín en la dinastía Ming

A caballo, la misión tributaria occidental entró a la capital imperial la víspera del Año Nuevo Chino, el 24 de enero de 1601 (mapa 7). Los regalos se transportaron con solemnidad al palacio. Consistían en:

- tres pinturas, una pequeña y moderna que representaba a Cristo, una moderna representaba a la Virgen María con el Niño Jesús y San Juan y un antiguo retrato de la Virgen, una copia de la pintura en la Capilla Borghese de la Basílica de Santa María la Mayor en Roma,

- un breviario con detalles en oro,
- un crucifijo decorado con reliquias, perlas y cristales de diferentes colores,
- una copia del *Theatrum Orbis* de Abraham Ortelius,
- un gran reloj mecánico construido en metal y decorado con dragones, y otro más pequeño, del tamaño de una palma, hecho de brillante metal y decorado con grabados,
- dos prismas,
- ocho piezas de espejos y jarrones de cristal,
- un clavicordio,
- un cuerno de rinoceronte,
- dos relojes de arena,
- cinturones europeos, tela y monedas.

Al ver el retrato de Cristo, Wanli exclamó: "¡Esto es un Buda en vida!" Espantado por el retrato realista, con sus ojos inquisitivos, el emperador envió esta pintura a su madre, la emperatriz viuda Ci Sheng (née Li), una budista devota. También inquietada por el retrato en tres dimensiones, Ci Sheng lo mandó llevar al tesoro imperial; sin embargo, sintió mucha más conexión con Madonna y el Niño, la pintura de Santa María la Mayor, y ofrecía incienso y oraciones a diario a esta representación nueva de Guanyin la dadora de hijos bodhisattva.

El emperador Wanli (véase lámina VIII) sentía más curiosidad por los instrumentos mecánicos occidentales. Frustrado conque los relojes no tañeran, ordenó a Ricci y a Pantoja que entraran al recinto exterior de la Ciudad Prohibida, donde podrían instruir a los eunucos matemáticos sobre cómo poner a punto y mantener los relojes. Tras solucionar esto, el emperador requirió escuchar música occidental en el clavicordio. Pantoja, vestido para la ocasión, se convirtió en profesor de cuatro eunucos músicos; y Ricci tradujo ocho canciones europeas al chino, usó las palabras *Shangdi* [Dios en lo Alto], *Tian* [Cielo] y *Tianshen* [Ángeles] para aludir al mensaje cristiano. Estas clases ocuparon más de un mes, durante el cual los jesuitas se albergaron en una casa fuera del palacio Prohibido, bajo vigilancia estricta por parte de los hombres del eunuco Ma Tang, que aún quería cosechar algún beneficio de su patronazgo. Aburrido de su pasividad diaria y frustrado por la crítica continua a su gestión de la sucesión (ver Capítulo 8 y después), el emperador Wanli adoptó un interés inusual en estos extranjeros, que afirmaban no tener interés en cargo alguno y deseaban solo una morada tranquila en Pekín. Sin querer claudicar y conceder audiencias a sus mandarines, Wanli ordenó a dos pintores de la corte que realizaran unos retratos de Ricci y Pantoja, el resultado "no se asemejaba en absoluto a mí ni a mi compañero", como Pantoja escribió en una carta. En cualquier momento que el emperador viera los retratos, supuestamente exclamaba: "¡Oh, son turcos (*hui hui*)!".[2]

Durante los días de las lecciones musicales, cuando Pantoja estaba preocupado por sus estudiantes eunucos, Ricci intentaba establecer contacto con sus amigos mandarines en Pekín, ninguno contestó a sus cartas. Su frustración se exacerbaba con la estrecha vigilancia de los hombres de Ma Tang, que le prohibieron hacer una visita al ministro de ritos, Yu Jideng, que tenía jurisdicción sobre todos los tributarios. El único contacto que realizó Ricci fue con el Censor Cao Yubian, quien visitó a Ricci porque admiraba la fama del occidental por su integridad y virtud. Los dos se harían amigos a lo largo de los años venideros.

Un día, una docena de secretarios *yamen* asaltaron la casa de Ricci. Los había enviado el mandarín Cai del Ministerio de Ritos, director del Hostal para Bárbaros (*Xiyi guan*). Contrariado con que los occidentales hubieran presentado sus tributos al emperador mediante el eunuco Ma Tang y no a través de los canales apropiados del Ministerio de Ritos, Cai emitido un llamamiento. Al principio, pensando que los secretarios pretendían chantajearle por dinero, Ricci se negó a ir con ellos. Los empleados entonces ataron cuerdas alrededor del cuello de Zhong Mingren y You Wenhui. A Ricci y a sus hombres los encerraron en sus cuartos. Al saber de esto, los hombres de Ma Tang se apresuraron al rescate: rompieron el candado y acusaron a los empleados del Ministerio de robar regalos para el emperador, asustando así a los intrusos que se retiraron con rapidez. Aprovechando la oportunidad para escapar de las garras de Ma Tang, Ricci insistió en obedecer la citación. Al día siguiente, Ricci y un eunuco comparecieron ante el mandarín Cai. El eunuco advirtió a Cai que no interviniera y lo amenazó con presentar una nota al emperador. Tras consultar con sus compañeros, Cai se mantuvo en sus trece. El eunuco se marchó y dejó a Ricci para que lo interrogaran.

Al iracundo mandarín Ricci le explicó lo siguiente: Ma Tang los había detenido mientras viajaban; ¿cómo podía un extranjero resistirse a la injusticia de un hombre así cuando muchos mandarines le temían? Además, tras su llegada a Pekín, los citaban a diario en la corte y estaban bajo vigilancia constante. Había vivido en China durante muchos años, alegó Ricci, y ya había visitado Pekín, no deberían considerarle un extranjero. Al escuchar estas palabras, Cai, al inicio severo, respondió con palabras de aliento: No tengas miedo de los eunucos; enviaría una nota al emperador. Mientras tanto, Ricci y sus hombres podían permanecer en el *Xiyi guan* a expensas del gobierno.

El Hostal para Bárbaros consistía en amplio recinto amurallado, dividido en cientos de habitaciones para acomodar a los múltiples portadores de tributos desde Asia Central, Este y Sudeste en la corte Ming. Basado más en el comercio que en la diplomacia, el sistema tributario se instituyó a inicios del siglo XV para satisfacer la vanidad del emperador. Cada tres o cinco años, grupos de turcos, árabes, mogoles, persas, mongoles, tibetanos, coreanos, ryukyuenses (de la actual Okinawa), siameses, birmanos, javaneses y malayos viajaron a Pekín portando tributos. Salvo algunas excepciones, como el jade de Asia Central, la mayoría de estos regalos tributarios eran de escaso valor. Con gastos pagados en China y altamente recompensados por sus entregas, los extranjeros volvían cargados de seda, porcelana y ruibarbo, un potente laxante de la medicina china que alcanzaba un precio alto en los mercados de occidente. A excepción de los coreanos, que eran los más asimilados a la cultura china, a los extranjeros los trataban con cortesía formal pero poco respeto. El nombre de su residencia oficial decía todo lo que había que decir: El hostal para Bárbaros. Ninguno de los cuartos venía amueblado; los huéspedes dormían sobre paja, custodiando sus "regalos" y animales; y aparte del momento de presentar los tributos y su marcha, todos permanecían encerrados en el recinto durante su estancia, con la destacada excepción de los emisarios coreanos.[3]

Aquí, Ricci y Pantoja permanecieron tres meses (de marzo a mayo de 1611). Cai los trató con una cortesía infrecuente, les asignó una habitación amueblada. A inicios de marzo, unos días después de la mudanza, Ricci y Pantoja fueron escoltados, junto a otros portadores de tributos, al palacio imperial (véase lámina IX). Tras cruzar las puertas guardadas por soldados y elefantes, aparecieron frente al palacio Huangji, donde el trono estaba colocado en una alfombra, flanqueado por la insignia de la autoridad imperial, protegido por una cortina de finos hilos de cobre y precedido por escaleras de mármol.[4]

En esta ocasión, como era costumbre en un emperador que no cumplía con su deber, Wanli no se presentó. Después de arrodillarse e inclinarse ante un trono vacío, mientras el mandarín que dirigía la ceremonia cantaba en voz alta, Zhu Guozuo, el ministro de ritos en acto, que sustituía Yu Jideng, enfermo de muerte, recibió a los extranjeros y regresaron a su recinto amurallado.

Prisioneros en todo menos de nombre, los jesuitas trabaron amistad con otros reclusos. Algunos musulmanes hablaron a los misioneros sobre una comunidad cristiana en la provincia de Gansu al noroeste de China: tenían la tez clara; los hombres llevaban la barba larga; comían cerdo y adoraban imágenes de Jesús y de María. Ricci mostró gran interés en lo que de seguro serían los vestigios de la que una vez fuera la próspera comunidad nestoriana en China.

Después de la visita de Ricci al trono, Zhu Guozuo envió a sus hombres a interrogar a los occidentales. Los jesuitas expusieron su intención: querían permanecer en China y predicar la palabra de su Dios. Ricci envió un libro de rezos y una copia de su trabajo a inspección. Según el procedimiento burocrático, Zhu envió una nota, donde censuró al eunuco Ma Tang por arrogarse la jurisdicción propia del Ministerio de Ritos, en connivencia con los occidentales. La nota dice lo siguiente:

> En *Las estatuas del Gran Ming* (*Da Ming Hui dian*), solo se menciona el país de Sri [autor: esto hace referencia a Sri Lanka y a la costa Coromandel de la India, llamada Sri o *Xi yang*, Océano Occidental en los registros Ming] y no el Gran Océano Occidental (*Da Xi yang*), por lo tanto, no hay manera de saber la verdad [de

> la alegación de Ricci]. Además, ha vivido aquí durante veinte años antes de presentar tributos, lo que lo diferencia de aquellos que vienen de lejos con admiración y portando tributos. Las imágenes del Señor y de la Madre del Cielo que presenta son impropias; tiene huesos de hadas en su equipaje. Si fuesen hadas de verdad, podrían con seguridad marchar volando, ¿cómo pueden quedar huesos? Esto es exactamente a lo que Han Yue de la dinastía Tang se refería como un asunto maligno y sucio [autor: Han Yue se opuso a la exposición de las reliquias de huesos budistas, lo que calificó de "asunto maligno y sucio"]. No debería ser introducido en la Ciudad Prohibida. Además, estos regalos tributarios se habían presentado sin haber sido examinados por el ministerio: la intervención reprobable de ese eunuco [esto es, Ma Tang] y mi propio error no se pueden excusar. No solo eso, sino que, tras recibir la citación para venir a mi ministerio, [Ricci] no apareció y permaneció en una residencia budista. Su servidor no puede comprender sus intenciones. Ruego se entregue un regalo igual a los regalos tributarios y que a Li Madou [Ricci] le sea dado un tocado y un cinturón acorde a las normas tributarias, y se le haga regresar a su cargo rápidamente, y dejar de residir en secreto en ninguna capital y mezclarse con los eunucos, para evitar futuros problemas y la confusión de plebeyos ignorantes.[5]

En contra del procedimiento, el emperador no contestó a la nota. Más tarde, Ricci escuchó de un eunuco que Wanli estaba disgustado con la nota: "¿Son acaso ladrones para ser detenidos así? Veremos qué hace el ministro de ritos". Este recordatorio no era el único que irritaba al emperador. Durante dos años, Yu Jideng, el ministro de ritos, ahora enfermo de muerte, había ido mandando una nota detrás de otra, instando a Wanli primero a declarar a su hijo mayor como su heredero y luego a arreglar el matrimonio del príncipe heredero. Tal era la frustración que Yu sentía ante la inacción del emperador y su resistencia que cayó gravemente enfermo. Por lo tanto, cualquier nota del Ministerio de Ritos irritaba al emperador Wanli. Y por ello no hizo nada. Pasó un mes. Algunos mandarines criticaron al Ministerio de Ritos por mantener a Ricci como a un prisionero;

otros no estaban de acuerdo con la recomendación de Zhu de expulsar a los occidentales; muchos especulaban que Ricci disfrutaba de conexiones con los eunucos; y todos conocían el descontento de Wanli. Zhu Guozuo envió una segunda nota en la que evitó criticar a los eunucos y suavizó su tono en lo relativo a los occidentales. El emperador no dijo nada. La verdad era que Wanli deseaba que los occidentales permanecieran en Pekín, aunque solo fuera para mantener sus queridos relojes mecánicos, un deseo fuertemente compartido por los eunucos encargados con su mantenimiento, temerosos de sus cuellos si algo les sucediera a esos curiosos objetos. Pero el procedimiento dictaba que el emperador solo podía responder y no iniciar, en lo relacionado a los extranjeros. Inquieto ante el silencio imperial, Zhu Guozuo envió otras tres o cuatro notas, cada vez suavizando más su tono e incluyendo alabanzas hacia los occidentales; incluso recomendó enviar a Ricci y a Pantoja a Jiangxi o a otra provincia del sur. Pero las palabras clave, residencia en Pekín, no estaban. Aún sin respuesta de arriba. Mientras tanto, alentado por muchos mandarines, que deseaban conocer al destacado occidental, el director Cai concedió permiso a Ricci para salir y entrar a voluntad del hostal para Bárbaros. Incluso le proporcionó un caballo y un mozo (para informar de la actividad de Ricci). Uno de los primeros mandarines a los que Ricci visitó fue al censor Cao Yubian, que se estaba convirtiendo rápido en un amigo y admirador. En mayo, el censor Cao hizo valer su autoridad y le dijo al director Cai que hacía mal en mantener a los occidentales en el Hostal. Poco después, Cai permitió a Ricci y a Pantoja escoger su propia vivienda en la ciudad, y prometió proveerles a ellos y a sus sirvientes con provisiones, acorde a su rango de emisarios extranjeros.

Con su sustento asegurado por un modesto pero prestigioso estipendio imperial, que a la larga sumaba la cuantía de 72 taeles al año, los jesuitas empezaron a trabajar. Ricci prosiguió con su exitoso modo de proceder: hacer redes de contactos, amigos, todos en lugares prestigiosos, conversaciones cultas y escribir libros. Durante la segunda mitad de 1601, Ricci estableció un patrón de trabajo que duraría hasta su muerte: recibía visitantes de los niveles más altos de la sociedad Ming; conversaba con ellos sobre las costumbres y leyes del

Oeste, y cuando lo veía apropiado, presentaba las doctrinas cristianas; construyó relojes de sol, globos, cuadrantes y otros instrumentos astronómicos como regalos para sus interlocutores chinos; y atendió interminables rondas de banquetes, para más conversaciones y redes de contactos. Era un trabajo extenuante. Una elaborada etiqueta regía la socialización de élite: la presentación de *cartes de visite*, diseñadas adecuadamente; el atuendo con túnicas ceremoniales de seda; el ofrecer regalos apropiados al rango; la obligación de devolver las visitas; y, sobre todo, la capacidad de participar en conversaciones inteligentes y elevadas, sin parecer nunca vulgar o indiscreto. En los círculos en los que se movía, era imposible para Ricci rechazar una invitación sin incurrir en ofensa. Rara vez comía en casa. Muchas veces debía asistir a tres o cuatro eventos diarios, incluidos en días de ayuno. En sus momentos libres, Ricci recitaba misa, rezaba, supervisaba la residencia jesuita y dirigía las otras residencias jesuitas en Nanjing, Nanchang y Shaozhou por correspondencia. Era una rutina que dejaba poco lugar al ocio.

Entre junio y diciembre de 1601, Ricci entabló bastantes amistades influyentes. De los propios escritos de Ricci y los documentos de archivo existentes, podemos reconstruir la imagen general de su intensa socialización y el contenido específico de muchas conversaciones. Poco a poco, transmitió conocimiento del Oeste a las élites Ming y en el proceso acumuló un valioso capital social que probó ser indispensable para invertir en las bases de la misión de China.

Un manuscrito anónimo en chino, titulado *Shi ke wen da* (Respuestas a las preguntas de los visitantes), hoy en día en la Biblioteca Nacional de Francia, nos da una vívida descripción de la agitada vida social que Ricci debía experimentar. Data de inicios del siglo XVII, y la escribió un misionero jesuita como un cuadernillo de idiomas/social (probablemente por el propio Ricci). El diálogo textual, un compuesto de otros muchos diálogos reales, comienza con una escena de académicos visitándose mutuamente en la capital. Describe a un anfitrión muy atareado (¿Ricci?), los visitantes dejan sus tarjetas de visita y devuelven visitas; recoge con detalles las conversaciones educadas, que comienzan con las cortesías habituales como expresar admiración por la fama de otro y por sus escritos. Tras los saludos formales y las preguntas sobre el lugar de nacimiento, que los chinos aún usaban como un identificativo básico de uno mismo, la conversación viraba a otra motivada por la curiosidad del visitante chino sobre el Oeste. La conversación sigue este esquema:

¿Cuántos países hay en el Oeste? ¿Van a la guerra entre ellos? Qué visten los oficiales: ¿visten túnicas de mandarín de cuello redondo y tocados mandarines? ¿Qué viste la gente de a pie? ¿Cómo se peinan? ¿Llevan los hombres el cabello hacia arriba peinado en un moño? ¿Se dejan la barba larga? ¿Las mujeres occidentales son hermosas? ¿Se vendan los pies? ¿Y qué tipo de calzado y joyas llevan? ¿Cómo se casa la gente, mediante casamenteros, padres? ¿Se vuelven a casar? ¿Qué tan grande es tu querido país? ¿Hay prostitutas? [Aquí el misionero contesta: sí, pero hay menos y no se toleran en las ciudades;[6] el visitante chino asiente con aprobación pues esta era precisamente la costumbre en la antigüedad.] ¿Qué tan largo es el viaje desde el Gran Océano Oeste? ¿Cómo se construyen los barcos occidentales? ¿Qué peligros posee el viaje marítimo? ¿Hay monstruos marinos? ¿Cuántas personas pueden viajar en un barco y qué comen? ¿Cuántos países ha cruzado el estimado occidental en su camino a China? Hay preguntas sobre África e India: sobre la comida, las costumbres, la cultura material y los idiomas. ¿Es China el medio del mundo? [Aquí, el interlocutor jesuita tuvo que desilusionar al visitante y responder que el ecuador era el medio del mundo.] ¿Por qué no cogió el venerable maestro occidental la ruta terrestre a China? [La respuesta es que los musulmanes dificultan el viaje.] El chino y el occidental conversaron largo y tendido sobre la porcelana china y los vidrios europeos, tras lo que la curiosidad del visitante cambió a los salarios de los oficiales en el oeste. El misionero jesuita sorprende al visitante chino con el salario astronómico de un primer ministro en el Oeste, entre unos 60.000 y 100.000 taeles de plata, en valor chino, o entre 75.000 y 125.000 en pesos de plata o la mitad en ducados de oro, unas sumas impresionantes para los mandarines Ming, cuyos salarios establecidos eran los más bajos en todas las dinastías chinas.[7] ¿Los oficiales occidentales son avariciosos? ¿Hay un examen de servicio civil? ¿Cómo

> se convierte uno en oficial? ¿Se puede estudiar ciencia militar? El jesuita responde que no a esto, pero añade que se puede estudiar medicina, y que las humanidades son las enseñanzas del Señor del Cielo. La conversación cambia a la astronomía, a la adivinación, a la medicina occidental y a la farmacia, antes de que el visitante chino, sin tacto y de manera característica, pregunte por dinero: ¿Cómo envían dinero tus amigos? El misionero responde que el dinero se enviaba por Guangzhou, a lo que el visitante chino confiesa que nunca se creyó el rumor de que el estimado visitante occidental usara magia para transformar el mercurio en plata. El tema de la alquimia lleva al del sistema monetario en Europa, lo que a su vez lleva a la pobreza y la caridad. ¿Hay bandidos? ¿Cómo se les castiga? ¿Cómo se construyen casas? ¿Con qué estilos? ¿Con qué materiales? ¿Existen los gobiernos hereditarios en el Oeste? ¿Hay ciudades y fortificaciones? Del último tema la conversación deriva al armamento europeo y a los caballos antes terminar con varios temas distintos: portadores de tributos, palacios, geomancia y leones.[8]

Es posible imaginar a Ricci, el amable y excelente conversador, repitiendo una vez tras otra la historia del Oeste y el relato de su viaje al Reino del Gran Ming.

Ricci socializaba con altos cargos sin poder –familiares del emperador y la emperatriz– así como con los poderosos aunque menos prestigiosos –comandantes militares–. Pero sobre todo se movía en los círculos de la clase gobernante, los altos mandarines. La mayoría eran oficiales en la capital; otros venían desde Nanjing o las provincias por negocio. Conoceremos a los más importantes en poco. Como objeto de profunda curiosidad, una visita a Ricci era la última moda social entre las élites de Pekín. "Podemos decir que todo tipo de personas importantes vienen de visita", concluyó Ricci. "Pero la gente pequeña", observó el misionero jesuita, "tienen miedo de venir [a nuestra casa], a pesar de que la puerta siempre está abierta, al igual que aquellas de cualquier residente de la ciudad. Y pareciera que nadie allí que cuente con algo de autoridad no aprecie tener una conversación con los padres o que los padres vayan a sus casas".[9] La gente de a pie, como veremos, Ricci se la encomendará a Pantoja. Conozcamos ahora a los altos cargos mandarines amigos de Ricci.

El más importante de entre sus nuevos amigos era Shen Yiguan, nativo de Ningpo, Zhejiang. Un miembro del gran secretariado, que ejercía como el cuerpo fundamental de consejeros para el emperador, Shen tomó el puesto de gran secretario superior en 1603 antes de que sus enemigos en la corte conspiraran para su destitución en 1606. Aunque budista devoto, Shen Yiquan no era ningún Buda y mostró poca compasión en el juego despiadado y mortal de las políticas de la corte, como se verá en el siguiente capítulo. Para Ricci, sin embargo, el gran secretario Shen actuaba con mucha magnanimidad, ensalzando el cristianismo por su práctica monógama y su disciplina social y colmando a Ricci con regalos de dinero y seda. Tras su primera reunión a finales de 1601, Shen continuó su amistad, lo que dotó a los jesuitas con un patronazgo político poderoso en Pekín.

Otro budista devoto era Li Dai, el ministro de personal. Enormemente preocupado por la vida tras la muerte, el ministro septuagenario debatía con Ricci sobre la vida y la muerte, lo que permitió al jesuita tratar la naturaleza transitoria de la existencia humana. En su primer encuentro, Li Dai indagó por la edad del occidental. Ricci respondió: "Ya he perdido cinco décadas". Asombrado, el ministro Dai preguntó: "¿Es que tu religión revierte el tener y el no tener?" Al contrario que el oro y el cereal, que se pueden almacenar, explicó Ricci, el tiempo pasaba con la regularidad del sol y las estaciones, para no regresar jamás. ¿Cómo se podía hablar de tener una edad, cuando el pasado no le pertenecía a uno mismo?

Había echado a perder cincuenta años, declaró Ricci, no había logrado nada, ni servir a su país, ni consolidar su linaje, ni progresar en la virtud personal. Li Dai exclamó: "¡No, no! No seas tan modesto como para decir que has perdido el tiempo sin lograr nada o no has disfrutado de tu longevidad. Hay personas malas en el mundo que insultan al cielo, dañan a gente y se humillan desde la juventud. El cielo misericordioso les ofrece longevidad, con la esperanza de que se arrepientan, pero ellos usan este tiempo para aumentar sus defectos. Cuando están a punto de morir, sus años y sus viles actos son igual de numerosos. ¡Qué horrible! ¿Crees que disfrutan de la longevidad o no?" Ricci respondió: "Mejor sería que no hubieran nacido". Impresionado por las palabras de Ricci, Li Dai advirtió a los miembros más jóvenes de su casa: usad el tiempo bien y con virtud. Continuando con su discurso de la naturaleza transitoria del tiempo, Ricci una vez más exhortó a conocer la virtud y a Dios en cada momento de la vida.[10]

En cuanto a la vida y a la virtud estaban de acuerdo. Pero Li Dai discrepaba profundamente con el ataque de Ricci al budismo. "Está mal por su parte [los jesuitas] hablar mal de Buda. Si el Señor del Cielo es importante en el cielo, entonces Buda es importante en la tierra," replicó el ministro Li.[11] Dos años más tarde, cuando Li Dai perdió su puesto durante el "Incidente del Libro Diabólico" (véase capítulo 10), Ricci destacó en la desgracia de Li, no sin malicia, "Parece que Dios es importante en el cielo y en la tierra, y sus ídolos no pueden liberarle y mantenerle en el puesto".[12]

Antiguos amigos abrían las puertas a los nuevos. Wang Ruxun, que había aprendido matemáticas occidentales de Ricci en Nanjing, fue ascendido a viceministro (*shilang*) del Ministerio de Justicia. Tras su llegada a la capital, Wang, oriundo de la provincia de Shandong, presentó a Ricci a otros dos altos puestos mandarines de su provincia: el superior de Wang, el ministro Xiao Daheng, y Feng Qi, que reemplazó a Yu Jideng como ministro de ritos, tras la muerte de Yu en agosto de 1611.

Después de apenas un año en Pekín, Ricci ya había entablado relación con tres de los seis ministros del estado –Li Dai, Xiao Daheng y Feng Qi– sin mencionar al gran secretario, Shen Yiguan. De entre estos poderosos hombres, Feng Qi ejercía el patronazgo más efectivo: era el oficial más importante a cargo de los extranjeros en China. Además, Feng Qi mostraba el interés más auténtico por las enseñanzas del cristianismo, como se reflejó en una conversación entre él y Ricci sobre la vida como un estado temporal.

Terriblemente pesimista sobre la corrupción en su época, Feng compartió con Ricci sus reflexiones sobre la naturaleza humana:

> Me consta que el Hombre es el más noble de entre los cientos de criaturas vivientes en el mundo, no se puede comparar a las aves ni

> a las bestias, y por ello decimos que el Hombre es parte del cielo y de la tierra. Sin embargo, cuando observo a las aves y a las bestias, parecen más en calma que los seres humanos. ¿Por qué? Pueden erguirse justo después de nacer; saben cómo buscar comida y evitar el peligro; nacen con plumas, pelo, piel y garras, no requieren ropa, agricultura, almacenes de cereales ni herramientas. Comen y se reproducen; descansan y juegan; y disfrutan del tiempo libre. ¿Distinguen entre el yo y el otro, rico y pobre, alto y bajo, permiso y prohibición, primero y último o preocupación y éxito? Ya sea descansando o corriendo, pasan sus días como desean.

Cuando los humanos nacen, sus madres sufren grandes dolores; llegan desnudos al mundo y lloran, como si supieran de las dificultades de nacer. Son débiles tras el nacimiento y no pueden andar. Solo tras los tres años dejan el abrazo de su madre. Cuando crecen, tienen su propio trabajo: el granjero ara la tierra cada estación, el viajero pasa el año en el mar o en las montañas, el artesano construye sin descanso con sus manos y el académico agota su mente día y noche, en resumen, los caballeros trabajan con su mente y los plebeyos con su cuerpo. Cinco décadas de vida son cinco décadas de dolor. ¡Y hablando de enfermedad! He leído en un libro médico que hay más de 300 afecciones tan solo del ojo. ¡Cuántas habrá para el cuerpo entero! Y casi toda la medicina es amarga... Los humanos se dañan los unos a los otros: crean armas para cortar extremidades; las muertes más violentas son a manos humanas. Hoy nos quejamos de que las armas antiguas no son lo suficientemente afiladas e intentamos diseñar nuevas. Cada vez hay más muertes, ensuciando las planicies y las ciudades con cadáveres, una carnicería sin fin. Aún en años de paz, ¿hay acaso alguna familia a la que no le falte de nada? Los ricos no tienen progenie; los que tienen progenie carecen de talento; los que tienen talento no poseen tiempo libre; los que tienen tiempo libre carecen de poder; y todos se quejan de lo que falta. A menudo, la felicidad se ve eclipsada por un pequeño contratiempo. Nos preocupamos toda la vida hasta que sucumbimos a la gran angustia de la muerte, cuando entierran nuestros cuerpos, un destino inevitable.

Por ello, un sabio anciano advertía a sus hijos: "No os engañéis y cerréis la mente: todo el mundo corre a su tumba. No vivimos, sino que existimos en un estado de muerte constante. Cuando nacemos, empezamos a morir; la muerte solo representa el final. Pasa un día, pierdo un día, un paso más cerca de mi tumba. No podemos evitar lo que tememos, ¿existen momentos de alegría?".

Sin embargo, esto es solo el dolor externo. ¿Quién puede soportar el interno? La dificultad del mundo es real, su felicidad falsa; sus preocupaciones son normales, sus alegrías limitadas. Si las desgracias de un día no se pueden relatar en diez años, ¿cómo podemos describir las preocupaciones de una vida en nuestra propia vida? A nuestros corazones los asalta el amor, el odio, el enfado y el miedo, igual que un árbol en una alta montaña atizado por los vientos en las cuatro direcciones. ¿Acaso hay un momento de descanso? Ya sea el vino, el sexo, la carrera o el dinero, a todos nos dirigen nuestros deseos. ¿Hay alguien que esté satisfecho con lo suyo y no busque nada? Incluso si a alguien le dieran los cuatro mares y billones de personas, no estaría satisfecho. ¡Qué necedad!

Los humanos ignoran la verdadera manera de ser, ¿cómo podemos conocer otros caminos? Sigue a Confucio, luego Laozi y después Buda; ¿cómo pueden todas las mentes del mundo doblegarse bajo estas tres enseñanzas? Las personas inquietas establecen sus propias escuelas para difundir novedades; pronto las diferencias entre las tres enseñanzas se convertirán en más de 3.000 enseñanzas. Todo el mundo dice: "El camino correcto, el camino correcto", pero el camino del mundo se está desviando cada vez más hacia el caos: superiores crueles, insultar a los inferiores, padres tiranos, hijos rebeldes, soberanos y oficiales con sospechas mutuas, hermanos con conflictos fraternales, parejas separadas, amigos engañados mutuamente y el mundo entero está repleto de engaño, calumnia y locura. ¿Dónde está el verdadero corazón? La gente del mundo está en un naufragio, oscilando arriba y abajo en olas agitadas por el vendaval, todos tratan de salvarse a sí mismos sin pensar en nadie más. Algunos se aferran a tablones rotos; otros navegan en balsas; el resto se agarra a cajas rotas, sin soltarlas por nada del mundo. Por desgracia, todos morirán. ¿Por qué el Señor del Cielo creó al Hombre para vivir en este lugar de sufrimiento? ¿Por qué ama a los humanos menos que a los animales?

Ricci estaba completamente de acuerdo. Y aun y todo, los humanos se aferraban a este mundo con todas sus aflicciones. "La vida humana no es más que una morada temporal", expuso Ricci. "Creo que el Señor del Cielo ha puesto al Hombre en la tierra para probar su corazón y así poder clasificar su virtud. Nuestro verdadero hogar no está en este mundo, sino en el siguiente; no está entre los hombres, sino en el cielo. Nuestra vida es la de los animales, por ello las aves y las bestias contemplan la tierra. Nosotros somos súbditos del cielo y elevamos nuestras cabezas al cielo". "Cuando el Señor del Cielo creó el mundo al principio", continuó Ricci, "hizo todas las cosas y animales para nuestro uso, y nuestra raza en origen no sufrió ninguna aflicción. Pero después de que nuestros primeros ancestros ofendieran al señor, una infracción que sus descendientes repitieron, las cosas del mundo empezaron a ponerse en nuestra contra. Esto fue el origen de todo el sufrimiento; no fue voluntad del Señor del Cielo, sino nuestra propia culpa".

Cuando Ricci terminó, Feng Qi suspiró:

> "Si esta visión se difundiera en China, todas las dudas se resolverían y no se hablaría más para culpar al cielo, ya que ¿qué culpa tiene? Los santos y sabios de la antigüedad y el pasado trabajaron toda su vida para salvar el mundo. Si el Creador quisiera condenar a estos seres morales tras su muerte a marchitarse como árboles y hierba, sin un lugar de felicidad para su disfrute eterno, y si no premiara su amarga labor, entonces el mundo estaría sembrado de dudas.
>
> Tu excelente opinión llevaría a la gente la verdadera virtud, los rescataría de la futilidad, validaría su voluntad de soportar sufrimientos, solucionaría su vergüenza por la pobreza, fortalecería su determinación de seguir su propio camino y no perseguir el bochorno: esta es la verdad".

Tras despertar su interés por el cristianismo, Feng Qi presionó a Ricci para traducir los Diez Mandamientos y otros libros de la doctrina cristiana. El ministro de ritos representaba a un grupo de intelectuales en la tardía Ming desesperados por la corrupción de su propia sociedad. Como no encontraban solución en las enseñanzas tradicionales del confucianismo, el taoísmo y el budismo, ya fuera por la reforma de las costumbres sociales o por su propio consuelo espiritual, encontraron en el cristianismo, tal y como lo explicaba Ricci, una enseñanza atractiva y poderosa. Convencido de que Feng Qi se había embarcado en el camino hacia la conversión, Ricci se lamentó de la prematura muerte de Feng, cuando una enfermedad se llevó al ministro de 44 años tras solo dieciocho meses en el cargo.

Ricci encontraría finalmente conversos entre los altos cargos mandarines. Eran más comunes, sin embargo, aquello primeros apoyos de Ricci en Pekín, el censor Cao Yubian, académicos tradicionales atraídos por la convergencia entre la ética social del cristianismo y el confucianismo, pero que se quedaban a las puertas de la conversión. Un buen ejemplo es la conversación entre Ricci y Cao. El tema del día era el discurso, bastante apropiado teniendo en cuenta el cargo oficial de Cao de vigilar la moral en las acciones y palabras de la clase gobernante, incluyendo al emperador. Recogido como el quinto capítulo en sus *Diez capítulos de un hombre extraño*, Ricci rememoró la pregunta de Cao: "Los santos hablan poco y desean permanecer en silencio. ¿Por qué?" El censor Cao le dijo al jesuita que "De niño leí en Confucio [*Analectas*] que un hombre virtuoso es inexpresivo y de pocas palabras, mientras que los elocuentes son egoístas. Siempre he querido reducir mi discurso y desearía saber la verdadera idea de tu querido país".

Gracias a su inmenso conocimiento textual, Ricci citó primero un proverbio del Antiguo Testamento (Proverbios 17:28): "Aun el necio, cuando calla, es contado por sabio; El que cierra sus labios es entendido". Tras comentar en el proverbio, Ricci recurrió "a un gran sabio de la antigüedad occidental", Sócrates, que enseñaba silencio a sus discípulos, solo graduaba a los que podían mantenerse en silencio durante siete años. El tercer ejemplo era un importante retórico del Oeste, un hombre callado de lo contrario; cuando se le preguntó por sus cualificaciones para enseñar elocuencia, respondió que el silencio es como una piedra de afilar que podía afilar cuchillos. Ricci comentó que cuanto más grande y sólida fuera la nave, menos sonido hacía, implicando así que aquellos sin estudios hablarían alto, mientras que un verdadero académico y caballero callaría en su sólida erudición. Un acto de virtud decía más que las simples palabras. Usando una metáfora imaginativa y vívida, Ricci explicó que el Creador dio al Hombre dos manos y dos orejas, pero solo una lengua, esto indicaba que debía escuchar más y hablar menos. Además, Dios había situado la lengua en lo profundo de la boca, encerrándola tras una muralla de dientes, un foso de labios y fuertes de barba, para advertirnos que fuéramos circunspectos al hablar. Tras proporcionar más ejemplos de textos occidentales, Ricci le contó a Cao la historia del filósofo Xanthus y de su esclavo Esopo.[13] Cuando preparaba un banquete, Xanthus ordenó a Esopo cocinar el plato más exquisito para sus invitados. El esclavo sabio compra lenguas de cerdo, algunas las cuece, otras las asa, las más las especia. A los invitados, Esopo les sirve plato tras plato de lengua en recetas diferentes, hasta que Xanthus le grita al esclavo. En su defensa, Esopo explica que no existe nada más refinado o mejor que la lengua, ya que toda filosofía depende de ella, sin ella nada podría hacerse ni comprar, ni vender, ni legislar. Como toda la vida se organiza mediante la lengua, no hay nada más importante. Al día siguiente, Xanthus le da la orden contraria: compra y prepara la peor comida. Esta vez, Esopo prepara las lenguas con vinagre y salsa picante. A su enfurecido maestro y quejosos huéspedes, Esopo les contesta que todas las cosas malas vienen de la lengua, aviva la animosidad, las conspiraciones, las peleas, la rivalidad, los conflictos y las guerras y es la cosa más abominable en el mundo.

Las fábulas griegas y las historias bíblicas proporcionaban lugares comunes retóricos nuevos para aumentar el interés en el mensaje de Ricci: el Creador del mundo, el Señor del Cielo, estaba presente en su obra, el Libro de la Naturaleza, y los antiguos sabios chinos lo conocían; en consecuencia, el conocimiento del verdadero Dios se desplazó con el budismo y las doctrinas heterodoxas; Ricci simplemente completaba las enseñanzas de los antiguos sabios al demostrar la concordancia entre las enseñanzas cristianas y confucianas y mostrando la providencia divina en las leyes de la naturaleza y las consecuencias sociales beneficiosas de una sociedad cristiana. Los argumentos gemelos de la ética social cristiana y la ciencia occidental le ganaron a Ricci dos apoyos fuertes, se denominaban como los dos amigos más íntimos del jesuita en Pekín.

El director del Departamento de Obras Acuáticas para la Capital (*u shui qing li si shi lang*), uno de los cuatro departamentos del Ministerio de Obras, Li Zhizao (1565-1630), era un hombre brillante. En su juventud, Li había elaborado un mapa de las quince provincias de China. Cuando vio el *Mapamundi* de Ricci, se dio cuenta de la vasta extensión geográfica y conocimiento astronómico aún desconocida para el mundo Ming. Por lo tanto, después de la llegada de Ricci a Pekín, Li se apresuró a invitar a Ricci.

Durante el banquete, que fue en festivo, Li se percató de que Ricci se abstenía de comer nada que no fueran verduras. Preguntó a Ricci la razón de su ayuno vegetariano, dado que el occidental se había distanciado claramente del budismo. A ello, Ricci sacó un conjunto de páginas de la manga, en las que había escrito un corto tratado explicando los principios del ayuno cristiano (para arrepentirse de los pecados, refrenar los deseos carnales, disciplinar la mente en la búsqueda de la perfección moral no sensual).[14] Impresionado, Li Zhizao pidió si podía hacer una copia del ensayo. Ricci había ido preparado con un compendio de mano para causar una impresión intelectual.

La impresión la causó. El misionero mayor y el más joven científico chino pronto se hicieron amigos. Ricci apreciaba la agilidad mental de Li, y lo consideraba uno de sus dos mejores alumnos de matemáticas. A lo largo de nueve años, Ricci y Li colaboraron en la traducción de varias obras científicas al chino; de hecho, Li Zhizao se llegaría a ser el transmisor más importante del conocimiento científico occidental a principios de la China del siglo XVII. Li Zhizao ayudó a Ricci de otros modos importantes, escribiendo prefacios de las nuevas ediciones y reimpresiones de las obras del misionero jesuita. En el mundo literario Ming, la fama y la difusión de los libros aumentaba en proporción a la fama del académico que escribía los prefacios y los epílogos. Por primera vez en su "apostolado por el libro", Ricci se beneficiaría de su red de contactos cercana al mundo de los mandarines de Pekín.

La primera obra de Ricci que Li Zhizao patrocinó fue una reimpresión del *Mapamundi*. En su prefacio, Li mencionaba la hipótesis de un cielo esférico en la antigua astronomía china y sus subsecuentes logros. Pero incluso durante la dinastía Yuan, cuando la astronomía alcanzó su cenit, la medición de la estrella del Polo Norte seguía sin ser correcta. De ahí, la gran contribución del *Mapamundi* de Ricci, que representa al mundo con gran detalle, así como muestra los movimientos del sol y de la luna y la posición correcta de las estrellas. "Los intelectuales del pasado usaban el norte como el punto medio de los cielos... usaban la Estrella del Polo Norte como la mediana... Si veis este *Mapamundi*, os daréis cuenta de la convergencia. Cómo podríamos no creer que en los océanos del este y el oeste [esto es, China y Europa], no hay más que una mente y una razón".[15]

Reconocer la verdad única en el orden del universo implicaba la posibilidad de creer en un Dios omnipotente. Ricci esperaba que el intenso interés de Li en la ciencia occidental y las matemáticas le llevara a abrazar la fe cristiana. Pero Li se resistía, refrenado en parte por su renuencia a aceptar la monogamia y renunciar a sus concubinas. El camino a la conversión sería largo para Li Zhizao.

El segundo amigo íntimo de Ricci era el mandarín preso Feng Yinjing (1555-1606), famoso en la capital. Oriundo de Fengyang, el lugar natal del fundador de la dinastía Ming, Feng Yinjing obtuvo su fama como Censor en Wuchang, en la provincia de Huguang. Íntegro, honesto y con principios, Feng encarnaba la misma imagen de un mandarín confuciano perfecto: al hacer justicia, abrazaba la causa del pobre y el débil; y era el único mandarín de toda la provincia que se atrevía a oponerse al eunuco Intendente de Impuestos Chen Feng, igual de voraz que el célebre eunuco Ma Tang. Los incesantes mensajes de Feng en denuncia del eunuco Chen, y las contra acusaciones de este último, causaron la retirada del íntegro oficial, para consternación general y el pesar de la gente de a pie. Tras su llegada a Pekín en febrero de 1601 como un héroe, Feng pronto fue encarcelado por el emperador Wanli; fue en prisión que Ricci visitó por primera vez a este intrépido oficial.

Feng Yinjing llevaba tiempo siendo admirador de Ricci y en su juventud había escrito un libro defendiendo la ortodoxia confuciana frente al budismo. Cuando aún estaba en el cargo en Wuchang, Feng envió a un discípulo llamado Liu a estudiar matemáticas con Ricci. Incapaz de encontrar al jesuita en Nanjing, Liu siguió a su maestro a Pekín, donde visitó a Ricci y le habló de su maestro, un ferviente admirador y mandarín encarcelado. Ricci fue a visitar a Feng. Los dos hombres, similares en edad y carácter, enseguida trabaron amistad, "y en una hora de conversación", escribió Ricci, "entablaron una relación tan estrecha que toda China se sorprendió, pensaban que habían estado conversando durante muchos años".[16] Feng estaba tan impresionado por Ricci, "alguien que dedicaba su vida a cuidar la amistad",[17] que el íntegro mandarín escribió un prefacio en honor a la amistad y a sus virtudes y pagó por una reimpresión del trabajo de Ricci.

A lo largo de los próximos tres años, Ricci visitó con regularidad al mandarín preso y envió a Feng copias de sus escritos. En prisión, Ricci persuadió a Feng mediante sus enseñanzas y este declaró estar listo para convertirse. Tras tres años, el emperador cedió ante la presión pública y los numerosos mensajes a favor de Feng Yinjing y perdonó al recalcitrante e íntegro oficial. Como solo le permitían permanecer unos pocos días en la capital tras su puesta en libertad, Feng regresó a su ciudad natal. Entre la muchedumbre de mandarines que le enviaban buenos deseos, Ricci no tuvo ocasión de confirmar la decisión de Feng y bautizarlo. Más tarde, Ricci ordenó a los jesuitas en Nanjing que viajaran a Fengyang a bautizar al enfermo Feng, pero el mandarín murió antes de recibir el sacramento.

Cuando Ricci oyó las noticias, dejó escapar una oración de profundo pesar: "Por el bien que nos ha traído y el gran deseo que mostró en ayudar y seguir la santa fe, que Dios lo tenga entre los bautizados y su alma alcance la salvación eterna".[18]

Entre lo bueno que Feng había realizado por la causa católica era el prefacio que escribió para *Tianzhu shiyi*, *Verdadero significado del Señor del Cielo*, la obra más importante de Ricci, el contenido de ella y su impacto se describirá en el siguiente capítulo. Aquí leeremos el prefacio de Feng Yinjing, el cual resume de manera sucinta y brillante el método Ricciano de evangelización y refleja la atracción extrema que Ricci generaba en muchos intelectuales de la tardía Ming. Feng escribe:

> *Tianzhu shiyi* es el diálogo entre Ricci del Gran Oeste y nosotros los chinos. ¿Quién es el Señor del Cielo, *Tianzhu*? Es *Shangdi*, el Dios en lo alto, un ser real y no uno vacío. Los cuatro grandes sabios, nuestros seis clásicos confucianos y todo tipo de sabios dicen: "temed al Dios en lo alto", "ayudad a Dios en lo alto", "servid a Dios en lo alto" e "investigad sobre Dios en lo alto"; ¿Quién puede decir que haya algo vacío sobre esto?

La idea de lo vacío viene de India durante el reinado del emperador Ming en la dinastía Han. El santo que Confucio mencionó era este Buda, eso aseguraron los alborotadores; y así exageraron su discurso como si Buda fuera más importante que nuestros *Seis Clásicos*. Ignoraban que India quedaba al oeste de China y que al oeste de India estaba el Gran Oeste. Los budistas plagiaron algunos proverbios éticos de Pitágoras y lo llamaron reencarnación; robaron la idea de un universo amoral de Laozi y lo llamaron *samsara*… En la antigüedad el cielo era considerado lo superior, y ahora lo más importante es Buda. En la antigüedad, la gente hacía ofrendas al cielo, a la tierra, al templo del estado, a las montañas, a los ríos y a los ancestros y ahora a Buda. En la antigüedad, los académicos conocían y obedecían al cielo, ahora recitan oraciones budistas y patrocinan rituales budistas. En la antigüedad, los oficiales difundían con reverencia la obra del cielo para traer beneficios a la gente del cielo, sin atreverse a satisfacer su propio ocio, ahora grandes eremitas residen en la corte imperial, evadiéndose del mundo con la meditación Chan.

¿Quién es Buda sino el profesor nacional de India? Nuestro país tiene sus propios profesores nacionales: los tres regentes, los cinco emperadores, los tres reyes, el duque Zhou, Confucio y nuestro propio emperador Taizu. Su profesor nacional insulta al cielo y se pone por encima de él; nuestros profesores logran el cielo y se mantienen bajo el mismo. Si su país le sigue, no tengo más que decir. ¿Pero por qué deberíamos abandonar nosotros lo que hemos aprendido y seguirle?… Este libro cita muchos pasajes de nuestros *Seis Clásicos* para sostener la esencia de sus argumentos, y critica profundamente el fallo en el discurso del vacío, usando así el oeste para corregir el oeste y la cultura china para reformar la misma. Su argumento es simple: abandonar las relaciones humanas (*ren lun*) y los asuntos mundanos y reclamar de la contaminación la pureza ridícula es la heterodoxia de la reencarnación.

Defiende claramente trabajar el yo, expandir la civilización, respetar la piedad filial y respetar al único padre común. Asegura que la naturaleza humana es muy diferente de la de los animales; promueve que toda enseñanza debiera comenzar con disminuir el deseo y terminar en fomentar la humanidad. Contiene asuntos desconocidos para nuestro país o aún no puestos en práctica. El señor Li [Ricci] ha viajado ochenta mil millas y ha investigado los nueve cielos y los nueve ríos de manera precisa. Los fenómenos naturales que no hemos investigado en profundidad, él los ha demostrado con pruebas y por lo tanto deberíamos aceptar sus razones sobre la divinidad.[19]

Esto era un respaldo contundente.

10

VERDADERO SIGNIFICADO DEL SEÑOR DEL CIELO

El libro más famoso de Ricci llevó mucho tiempo de trabajo. Su correspondencia indica que una primera versión de ese libro se podría haber completado en Nanchang en 1595. Su mente aguzada por las muchas conversaciones con el académico confuciano Zhang Huang y sus discípulos, a Ricci le inspiró a encontrar paralelismos entre los dichos de los antiguos clásicos confucianos y los principios fundamentales de una cristiandad reducida, sin alusiones a las doctrinas del pecado capital, la Crucifixión y la Resurrección. Ricci propuso un argumento con dos partes simple y radical: los sabios chinos conocían y adoraban al verdadero Dios en la antigüedad, pero ese conocimiento y esas prácticas las habían subvertido los intelectuales de los siguientes años y especialmente la introducción del budismo en China. Ricci intentó demostrar, usando la lógica natural y citando la autoridad textual confuciana, la existencia de un Dios omnipotente, creador del cielo y la tierra, denominado el Dios del Cielo, *Tianzhu*, en el discurso de los jesuitas, pero llamado Dios en lo Alto, Shangdi, o simplemente cielo, *Tian*, en los clásicos antiguos. Para el momento en el que se asentó en Nanjing en 1599, Ricci ya había desarrollado la primera parte de su idea –la síntesis confuciana-cristiana–. La segunda parte anti budista tomó forma tras los debates de Ricci con el abad Hong en cuando estuvo en Nanjing, como hemos visto, y con Huang Hui, un academicista de la Academia Hanlin.

En muchos aspectos Huang Hui recordaba a Jiao Hong, el eminente académico y budista lauco de Nanjing al que Ricci conoció: los dos aprobaron el mismo examen *jinshi*; a los dos los asignaron a la Academia Hanlin; los dos disfrutaron de una reputación literaria estelar; los dos oficiales ejercieron de tutores para el Príncipe Mayor, cuya causa defendieron ante el emperador; y los dos hombres creían con fervor en el budismo y se dedicaban especialmente a practicar la meditación Chan.

Sin querer conocer al occidental anti budista, Huang Hui obtuvo una copia manuscrita de la obra de Ricci, presumiblemente una versión del *Verdadero significado del Señor del Cielo*, a través de su amigo el mandarín Cai del Ministerio de Ritos. Con la descripción del Dios cristiano Huang Hui no tuvo ningún problema, pero se quedó lívido con la crítica de Ricci al budismo. Un tiempo después, Ricci recibió la copia de Huang Hui, repleta de refutaciones y notas al margen. Reticente a confrontar y ofender a un hombre de tanta importancia, Ricci incorporó sus respuestas en la versión final de *Verdadero significado del Señor del Cielo*, que andaba revisando con ayuda de Feng Yijing en el otoño e invierno de 1602. "Se cuida de alterar una sola palabra sin consultarme antes", escribió Ricci en una carta el 2 de septiembre.[1] El libro se imprimió en 1603.

Dividido en ocho capítulos, *Verdadero significado del Señor del Cielo* está escrito en forma de diálogo entre un occidental y un académico chino.[2] Un género popular en el Renacimiento europeo y en la China Ming, el diálogo reflejaba en parte las conversaciones aprendidas en coloquios y en reuniones académicas. En el caso de Ricci, el texto dialógico representa una sinopsis ordenada de las numerosas conversaciones entre él mismo y el intelectual chino. El libro estaba dirigido a los lectores académicos confucianos, lo que quedaba patente en el uso de los principios confucianos en la introducción del libro: "Todas las doctrinas de gobierno pacífico y justo depende en el principio de la unidad; por ello los sabios advierten a los oficiales que sean leales. Qué es la lealtad sino devoción a un [señor]. Entre las cinco relaciones humanas, la más importante concierne al gobernante, y la relación entre el regente y su oficial representa la primera de las tres uniones. Un hombre justo entiende esto y actúa en consecuencia". Más explícitamente, Ricci continua: "Todos los países tienen un señor; ¿puede ser acaso que tan solo el cielo y la tierra no tengan un señor? Un país se unifica bajo un señor, ¿cómo pueden el cielo y la tierra tener dos señores? Un caballero no puede sino pensar y reflexionar sobre los orígenes del universo y la fuente de la creación". Aun así, hay usurpadores que se rebelan contra el Emperador Celestial (*Tiandi*), que castiga a los seres humanos con desastres y sufrimientos. Desde su juventud, Ricci explica, ha querido dirigir a los perdidos de vuelta al verdadero señor, por esta razón viajó a China y aprendió su idioma y costumbres.

Tras esta introducción, Ricci usa la lógica natural para demostrar la existencia de un creador omnipotente, En el capítulo 1, "El Señor del Cielo crea todas las cosas y las alimenta", Ricci afirma que la verdadera doctrina no se limita a un país, sino que es universal a todos los hombres.

Provistos de razonamiento, lo que nos distingue de los animales, el hombre no puede sino buscar la verdad. "Cualquiera que levante la vista a las maravillas del cielo debe suspirar asombrado: '¿Quién es entonces el señor de todo esto?' Este es el Señor del Cielo, al que llamamos *Deus* en el Oeste". Ricci procede a demostrar la existencia de Dios: Primero, en cualquier país del mundo, la gente adora a un ser supremo, busca en él socorro y teme sus castigos por pecar. Segundo, los fenómenos naturales, no están dotados de alma, no se pueden mover por su propia voluntad; aun así, los movimientos del viento, agua y las estrellas deben venir de una fuerza externa, lo que regula la enorme complejidad de los movimientos en el mundo físico. Tercero, ¿cómo pueden los animales, criaturas vivientes sin alma, buscar instintivamente vivir y alimentar a sus pequeños sin el diseño de un señor supremo?

Al continuar su demostración de que todas las cosas son creadas, Ricci argumenta: Primero, que las cosas no se pueden crear ellas solas: al igual que los artesanos fabrican edificios, de la misma manera el sol, la luna, las estrellas, las montañas, los océanos y todas las cosas vivas no se pueden crear a sí mismas y son creadas. Segundo, todas las cosas creadas manifiestan el orden de la creación: al igual que la distribución de una casa y el estilo de un ensayo reflejan los diseños detrás de ellos, igual las esferas celestiales, tierra, aire y agua nutren a todos los seres vivos; y al igual que los hombres están dotados de órganos y sentidos, los animales con plumas, cuero, escamas, picos, cuernos o dientes afilados, "todo en este mundo está regulado y ordenado", gracias a un creador sintiente original.

Llegado a este punto, el académico chino expresa su duda: "Si todo tiene un origen en lo que su señoría llama Señor del Cielo, ¿puedo preguntar quién da a luz a este Señor del Cielo?" En respuesta, Ricci recurre a la lógica aristotélica, debatiendo sobre la distinción entre esencia y accidente, un Dios omnipotente y esencial y los accidentes de su creación. Explica, además, la unidad de Dios y las éticas políticas de Confucio: "En una vivienda solo hay un anciano, en un país solo hay un regente; si hubiera dos, reinaría el caos. Una persona solo posee un cuerpo, y un cuerpo tiene solo una cabeza; si fueran dos, sería una monstruosidad. Por lo tanto, sé que, aunque hay muchos espíritus en el universo, solo hay un Señor del Cielo, creador de todas las cosas, que gobierna y regula todo. ¿Por qué lo dudarías?".

Convencido por la lógica, el académico chino indaga más en la naturaleza de Dios. Ricci responde con una parábola. Queriendo escribir un libro definitivo sobre la naturaleza de Dios, san Agustín pasea por la playa un día perdido en sus pensamientos. Ve un niño cavando un hoyo en la arena, lo está llenando de agua con una concha vacía. "¿Qué haces?", pregunta el santo. "Quiero vaciar el mar en este hoyo con esta concha", contesta el niño. San Agustín se ríe ante la estupidez. El niño responde: "Si sabes que esta pequeña concha y este pequeño agujero no pueden contener la inmensidad del océano, ¿por qué fuerzas tu mente con tu insignificante capacidad humana a la búsqueda exhaustiva del gran misterio de Dios y a comprimirlo en tu pequeño libro?". Con estas palabras haciendo eco en sus orejas, el niño desaparece ante los ojos de san Agustín; y el santo supo que era una señal de Dios. Encantado con la historia, el académico chino le dijo a Ricci que "había explicado lo inexplicable, investigado lo que no podía ser investigado". Después de escuchar esta narración, empieza a ver la "Gran Doctrina" y los "Grandes Orígenes", y pide permiso para volver a por aclaraciones.

En el capítulo 2, Ricci rebate las tres visiones chinas de la divinidad. Primero, desestima las ideas de la "nada" y del "vacío", las explicaciones taoístas y budistas para los orígenes del universo. A la vez que corroboraba el enfoque realista de los académicos confucianos, Ricci decide que esto es un conocimiento inadecuado del verdadero Dios. Ante ello, el académico confuciano asiente con vigor: "Los caballeros de nuestro país también desdeñan a los dos [taoístas y budistas]". De todos modos, el interlocutor chino resiste la crítica de Ricci al neo confucianismo: "¿Están en lo correcto los académicos de mi país en sus afirmaciones sobre la gran polaridad, *taiji*?". El académico occidental [Ricci] responde: "A pesar de que yo entré a China cuando era un hombre adulto, nunca he ignorado el estudio de los clásicos antiguos. Solo he escuchado de antiguos virtuosos adorando al Emperador en lo Alto del cielo y la tierra y nunca adorando la gran polaridad. Si la gran polaridad fuese el ancestro del Emperador en lo Alto y de todas las cosas, ¿por qué acallarían los antiguos sabios esta doctrina?".

El académico chino dice: "En la antigüedad el nombre [*taiji*] no existía, pero existía el principio (*li*); solo que los diagramas y las interpretaciones no nos habían sido transmitidos". Ricci discrepa: "El caballero no se opone a ninguna idea que sea razonable. Me temo que la explicación sobre *taiji* es poco razonable. Cuando veo los diagramas de *wuji* y *taiji*, solo veo patrones aleatorios y exóticos. ¿Dónde existe el fenómeno real? De aquí se sabe que el cielo y la tierra no se originan del *taiji*. En cuanto al principio del Señor del Cielo, se ha transmitido a la perfección desde la antigüedad al presente. Cuando deseo ponerlo por escrito y comunicárselo a otros países, no me atrevo a explicar sino las pruebas de su principio; ¿cómo se puede comparar esto a un fenómeno fantástico sin principio alguno?".

El académico chino se opuso: "*Taiji* no es nada más, solo principio. Si dices que este principio no es ninguno, ¿de qué principio podemos hablar?" Aquí, Ricci se da de bruces contra la filosofía materialista del neo confucianismo de la dinastía Song, que postula un universo auto generado, nacido de la materia primaria indivisible, la gran polaridad, las fuerzas del yin y el yang y los cinco elementos en sucesivas etapas de evolución. Toda esta materia auto generada, incluyendo a los seres humanos, está unida en el Primer Principio, *li*; por ello, tanto si alguien confirma el *li* en su mente al investigar la naturaleza, o ve el principio de la mente reflejado en todas las cosas, esto es simplemente dos caminos a la misma verdad.

La refutación de Ricci se centra en usar la distinción aristotélica entre la esencia y el accidente. Se debe distinguir entre fenómenos independientes (esenciales) y dependientes (accidentales). Mientras que Dios, los espíritus y las almas pertenecen al primero, todas las cosas, incluidos los conceptos de *taiji* y *li*, pertenecen al segundo. Usando un tópico famoso de la antigua Escuela China de Lógica, Ricci argumenta que la esencia de un caballo precede a la de la blancura; por lo tanto, un caballo blanco es un compuesto que consiste en una esencia y un accidente, y el último, la blancura, no puede existir sin la primera, al igual que *taiji*, la gran polaridad o un universo materialista, no pueden existir sin una primera causa, una esencia, el Creador.

Dejando a un lado la lógica aristotélica, Ricci reafirma su argumento citando al autor de un antiguo clásico confuciano: "Nuestro Señor del Cielo es el Emperador en lo Alto (*Shangdi*) mencionado en los antiguos clásicos. En la Doctrina de la medianía, se cita a Confucio diciendo: 'Las ceremonias de sacrificios al Cielo y a la Tierra son para el Emperador en lo Alto.' Zhu Xi añade que no mencionar al Emperador Tierra era por resumir. En mi humilde opinión, Confucio quería decir que el Uno [esto es, Emperador en lo Alto] no puede confundirse con una dualidad. ¿Cómo podría haber sido por resumir?" Mostrando su erudición, Ricci menciona siete citas más de otros antiguos clásicos –el *Shijing* (*Libro de la poesía*), el *Yijing* (*Libro de las mutaciones*), el *Liji* (*Libro de los Ritos*) y el *Shujing* (*Libro de la historia*)– para impresionar a su interlocutor chino.

Era arriesgado criticar la autoridad de Zhu Xi, el gran académico del neo confucianismo. Pero Ricci hizo frente al comentario de Zhu Xi con los antiguos textos clásicos. A pesar de todos sus académicos eruditos, se atreve a preguntarse Ricci, quizá aún hay algunas cosas que los chinos no ven: adoran al cielo en vez de al Señor del Cielo de la misma manera que un extranjero llega a la capital imperial y al ver los impresionantes palacios se prostra ante ellos, confundiendo los edificios con el emperador. El Señor del Cielo, advierte Ricci, es el auténtico padre y madre de la humanidad, al que debemos obediencia y devoción.

En el capítulo 3, Ricci presenta la doctrina del alma inmortal. El capítulo se abre con un académico chino lamentándose de que el destino de los humanos es más infeliz que el de los animales. Este diálogo es idéntico palabra por palabra, salvo algún detalle leve, al discurso con Feng Yinjing en el capítulo 2 del *Jiren shipian*, que hemos visto en el capítulo 9. Aquí, Ricci se embarca en una respuesta más extensa. En la doctrina cristiana, la doctrina del alma inmortal sostiene los pilares del cielo y el infierno: sin almas inmortales y sintientes, ¿qué razón de ser tendrían la eterna felicidad o el dolor incesante? "Pero si hablas de la vida después de la muerte," objeta el escéptico académico chino, "y sobre el cielo y el infierno, estás hablando del budismo. Los académicos confucianos no creemos en esto".

Esto suscita en Ricci una firme y larga defensa, en ella cita y explica en detalle la idea aristotélica de las tres almas. En *Sobre el alma*, el filósofo griego propone una jerarquía de almas, lo que corresponde, de la más baja a la más alta, desde las plantas, animales y hasta hombres. La más básica, el alma nutritiva, permite reproducirse a las plantas; la del medio, el alma sensible, la tienen todos los animales y determina la percepción y la locomoción; sin embargo, solo los seres humanos están dotados de la más alta, el alma racional, capaz de la actividad intelectual. Aunque al académico chino le convence esta jerarquía, expone que "El caballero lleva una vida diferente a la de un plebeyo, por lo que es de suponer que tras la muerte hubiera una diferencia. Ya que en la vida y en la muerte, son lo mismo, la diferencia debe radicar en el alma. Por lo tanto, algunos académicos dicen que los virtuosos obtienen sus mentes siguiendo el camino verdadero y sus mentes no se disipan tras la muerte, mientras que los malvados, tras corromper sus mentes en vida, sus cuerpos y mentes desparecerán. Esto debería incitar a las personas a la virtud". Ricci se opone de inmediato, repite que las almas de todas las personas, buenas o malas son eternas y están destinadas a ser recompensadas o castigadas.

El siguiente capítulo, "Sobre las diferencias entre espíritus y alma, y contra la doctrina de todas las cosas que son una", contiene un largo y farragoso diálogo sobre la metafísica. Comienza con un académico chino debatiendo sobre la naturaleza de los espíritus y de las almas, que Ricci usa para argumentar a favor de la inmortalidad de estas últimas. Citando pasajes del *Libro de la poesía* y del *Libro de la historia,* Ricci destaca que en las dinastías Shang y Zhou en la antigüedad, los gobernadores siempre mencionaban a sus ancestros, demostró con ello la inmortalidad del alma.

La conversación continúa con el tema de si todas las cosas –plantas, animales y piedras– poseen algún tipo de animación espiritual, que era la creencia de los taoístas, y si todos los fenómenos naturales tomaban parte en la misma esencia o substancia, lo que representaba la visión del budismo Mahayana.

No se trataba de un debate simple, la discusión metafísica giraba en torno a las diferencias fundamentales de conceptos. Para ayudar al lector, Ricci incluye un elaborado diagrama, adaptado de una obra de Aristóteles (*Órganon* y *Física*), en el que las categorías de forma y materia, fenómenos autogenerados y accidentales, y otros conceptos filosóficos griegos abstractos están presentes de manera visual. En este debate, Ricci toma un planteamiento simple: hay una diferencia absoluta entre Dios y su creación, presenta la figura de Lucifer como un espíritu que se atrevió a reclamar la igualdad para con su creador; además, ¿cómo puede alguien igualar al creador y a su herramienta, a Dios omnipotente y a sus criaturas y sugerir que todas comparten el mismo cuerpo y esencia? Prosigamos con el debate. El académico chino dice: "Nuestros antiguos académicos entienden que la naturaleza de todas las cosas en el universo es buena y posee razonamiento; es inalterable. A pesar de que las cosas puedan ser grandes o pequeñas, comparten la misma esencia, es decir, el Señor del Cielo o el Emperador en lo Alto habita en cada cosa y es uno con ella. Por lo tanto, advierten a las personas que sean virtuosas para no mancillar el bien original. Pero me temo que este discurso no es el mismo que el tuyo sobre el Señor del Cielo". Ricci exclama: ¡Esto es aún más absurdo que lo que has dicho antes! ¿Cómo puedo estar de acuerdo?" Más tarde el académico chino sugiere: "Buda no se queda atrás en dignidad ante el Señor del Cielo. Respeta y valora la vida y moralidad humanas, hay mucho que decir. Dios en lo Alto puede poseer gran virtud, pero los humanos también poseemos virtud suprema". Procede a alabar el trabajo de los legendarios reyes de la antigua China, que crearon la civilización y establecieron las leyes morales. "Por lo tanto, incluso el Emperador en lo Alto podría no superar la virtud y los logros de los hombres; ¡cómo puedes decir que solo el Señor del Cielo puede crear cielo y tierra!" A esto, Ricci solo puede contestar: "La base de la virtud es cultivar el yo y se perfecciona sirviendo al Emperador en lo Alto. La virtud de Zhou [rey Wen de Zhou y el duque de Zhou] está definida por servir al Emperador en lo Alto. Tú dices que somos iguales al único, a quien debemos adorar, ¡menuda rebeldía!".

Está claro que Ricci usaba sus acalorados debates con los devotos budistas como material para partes de este capítulo. Seguramente en la vida real, el misionero jesuita y sus anfitriones chinos acabarían sus debates inconclusos antes de que las llamas de la apasionada discusión quemaran la unión de una amistad cortés. En el texto, con un poco de esperanza e imaginación, Ricci es el vencedor, su oponente le concede la razón al discurso jesuita.

En el capítulo 5, Ricci pasa a atacar las enseñanzas budistas de la reencarnación, el vegetarianismo y la norma de no matar animales. La reencarnación de almas, argumenta Ricci, era una doctrina inventada en su inicio por Pitágoras como una medida moral para plebeyos ignorantes. De alguna manera esta doctrina se extendió a India, donde los budistas la plagiaron y la embellecieron. "India es una tierra insignificante sin cultura ni ceremonias", desdeñó Ricci; "¡cómo puede servir de ejemplo para el mundo!".

En este punto el académico chino menciona que hay muchos ejemplos de gente recordando sus vidas pasadas: ¿no es esto acaso prueba de la reencarnación? Ricci replica que todos estos recuerdos de vidas pasadas las fabricaron los budistas, que de hecho escuchan los susurros del Diablo. Siguiendo con su crítica a la reencarnación, Ricci la desacredita como una doctrina absurda que sugiere que las almas humanas pueden reencarnarse en los cuerpos de los animales o las plantas. Mediante la distinción aristotélica entre el alma vegetal, animal y humana, Ricci alega a la correspondencia entre la apariencia física y la naturaleza del alma: la idea de un alma humana en un cuerpo animal es simplemente imposible y absurda. Continuando su ataque, Ricci se burla de la intención admonitoria de la reencarnación: la gente malvada no puede esperar a dejar a un lado las caras humanas y las restricciones morales; reencarnarse como animales feroces o astutos se adecuaría a su naturaleza vil y no sería un castigo infligido por Dios. No solo es la creencia en la reencarnación poco efectiva en cuanto a la advertencia moral, sino que también es dañina para la moralidad.

Ricci da ejemplos. La creencia en la reencarnación hace que los budistas defiendan el no matar, ya que los caballos y los búfalos pueden ser la reencarnación de nuestros padres. De acuerdo a esta lógica, razona Ricci, deberíamos abandonar la agricultura, ya que sería igual de ofensivo para la piedad filial montar a caballo o uncir los búfalos que podrían ser nuestros padres. Además, esta doctrina era contraria a la ética confuciana. Ya que habría riesgo de incesto al desposar a una mujer que podría ser la reencarnación de la propia madre, o la posibilidad de que alguien gobernase sobre sirvientes reencarnados del propio padre o hermanos, todos los lazos de relaciones humanas se disolverían bajo este régimen.

El académico chino propone más preguntas. Si las almas son inmortales, ¿no estaría el mundo saturado con almas de muertos? Ricci responde que la pregunta refleja la ignorancia sobre la infinidad del universo. Su interlocutor chino entonces dice: "Muy pocos de los académicos confucianos creemos en la reencarnación. Sin embargo, su norma en contra de matar es igual a nuestra enseñanza del *ren*, humanidad, ¿por qué tendría que prohibirlo el Señor del Cielo, fuente de toda misericordia?". Para rebatir esto Ricci se enzarza en un largo discurso sobre la nobleza del hombre; todas las creaciones las puso el Creador al servicio del hombre. El académico chino duda de que todas las cosas sean beneficiosas para el hombre: ¿qué ocurre con las serpientes venenosas y los depredadores? Uno tiene que distinguir entre el hombre externo y el interno, le recuerda Ricci. Dios ha creado el mundo para alimentar el cuerpo del hombre, y ha colocado peligros físicos para advertir al hombre de que evite el mal y haga el bien. Aun así, el académico chino no está muy convencido de que el Dios cristiano no sea una deidad misericordiosa que atesore cualquier tipo de vida. Ricci replica con un contraargumento, aquellos que llevan una dieta vegetariana también están matando vidas. "Sí, los vegetales son seres vivos, pero no poseen sangre ni conciencia, por lo que la compasión de Buda no les llega", argumenta el académico chino. Ricci responde:

"¿Las plantas no tienen sangre? Dices esto solo porque piensas que la sangre es roja; ¿cómo sabes que los fluidos blancos y verdes [de las plantas] no son sangre?". Mediante la dialéctica, Ricci se extiende: ¿qué diferencia hay entre usar animales para el trabajo duro y matarlos para comer? Los animales sufren en ambos casos. Y si las personas no encontrasen uso a los animales no los criarían y los alimentarían, por lo que se extinguirían. A la larga, esto es mucho más dañino que usarlos como alimento.

"¿Entonces no hay razón para ayunar?", pregunta el académico chino. Ricci: "Es erróneo ayunar y llevar una dieta vegetariana por la norma de no matar, pero hay tres buenas razones para ayunar". La primera, explica Ricci, es para expiar el pecado; la segunda es para contener los deseos carnales; y la tercera es para ejercitar la virtud. En conclusión, Ricci lista los diferentes tipos de ayuno en el Oeste y la dispensa de ayunar para los ancianos, los jóvenes, las madres lactantes y aquellos que realizan trabajos pesados.

El capítulo 6 es imprescindible. Titulado "Explicación de por qué el hombre tiene capacidad de decisión, y un debate sobre la recompensa del bien y el mal en el cielo y el infierno tras la muerte", este capítulo aborda el concepto católico central del libre albedrío y la salvación. La discusión comienza con el académico chino reconociendo a Dios en lo Alto como el soberano supremo. Pero más tarde propone una complicada pregunta moral: "Pero de seguro el discurso del cielo y el infierno no tiene cabida en las enseñanzas del Señor del Cielo. Convencer a la gente de que haga el bien o prohibirles hacer el mal por la ganancia o la pérdida que devenga de esa conducta es intentar beneficiarse de los buenos actos y evitar daños al abstenerse del mal; no es para deleitarse en la bondad o para odiar la maldad, que debería ser nuestra auténtica ambición. Nuestros antiguos sabios enseñaban a no debatir el beneficio, solo la humanidad y la justicia. El hombre sobresaliente hace el bien sin ningún motivo ulterior y sobre todo sin ningún pensamiento de ganancia o pérdida".

Esta afirmación da en el clavo del dilema ético: voluntad y utilidad. ¿Debería la utilidad ser el motivo de la virtud? ¿Las acciones y las intenciones tienen el mismo peso en los juicios morales? ¿Qué papel juega la voluntad individual en las decisiones morales?

Ricci aborda este problema directamente comparando la doctrina católica del libre albedrío con el ideal confuciano de la sinceridad: ambos ejercen como pilares de la moralidad. Dice: "El confucianismo considera la sinceridad como la base para rectificar la mente, para el auto desarrollo, para regular la familia, para ordenar el estado y para traer paz al mundo". La voluntad humana, en resumen, es el origen de todas las acciones; se caracteriza por la habilidad de elegir entre el bien y el mal; y distingue al hombre de los animales y de los objetos inanimados. Gracias a la voluntad humana, a su intencionalidad, podemos establecer distinciones morales y, por extensión, premios y castigos para los efectos de sus acciones.

Reconocer las intenciones, sin embargo, trae consigo otro dilema, como el académico chino señala rápido. El niño que roba para alimentar a sus padres cumple con sus deberes de la piedad filial; aun así, sus acciones se pueden castigar por ley: ¿es este un acto virtuoso o malvado? Tras enfatizar lo central de la voluntad humana, Ricci menciona el concepto de la "totalidad" como criterio para el juicio moral: la bondad consiste en ambos voluntad y acción; las simples buenas intenciones sin sus consecuentes buenas acciones no implican virtud. Lo mismo ocurre a la inversa. Ricci da el ejemplo contrario de un hombre malvado que realiza múltiples actos caritativos para ganar fama y encubrir su inmoralidad. Aquí, las buenas acciones llevadas a cabo con malas intenciones no pueden constituir un acto de virtud. "Incluso si para salvar a toda la gente en el mundo hiciera falta el menor de los actos de maldad, aun así no debería realizarse", concluyó Ricci categóricamente.

Después, Ricci y su interlocutor chino debaten sobre el papel de la utilidad: ¿deberían los premios y los castigos estar ligados a la virtud y a la maldad? Acudiendo al canon confuciano, Ricci cita once episodios y afirmaciones del *Shu jing*, el *Libro de la historia*, para reforzar sus argumentos. Tras ello los dos hombres discuten sobre *Anales de primavera y otoño*, un libro supuestamente redactado por Confucio. Una vez más, la pregunta es sobre la utilidad: ¿deberían la preocupación por el beneficio fundamentar las decisiones morales y los actos de virtud? Con astucia, Ricci señala el significado central de *Anales de primavera y otoño*. Era una cronología de historia antigua, un espejo para príncipes y oficiales, atribuía culpas y aprobación; en su intencionalidad utilitaria servía para promover la virtud, y, por lo tanto, no hay contradicción entre la utilidad y la virtud, concluye Ricci. La mayor utilidad, sin embargo, es no preocuparse por que te recuerden, sino por la vida tras la muerte, añade Ricci. Su amigo chino es escéptico: "¿Por qué preocuparse por el futuro? Lo mejor que se puede hacer es limitar las preocupaciones al presente". "¡Bobadas!", responde Ricci. "Si los perros y los cerdos hablaran, ¡dirían lo mismo!". Sin mencionar al filósofo (tiene a Epicuro en mente), Ricci desestima a los seguidores del hedonismo de Epicuro en la antigua Grecia –"no hay felicidad tras la muerte"– como "discípulos de la pocilga". "¿Podría ser que en tu noble país hubiera aquellos que estuvieran de acuerdo con esta filosofía?" el tono agresivo de Ricci es difícil de ignorar. Los dos continúan citando textos antiguos chinos al debatir la cuestión de la previsión y la preparación, y en qué medida se debía extender a la otra vida. Sus diferencias son significativas:

> Ricci: "Cuando muera dejaré dos cosas tras de mí: (1) un espíritu incorruptible y (2) un cadáver que pronto se descompondrá. Considero mi alma incorruptible aquello que requiere de mi atención urgente, pero tú estás preocupado sobre todo con un cuerpo que se deteriorará. ¿Cómo me puedes acusar de ser impráctico?" El académico chino "Un hombre excelente no se interesa por hacer el bien para beneficiarse en esta vida y para evitar pérdidas terrenales. ¿Por qué deberíamos debatir sobre la ganancia y la pérdida en el más allá?".

Para convencer a su escéptico amigo, Ricci pasa a una metáfora más amplia: la vida humana como un teatro, llena de vistas y sonidos, con todos nosotros en el papel de reyes, ministros, oficiales, académicos, esclavos, reinas, concubinas y mujeres. Pero al final, todos nosotros, nos desvestiremos y abandonaremos el mundo al igual que entramos en él: desnudos y solos. Aquí, Ricci estaba esbozando la gran metáfora del teatro Barroco europeo: las vanidades de la vida, no más que un escenario de visiones y sonidos vacíos. La metáfora del teatro también tocó la fibra sensible china, ya que el siglo XVI fue la gran época del drama chino y del desarrollo de la ópera Kun: allí, en el reino del Gran Ming, la casa de adopción del misionero jesuita, las pasiones y las penas de la vida también se representaban en el escenario del teatro humano.

Después, Ricci analiza los tres motivos para los actos virtuosos: por miedo al infierno, por gratitud a Dios y por conformidad con la voluntad divina. Cita el ejemplo de Junípero, un discípulo de Francisco de Asís, que llevó una vida virtuosa no para ganarse el cielo sino por puro amor a Dios. Aun así, la mayoría de las personas en este mundo están tan sumidos en vicios que sin el miedo al infierno no enderezarían sus vidas hacia la virtud.

"¿Cuál es la diferencia entre esta doctrina y la enseñanza de los budistas que usa la reencarnación y el renacimiento en forma animal para inducir a las personas al bien?", pregunta el académico chino. La diferencia está entre la doctrina "vacía" del budismo y la enseñanza "real" del cristianismo, responde Ricci. Aún poco convencido, su interlocutor chino sugiere que, si Dios premiara a los virtuosos y castigara a los malvados, esto se impondría en las futuras generaciones. Oponiéndose a la arraigada idea china de que el mérito y el daño se transmitía a través del linaje, Ricci sostiene la idea rigorosa de la responsabilidad individual moral.

Aún receloso, el académico chino pregunta a Ricci: "Señor, ¿ha visto el cielo y el infierno como para afirmar su existencia con tanta firmeza?" Ricci replica: "¿Ha visto usted, señor, que no haya cielo o infierno que pueda afirmar con tanta firmeza su inexistencia?". La existencia terrenal, continua Ricci, es un estado de anhelo constante por la perfección y la felicidad de la vida eterna. Tras intercambios posteriores sobre las recompensas a la virtud y los castigos a la maldad en la tierra, los dos hombres discuten la autoridad textual del cielo y el infierno, lugares que no mencionan los textos de Confucio ni ningún otro sabio chino. Tal y como expone el académico chino: "¿Está implicando que los sabios ignoraban esta enseñanza? ¿Por qué está oculta y no se menciona?".

La respuesta de Ricci fue la transmisión incompleta: los antiguos sabios chinos no escribieron todas sus enseñanzas; algunas se transmitieron de manera oral; y otros textos se perdieron. Prosigue y cita tres pasajes del *Libro de la historia* (*Shu qing*) y el *Libro de la poesía* (*Shi qing*) que ubicaban a los antiguos sabios y reyes en el cielo (*tian*). Aunque acepta esta idea, el académico chino aún se opone a la falta de evidencia textual de la existencia del infierno. "Si hay un cielo, debe haber un infierno; uno no puede existir sin el otro porque la razón de uno es la del otro", responde Ricci. Al igual que los justos regentes de la antigüedad china –el rey Wen, el rey Yin y el duque de Zhou– deben estar en el cielo, sus tiranos –el rey Xia Jie y el rey Shang Zhou– deben por contra estar en el infierno. Además, en la lógica occidental, no se puede probar la inexistencia por la falta de evidencia textual, explica Ricci. Por ejemplo, en el Oeste la Biblia menta a Adam y a Eva como los progenitores de la humanidad, pero no menciona a los dos míticos emperadores chinos Fuxi y Shen Nong; esto no significa, sin embargo, que Fuxi y Shen Nong no fueran ancestros de la nación china. Lo contrario también es cierto: la ausencia de los nombres de Adam y Eva en los antiguos clásicos chinos no pueden probar su inexistencia.

Tras medio convencer a su interlocutor chino, Ricci afianza su logro argumentando que no se puede ser un hombre justo sin creer en el cielo. La justicia en este mundo es imperfecta, por lo tanto, la necesidad moral del premio y el castigo es necesaria, concluye Ricci. Tras disertar sobre el arrepentimiento y las alegrías perfectas del cielo, los dos académicos pasan a un tema diferente.

Después de aceptar la existencia del Soberano en lo Alto y del cielo y el infierno, el académico chino procede a pedir a Ricci que aclare su visión sobre la naturaleza humana y la manera correcta de desarrollar la virtud. En conjunto, este capítulo cuenta con un tono armonioso, en contraste con el acusado desacuerdo en las discusiones previas. Ricci defiende la bondad inherente a la naturaleza humana pero solo tras una larga disección de categorías filosóficas, usando términos aristotélicos de esencia y accidentes. Esto va más allá de la pedantería jesuita. Al emplear la lógica aristotélica, Ricci puede demostrar la naturaleza combinada del hombre y por tanto evitar con destreza el tema del pecado original. La naturaleza humana es inherentemente buena (esencia), afirma Ricci, pero no todos los hombres son buenos, ya que Dios ha dotado al hombre de razón (accidente), y queda en manos de la persona ejercer la razón para buscar la virtud. Con maestría, Ricci deja espacio para la existencia de la maldad, que define como la ausencia de bondad, a la vez que traslada la responsabilidad del creador omnipotente a los hombres creados.

Ricci hace una segunda distinción categórica entre estar dotado de virtud y adquirirla para hacer una correspondencia con los términos confucianos *xin* [naturaleza] y *de* [virtud]. Ser inherentemente bueno no implica que un hombre vaya a llevar una vida virtuosa: hay que esforzarse para ello. Requiere el ejercicio de razonar, de conocer a Dios, de amar a Dios y de extender ese amor a todos los hombres. Usando la metáfora de la jardinería, el primer paso en una vida virtuosa es el duro trabajo preparatorio de arrancar la maldad, seguido del constante cuidado en cultivar plantas virtuosas. En su exposición de una vida cristiana, Ricci incorpora la idea confuciana de la justicia (*yi*) y de la humanidad (*ren*), aunando las virtudes del Oeste y del Este sin fisuras aparentes. A pesar de ello, hay algo que falta en la cultivación confuciana, comenta Ricci al académico chino, que había admitido con anterioridad que los académicos contemporáneos no parecían seguir la vida de los antiguos sabios chinos: "Cuando observo a los hombres cultos de tu preciado país, me encuentro con que su error común está justamente en esta clave: hablan de la necesidad de desarrollar la ilustre virtud propia, pero no son conscientes de que la voluntad humana se cansa rápido, y de que la voluntad no puede aspirar a cultivar la virtud por su propia fuerza. No son conscientes de que deben admirar al emperador Celestial (*Tiadi*) a suplicar por su protección y a apoyar al compasivo Padre. Por lo tanto, hay muy pocos hombres virtuosos".

Después, el académico chino pregunta si recitar las oraciones budistas es inservible; quizá no se deba abandonar a los Budas, bodhisattvas y hadas ya que son los oficiales que gobiernan las provincias para el verdadero y único soberano el emperador celestial. Esto hace que Ricci se enzarce en otro fuerte ataque contra el budismo. Solo puede haber un regente en el reino, un padre en la casa, de ahí lo inapropiado de esta metáfora política, explica Ricci. Continúa ridiculizando el budismo: sus absurdas teorías astronómicas, su falta de rigor moral –se promete la salvación a aquellos que recitan la *Sutra del Loto* y el nombre de Buda–. Con esto Ricci se lanza a denunciar el culto del Tres en Uno, recién creado por el académico Ming Ling Zhaoen (1517-1598), que diseñó un sincretismo religioso con el confucianismo, el taoísmo y el budismo, un "monstruo de tres cabezas", en palabras de Ricci. Al seguir este culto, solo se triplicarían los errores. "Solo hay una verdad, y si el Camino está sintonizado con la verdad, se alcanzará la vida eterna".

El último capítulo comienza con una pregunta sobre las costumbres del Oeste. En respuesta, Ricci pinta e idealiza la imagen: la autoridad suprema es el papa, al que denomina *jiahua huang* en chino, el rey de la cultura y la educación moral, elegido por su sagacidad y virtud. Como el papa no se casa y no puede pasar su dinastía (¡no se menciona el nepotismo papal!), se puede dedicar por completo al bien común. En consecuencia, todos los regentes de Europa lo respetan como la autoridad dirigente. No hace falta decir que Ricci no menta la Reforma Protestante. Esta imagen idealizada de la autoridad papal estaba lejos de la realidad histórica, incluso en los mejores años durante la Alta Edad Media. Fuera como fuese, Ricci quería impresionar a sus amigos chinos con descripciones de una cristiandad imaginaria y perfecta. Y en este perfecto régimen cristiano, algunos se unen a sociedades religiosas para propagar la fe, al igual que la compañía de Ricci, los jesuitas.

Aquí, el académico chino se plantea la necesidad de la castidad: ¿No es demasiado extremo? ¿No se extinguiría la humanidad? Enfatizando que esto es voluntario y no una obligación, Ricci afirma aun así la superioridad del celibato. Lo más importante en la vida es servir a Dios; el matrimonio y los niños, aunque no está prohibido por Dios, representan obstáculos para servir a Dios, ya que la necesidad de proveer para la familia nos hace perseguir la riqueza. Al servicio de Dios, hay dos peligros, advierte Ricci: avaricia y lujuria. Al practicar el celibato, podemos evitar ambas. Además, si deseamos viajar lejos y difundir el conocimiento del verdadero Señor del Cielo, los lazos familiares no lo permitirían. Por esta razón, aquellos en China que se consagran a cultivar la virtud no viajan al extranjero porque necesitan cuidar de sus familias. En lo que respecta a la extinción humana, esto apenas constituye un peligro. En la antigüedad, con pocos humanos, la virtud florecía; hoy en día, la virtud lucha por mantenerse aun cuando el mundo está lleno de gente. Mejor ocuparse de la tarea urgente de la salvación que casarse. Sin embargo, advierte Ricci, no todos los que se resisten a las tentaciones femeninas son virtuosos. En China, existen aquellos que prefieren a los jóvenes antes que a las mujeres, cedían a vicios "innombrables" contra natura.

"Pero hay un dicho en China: de los tres pecados de impiedad, no tener hijos es la más grave", rebatió el académico chino. Ricci da una respuesta convincente, muestra así su control de los clásicos confucianos. Primero, esta afirmación proviene de Mencio, un sabio menor, y no de Confucio o alguno de los antiguos sabios chinos. Segundo, el propio Confucio alaba a tres figuras de la historia de Shang e inicios de Zhou como sabios virtuosos; a pesar de ello, Boyi, Shuqi y Bigan no tienen herederos. ¿Cómo puedes condenar a estos hombres por impiedad filial según el criterio de Mencio cuando Confucio los alaba por su integridad? La piedad filial debería redefinirse en un contexto más amplio, expone Ricci: en un mundo ideal, las personas serían filiales a las tres autoridades paternas: el Señor del Cielo, el emperador y el padre por vía sanguínea; en el mundo imperfecto, las personas pueden dividirse entre obligaciones opuestas; a los ojos del Señor del Cielo, hay igualdad entre todos los hombres. Hay muchos ejemplos de santos en el Oeste que fueron célibes.

"Es correcto abstenerse del matrimonio en la búsqueda del Camino", se hace eco el académico chino. Cita el ejemplo de Yu, líder de la gente al domar la inundación en tiempos míticos (tercer milenio a.C.), fundador de la dinastía Xia, que viajó constantemente durante ocho años supervisando las obras de control de inundaciones; a pesar de pasar por su casa tres veces, Yu no visitó por su devoción a los asuntos públicos. "Pero en este momento de paz, ¿qué daño hace que un académico quiera formar una familia?". "¡Por Dios! ¿Cree que vivimos en tiempos de paz?", responde Ricci. El desastre de hoy en día es mayor que la inundación de la antigüedad. La gente se ha alejado del culto al verdadero Señor del Cielo; en todas partes oficiales mezquinos construyen santuarios en vida para ellos mismos; en cada rincón, se erigen templos de ídolos budistas y taoístas.

Totalmente de acuerdo con este sentir, el académico chino se lamenta de que, aunque es fácil reconocer al Señor del Cielo como el origen de la verdad, es mucho más complicado consagrarse por completo a su causa debido a las distracciones mundanas. "¿Por qué no baja a la tierra [el Gran Padre] personalmente y dirige a los rebaños descarriados? ¡Sería magnífico si los hijos de todas las tierras pudieran ver al único y verdadero padre!" Ante esto, Ricci estalla en regocijo: "¡He esperado un largo tiempo para que me preguntaras por esto!" Ricci procede a explicar la Encarnación, la Inmaculada Concepción y el nacimiento de Jesús hará unos 1603 años, el segundo año del reinado de Yuanshou el emperador Ai de la dinastía Han. Aquí, Ricci menciona que Adam y Eva habían pecado; a pesar de la bondad inherente a la naturaleza humana, la humanidad necesitaba intervención divina para encontrar el camino correcto otra vez. La llegada de Cristo la predijeron muchos profetas que lo precedieron. Jesús vivió 33 años en la tierra y realizó múltiples milagros: curó a los enfermos, a los ciegos, a los sordos y a los cojos. Valiéndose un poco de la invención histórica, Ricci afirma que el emperador Ai, tras escuchar las nuevas del nacimiento de Jesús, envió un emisario al Oeste; sin embargo, este hombre llegó a India por error y regresó con las enseñanzas heréticas y erróneas de Buda. ¡Menuda oportunidad perdida para China! En el profuso resumen de la vida de Jesús, Ricci omite a propósito cualquier mención a la Crucifixión.

Con esto, el largo diálogo llega a su fin. Iluminado por las explicaciones de Ricci, sus dudas resueltas por la lógica jesuita, el académico chino desea seguir las enseñanzas del Señor del Cielo. Nada queda excepto el sacramento del bautizo, un final optimista para esta obra de la doctrina cristiana. Celebrada en la posteridad como la magistral síntesis de Ricci sobre el confucianismo y el cristianismo, en el momento de su publicación este libro tuvo un impacto muy diferente: *Verdadero significado del Señor del Cielo* equivalía a una declaración de guerra contra el budismo. Ricci buscaba la confrontación y logró hacer enemigos poderosos. El ministro de Personal Li Dai (véase capítulo 9) y el erudito Huang Hui, ambos budistas devotos, estaban especialmente enojados con la polémica del occidental; planeaban enviar una nota al emperador. "Pero de inmediato Dios ha venido en ayuda con su providencia divina para castigar a Sus y nuestros enemigos", declaró un confiado y combativo Ricci.[3] El misionero jesuita interpretaba sucesos sin relación en una Pekín en crisis como signos de castigo de Dios a los budistas.

El primer acontecimiento fue la trágica muerte de Li Zhi. La última vez que lo vimos fue dando la bienvenida a Ricci a Shangdong en junio de 1600 durante el largo e ininterrumpido viaje del jesuita a la capital. Los dos hombres se separaron como amigos. El mismo Li Zhi estaba viajando a Tongzhou, a medio día de navegar por el Gran Canal hacia el este a Pekín. Sus inagotables críticas a su antiguo patrón en Hubei y su desdén por la moralidad convencional habían antagonizado tanto a la nobleza local que habían contratado a unos matones para quemar el monasterio de Li Zhi. En Tongzhou, un amigo y discípulo dio la bienvenida al inconformista número uno de China. Aquí, el septuagenario, monje budista Chan "loco de la meditación" y hecho a sí mismo, antiguo mandarín y oficial, y un crítico sardónico de la ortodoxia e hipocresía confuciana, vivió en paz por tan solo un año. Zhang Wenda, un oficial en el Ministerio de Ritos, envió una nota al emperador: acusaba a Li Zhi de difundir enseñanzas heterodoxas, de escribir blasfemias en contra de Confucio y Mencio y de subvertir el orden moral y de seducir a mujeres casadas y a chicas jóvenes; su rama de inconformismo desafiante había descarriado a la juventud de la ortodoxia confuciana a la locura budista; su presencia en los alrededores de la capital imperial no se podía tolerar. El emperador Wanli ordenó arrestar a Li y destruir sus escritos. Arrestado y llevado a Pekín. Li Zhi pasó sus últimos días en prisión. Un día a finales de abril de 1602 Li Zhi pidió a su carcelero poder afeitarse. Aferrado a la navaja, el anciano se rajó la garganta y murió dos días después. Ricci informó del trágico final de Li Zhi sin mayor emoción y con un tono distante, quizá la única pista de su anterior relación se entreveía en la descripción del suicidio como una muerte miserable.

Para Ricci, la amistad verdadera solo existía en la comunidad de los verdaderos creyentes. A su parecer, el suicido de Li Zhi solo representaba una victoria más en la desaparición del budismo, ya que a sus oponentes mandarines budistas también los castigaba Dios. El

"Incidente del libro malvado", que tuvo su auge en el invierno del 1603-1604, le costó a Li Dai su cargo y al monje budista dirigente su vida.

Si estas situaciones eran signos divinos para castigar a los budistas, Ricci era el único que podía interpretarlos. De hecho, el Incidente del libro malvado tenía todo que ver con la política y nada con la religión. En su centro estaba la crisis de la sucesión imperial, que había paralizado las políticas de la corte desde la década de 1590; sus orígenes yacen en la publicación de un pequeño libro inofensivo en 1588, cuya recepción tergiversada y complicada culminó quince años después en un impactante escándalo político.

Ese mismo año, cuando Ricci se encontraba aún atrapado en Shaozhou, un mandarín famoso Lü Kun (1536-1618), recopiló historias de mujeres virtuosas de la historia y las publicó en una colección con el título de *Guifan* (*Modelos para la habitación privada*). Como oficial deseoso de promover la educación de las mujeres y reformar la moralidad social, Lü Kun pidió a su amigo Jiao Hong (a quien hemos conocido en el Capítulo 8) que escribiera un prefacio. Impulsado por la reputación de los dos hombres, el libro tuvo un éxito inmediato y lo reimprimieron múltiples veces. Captó incluso la atención de la consorte Zheng, la concubina preferida del emperador, que encargó una nueva edición, con la incorporación de doce figuras históricas como modelos de virtud femenina, con ella como la última de todas. Con prefacios de su tío mayor y su hermano, nobles eminentes de la corte, y la introducción de ilustraciones, la nueva edición apareció en 1595 con el título de *Guifan tushuo* (*Modelos para las habitaciones privadas con ilustraciones*).

Con su aparición en mitad de la crisis de sucesión –Wanli negándose repetidas veces a declarar al que era entonces su hijo mayor el príncipe Changlo su heredero– *Guifan tushuo* provocó una reacción política significativa. Ya ampliamente sospechosa de querer sustituir al legítimo heredero por su propio hijo, la consorte Zheng fue duramente criticada por promocionarse como modelo de virtud femenina. En 1598 se publicó un folleto con seudónimo. Fustigaba a Lü Kun de manera abierta por abrir la puerta sin querer a una maldad mayor, indirectamente a las ambiciones de la consorte Zheng. Dos censores también enviaron notas a ese efecto, para el disgusto de la consorte

Zhen. Para calmar esta tormenta política, Wanli se comportó con un control poco característico. Tan solo exilió a los dos censores a la lejana Guangdong y se negó a alimentar este incidente con una caza de brujas política, como algunos partidarios de la consorte Zheng habían instado. Además, el emperador declaró que él mismo le había dado a la consorte Zheng una copia de *Guifan*, implicando que cualquier crítica futura se dirigiría a *lèse-majesté*.

La agitación se apagó, pero no se erradicó. En noviembre de 1603, apareció otro folleto en Pekín. Golpeó a la capital como una tormenta. A pesar de que había declarado al príncipe Changlo como su heredero en 1601, el emperador lo hizo en contra de sus propios deseos, afirmaron los dos escritores, que firmaron con los nombres de dos censores actuales. La consorte Zheng aún seguía tramando sobre cómo derrocar al príncipe Changlo para poner en su lugar en el trono a su hijo, el príncipe Fu. Particularmente devastador fue el supuesto diálogo entre los dos oficiales, que nombraron a nueve partidarios de la consorte Zheng, todos altos cargos civiles y militares, que formaban parte de un golpe a palacio. En cuanto a la postura del gran secretario en esta intriga, Shen Yiguan, uno de los patrones de Ricci, fue descrito como "un hombre retorcido y malvado, que usa a la gente y no se deja usar por ellos. Por lo tanto, él solo recogerá los beneficios y siempre estará al margen de los problemas".[4]

De la noche a la mañana la capital imperial se sacudió hasta los cimientos. Las copias del panfleto se distribuyeron en distintos lugares de Pekín; los susurros se expandían en un clamor ensordecedor de rumores.

Lèse-majesté, golpe de palacio, trama política: Wanli no podía ignorar a su favorita, la consorte Zheng, que acudió a él sollozando y furiosa a pedir venganza, tras haber sido acusada de socavar los pilares de la dinastía. Sensato al absolver a los dos aterrorizados censores cuyos nombres habían usado para el tratado, el emperador recibió demandas de inocencia de los grupos mencionados e inició una investigación de inmediato. Como tenían un límite de tiempo ajustado para encontrar a los culpables reales, los agentes de seguridad se inmiscuyeron para encontrar cualquier pequeña pista, arrestaron a gente a la mínima sospecha y torturaron para obtener información.

Este clima de terror creó una oportunidad para Shen Yiguan, que hacía honor a sus calificativos de "hombre retorcido y malvado". Celoso de Shen Li, su compañero en el Gran Secretariado, Shen Yiguan inventó una acusación en contra de Guo Zhengyu, el viceministro del Ministerio de Ritos y antiguo estudiante de Shen Li. Imputar a Guo terminaría con la carrera política de Shen Li por lo menos. Para obtener una condena de un ministro inocente, los agentes de Shen Yiguan arrestaron a varios hombres para sonsacarles confesiones forzadas. Uno de estos hombres era el famoso monje budista Zibo Zhenke, cuyo arresto y muerte indicó a Ricci la ira de Dios contra los budistas.

Oriundo de Wujiang en la prefectura de Suzhuo, el joven espadachín viajero Shen Zhenke decidió cambiar la espada por cuentas de oraciones y tomó los nombres dharma "Zibo" y "Daguan". Tras ordenarse a los 20 años, viajó a diferentes lugares de peregrinación y prometió revivir la meditación Chan. Zibo fue el responsable de coleccionar, compilar y publicar el *Jiaxing zang* (la edición Ming del *Tripitaka*, el canon budista)[5] con la ayuda de dirigentes mandarines en la corte dirigentes laicos budistas, incluyendo a Qu Ruzi, el hermanastro mayor de Qu Rukui. Apoyado por la emperatriz viuda Li, la madre de Wanli, Zibo Zhenke era el monje budista más importante en Pekín, que disfrutaba de la amistad de diversos mandarines.

Después de que Ricci se hubiera asentado en la capital, Zibo quiso conocer al singular occidental, pero no quería ceder su rango al visitar al extranjero. Le hizo saber al jesuita de su deseo de una visita social y le aseguró a Ricci que sería tratado con las cortesías de un igual. Con su desagrado por el abad Hong en Nanjing aún fresco en su mente, Ricci rechazó cualquier interacción social con el clero budista. Para Ricci, estos hombres eran ministros de la idolatría, sirvientes del Diablo, de ahí su alegría ante el fallecimiento de Zibo.

Zibo fue arrestado porque escribió una carta al médico Shen Linyu, un compatriota de Wujiang y su discípulo, en la que Zibo criticó al emperador Wanli por contradecir los piadosos deseos de su madre, la emperatriz viuda, una budista devota. Algunas fuentes contemporáneas informan de que a Zibo lo torturaron de maneras horribles en prisión para obtener confesiones que implicasen su relación con el ministro Guo Zhengyu; otra afirmaba que el emperador no deseaba ejecutar a Zibo, y citaba la liberación final del médico Shen Lingyu.[6] En cualquier caso, Zibo falleció en prisión debido al maltrato.[7] Ricci comentó: "Porque lo odiaban, los mandarines del Ministerio de Justicia [el ministro era Xiao Daheng] lo apalizaron [a Zibo] tan fuerte tras su encarcelamiento que murió rápido. Esto ocasionó mucha mofa ya que siempre había presumido de no valorar su cuerpo; pero, cuando fue golpeado, gritaba como cualquier otro ser humano profano. Tras su funeral, se desenterró su cuerpo para asegurarse de que no había fingido su propia muerte".[8] Aunque sus palabras se hacían eco de la militancia cristiana, la descripción de Ricci era quizá algo impropia de la caridad cristiana.

En su sentimiento de triunfo, Ricci atribuyó la desgracia y el exilio de Hanshan Deqing (1546-1623) en 1595 a la venganza divina. El monje erudito y maestro Chan era un amigo íntimo de Zibo. Como favorito de la emperatriz viudad Li, Hanshan igualaba a Zibo en importancia. El patronazgo de la viuda tomó parte en la tensión entre madre e hijo, el emperador Wanli, que usó la excusa de una infracción menor para exiliar a Hanshan a Guangdong. Su amigo Zibo intentó en vano mitigar el edicto imperial. Al final, Hanshan fue el más afortunado. Protegido por mandarines provinciales, se le nombró abad del monasterio de Nanhua cerca de Shaozhou, donde se propuso establecer una serie de reformas monásticas que revivirían la reputación y la suerte del venerable monasterio, donde tantos años atrás el monje occidental Ricci rechazó su hospitalidad. Esta era una de las ironías en la carrera de Matteo Ricci.

De vuelta a la búsqueda de sospechosos, la policía estaba desesperada por resolver el caso. Algunos oficiales ya habían perdido sus puestos, debido a la furia del emperador y al lento progreso. Entre ellos se encontraba un oficial del Cuerpo imperial de la guardia (*jinyi wei*), un sobrino de Li Dai, que también perdió su propio puesto ministerial, destacó Ricci no sin malicia. Finalmente, alguien denunció a un pobre académico anciano, Jiao Shengguang, que había escrito ensayos difamatorios para chantajear a sus víctimas como presuntos escritores. Agarrándose a un clavo ardiendo, los oficiales torturaron a Jiao hasta que confesó, a pesar de que los detalles del

"Libro malvado" solo podía conocerlos un oficial de la corte y no un académico menor como Jiao. El condenado recibió la máxima sentencia y fue troceado hasta morir en una lenta agonía. Nunca se encontró al verdadero escritor del "Libro diabólico".

Y así, la secta de idólatras [budistas], de la que hemos hablado, fue humillada. Al escuchar estas noticias, nuestros amigos y cristianos, ambos dentro y fuera de la corte, señalaron que todo se había puesto a favor del cristianismo, que empieza a predicarse en la corte, la cabeza de este reino, donde anteriormente esa secta [la del budismo] había florecido". El campo libre de sus enemigos imaginarios, Ricci y sus seguidores estaban listos para colocar la bandera de Cristo en el corazón de la China Ming.

11

ASENTANDO LAS BASES

"Incluso el emperador de China se ha convertido ya en cristiano," se jactaba el exagerado informe del progreso de Ricci, como algunos en Roma lo creían incluso.[1] A pesar de que esto no era cierto, los superiores de Ricci tenían todo el derecho a estar satisfechos. Su pionero en la misión de China había trazado un camino a través del amplio dominio de los Ming; Ricci y un puñado de ayudantes habían plantado pequeñas comunidades de conversos en Shaozhou, Nanchang y Nanjing; y en Pekín la Compañía había conseguido un punto de apoyo en el mismo centro del imperio chino. Valentim Carvalho, el nuevo rector de la escuela jesuita en Macao, mandó a Manoel Dias el Mayor (1559-1639) a una gira de reconocimiento de China. Dias viajó con el Hermano Giacobo Niva (1579-1638), de padre chino y madre japonesa, que ingresó en la Compañía y le enseñaron a pintar en Macao. En julio de 1602, tras visitar las tres residencias jesuitas en el sur, llegaron a Pekín, donde se quedaron durante dos meses. Sumamente impresionado por la gira, Dias dejó a Niva para que ayudase a Ricci y regresó a Macao, allí informó a Valignano del prometedor desarrollo en China. El visitador de la Misión de Asia llegó el 10 de febrero de 1603 tras marcharse para siempre de Japón, un país donde los nuevos regentes estaban poniéndose en contra del cristianismo. Valignano, el autor de la Misión China, que convocó a Ruggiero en 1578 para esta tarea, se enardeció por el éxito de su anterior protegido en el colegio Romano. China era el futuro. En contra de las fuertes protestas de los padres en Japón, Valignano creó una Misión china separada y autónoma en la viceprovincia de Japón. También envió un nuevo grupo de misioneros, seis portugueses y dos italianos: Bartolomeo Tedeschi y Jerónimo Rodrigues fueron a Shaozhou para ayudar al enérgico pero saturado Niccolò Longobardo y a Francisco Martins (Wang Ming-sha); Alfonso Vagnoni, Pedro Ribeiro y Feliciano da Silva sirvieron de refuerzo a João da Rocha en Nanjing, que era el único cura en la importante residencia después de que el enfermo Cattaneo hubiese partido a Macao para recuperarse;

Manuel Dias y el Hermano Pascal se unieron a João Soeiro en Nanchang; y Gaspar Ferreira se convirtió en el compañero más reciente de Ricci en Pekín, trajo consigo una valiosa copia de la Biblia Regia de 1569, publicada por Cristóbal Plantino en Amberes, ricamente ilustrada y con los textos bíblicos en una traducción al hebreo, griego, arameo, sirio y latín. Aunque Ricci siguió siendo el superior general de la Misión china, su horario ocupado y la distancia de Pekín del sur precisaba de un superior para las tres residencias del sur, Dias, así Ricci se vería libre del excesivo trabajo administrativo que requería una misión tan extensa.

Ricci había trabajado lo suficiente en Pekín. Los jesuitas bautizaron a los primeros conversos en la capital imperial. Al contrario que las iglesias cristianas en Zhaoqing, Shaozhou y Nanchang, que murieron en el transcurso de la crisis de mitad del siglo XVII, la comunidad católica de Pekín permaneció desde los tiempos de Ricci hasta hoy en día. En los primeros dos años, los misioneros bautizaron a unos 70 conversos, un número impresionante, comparados con las 120-130 conversiones durante los doce años de Ricci en Guangdong. Más importante aún que el número era la calidad de los conversos. Por primera vez, las élites de la sociedad Ming aceptaron la fe extranjera. Es cierto que aquellos que pertenecían a familias de la élite eran más jóvenes o figuras menores, como los dos hijos del primer médico de la corte imperial, un cuñado de la emperatriz, Ignatius Tung, un familiar de Tung Yu, un futuro ministro de Justicia (nombrado en marzo 1605-enero 1606), y el joven de dieciocho años Michele Xiao, sobrino del actual ministro de Justicia Xiao Daheng. O podían estar retirados, como el mandarín sexagenario Cui, nativo de Henan, que tomó de nombre de pila Antonio. Raro era bautizar a un hombre en servicio activo. Li Yingshi (1559-1620?), un oficial de la Guardia Imperial (*jinyi wei*), un veterano de las guerras de Corea, se convirtió a los 42 años el 21 de septiembre de 1602. Atraído por los conocimientos matemáticos y astronómicos de Ricci, Li Yingshi no era alguien fácil de captar. Como experto en taoísmo y budismo, Li era especialmente devoto de la adivinación astrológica y la geomancia. Llevó múltiples conversaciones pacientes antes de que Ricci lo consiguiera. Pero una vez Li aceptó el cristianismo, mostró su fervor escribiéndo una declaración pública de conversión y quemando todos sus libros de adivinación y astrología. También persuadió y engatusó a todo su hogar –madre, mujer, dos hijos, un tutor y todos sus sirvientes (incluido uno reacio)– a que acogiera la nueva fe.

Sin duda, el carisma de Ricci tomó parte en estas conversiones. A pesar de que Pantoja había aprendido suficiente chino para 1603 para convertir y recibir visitantes, "no podía compararse ni remotamente con [Ricci],"opinaba Shen Defu (1578-1642), el perspicaz y curioso escritor, cuyas colecciones de viñetas y datos históricos del reinado de Wanli, el *Wanli yehuo bian* (1619), proporcionaba información única y detallada sobre las últimas décadas de la dinastía Ming. Como vecino de los jesuitas durante su residencia en Pekín, Shen Defu describió a Ricci como "un hombre verdaderamente notable, generoso por naturaleza y capaz de calmar la impaciencia y el enfado, su sinceridad y humanidad se hacía sentir por todos, y nadie se atrevería a faltarle al respeto".[2] El carisma de Ricci emana con fuerza a pesar de los años en los comentarios de sus contemporáneos Ming: ambos Shen Degu en Pekín y Gu Qiyuan en Nanjing (ver Capítulo 8) calificaron a los "discípulos" de Ricci –el español Pantoja y el portugués da Rocha– como inferiores a su brillante "maestro".

En la misión china, al igual que en cualquier otra misión, la personalidad del misionero era fundamental. Con da Rocha y Soeiro, las comunidades cristianas de Nanjing y Nanchang se estabilizaron, pero no informaron de nada espectacular en los años tras la partida de Ricci. Solo en Shaozhou tuvieron un éxito destacable los jesuitas, gracias a la fuerte personalidad de Niccolò Longobardo, que sustituyó a Ricci y a Cattaneo. Este noble siciliano, que sucedería a Ricci como superior y se convertiría en el jesuita misionero que más había servido en China, cambió de dirección. Recordemos los años en Shaozhou que fueron de desánimo en la carrera de Ricci: pocos conversos, fuertes hostilidades y el fallecimiento de dos compañeros. Frustrado de igual manera al inicio por la indiferencia de los urbanitas al mensaje cristiano, Longobardo se volvió hacia los pueblos cercanos a Shaozhou donde encontró una bienvenida entusiasta. A la vez que se multiplicaban las conversiones, emergió una comunidad cristiana en la ciudad y su periferia; y junto a su aumento de confianza, Longobardo asumió una actitud más militante. Para representar la ruptura con su pasado, Longobardo instó a los neófitos a quemar estatuas de deidades budistas, taoístas y chinas. Varios incidentes hicieron que la tensión incrementara: jóvenes fervientes cristianos rompiendo estatuas en un monasterio budista; Longobardo negándose en redondo a hacer donaciones para los festivales del templo del vecindario; y sus desaires al abad Hanshan Deqing, exiliado de Pekín y atareado mientras reformaba el monasterio de Nanhua, que había expresado su interés en conocer al religioso occidental. Por primera vez, la Misión jesuita estaba a salvo de ataques, gracias a la protección de los mandarines, aunque llegaría el momento de rendir cuentas.

Aunque ambos tenían éxito en sus diferentes estrategias, había una diferencia importante en las estrategias misioneras de Ricci y Longobardo. Mientras que Ricci valoraba a los conversos de la élite y persuadía a los académicos chinos a adentrarse en el cristianismo a través de conversaciones cultas sobre matemáticas, filosofía natural y el más allá, Longobardo demostraba su eficacia como un trabajador religioso, más similar a los predicadores de penitencia populares del inicio de la Europa católica moderna. Ricci prestaba mucha atención a los conversos de clase alta en sus escritos, anotaba su rango social y su información personal, a pesar de que la mayoría de sus conversos pertenecían a las clases sociales más bajas. El suyo era un mundo de *Christianitas*: un mundo comedido de aprendizaje humanístico, virtud moral, una síntesis de las doctrinas cristianas y la ética confuciana, y de devoción a la otra vida. Por contra, los informes de Longobardo representan un mundo diferente al de la escena de la clase intelectual de los mandarines Ming: habitado de espíritus, malos y buenos, este mundo de gran melancolía, por salud y prosperidad en este mundo y felicidad en el siguiente estaba lleno de sueños y visiones, profecías y milagros, en la que la separación entre cristianos y paganos era absoluta. Este era el mundo del pueblo chino –granjeros, trabajadores, artesanos y mercaderes– en el discurso confuciano, la "pequeña gente" que gobernarían los "caballeros" instruidos.

De hecho existía ese hombre. Xu Guangqi (1562-1633) que llegó a Ricci siendo ya cristiano.[3] A principios de 1604, Xu, de 43 años, viajó a Pekín para realizar el examen *jinshi*. Admirado, Xu le recordó al occidental que ya se habían encontrado antes. En 1600, Xu Guangqi visitó a su profesor Jiao Hong en Nanjing. Como muchos otros intelectuales, Xu fue a escuchar al destacado occidental. Quedó tan impresionado por el discurso de Ricci que "pensó para sí mismo que este era el único caballero en el mundo que comprendía la relación entre todas las cosas".[4] Pero esta no era la primera ocasión que el nativo de Shanghái se había expuesto a la enseñanza de occidente. En 1595, Xu se ganaba la vida como profesor en Shaozhou. Allí, visitó la iglesia católica y conversó con Cattáneo sobre preguntas religiosas y científicas, los temas de la enseñanza occidental.

Al contrario que muchos conocidos de los jesuitas, Xu Guangqi venía de una familia humilde. Su abuelo dejó la agricultura por el comercio, prosperó por su familia y murió a los cuarenta. Su hijo, el padre de Guangqi, no tenía ni talento ni agrado por el beneficio. Aunque era generoso e inteligente, Xu Sicheng no siguió el clásico ascenso al éxito social: de la riqueza a la erudición y de ahí a aprobar el examen. En cambio, Sicheng dio a los pobres generosamente y satisfizo su curiosidad con libros sobre medicina, astronomía e historia. Para cuando nació Xu Guangqi la familia estaba en declive y el joven experimentó hambre y desplazamientos por las incursiones piratas, ya que la Shanghái de mediados del siglo XVI, una floreciente ciudad en la China Ming, aún carecía de muralla.

Las esperanzas de la familia estaban puestas en el joven Guangqi, estudioso, brillante, un niño prodigio. En 1581, Xu Guangqi aprobó el primer grado, el *gongshen*, comúnmente llamado *xiucai*, lo que le dio derecho a un pequeño estipendio del gobierno y lo cualificó para el siguiente nivel del examen. Los años entre 1581 y 1597 fueron de inmensa frustración. Xu Guangqi suspendió el examen *juren* tres veces, en 1582, 1588 y 1591. Los tiempos se estaban volviendo más duros para los ejércitos de académicos esperanzados. A pesar de que la población de China había más que doblado su cantidad a 150 millones entre finales del siglo XIV y XVI, el gobierno no había cambiado las cuotas para los titulados que se establecieron en los años iniciales de la dinastía Ming. Xu Guangqi era uno entre tantos cuyas esperanzas se habían frustrado. Unos pocos académicos frustrados usaron su conocimiento para otras cosas: Li Shicheng y Xu Xiake se volcaron respectivamente en la medicina y los viajes, se convirtieron así en el herborista y geógrafo más famosos de la dinastía Ming. Xu Guangqi, sin embargo, se negó a dejar de intentar acceder a la burocracia civil imperial. Además de fortalecer su decisión, estos años en la naturaleza llevaron a Xu Guangqi a localidades remotas en Guangdong y Guangxi, se ganó la vida como profesor y tutor particular para familias de mandarines y esto le hizo reflexionar en las preguntas vitales más allá de términos de éxito y derrota.

En 1597 Xu Guangqi se examinó otra vez del examen *juren* en Pekín. Su ensayo no pasó el primer escrutinio. Como era costumbre, los examinadores ojeaban los ensayos rechazados para seleccionar uno cuya brillantez hubiese quizá escapado en la primera ronda de calificación. Jiao Hong era examinador adjunto. Mientras leía el ensayo de Xu Guangqi, Jiao Hong dio una palmada en la mesa y exclamó: "¡Esto debe de haberlo escrito un gran académico!". Xu obtuvo el primer puesto en el examen *juren*. Su profunda gratitud por Jiao Hong aumentó aún más cuando el erudito Hanlin fue degradado al año siguiente debido a una nota de dos compañeros resentidos, que criticaban a Jiao Hong por pasar por alto las afirmaciones heterodoxas en varios exámenes aprobados (véase capítulo 8). Toda su vida, Xu Guangqi admiró a Jiao Hong como su maestro y benefactor. Cuando Jiao Hong se retiró del cargo a su Nanjing natal, Xu fue a presentar sus respetos; fue en ese momento cuando conoció a Ricci.

A pesar de su admiración y respeto por Jiao Hong, Xu Guangqi no compartía la devoción de su maestro por el budismo o su interés en la filosofía taoísta. Como ortodoxo confuciano de los pies a la cabeza, a Xu Guangqi lo que más le interesaba era los resultados prácticos del aprendizaje. ¿Cuál era la finalidad de décadas de estudio y años de exámenes si no el servicio al país? El conocimiento confuciano debía servir para desarrollar la moralidad, de uno mismo y de la sociedad, para cambiar el comportamiento, para mejorar la vida de las personas y para fortalecer las defensas del estado. Una acuciada sensación de crisis impacientó a Xu con la especulación metafísica: los grandes impuestos echaban a los granjeros de la tierra; los manchúes amenazaban la frontera norte; los conflictos partidistas paralizaban la burocracia imperial. De sus memorias posteriores, vemos que Xu Guangqi era un hombre de acción, planeaba granjas experimentales, entrenaba tropas, compraba armas de fuego y cañones portugueses y siempre advertía a su familia que guardase austeridad, frugalidad y moralidad. Era un hombre profundamente moldeado por las dificultades de su familia y su juventud, entendía el precio del éxito en la erudición y responsabilidad del cargo.

Entre 1600 y 1603, cuando trabajaba como profesor en Shanghái, Xu Guangqi reflexionó sobre el cristianismo. Una noche, soñó que entraba a un templo con tres capillas. En la primera capilla había una figura paterna, en la segunda un hombre más joven con una corona, la tercera estaba vacía. Xu hizo reverencias en la primera y la segunda capilla e ignoró la tercera. Su deseo de aprender más sobre el credo occidental le llevó a Nanjing en enero de 1603, pero Ricci ya había partido a Pekín. Lo recibió da Rocha y Xu Guangqi mostró interés desde el inicio. Acudía dos veces al día para la catequesis y devoraba lecturas que los jesuitas le daban, incluida una copia manuscrita de *Tianzhu Shiyi* de Ricci, que aún no se había publicado. Cuando le presentaron la doctrina de la Trinidad, Xu lo comparó con su sueño y creyó que era una señal. Xu Guangqi fue bautizado con el nombre de Paul. Para él los atractivos del cristianismo eran múltiples. Ofrecía una solución a la otra vida, una que satisfacía inmensamente el deseo de justicia de Xu; si hombres malvados gobiernan sobre los otros en este mundo, entonces de seguro sufrirán un tormento eterno en el infierno. Probaba la unidad de la moralidad religiosa y la ética social: en las historias de los misioneros jesuitas, la Europa cristiana se asemejaba a una sociedad perfecta, no le afectaban la guerra, las rebeliones o un mal gobierno, allí los clérigos virtuosos, el equivalente occidental a los intelectuales Ming, hacían de guías de un pueblo divino. Representaba una síntesis de una enseñanza religiosa y práctica: ¿no eran acaso los occidentales, sobre todo Ricci, superiores en su conocimiento de las matemáticas y la astronomía, inmersos en los secretos de la naturaleza, virtuosos en técnicas científicas y militares que podían fortalecer el país? Era una religión sobre la vida tras la muerte que estaba profundamente anclada a este mundo.

En 1604, Xu Guangqi viajó a Pekín a presentarse al examen *jinshi*. Aprobó. Ricci lo atribuyó a una recompensa divina. Destinado por un periodo de tres años a la Academia Hanlin antes de su nombramiento para el mandarinato, Xu se mudó a una casa adyacente a la residencia jesuita.

Mediante un pasadizo común, podía acceder al recinto jesuita sin salir a la calle. Como visitante frecuente de la iglesia jesuita, Xu acudió a todos los oficios cristianos; y cuando predicaba Ricci, se sentaba en un banco con un pincel, tomando nota de los sermones jesuitas. Xu conversaba casi a diario con Ricci, aprendía lógica y geometría. Instaba a Ricci a publicar aún más libros en chino, "la única manera de establecer y difundir el cristianismo en China",[5] Xu se convirtió en el cristiano modelo de la capital imperial, su fervor hizo que sus correligionarios lo emularan, también Ricci lo valoraba como un talentoso intelectual, un buen cristiano y un amigo.

Había buenas noticias de otro amigo. El 25 de marzo de 1605, en Nanjing, Alfonso Vagnoni bautizó a Qu Rukui y a su hijo Shiqu de doce años. A pesar de su larga amistad, Qu Rukui no había sido capaz o era reacio a convertirse. Primero, estaba el obstáculo de la bigamia, a ojos de la Iglesia. Tras la muerte de su mujer, Rukui seguía siendo reticente a casarse con su concubina, a pesar de que le había dado dos hijos. Quizá la idea de la mortalidad incitó a Qu Rukui a aceptar el consuelo de la cristiandad. Tras abrazar la fe occidental, Rukui, a sus 55 años, confió a su hijo a estudiar con los jesuitas en Nanjing. Tras dieciocho años de amistad, a Ricci le consoló sobremanera la conversión de Qu Rukui.

Respecto al tema de la muerte, Ricci registró varias conversaciones con el doctor Paul, un académico ferviente, como era denominado en las fuentes misioneras. Una vez, cuando Ricci predicó que Dios, a veces, explicaba sus misterios a través de los sueños, Xu Guangqi relató su propio sueño en Shanghái sobre el templo con tres capillas. Xu le comentó a Ricci que había sido reacio a narrar este sueño porque los padres no aprobaban las interpretaciones oníricas, habituales entre los chinos que buscaban augurios y señales de su suerte. En algunos casos esporádicos, Dios enviaba señales en sueños divinos a los elegidos, aseguró Ricci, consideró que poseía la gracia especial de Dios. A su buen amigo y compañero jesuita Girolamo Costa, Ricci escribió que "parece que Dios lo ha elegido [a Xu Guangqi] para ser el pilar más fuerte de la fe cristiana en este lugar y quiere guiarle con una ayuda especial".[6] En otra ocasión, Ricci y Xu debatieron sobre la muerte. Ricci registró dos conversaciones con Xu como los capítulos tres y cuatro en sus *Diez capítulos de un hombre extraño*. En uno, Ricci preguntó a Xu por qué los chinos eran tan reacios a hablar de la muerte y usó la ocasión para discurrir sobre la necesidad de prepararse para la muerte. Cuando Xu preguntó a Ricci a su vez sobre las costumbres en el Oeste, Ricci enumeró cinco beneficios de pensar sobre la muerte: nos da disciplina y nos libera del gran mal tras la muerte; es la mejor medicina en contra de la lujuria sexual; nos hace desdeñar la riqueza y la fama, cosas que no podemos llevarnos con nosotros a la tumba; nos mantiene humildes en nuestro orgullo y nos evita volvernos arrogantes; nos ayuda a superar el miedo a la muerte y aceptarla con ecuanimidad. Los argumentos de Ricci, podían ser habituales en la doctrina cristiana; su retórica, sin embargo, era ingeniosa. Sazonada con ejemplos de sus lecturas humanísticas y religiosas, Ricci también inventaba vívidas metáforas. Contó la historia de un zorro hambriento que pasaba enfrente de un gallinero y que se coló a través de una estrecha rendija. Durante varios meses el zorro se da un festín con su presa hasta que teme que el granjero lo atrape. Demasiado gordo para salir por el agujero, el zorro tuvo que pasar hambre hasta llegar a su triste y antigua figura para salvarse a sí mismo. El gallinero, explicó Ricci, es el mundo, y nosotros somos los zorros que se atiborran de riquezas y placeres antes del susto de la muerte que nos hace abjurar de sus divertimentos.

De Ricci, Xu Guangqi aprendió no solo ejemplos de la historia y la literatura occidental, sino también sobre su ciencia. Junto a Li Zhizao (véase capítulo 9), Xu Guangqi era el colaborador más cercano de Ricci en cuanto a la divulgación de textos científicos occidentales. El método podría describirse como traducción oral jesuita y redacción china. Contaba con tres beneficios. Primero, permitía a Ricci, ya inmensamente saturado, producir un gran cuerpo de textos científicos chinos durante los últimos cinco años de su vida. Segundo, el contacto habitual y cercano cimentó la relación entre el misionero y el converso. Y finalmente, este método de colaboración permitía una mayor precisión y elegancia en la traducción, contaba con toda la comprensión del jesuita de los textos europeos y de todo el dominio de la elegancia estilística del chino. Juntos, Ricci y Xu tradujeron el primero de los seis libros de *Elementos Geométricos* de Euclides. El prefacio de Ricci a la traducción de Euclides describe su trabajo:

> Desde mi llegada a China, me he fijado en que hay muchos eruditos y obras sobre geometría, pero no he visto ningún trabajo sobre fundamentos teóricos... Desde entonces he querido traducir este libro para uso de los caballeros de nuestro tiempo, para así agradecerles su confianza en un viajero. Sin embargo, mi talento no es mucho. Además, la lógica y la retórica del Este y del Oeste son extremadamente diferentes. Al buscar sinónimos hay muchas palabras que faltan. Incluso aunque puedo explicar las cosas oralmente con esfuerzo, plasmarlas por escrito es ciertamente difícil. Desde entonces, he conocido a compañeros que me han ayudado en todo momento a avanzar, pero cada vez que topo con una dificultad paro, avanzo y me detengo el triple.[7]

La dificultad se superó tras conocer a Xu Guangqi. Al debatir sobre el cristianismo y la ciencia occidental, Xu instó a Ricci a acabar la traducción, "le ordenó transmitírselo [el texto] oralmente, y lo recibió [el texto] por escrito, dándole vueltas y más vueltas al texto para reflejar su significado, lo que llevó a su publicación tan solo después de tres versiones".[8]

Además de traducir a Euclidio, Xu Guangqi también colaboró con Ricci escribiendo *Celiang fayi* (*El significado de los métodos de medición*, 1608) y escribió un prefacio para *Tongwen suanzhi*, una traducción al chino del *Resumen de las matemáticas aplicadas* de Clavio, traducida en conjunto por Li Zhizao y Ricci.

En 1607, su colaboración se terminó debido a la muerte del padre de Xu Guangqi. Ante la insistencia de su hijo, Xu Sicheng se había bautizado junto con la familia extendida de Xu. De acuerdo a la ley, Xu dejó su puesto de oficial durante el periodo de duelo de tres años y acompañó el ataúd de su padre de vuelta a Shanghái. Aconsejado por Ricci, Xu Guangqi utilizó este momento de luto para poner en práctica rituales funerarios católicos, purgadas de supuestas supersticiones chinas, como la quema de papel moneda y contratar a especialistas en rituales taoístas y budistas. Los ropajes negros indicaban luto en la casa familiar de Xu, siguiendo la tradición occidental, en contraste con el tradicional color blanco de China. Cattaneo, de vuelta a Nanjing tras recuperarse, viajó a Shanghái para oficiar la misa de réquiem.

Ricci y Xu personificaban la síntesis cristiano-confuciana que explicaba el gran atractivo que el cristianismo tenía para las últimas generaciones de intelectuales de la dinastía Ming. A Xu aún le esperaba un largo recorrido, tanto al servicio de su país como al de su Iglesia. El camino marcado de la burocracia imperial lo dirigía en última instancia al Ministerio de Ritos y al Gran Secretariado al final de su vida; Xu Guangqi se convirtió en el mandarín de más rango que se unió a la Iglesia Católica. El suburbio oeste de Shanghái, Xujiahui, la casa familiar de Xu, se convertiría con el tiempo en uno de los lugares católicos más importantes de China y aún lo sigue siendo.

Entre este ambiente general de entusiasmo durante los años 1601-1606, aún había señales de ansiedad por la incipiente misión cristiana. A principios de 1604, llegaron noticias a la capital imperial de que entre el 3 de octubre y el 14 de noviembre de 1603, los españoles habían masacrado entre 15.000 y 20.000 pobladores chinos en Luzón, erradicando prácticamente a la comunidad entera.[9] Tras la colonización española de las Filipinas, los mercaderes chinos fueron en tropel a Manila, a proveer a los españoles con alimentos y útiles de diario y a importar plata americana a China. De unos cientos de residentes a inicios de la década de 1570, su comunidad se expandió a 5.000 en 1585, 10.000 en la década de 1590, y cerca de 20.000 en la víspera de la masacre. Como sobrepasaban por mucho a los colonizadores españoles, los chinos establecieron su propia comunidad, Parían, se situaba fuera de las murallas de Manila y se convirtió en económicamente indispensable para la colonia española.

Alarmados por el creciente tamaño de la comunidad china, los españoles fracasaron múltiples veces al echarles. Mientras que los frailes dominicanos consiguieron convertir al catolicismo a unos pocos cientos de estos migrantes de Fujian, la mayoría continuó con sus costumbres. En 1602, un carpintero que volvía a Fujian desde las Filipinas habló sobre la existencia de una inmensa mina de plata. Hambrientos de lingotes, el gobierno Ming ya estaba importando ingentes cantidades de plata de Japón, un importe al que sustituiría el aún mayor suministro de plata americana en el siglo XVII. Recordemos también que el avaricioso emperador Wanli había designado a intendentes de impuestos eunucos a recaudar sin piedad de la zona rural los beneficios mineros. Al escuchar las noticias, el emperador ordenó a sus oficiales en Fujian que investigaran. En mayo de 1603, los tres mandarines partieron desde el Condado de Haicheng en el sur de Fujian. A pesar de que las autoridades españolas los recibieron con la ceremoniosidad apropiada, los españoles se sintieron insultados por la arrogancia de los oficiales Ming y temieron que China tomara el poder. Los oficiales Ming regresaron con las manos vacías; las tensiones en Luzón se alargaron durante el verano y en los primeros meses de otoño. Cuando algunos residentes chinos se armaron, las autoridades coloniales lo entendieron como una señal de rebelión. Las tropas españolas, ayudadas por mercenarios japoneses y auxiliares filipinos, masacraron a la población china. A pesar de la inmensa protesta en China, la corte imperial no llevó a cabo ninguna expedición punitiva. Pero en todas partes, especialmente en las provincias costeras del sur, se intensificaron la sospecha y la hostilidad hacia todos los europeos. En este ambiente, Ricci temió que se asociara a los españoles con la Misión Jesuita. En un intento de eliminar de la misión cristiana cualquier conexión posible con los españoles, le dijo a Xu Guangqi que el Dios de los jesuitas, *Deus*, era distinto del Dios que los españoles adoraban, al que llamaban Dios. Xu Guangqi repitió este fragmento de sofisma jesuita en sus círculos mandarines, supuestamente a orejas crédulas. Ricci subestimó el impacto negativo que la masacre de Manila tendría en la visión china de los europeos, lo que volvería a suponer un problema para la Misión Jesuita. Por el momento, sin embargo, la comunidad cristiana en la capital no sufrió repercusiones, y el número de conversos continuó aumentando.

Una amenaza menor se originó en la burocracia imperial. Un grupo de mandarines, enojados con los sostenidos ataques de Ricci al budismo, pidieron al emperador en febrero de 1605 que retirara a los jesuitas sus estipendios y que los repatriara. Al informar de este suceso en sus cartas a Europa, Ricci sonaba confiado: no solo estaban los jesuitas protegidos por la buena voluntad de su amigo, Feng Qi; el ministro de Ritos, el mismo emperador necesitaba a los occidentales para atender a sus amados relojes de cuando en cuando. Sin duda, estaba en lo cierto. No sucedió nada con esas notas.

Ricci escribió ocho cartas en 1605 que testifican su humor optimista. El número de conversos en Pekín había aumentado de setenta en 1603 a más de 100. Las otras residencias también se hicieron eco de nuevas conversiones, Longobardo dio parte del mayor número de bautizos en Shaozhou, y Soeiro se jactó de los primeros conversos católicos entre los miembros de las casas principescas de los Ming en Nanchang. En conjunto, los registros bautismales contaban con más de 1.000 almas. La propia comunidad de Ricci en Pekín, aunque numéricamente no era la mayor de todas, encabezaba la marcha por su calidad social y el fervor espiritual de los conversos. Las navidades de 1604, los jesuitas celebraron tres o cuatro misas con clavicordio y harpa; algunos cristianos asistieron incluso a una vigilia durante toda la noche. Algunos conversos impresionaron a Ricci con su diligencia al aprender las oraciones en latín, como la mujer de Li Yingshi, que podía recitar el *Confiteor*; otros conmovieron a Ricci con su arrepentimiento sincero, lo que expresaron con auto flagelaciones y su deseo de confesarse y de recibir la eucaristía; unos pocos trajeron sus estatuas budistas y taoístas para quemarlas; un hombre de 85 años, bautizado como Fabio en honor a Fabio de Fabii, el maestro de Ricci durante el noviciado en Roma, insistió en que le llevaran a la iglesia pues no deseaba morir sin el consuelo de la comunión. En conjunto, Ricci estaba bastante orgulloso de su pequeño rebaño, escribió a su amigo y compañero jesuita Girolamo Costa: "Reza por mí, mi querido padre, para que un día Dios me otorgue la gracia de terminar mi trabajo con una muerte santa, ya que nuestra comunidad cristiana en China no es inferior a otras marcadas no solo por el sudor, sino también por la sangre".[10]

El fervor espiritual de los conversos se manifestaba en la firme creencia en lo milagroso. Una de las historias decía así. Un cristiano, falsamente acusado de robo y asesinato, fue condenado por un mandarín sobornado. Mientras que sus correligionarios buscaron el consejo del padre, Dios apareció en un sueño y le dijo a otro mandarín, al que le habían traspasado el caso, que ayudara al cristiano prisionero e inocente. Este oficial, a pesar de no ser un converso, liberó al cristiano inocente de la calumnia y castigó al falso acusador. Otro converso, un anciano, le contó a Ricci que la Virgen María, vestida de blanco y con un infante en los brazos, se le apareció en sueños. En cama por una enfermedad grave, le dijo al cristiano que pidiera a su familia que lo hiciera sudar. Al despertarse, estaba hecho; y el anciano se recuperó. Una tercera historia atañía a un maestro de escuela, que se convirtió con unos siete-ocho alumnos. Otro niño de 13 también quiso convertirse, pero el maestro juzgó que aún no estaba preparado. Un día, al chico lo alcanzó un rayo y se quedó inconsciente durante tres días. Mientras estaba en coma, el chico vio a Dios, la imagen que había adorado en el colegio; y Dios le dijo que esta vez le perdonaría la vida. Cuando el chico se despertó, lo bautizaron. Los otros conversos lo llamaban Michael del Rayo. Estos sueños y visiones impresionaban sobremanera a Ricci, quien los narraba en varias de sus cartas. Eran señales del favor divino hacia la misión aún en pañales, o eso le parecía a Ricci, que en todo lo demás tenía los pies sobre la tierra y era racional, un miembro de una orden religiosa que desconfiaba profundamente del misticismo excesivo.

Un día, mientras atendía su pequeño viñedo, Ricci aprendió que las frutas del cristianismo también se habían cosechado en el pasado en China, y que existían aún parcelas del cultivo cristiano en el amplio paisaje del reino Ming. Un erudito de sesenta años llegó a la iglesia jesuita. Al ver la estatua de la Virgen María e imágenes de los patriarcas, el anciano caballero chino se arrodilló y realizó signos de reverencia. Al principio, Ricci pensó que era cristiano. Ai Tian, el visitante, oriundo de la ciudad de Kaifeng en la provincia de Henan, estaba de camino a un puesto menor como intendente educativo en la Academia Confuciana en Yangzhou. Al poco de iniciar la conversación, Ricci de dio cuenta de que Ai Tian era judío. A pesar de que el conocimiento sobre el judaísmo de Ai Tian era fragmentario, le contó a Ricci la larga tradición de su religión ancestral, con sus escrituras, leyes, prohibiciones alimenticias y leyendas. Era uno entre tres hermanos, él estudió para el examen imperial de servicio civil; sus dos hermanos aprendieron hebreo, y uno estaba ejerciendo de rabino en ese momento en la pequeña comunidad de siete u ocho familias en Kaifeng. También había familias cristianas en su ciudad, le contó Ai Tian a Ricci. Ai Tian volvió al día siguiente y llevó consigo a un compañero, el mandarín Zhang, un descendiente de cristianos de Shaanxi. Zhang mostró gran interés en la iglesia jesuita y en la conversación con Ricci y lamentó tener poco tiempo para familiarizarse con su religión ancestral. Confirmó la aseveración de Marco Polo de que, en su tiempo, durante el reinado de los mogoles, había muchos cristianos en China. Al menos, Ai Tian, judío, se convirtió. Quizá fue en ese momento cuando Ricci tuvo la idea de mandar un misionero a Kaifeng, idea que llevaría a cabo tres años más tarde.

Los libros unieron a la minúscula comunidad judía en Kaifeng con su fe ancestral. Los libros eran del mismo modo centrales para la incipiente Iglesia católica. La prensa impresa, de hecho, encabezó el avance del cristianismo en China. Mucho antes de conocer a Ricci en persona, múltiples eruditos chinos, Xu Guangqi, por ejemplo, habían escuchado sobre él debido al *Mapamundi*. Gracias a la popularidad de la prensa y a la barata producción de libros en la China Ming, los jesuitas podían permitirse contratar trabajadores chinos para tallar bloques de madera, que guardaban en el taller de las residencias jesuitas y que usaban para imprimir repetidas veces sus propias obras. Como decía Ricci, el único coste de producir nuevas copias era solo el coste del papel.

Para las necesidades litúrgicas de las crecientes comunidades cristianas, los jesuitas tradujeron e imprimieron el calendario gregoriano al chino para distribuirlo entre los conversos. También revisaron el libro de rezos para adaptarlo a un lenguaje más en consonancia con su síntesis en desarrollo de la teología cristiano-confuciana. La nueva edición del *Tianzhu jiaoyao* salió en marzo de 1605, contenía el Padrenuestro, el Avemaría, los Diez Mandamientos, el Credo, el Signo de la Cruz, las obras caritativas espirituales y corporales, las Ocho bienaventuranzas, los Siete pecados Capitales, las Siete Virtudes, los Cinco sentidos del Cuerpo, las Tres potencias del alma y las Tres Virtudes Teológicas.

Los libros mostraban el mensaje cristiano de dos maneras. Primero, las obras chinas de Ricci fomentaron su reputación y por lo tanto el prestigio del saber occidental o divino. Volveremos a este tema cuando toquemos otra de las obras de Ricci, *Ershiwu yan*, *Las veinticinco sententiae*. Segundo, como objetos materiales, los libros europeos, más caros y producidos más elaboradamente que las ediciones Ming baratas y populares, causaron una gran impresión en los chinos. La China Ming estaba hambrienta de libros: los clásicos confucianos, libros de texto, libros de historia, poemas, obras de teatro, novelas, almanaques, libros de astrología, geomancia, medicina, agricultura y de otros muchos temas alimentaban una sociedad que veneraba la palabra escrita y el estatus social de la instrucción y la erudición. Comparadas con las ediciones Song, sin embargo, los libros Ming tenían un bajo coste: papel de arroz delgado y frágil, encuadernación burda, tinta que se decoloraba, y bloques de madera cortados sin cuidado alguno. El acceso era caro. Los coleccionistas de libros Ming buscaban ediciones Song, libros muy superiores en apariencia física. En este contexto, los caros libros occidentales importados por los jesuitas marcaban un claro contraste, tal y como Gu Qiyuan registró (véase capítulo 8).[11]

Ricci era muy consciente del contraste físico entre los libros chinos y los occidentales como objetos físicos. En su dormitorio, los expuso sobre baldas enfrentadas, una representación que no cesaba de impresionar a los visitantes chinos cultos con la superioridad material del Oeste y, por ende, de la preeminencia cultural de la *christianitas*. La imposibilidad de los chinos de leer el alfabeto latino no importaba. Los libros occidentales eran un símbolo de prestigio, al igual que las primera sutras budistas en la China Han y Tang antes de su traducción sistemática. En la colección de libros occidentales en la biblioteca jesuita de Pekín, ninguna era más prestigiosa que la Biblia Regia políglota que Gaspar Fereira llevó a China.

La barcaza que transportaba la Biblia Regia se hundió en el Gran Canal, pero Fereira consiguió salvar el cofre y el preciado objeto solo sufrió daños mínimos. Ofrecido con gran solemnidad en la iglesia jesuita, este inmenso libro bella y artesanalmente elaborado dejó a los testigos chinos estupefactos y a los conversos boquiabiertos con sus misterios sellados. Gratamente satisfecho con el éxito de la Biblia Regia como objeto de prestigio "que dejó estupefacta a toda China con su belleza",[12] citando a Ricci, el misionero jesuita estaba un poco presionado a contestar a la siguiente petición. "La Biblia sería perfecta", sugirieron algunos visitantes chinos, "si los ocho libros en las cuatro lenguas pudiesen reproducirse en chino".[13] Debido a Ricci, los eruditos chinos comprendían que la Biblia Regia contenía el Antiguo y el Nuevo testamento en hebreo, arameo, sirio y griego, ocho libros en total, pero como es lógico no habían escuchado nunca la prohibición del Concilio de Trento contra las traducciones vernáculas de la Biblia. Ricci se encontraba en una posición complicada, no "sabía cómo responder porque parecía que en parte la petición es justa y piadosa". Ganó tiempo aceptando la demanda, pero argumentando que no disponía de tiempo. "Este es un trabajo largo y de muchas personas", explicó Ricci, ofreciendo como excusa la historia de la traducción de la Biblia Septuaginta. En otras ocasiones, dijo, "esto necesita del permiso y la orden del papa; o que él ya había traducido parte de lo importante de todos estos libros [en la Biblia] en las Doctrinas Cristianas, el *Tianzhu jiaoyao*, que acababa de ser traducido, impreso y distribuido para su uso en toda China".[14]

Afortunadamente para la Misión Jesuita, las imágenes eran más poderosas que las palabras. La presencia de otro libro, otra impresión de Amberes, evitó la complicación en lo que respecta a la traducción de la Biblia. Jerome Nadal (1507-1580), un español de Mallorca, fue uno de los primeros diez miembros de la Compañía de Jesús. El mismo Ignacio instó a Nadal a recopilar y distribuir una guía ilustrada para la reflexión sobre los evangelios. Nadal seleccionó las escenas bíblicas que se incluirían, encargó y dirigió el diseño de las ilustraciones y redactó notas para acompañar a cada escena. Con la cooperación y el apoyo de los editores de Amberes Cristóbal Plantino y Martin Nutius, se produjeron al final 153 grabados. En 1593, estas ilustraciones se publicaron en un volumen titulado *Evangelicae Historiae Imagines ex ordine evangelicorum quae toto anno in missae sacrificio recitantur in ordinem temporis vitae Christi digestae* (*Ilustraciones de historias del evangelio sacadas del Evangelio en el orden de la vida de Cristo en el que se recitan a través del año en el sacrificio de la misa*), organizadas en orden cronológico de la vida de Jesús. El uso de la perspectiva en los grabados incorporaba una técnica usada desde hacía mucho en las pinturas europeas; la representación vívida y tridimensional de la historia de Cristo transformó el mensaje cristiano en una realidad histórica para los conversos chinos. Enviado a la residencia jesuita en Nanjing por orden de Dias, el *Evangelicae Historiae Imagines* serviría a futuras generaciones de misioneros jesuitas. En 1627, el jesuita italiano Giulio Aleni adaptó 55 imágenes a ilustraciones en xilografía china y reprodujo el texto latino al chino con el título *Tianzhu jiangsheng chuxiang jingjie*, un importante monumento en la difusión visual del cristianismo en el arte chino.

Haciéndose eco de consejo de Xu Guangqi para publicar, Ricci afirmó repetidas veces la importancia de los libros cristianos chinos para la difusión del cristianismo. Por el éxito de sus escritos, Ricci concluyó que "en China se puede conseguir multitud de conversos por medio de libros y de nuestra ciencia. Y si ya hemos suscitado un movimiento tal en la enseñanza de este reino, yo, que siempre estuve aquí solo y aún ahora puedo decir que nadie me ayudó en esto, cuánto más puede conseguir alguien que esté menos ocupado y posea más talento que yo. Debido a esto recomiendo a todos los padres que están aquí que estudien las letras chinas, ya que una buena parte de la conversión en China depende de ello".[15] A Ricci le resultaba especialmente satisfactorio que la misión jesuita de Japón le pidiera sus libros, el que los pedía era Francesco Pasio, su antiguo compañero de sus primeros años como misionero.

El humor optimista de Ricci lo explicaba su sorpresa ante el reciente éxito de su libro más nuevo, *Ershiwu yan* (1605). Traducido de una versión latina de Epicteto *Encheiridion*, con añadidos del sentido cristiano por Ricci, el *Ershiwu yan* introdujo el Estoicismo en China. Epicteto era un antiguo filósofo estoico griego que enseñaba que todos los sucesos externos los determinaba la suerte, y que por lo tanto escapaban a nuestro control individual. Los individuos solo pueden aceptar lo que sea que les ocurra con calma y de manera imparcial. Solo en la auto reflexión pueden los individuos examinar y controlar sus acciones a través de autodisciplina rigurosa. El sufrimiento surge de intentar controlar lo incontrolable, o descuidar lo que está en nuestra mano.

¿Qué hizo que la ávida recepción de este corto libro, tuviera más éxito que el *Verdadero significado del Señor del Cielo*? Ricci lo explicó:

> Aquí [en el libro], no hago más que hablar de la virtud de vivir bien con marcado interés como filósofo natural y cristiano, sin rechazar ninguna secta. De este modo, todos pueden leerlo con placer, sin importar a que secta se pertenezca. Las otras residencias [jesuitas] me escriben sobre la gran agitación que ha causado este libro en muchos lugares, y por ende los pocos visitantes que vienen no me suplican encarecidamente que escriba otros libros, ya que con este hemos dado crédito a los asuntos de nuestra religión.[16]

Estaba en lo cierto al mencionar los atractivos que el Estoicismo, una filosofía natural, tenía entre los chinos. Pero Ricci no mencionó otra razón de su recepción, que fue crucial para el éxito de la obra. La impresión de *Ershiwu yan* la patrocinó Feng Yinjing, el mandarín falsamente acusado e injustamente apresado, amigo íntimo de Ricci (ver Capítulo 9), quien, tras haber leído el manuscrito en la cárcel, lo conmovió tanto que pagó para su impresión y escribió un prefacio, al que Xu Guangqi añadió un epílogo.

Como ocurre con muchas imágenes donde el marco, más que la pintura en sí es lo que llama la atención, lo mismo ocurrió con la recepción de *Ershiwu yan*. La pintura, por así decirlo, representaba la filosofía Estoica –aceptar el destino, la importancia del autocontrol– dirigida por la perspectiva cristiana de la existencia terrenal como un viaje por un valle de lágrimas. El marco lo proporcionaba la suerte de Feng Yijinh, un oficial íntegro que defendió a la gente común en contra de la ávida crueldad del intendente de impuesto eunuco. Su encarcelamiento suscitó una protesta y Feng se convirtió en el símbolo de la resistencia leal a la tiranía en un país que sufría de exacciones fiscales de un caprichoso y ávido emperador. Para Feng Yinjing y otros mandarines, el auto sacrificio era la única opción en la ortopraxis confuciana: ofrecía la única salida en el conflicto entre la lealtad y la tiranía.

"Si consideras la posesión y la pérdida de las cosas externas como la causa de la felicidad y de la tristeza, si consideras el honor y el deshonor como el origen de la suerte y de la desgracia y si te encontrases con lo que no deseas o no fracasaras al encontrar lo que deseas, y por lo tanto te lamentases de tu suerte, este es el inicio de la pérdida de tu humanidad (*ren*)". Un caballero, un verdadero filósofo, en el texto chino de Ricci, solo puede controlarse a sí mismo; no hay otra opción que no sea aceptar con ecuanimidad la injusticia que han cometido contra él los que están en posiciones de poder –regentes, padres, hermanos mayores–.[17] Profundamente conmovido por estas palabras, Feng Yinjing no podía más que sentir que los veinticinco pasajes se aplicaban, no solo a su destino, sino al destino del país bajo el mal gobierno y la tiranía.

Debido a la presión de la opinión pública, el emperador Wanli finalmente liberó a Feng Yinjing. Decenas de miles aclamaron al íntegro mandarín a la puerta de la prisión; Xu Guangqi, un alma afín a él, acogió a Feng en su casa antes de que este tuviera que partir de la capital. Un año de gran relevancia, la publicación y la recepción de *Ershiwu yan* en 1605 dejó al descubierto la poderosa atracción del cristianismo estoico para las élites que enfrentaban la crisis de la tardía sociedad Ming.

¿No estaba enterado Ricci de la situación general de crisis en el país? No, ya que solía hacer comentarios en sus memorias sobre el poder de los eunucos, que ejercían con insensatez y crueldad, y autorizados por el emperador. ¿No llegó a entender las razones de por qué las élites chinas se sentían atraídas por el cristianismo, razones múltiples, complicadas y quizá ni siquiera bien expresadas por los conversos mandarines? Probablemente. Lo que sabemos, por las cartas de Ricci, es que China seguía siendo una tierra extraña tras tantos años de estancia, tras aprender tan bien su idioma y sus costumbres, tras transformase a sí mismo, de un modo brillante y exitoso, de un monje budista a un erudito occidental, igual en conocimientos y superior en habilidades técnicas a sus compañeros chinos. Incluso en la cumbre de su éxito, Ricci lamentó la ausencia de Ludovico Maselli, su antiguo profesor en el Colegio Romano, cuyas cartas le consolaban sobremanera porque "este hijo tuyo está expuesto ante millones de paganos y ha sufrido incontables dificultades".[18] Hay más que retórica en las palabras de autocompasión en otra carta a Fabio de Fabii, el maestro de Ricci en el noviciado y por el que sintió una afección de por vida. Tras agradecerle a Fabii su misiva, por recordar a sus compañeros jesuitas en China en mitad de sus muchas responsabilidades importantes en Europa, Ricci escribió que la amabilidad de Fabii "la recuerda con especial afecto uno de sus pobres hermanos, emplazado en el fin del mundo entre infieles". Se describió a sí mismo como "un pobrecito, expuesto a la proximidad de la Tartaria, tan lejos de sus amigos europeos o indios, pero también de sus compañeros en China".[19] En esta capital imperial, Pekín, que está tan alejada de la costa, de Macao y de Roma "acabará mi vida", le dijo Ricci a su padre, en una conmovedora carta datada el 10 de mayo de 1605.[20] A su hermano Orazio, un importante oficial del gobierno de Macerata, Ricci le describió el destino del misionero:

> Nosotros los religiosos estamos en estos países como en un exilio voluntario, no solo lejos de nuestros seres amados, padre, madre, hermanos y familiares, pero también de los cristianos y de nuestra nación, y a veces en sitios donde en diez o veinte años no vemos a ningún otro europeo, y otros, como aquellos que están en China, nunca comen pan o beben vino... Estamos aquí con nuestras largas barbas y nuestro largo cabello hasta nuestra espalda en casa, ni siquiera nuestros trabajadores pasan tanta tristeza; muchas veces tenemos que escapar de los enemigos que vienen a dañarnos, como me ocurrió en una ocasión, cuando caí de una ventana y me torcí el pie, que aún hoy me duele.

La muerte observa al misionero, continúa Ricci en su carta.

> Algunos se ahogaron en el mar o en ríos, como me sucedió a mí una vez; a algunos los crucificaron sus enemigos; a algunos los perforaron las flechas, a otros las espadas; y aquellos que sobreviven siempre viven con la muerte ante sus ojos, en medio de millones de paganos, todos enemigos nuestros; y todo ello por amor de Dios, y que Dios perdone nuestros pecados y nos libre del infierno. Ante todo esto lloramos y derramamos muchas lágrimas cada día, no sabemos cuál será el juicio de Dios. Y por ello, ¿qué harán aquellos, los que permanecen seguros en casa con sus familias y amigos, rodeados de facilidades y placeres?... Ciertamente, no me quedan muchos años y mi cabello es ya blanco por completo, y aquellos chinos que se maravillan de mi aspecto anciano a pesar de mi edad no saben que ellos son la causa de mi pelo cano.[21]

Pasaría poco menos de un año después de que Ricci escribiera estas palabras antes de que él también tuviera que sufrir como un cristiano estoico las adversidades de la fortuna.

La muerte de Alessandro Valignano el 20 de enero de 1606 fue el primer golpe. Como figura dominante en la Asia jesuita, el Visitador se estaba preparando para inspeccionar el trabajo de la Compañía en China cuando falleció a la edad de 67 años. Ricci sintió sumamente su pérdida: "Este año, entre otros problemas, que nunca acaban aquí, padecemos esta gran pérdida con el fallecimiento del Reverendo Valignano, padre de esta misión, con cuya pérdida quedamos todos como huérfanos".[22] Poco después de esto, a Francisco Martins (Wang Mingsha), que había sido designado para escoltar a Valignano en China, lo arrestaron en Guangzhou.

Fue en Macao donde murió Valignano; fue en Macao donde comenzaron los problemas. Ricci tuvo un presentimiento. El 26 de julio de 1605, informó a Claudio Acquaviva en Roma:[23]

> A pesar de que Macao esté dentro de los límites de China, algunos la consideran una ciudad extranjera y a la gente de allí de tan dudosa reputación que se sospecha de ellos. Por ello, todos

> aquellos [chinos] que tienen algo que hacer allí son gente de baja estofa y se sospecha de ellos en todas partes, llegan incluso, cuando se acusan los unos a los otros y al insultar a sus enemigos, a llamarlos gente que frecuenta Macao, como he podido ver por mí mismo. Intentamos, todo lo que podemos, ocultar el comercio que tenemos con ella [Macao]; y si hay algún peligro para nuestra empresa, el mayor de todos proviene de Macao, y todos nuestros enemigos hablan de esto.

Los chinos consideraban Macao un lugar violento y la colonia –un asentamiento de unas 600 familias portuguesas, con indios, timorenses, africanos, unos cientos de japoneses y unos miles de chinos de mala reputación– un caldo de cultivo para disturbios. No se podía culpar del todo a los portugueses de provocar angustia a los chinos. Cierto era que en 1602 los portugueses comenzaron a construir una muralla en torno a su asentamiento, que en algún momento rodearía Macao; el centro de esta nueva defensa era la fortificación de San Pablo, erigida en el punto más alto de la tierra, al lado del colegio jesuita y de la nueva iglesia jesuita, la Madre de Deus. Lo que yacía más allá de las fronteras chinas eran las aguas turbulentas de la Asia portuguesa. Al inicio del siglo, la supremacía marítima portuguesa en el Océano Índico y en el Mar de la China Meridional se vio desafiado por un nuevo poder creciente: la República Holandesa.

Más de un cuarto de siglo después de la revuelta inicial en los Países Bajos, la Corona española aún intentaba pacificar los dominios del norte. Tras proclamar su independencia, los neerlandeses trajeron la guerra a los pasos marítimos del Atlántico y del océano Índico en la década de 1590; en 1601, formaron la Compañía Neerlandesa de las Indias Orientales, para arrebatar el lucrativo comercio de especias de manos de los portugueses, que eran, muy a pesar de muchos lusitanos, súbditos del rey español. Después de 1600, al establecer una serie de puntos estratégicos a lo largo de Bahía a Batavia, los neerlandeses disputaron los dominios portugueses en Brasil, Sri Lanka, Malaca y las islas Especieras. Ni siquiera Japón y China quedaban fuera de la esfera de estos intrépidos marinos protestantes. En 1601, los neerlandeses navegaron hasta la costa de Fujian, donde prometieron expulsar a los portugueses fuera de Macao y a los españoles fuera de Manila, si se les daba el derecho a comerciar. Rechazados por las autoridades chinas, los neerlandeses finalmente pusieron su atención en Formosa y Japón. El mismo año, dos barcos neerlandeses llegaron a Macao. Un grupo desembarcó en la costa. Los hicieron prisioneros. Los portugueses movilizaron sus barcos para perseguir a las dos naves de los Países Bajos, el *Amsterdam* y el *Gouda*. Con la excepción de algunos que se convirtieron al catolicismo, los portugueses ejecutaron a los prisioneros. Los neerlandeses regresaron con refuerzos para atacar en 1607. A pesar de que el ataque a Macao fracasó, los neerlandeses tuvieron éxito en sus intrigas en Japón: en 1610, el nuevo comandante el sogún Tokugawa Ieyasu, cortó el comercio de Nagasaki con Macao para cederle el privilegio a los neerlandeses.

Al igual que un barril de sulfuro, carbón y nitrato de potasio, la abigarrada ciudad de Macao, con sus diversas mezclas étnicas y la yuxtaposición de autoridades chinas y portuguesas, explotó igual de fácil que la pólvora. El primer estallido ocurrió en Ilha Verde, un pedazo de una isla separada de la costa del asentamiento portugués y cerca de la muralla erigida por los chinos. Allí, los jesuitas construyeron una capilla. Fue a un hermano jesuita japonés al que pusieron al cargo de este lugar de peregrinaje, destino de las relajantes excursiones de los habitantes de Macao, sobre todo con buen tiempo. Un día festivo cristiano, mientras los portugueses y su comitiva se reunían para la misa en la ciudad, un oficial chino de bajo rango, musulmán como se sabría luego, lideró un grupo de compatriotas a Ilha Verde. Esto era territorio chino, clamaron. Prendiendo fuego a la capilla, el oficial musulmán desgarró la imagen de San Antonio. Varios cristianos japoneses intentaron desenvainar sus espadas samurái, pero los hermanos jesuitas los disuadieron. Más tarde, cuando los portugueses vieron la imagen de su santo hecha pedazos, una turba enfurecida cogió a la fuerza al oficial musulmán.

Con sensatez, las autoridades portuguesas liberaron al hombre, un poco maltrecho ya, y enviaron un mensajero para calmar las cosas con el magistrado de Xiangshan.

Los portugueses apenas tuvieron tiempo de felicitarse en su control de daños, cuando otro altercado provocó un conflicto mucho más serio con los chinos. Aquí, los portugueses solo se podían culpar a sí mismos. Como era el caso de muchos asentamientos portugueses de ultramar, pequeños enclaves en los límites de grandes civilizaciones extrañas, el gran ensimismamiento de los colonos provocaba a su vez grandes conflictos internos. Tras la muerte del obispo Leonardo de Sá en 1597, el arzobispo de Goa nombró vicario general y gobernador de Macao al fraile agustino Michele dos Santos, antes conocido como Rodrigo Colaço, un exjesuita. En marzo de 1605, el vicario general puso a la ciudad entera en una interdicción, restringiendo todos los sacramentos a los creyentes. Una acción tan extrema dio paso a una larga cadena de conflictos: un cura secular de San Lorenço insultando a un fraile observante franciscano; la queja de este último al juez conservador, el representante de la jurisdicción papal, jesuita Valentim Carvalho; la resolución de este contra el cura; la apelación del cura al vicario general; y, finalmente, la interdicción, respetada solo por la orden de dos Santos y la iglesia de San Lourenço. Sin duda, el resentimiento contra la Compañía de Jesús tomó parte en las acciones del vicario general, fraile agustino, y anterior jesuita. Desafortunadamente, el conflicto de la autoridad eclesiástica dividió a la comunidad portuguesa. En poco tiempo, los rumores contra los jesuitas se multiplicaron: se habían arrogado todo el poder, secular y espiritual; tramaban para derrocar la dinastía Ming y establecer al italiano Lazarro Cattaneo como el gobernante del nuevo reino jesuita, con la ayuda de los conversos traidores y los misioneros jesuitas; conspiraban para traer mercenarios japoneses e italianos para la conquista de China, que se inauguraría con la masacre de todos los habitantes chinos de Macao, copiando las atrocidades de los españoles el 1603 en Luzón.

Los chinos estaban aterrados. Huyeron del enclave. Muchos se marcharon a Guangzhou, donde repitieron los rumores de los planes jesuitas y de la invasión portuguesa, había muchos focos en la difusión de la xenofobia china. Alarmados, los mandarines reaccionaron de manera desproporcionada. He Shijin, *zongdu* de Guangdong y Guangxi, ordenó preparar las defensas. En Guangzhou, el *haidao*, a cargo de la defensa costera, arrasó un vecindario entero entre las murallas y el río Perla, más de 1.000 viviendas de gente pobre, para tener un campo de batalla limpio. Además, cortó todo contacto con Macao, publicó proclamas de arresto de todos los misioneros y sus ayudantes.

Con el suministro de comida cortado, los portugueses mandaron enviados a defender su caso: como súbditos leales de los Ming, no albergaban ninguna intención de rebelarse; la ciudad, despojada de envíos de India (debido a ataques neerlandeses), languidecía económicamente; el bloqueo de vituallas sería fatal para el enclave. Mientras tanto, otros chinos que viajaban desde Macao narraron el conflicto entre los portugueses. A la vez que la intensidad de los rumores y el pánico disminuía, el enfado popular por la destrucción innecesaria del *haidao* empezó a aumentar.

El 20 de febrero de 1606, el hermano jesuita Wang Mingsha, alias Francisco Martins, llegó a Guangzhou, una ciudad a punto de rebosar de la tensión. El hermano Francisco, tras haber sido citado por Valignano de Shaozhou a Macao como escolta para el viaje planeado por China, encontró una carta en la que se le informaba de la muerte de Valignano. Indeciso sobre si proseguir o volver, el jesuita chino escribió para pedir instrucciones. Como es lógico, Wang Mingsha vio las proclamas publicadas a las puertas de la ciudad. Rápidamente envió una carta de advertencia a Longobardo en Shaozhou, pero ignoró el consejo insistente de abandonar la capital provincial. Tenía tres razones para esta decisión fatídica: primero, quería esperar a tener una respuesta de Macao; segundo, creía que su inocencia era la mejor defensa; y por último, Wang Mingsha, oriundo de Macao, uno de los primeros chinos jesuitas, con quince años de servicio en la Compañía, contaba con el prestigio de Ricci y la providencia divina, para su propia protección.

Con tuberculosis avanzada, Wang Mingsha estuvo encamado más de un mes, aún esperando instrucciones, cuando lo arrestaron la noche del 26 de marzo. Esperando una recompensa, un converso en la pequeña comunidad cristiana había puesto una denuncia al magistrado ayudante de distrito (*tongzhi*): un espía extranjero de Macao estaba en la ciudad. Como amigo del *haidao*, el *tongzhi* pensó que este arresto proporcionaría pruebas de una conspiración real, por lo tanto disminuiría el enfado público contra el *haidao*. Además del jesuita chino, se arrestó a otros cinco cristianos: Ignatius y Athanasius, dos sirvientes que acompañaban a Wang Mingsha de Shaozhou; dos hermanos, Peter y Paul, sobrinos de otro jesuita chino; y su tío, el propietario de la casa donde les habían traicionado.

De inmediato, el magistrado ayudante de distrito ordenó la tortura judicial: con las piernas atadas firmemente entre dos tablas, a los seis los azotaron en los muslos. En cantonés, Wang Mingsha instó a los demás a mantener la fe. Afirmando su inocencia, le dijo al magistrado que había viajado a Shaozhou con un permiso oficial. Intuyendo la duda del magistrado, el acusador se giró a uno de los chicos y le preguntó, en cantonés, si el jesuita había comprado medicina, a lo que el chico respondió afirmativamente.

En ambos, en mandarín y en cantonés, el carácter *yao* o *joek* es ambivalente: solo, significa medicina; con el componente *qiang/coeng* (arcabuz) o *huo/fo* (fuego), significa pólvora. Aún dudoso, el magistrado preguntó al chico que repitió su respuesta. Asustado tartamudeó que se trataba de medicina. Ante esto, el magistrado ordenó a sus hombres que aplicaran otra tortura judicial: aplastar los dedos de las dos manos entre tiras de bambú, atadas algo sueltas entre ellas, permitían entremeterlas entre los dedos y tirar de ellas cada vez más fuerte en ambos extremos. Chillando, el chico confesó. La presencia de libros y cartas en idiomas occidentales en el equipaje de Wang proporcionó la evidencia para su condena.

Al día siguiente, entregaron a los prisioneros al *haidao* quien, tras ordenar una paliza a los adultos, declaró al Hermano Francisoc, su sirviente Ignatius y al tío culpables: espías de Macao, habían venido a Guangzhou a comprar pólvora para preparar una rebelión. El caso volvió a las manos del magistrado ayudante de distrito para la sentencia. Una vez más, este mandarín ordenó apalizar a Wang Mingsha. El enfermo, privado de agua y comida, y torturado repetidas veces, falleció a los primeros golpes. Temeroso de una reprimenda judicial por parte de sus superiores, el magistrado ordenó un funeral apresurado para Wang Mingsha. El hermano jesuita de 33 años murió el 31 de marzo.

De vuelta a Shaozhou, los soldados rodearon la residencia jesuita. El *haidao* había pedido a sus colegas de Shaozhou que buscaran pólvora y armas. A pesar de que no apareció nada, todo el mundo temía asociarse con los jesuitas, según iban llegando a la ciudad las noticias del arresto y la muerte de Wang Mingsha. Ningún cristiano se atrevía a ir a la iglesia. Al mismo tiempo que mandaba cartas para probar su inocencia al *zongdu* y a otros oficiales de Guangzhou, Longobardo también tenía que defenderse contra las acusaciones de adulterio. Un vecino hostil, tras haber chantajeado a un monje budista por dinero, intentó este truco con el occidental. Pero nadie más denunció al extranjero, mucho menos la mujer acusada, que clamó su inocencia por las calles de Shaozhou. El magistrado dejó el caso.

Este engorroso asunto acabó solo con la vuelta de un amistoso oficial de alto rango. El vicecomisario de seguridad provincial (*anchaishi fuzhi*), Zhang Deming, un amigo de Longobardo, estaba en Pekín representando a la provincia de Guangdong en el cumpleaños imperial. Cuando volvía con regalos para el distinguido occidental Matteo Ricci, Zhang Deming prometió ayudar.

Ordenó al magistrado de distrito que abriera una investigación formal para los jesuitas. A sabiendas de la amistad con su superior, este mandarín en seguida declaró su conducta legal y fuera de sospecha. Zhang Deming también envió un capitán a Macao. Después de la cálida acogida de Cattaneo y de la impresionante excursión guiada por el enclave portugués, el capitán volvió lleno de los mayores elogios para los supuestos conspiradores jesuitas. Tras unas puntadas bien dadas, la incesante cantidad de rumores malintencionados comenzó a disminuir; la comunidad cristiana se libró del peligro.

En Pekín, a Zhang Deming también lo habían nombrado al puesto simultáneo de *haidao*. Con este puesto, transfirió el caso de Guangzhou del magistrado ayudante de distrito, el *tongzhi* o segundo juez, al cuarto magistrado, que había criticado a su superior por conducta judicial impropia. Suplicando por su vida, el acusador confesó haber dado un testimonio falso. Zhang Deming envió al hombre a zongdu en Zhaoqing para su sentencia, donde sobornó para salir de la prisión y huir. Los cinco cristianos arrestados fueron puestos en libertad. Al Hermano Francisco Martins lo exhumaron de la tumba común, con las muñecas y los tobillos aún esposados, y transportaron el cuerpo a Shaozhou, más tarde lo enterrarían en Macao natal en una solemne ceremonia como el primer cristiano chino mártir. Al año siguiente, durante la revisión trienal en la capital, ambos, el antiguo *haidao* y el *tongzhi* fueron declarados no aptos para futuros cargos debido a mala conducta judicial. Venganza divina, pensó Ricci, por la muerte trágica de su antiguo compañero.

A pesar de haber evitado el peligro inmediato, la oposición a la Misión Jesuita no desapareció. En 1607, una petición organizada por algunos eruditos en Shaozhou reunió 400 firmas: expulsen a Longobardo y a los extranjeros; alteran la paz de la comunidad. Zhang Deming se negó a aceptar la petición. El mismo año, João Soeiro, enfermo de gravedad, marchó de Nanchang para recuperarse en Macao. Falleció en agosto a los 41 años, desgastado por el trabajo. Los contratiempos en Shaozhou y Nanchang solo subrayaban el papel indispensable que jugaba Ricci en la capital imperial, que actuaba como santo patrón y protector de la misión jesuita.

12

UN HOMBRE EXTRAÑO

El patrón de la Misión Jesuita no era ningún santo: astuto en los escenarios de poder, Ricci actuaba más como un ministro. Igual que un ministro servía al emperador, Ricci recibía a los mandarines y a los futuros oficiales del reino sin poner un pie fuera de la capital imperial. Cada tres años, entre 5.000 y 6.000 mandarines se presentaban a la evaluación trienal en Pekín; cada tres años, cientos de eruditos sudaban tinta y sangre en sus diminutas celdas de examen para el grado final *jingshi* que tenía lugar en la capital imperial. Para distraerse de la ansiedad –por su futura carrera en la burocracia imperial– estos mandarines y eruditos visitaban lugares famosos de la capital, de la cual la iglesia católica se había convertido en una parada habitual. Durante estos periodos frenéticos, los jesuitas recibían visitantes de la mañana a la noche y día tras día. “Nunca en toda mi vida tengo tan poco tiempo”, escribió Ricci, “algunas veces rezo para suplicarle tiempo a Dios, cuando lo necesito de verdad”.[1] Cada vez, Ricci tenía que ejercer de guía, explicaba los objetos sagrados y las imágenes de la iglesia; cada visita, Ricci participaba en conversaciones educadas y cultas, exhibía los conocimientos occidentales, las enseñanzas cristianas y los libros europeos; cada día, la residencia jesuita se abría como museo de curiosidades, con mapas, libros, astrolabios, cuadrantes, globos y otras maravillas que captaban la atención de la élite gobernante Ming. Las amistades tenían que cultivarse, los nuevos conocidos tenían que adquirirse: ya que, del mantenimiento cuidadoso y la expansión de su red, *guanxi*, dependía la protección de la misión cristiana. Evitó su desgracia, en marzo/abril 1606, cuando Zhang Deming, recién llegado de la capital y de conocer a Ricci, volvió para dejar libre de cargos de rebelión a Longobardo y a Cattaneo, y para devolver el buen nombre del mártir Wang Mingsha. En un tono menos dramático, los mandarines y eruditos que regresaban a sus puestos y lugares de origen llevaban las conversaciones y los escritos de Ricci, expandiendo en todo momento el mensaje de la Enseñanza Divina.

En 1607, un año de escrutinio trienal, Ricci reunió diez conversaciones que había tenido durante los años en China; las puso en papel y los diálogos revisados formaron su nueva obra, el *Jiren shipian*, *Diez capítulos de un hombre extraño*.

Este trabajo tuvo una recepción aún mayor que la de *Verdadero significado del Señor del Cielo*. Los caracteres chinos *Jiren*, persona distinguida, también pueden traducirse por un hombre absurdo, con el sentido que las cualidades poco comunes de la persona crean incredulidad, perplejidad y admiración. De hecho, muchos chinos se asombraron ante un sabio occidental que abandonó su hogar y su país a la vez que le elogiaban por su erudición y virtud. Si el profeta bíblico no recibe honores en el hogar debe pregonar su mensaje entre extraños, el sabio chino estaba firmemente enraizado en su tierra, porque para los chinos los viajes al extranjero representaban en el mejor de los casos una aventura y más habitualmente una desgracia. A ellos llegó un sabio occidental discurriendo sobre ética y virtud, sin embargo, no estaba casado, como los monjes budistas. Pero este sabio célibe hostigaba las enseñanzas budistas, muchas de las que a ojos chinos no eran diferentes de las de la religión occidental. El hombre culto del Gran Oeste era ciertamente un absurdo dentro de otro absurdo. Algunos mandarines de la provincia de Zhejiang hicieron copias del *Jiren shipian* antes de que el libro fuera a imprenta, y se llevaron estos libros desde la capital a las ciudades donde ejercían. A la vez que este trabajo circulaba, un mandarín retirado en Hangzhou escribió una carta abierta al "Hombre extraño" del Oeste. Se trataba de Yu Chunxi. Aun en su infancia, Yu Chunxi, originario de Hangzhou, tenía fama de devoto budista. Su entrada en las *Biografías de budistas laicos devotos* (*jushi zhuan*) narra la historia de un niño de tres años entonando el nombre de Buda por la noche negándose a dormir. Yu aprendió meditación de su abuela y era muy devoto al budismo Chan antes de aprender una práctica más disciplinada, orientada a la oración y piadosa de Zhuhong, el gran abad budista de Hangzhou y la figura clave en el resurgimiento del budismo en la tardía Ming. Como firme creyente de la reencarnación, Yu le contó una vez a Shen Defu, el cronista del reinado de Wanli, un episodio vívido de su vida anterior, cuando estaba tan cautivado por la gloria de un alto ministro que pasaba por delante que fue castigado a renacer en las turbulentas aguas de la burocracia.[2]

Las olas de esa situación lanzaron a Yu Chunxi en todas direcciones. Su primer nombramiento fue en Pekín, tras obtener el título de *jinshi* en 1584. Pronto, la muerte de su padre obligó a Yu a regresar a Hangzhou durante los tres años de luto, durante los que Yu se convirtió en el discípulo del gran abad budista Zhuhong, alimentó animales salvajes, practicó la meditación y recitó oraciones budistas. A principios de la década de 1590, Yu ejerció como un mandarín de rango medio en el Ministerio de Personal en Pekín, con el título de vicedirector del Departamento para exámenes meritorios (*ji xun yuan wai lang*). Durante la revisión en 1593 de todos los mandarines en la capital imperial, Yu fue uno de los oficiales criticados por los censores. Su superior, el ministro de personal Sun Long (el hermanastro mayor de Sun Kuang, que permitió a Ricci marchar de Guangdong a Nanchang; véase capítulo 6), intentó proteger a Yu sin éxito alguno. Frustrado con las políticas de Pekín, Sun Long se retiró del cargo; y Yu Chunxi perdió su puesto por segunda vez. Volvió a alzarse con la siguiente ola burocrática, Yu fue nombrado vicedirector del Departamento de Asuntos de Invitados (*zhu ke si juan wai lang*), uno de los cuatro departamentos en el Ministerio de Ritos a cargo de recibir las misiones tributarias extranjeras. Estaba ejerciendo este cargo cuando Ricci llegó a Pekín por primera vez, a pesar de que no hay pruebas de que se encontrasen. Ya con unos cincuenta o sesenta y pocos años, Yu se retiró a su Hangzhou natal, donde leyó la nueva obra del erudito occidental.[3]

En 1608, Yu Chunxi escribió una carta abierta a Ricci.[4] La razón era la publicación de *Diez discursos de un hombre extraño*. Yu comenzaba su carta llamándose a sí mismo una “persona poco elocuente que no halaga, *bu ning*”, expresaba también su admiración por Ricci, cuya erudición ya había alabado su compañero literato de Zhejiang: “A pesar de que el Sr. Li Xitai [Xitai era el nombre literario de Ricci] no es chino, es un hombre virtuoso que también es un experto en astronomía y matemáticas". Sin embargo, Yu tuvo que responder a los imparables ataques del jesuita al budismo. El budista laico continuaba su carta así:

> Cuando tenía tres años, supe de las enseñanzas de los tres santos [Buda, Laozi y Confucio] que he seguido mi vida entera hasta el presente; no puedo hacerlo de otro modo. Recién he escuchado que usted, señor, que viene del Oeste, hace de menos a Siddhartha: ¿no es esto similar a las personas de la antigua Lu desdeñando a Confucio por menosprecio familiar? Cuando leo sus comparaciones sobre el cielo y el infierno, parece que no ha ojeado los libros [de Buda] y que no entiende su significado. ¿No ha escuchado que en la sutra hay un dicho, "Entrando al infierno sin fin, sin irse al final de los tiempos, solo la longevidad del cielo determina su paso, y en un día y una noche ya es mil seiscientos años humanos"? De esto, se puede interpretar que hay algo que no ha visto. Si no entiendo sus misterios y se precipita a atacar, ¿cómo puede penetrar sus fuertes defensas? Le invito a leer detenidamente el canon budista completo publicado por el emperador, para clasificar todos los puntos en común y las diferencias, para criticar las carencias y para luego publicar un libro y colgarlo en lo alto de la puerta de palacio, para que los monjes budistas con sus pechos desnudos puedan disparar flechas a placer.
>
> Si ninguna pluma se clavase en el objetivo y los arqueros hubieran vaciado su carcaj para nada, ¡eso sería un acontecimiento histórico! Pero veo que no hace esto, por contra va diciendo calumnias que hace que otras personas se rían a sus espaldas. ¿No tiene un plan mejor? Si está ocupado con sus estudios a diario y no tiene tiempo para leer con detenimiento todos los libros [del budismo], por favor comience leyendo estos: *Zong jing lu* (*Selección de los reflejos de monjes distinguidos*), *Jie fa yin* (*Explicación de las normas budistas*), *Xi yu ji* (*Historia de la región oeste*), *Gao zeng zhuan* (*Biografías de monjes destacados*), *Fa yuan zhu lin* (*Árboles del parque de Dharma*). Encuentre los matices y argumentos, aunque solo sea para empezar a dar una disculpa. De lo contrario, si solo dice:

"Mi país siempre ha pensado que esta persona [esto es, Buda] es despreciable; y sé todo sobre su lugar de nacimiento". Cómo sabemos que esto no es otro cielo occidental, otro Siddhartha. ¿Cómo puede el escepticismo de una persona proyectar la duda sobre la fe de miles?

Mientras viajaban con blancos caballos al este y elefantes fragrantes al oeste, los predicadores y los intérpretes nunca abandonaron sus caminos. Puede engañar a un hombre, pero no a diez mil. ¿Cómo puede decir que, en más de dos mil años, los numerosos santos y los sabios de nuestra noble China han sido engañados por las doctrinas budistas? No hagamos de menos a ningún individuo sino simplemente discutamos las cualidades de sus libros. [Los filósofos confucianos] Lu Xiangshan y Wang Yangming han transmitido las enseñanzas budistas, y aun así se honran sus estatuas en los templos confucianos; por ende, sabemos que las escrituras budistas son similares a las enseñanzas del neo confucianismo (*li*). Además, los emperadores Taizu y Wenhuang [los dos primeros emperadores de los Ming] honraban estatuas de Buda; ministros sabios y oficiales famosos defendían el budismo con su poder: ¿es tan fácil calcinar su morada? Esperemos que no sea este el caso en el que cuando un occidental ataca a otro, si fracasa, su escuela se derrumba. Si el Señor del Cielo (*Tianzhu*) puede manifestar su espíritu, ¿cómo puede asumir armarle con coraza y armas para destruir esta ciudad sagrada y perder este territorio bendito?

Yo, el poco elocuente, sé que usted Señor honra los mandatos del Señor del Cielo tan sólidamente como el metal y la piedra, y en ningún caso traicionaría a su maestro o amigos. Aunque los clásicos confucianos y los libros de historia son dignos de citar, también hay muchos pasajes en las sutras budistas que armonizan con sus enseñanzas. Aun así, sin hacer una lectura superficial, las ataca, mientras que aquellos que han leído su *Diez capítulos de un hombre extraño dicen*: "¡Esto no es diferente de las enseñanzas budistas!" Estos son los cerdos salvajes y los apios que usted, Señor, rechaza.

¡Ciertamente! Todos nosotros como seres vivos existimos en la semilla de una fruta, ignorantes de su piel o cáscara, ¡sin mencionar las cosas externas a la fruta! Si esto es toda la misma enseñanza debe decidirlo usted.

Abro la boca mientras yazgo sobre mi almohada, me siento profundamente avergonzado; pido indulgencia de su gran magnanimidad por haber atacado a un extranjero. ¡Su humilde servidor, su humilde servidor! Ricci respondió:[5]

Soy una persona humilde del Oeste, que tras haber abandonado a su familia para aprender las doctrinas del camino, y tras haber navegado durante ochenta mil millas para visitar su estimado país, he vivido aquí durante muchos años. Ha habido más de uno o dos distinguidos caballeros que se han dignado a ofrecerme su consejo. Las matemáticas que sé, las aprendí en mi juventud. Los regalos tributarios son ofrendas simbólicas de instrumentos y cosas que he traído conmigo. Aquellos que me elogian por mis habilidades técnicas no me conocen mucho. Si solo se trata de esto, entonces estos instrumentos, fabricados por artesanos, son simplemente lo menos importante de vuestro tesoro nacional, y ¿cómo podría yo saber a ochenta mil millas de distancia que vuestro estimado país podría no tenerlos? ¿Por qué me arriesgaría a mil muertes, navegando durante tres años solo para esto? Hago esto porque sigo el camino más íntegro del Señor del Cielo y quiero explicitarlo para que todos los hombres puedan convertirse en sus hijos filiales, que el Gran Padre pueda recibir el amor de la piedad filial, por esto dejé mi hogar y arriesgué la vida.

Después de recibir el favor de un estipendio de su sagrada majestad durante ocho años, también deseo publicar mis opiniones. Yo, incapaz y algo necio, redacté *Diez capítulos de un hombre extraño*, en la que cito algunas doctrinas de mis respuestas a preguntas. Al finalizar el volumen, pedí a eruditos distinguidos de la capital su crítica, pero el libro presenta tan solo una nimia parte de las doctrinas de mi religión, poco menos de un cabello en el pelaje de nueve búfalos. Yo, el indigno, he citado las excelentes obras [de los clásicos confucianos], y cualesquiera alabanzas que mis escritos pudieran haber obtenido, sin duda no las merezco. Siento solo que la afirmación, escrita por los [eruditos] posteriores "que *Shangdi*, el Dios en lo Alto nació del *Taiji*, la Extremidad Suprema" no concuerda con la opinión de los antiguos sabios; me parece que la afirmación de Confucio, "la Extremidad Suprema da origen a los dos polos", es más apropiada. La doctrina del origen del universo es una gran enseñanza en mi recóndito país y hay muchos libros sobre el tema. Permítame presentarle algunas ideas para su crítica futura. Sabe cómo de significativa debe ser esta gran doctrina que me ha hecho abandonar todo lo demás.

Su carta, de tan solo mil palabras, me sugiere sin arrogancia que debata con razones para explicar el camino definitivo. Hay un proverbio en mi recóndito país: "las palabras armoniosas realzan el debate"; ¡sin duda me has enseñado esto! Los tambores y las campanas solo suenan cuando se los golpea, esto es justo lo que he esperado. Cuando leí sus consejos, decía que "honra los mandatos del Señor del Cielo tan sólidamente como el metal y la piedra". No conoce mi indignidad; ¿cómo podría merecer esta alabanza? Aun así, esta frase me ha hecho darme cuenta de que, aunque me preocupe en exceso por la sinceridad, no he pecado, lo que es de lo más afortunado.

La razón es que de los Diez Mandamientos que obedezco, uno de ellos prohíbe la calumnia. Si atacara al budismo sin conocer sus aciertos y errores, ¿no estaría difamando? Desde que llegué a China lo poco que he aprendido viene de los antiguos sabios y Confucio, no de Buda. En ello he persistido hasta el momento. Siendo un mero extranjero, ¿qué le debo a Confucio y qué mal me ha ocasionado Buda?

¡Ninguno! Si usted dijera que yo elogio a Confucio para halagar a los eruditos y difundir mis enseñanzas, en China hay más creyentes en Buda que en Confucio, ¿por qúe no alabaría a Buda para adular a todos los eruditos y extender mis enseñanzas? La razón es que me mantengo firme a los mandamientos con todo mi corazón y juzgo todo acorde a ellos. Secundo a los antiguos sabios ya que enseñaban el desarrollo moral personal y adoraban al Dios en lo Alto, *Shangdi*; me opongo a Buda, ya que desobedeció a *Shangdi* y deseó ponerse a sí mismo en su lugar. ¿Cómo podría atreverme a hacer lo contrario?

Únicamente hay un Dios en lo Alto, *Shangdi*, ¿no es acaso difamar el asegurar que hay muchos cielos? ¿No es acaso rebelarse el que hombres insignificantes se pongan a sí mismo por encima del emperador del cielo? ¡No hay mayor error que este! No hace falta examinar 5.000 volúmenes de sutra para saber esto. La gente dice que hay muchas opiniones diferentes en los sutras del canon budista. Después de escuchar sus lecciones magistrales –un erudito brillante que ha dedicado su atención a las sutras– si encuentra enseñanzas que estén de acuerdo con el culto a *Shangdi* y el desarrollo de la virtud, ¿no me apresuraría a seguirle? Pero no es el caso, y me es complicado pensar de otro modo. Ya que ha mencionado este tema, a pesar de no haberlas leído yo por completo, sé que las sutras están repletas de significados poco claros, rebuscados y crípticos. Se asemeja a un país lejano y marginal que ha usurpado las instituciones y leyes ortodoxas y aun así continuara siendo heterodoxo. ¿Cómo pueden los oficiales [de norma ortodoxa] elogiar su cultura y su civilización? Puede que el templo budista sea fuerte, pero quizá tenga solo una reputación vacía. Sin embargo, estoy de totalmente de acuerdo con su advertencia "leer con detenimiento las sutras y encontrar las sutilezas y los argumentos". Como ha pasado tan poco tiempo, no he podido hacerlo. Admiro su erudición magistral sobre esta doctrina, si pudiéramos intercambiar correspondencia para expresar y debatir nuestros principios, e intentar encontrar cierta armonía con el paso del tiempo, sería una tarea harto conveniente y agradable. Es una propuesta excelente. Deberíamos intentar hacer esto a primera hora del día. ¿Quién sabe qué nos deparará esto?

En lo que respecta a las enseñanzas del cielo y el infierno en mi modesto trabajo, mi intención era repudiar únicamente el error de la reencarnación, para que aquellos que buscan la virtud no cambien de idea, y aquellos que actúen mal no tengan esperanzas de ser perdonados. Mencio dijo que no deberíamos premiar la elocuencia sobre el estilo, ni el estilo sobre el significado. Si la gente comprende el error de la reencarnación debido a mis palabras, entonces ¿cómo podemos debatir la afirmación de que hay prueba que el infierno es eterno y que en el cielo mil años pasan como si de un día se tratase? Si dice que yo desdeño a este hombre [Buda] porque conozco su lugar de nacimiento, esto no es más que una coincidencia. Hay miles de países en el mundo: he investigado brevemente qué religión existió en qué región; en las veinte a treinta mil millas que hay entre India y China, solo India reconoce a Buda. Dondequiera que la gente se congregue habrá fe, razonemos según los resultados y no el lugar. Esta no es la esencia de la diferencia. Ya que todas las religiones que buscan difundir sus enseñanzas a todas partes dependen en la razón y en eruditos inteligentes. Una vez que la religión se ha introducido y se han producido múltiples escritos, la gente empezará a creer. Es importante conocer los orígenes y el final para determinar lo correcto y lo incorrecto. La diferencia entre budistas y personas como yo es esta: ellos están vacíos, yo soy práctico; ellos son egoístas, yo, solidario; ellos se separan en muchas ramas, yo me mantengo firme al origen. Estas son las pequeñas diferencias. Ellos desobedecen [a Dios], yo sirvo [a Dios]. Esta es la mayor diferencia. Eso es todo.

Además, han pasado dos mil años desde que se introdujo el budismo en China. Hay templos por todas partes; los monjes y las monjas llenan las calzadas. Aun y todo, la moralidad de su estimado país no es mejor que la de las tres dinastías anteriores. Incluso los eruditos dicen que el presente no es tan bueno como el pasado. En lo que a mi humilde país se refiere, hemos adoptado nuestra religión hace unos mil seiscientos años. No me atrevo a describir nuestras tradiciones en detalle pues temo que piense que estoy exagerando, pero diré lo obvio: en diez mil millas cuadradas, hay más de treinta países compartiendo fronteras; no ha habido rebeliones, guerras o recriminaciones durante mil seiscientos años. Desde los tiempos de Yao y Xun, su estimado país ha disfrutado de miles de años de civilización, y si aquellos que creen y adoran a Buda se volvieran al Señor del Cielo, ¿por qué no duraría este periodo tanto como el budismo? Ya que es difícil convencerle de algo que aún está por ver, deberíamos investigar y decidir sobre las doctrinas correctas. Una vez que la verdad se define, deberían establecerse los ritos de sacrificio; ¿por qué debería compararse esto a portar armas y asediar una ciudad?

Solo hay una cosa que plantea una dificultad. A pesar de que hay muchas sutras budistas, muchas personas las estudian. En lo que respecta a los textos de mi humilde país -aquellos que explican las doctrinas y los que describen los fenómenos naturales- ocupan por lo menos el doble del canon budista, pero no están traducidos. No puedo ocuparme de ello y tampoco tengo discípulos. Teniendo esto en cuenta, su aviso sobre "las dudas de una persona colapsarían contra la fe de miles" sería coerción, no persuasión. Mi humilde opinión es que, por ahora no pensemos en quién es el ganador y quién el perdedor. Si los caballeros de su estimado país tradujeran algunos textos [cristianos], ni siquiera el mismo número que el canon budista, sino simplemente un uno o dos por ciento de todo el corpus, podríamos usarlo para debatir. Y si pierdo el debate, no tendré problema en admitir mi derrota. Si no es este el caso, entonces advertencia de que "sin leer detenidamente todas las sutras budistas, no se puede atacar la ciudadela del budismo" la rebatiré diciendo: "sin leer detenidamente todos los textos del Señor en el Cielo, ¿cómo puede destruir mi ciudad santa y tomar mi territorio sagrado?" Es mi intención estudiar las sutras para encontrar las diferencias y las similitudes [con el cristianismo]; ¡ojalá el deseo de todos los caballeros sea estudiar el cristianismo para encontrar la verdad definitiva! Esto tendrá el gran mérito de apartar a las futuras generaciones del desvío y llevarlos por el buen camino. Espero que no ignore mi humilde consejo.

Llevados por el viento y limitados por nuestras experiencias sensoriales, ni siquiera los sabios están exentos. Su maestría dijo: "en nuestra China, con todos sus sabios, no hay creencia si no es esta [el budismo]". ¿No había acaso sabios en China antes de la dinastía Han? Su maestría debate con la evidencia de los sabios desde los Han; lo que yo secundo, son los sabios de la antigüedad. Si usted dice que los emperadores Yao y Xun, el duque de Zhou y Confucio habrían creído en Buda si hubiesen sabido sobre él, entonces yo diré que si los sabios desde la dinastía Han hubieran escuchado sobre la religión del Señor del Cielo también habrían creído en ella. ¿Cómo puede decir quién está en lo cierto? Nada de esto puede servir de prueba.

> Su advertencia también describe mi humilde trabajo como "no tan distinto del budismo". Esto no es un error. ¿Por qué? Si hubiera robado algunos comentarios de Buda criticarlo, esto equivaldría a rebeldía doméstica. Pero su maestría ya sabe que no he leído todas las sutras ¿por qué no tendría que haber similitudes? Solo lamento que Buda no esté totalmente de acuerdo conmigo. Si hubiera un acuerdo completo hablaríamos de gemelos, ¡qué alegría! Reflexione sobre esto, su maestría: tras viajar durante ochenta mil millas para hacer amigos, lo único que deseo es que la gente esté de acuerdo conmigo, ¿por qué querría desacuerdos? Alguien que intenta salir de un valle inhóspito y salvaje se alegraría si escucha pisadas. Los animales salvajes puede que sean diferentes, pero yo deseo con fervor que sean iguales y me alegraré el día que así suceda.
>
> No he ocultado nada con mi pluma y lo he ofendido profundamente. Ruego que me perdone enormemente mientras yo permanezco atemorizado y tembloroso, atemorizado y tembloroso.

Los eruditos publicaron la carta de Yu Chunxi y la respuesta de Ricci. La elegancia en la postura de los oponentes ocultaba la violencia de la batalla, ya que los polémicos budistas y los apologistas cristianos se enzarzarían en luchas dialécticas en los años venideros.

Todo eso estaba por llegar. Para Ricci, su tiempo estaba poco a poco llegando a su fin. El 27 de agosto de 1605, Ricci se mudó a su nueva casa, donde pasaría los últimos años de su vida. Gracias a las previsiones de Valignano, la Misión jesuita no tenía problemas financieros. Delimitada por una alta muralla, la nueva residencia al este de Xuanwumen, la puerta oeste en la muralla sur de la Ciudad Interior (hoy día en Xi Changan jie), representaba vivienda de las élites chinas: su riqueza invisible para los de fuera, sus novedades protegidas de las miradas curiosas, abierta solo a los que cruzaban su umbral, para observar, conversar y absorber las maravillas del Oeste. La pieza arquitectónica central de este recinto era la iglesia jesuita. Acostumbrados a las escenas de templos budistas, a muchedumbres desbordantes, al quemar del incienso, arrodillarse, rezar, mirar a las estatuas de las deidades budistas y preguntar por su suerte, el visitante chino encontró en la iglesia cristiana un oasis de quietud.

Su silencio sugería solemnidad, dignidad; sus imágenes poco habituales dirigían las miradas hacia un mundo desconocido. Aunque no hay descripciones de la residencia durante el tiempo de Ricci, los visitantes chinos en los últimos años de la dinastía Ming recogieron sus impresiones de una iglesia que no cambió mucho de los días de Ricci al lugar actual en Nantang, la iglesia católica del sur.

Liu Tong y Yu Yizheng (1594-1636) describieron los 129 paisajes y monumentos de la capital imperial en su libro *Di jing jing wu lue*. La iglesia católica cerca de la puerta Xuanwu era uno de ellos:[6]

> La iglesia es estrecha y larga; su techo recuerda a una vela y pinturas exóticas decoran los lados. Hay una pintura de Jesús, un hombre de unos treinta, que parece una escultura. Sujeta un globo celeste en su mano izquierda y lo señala con el índice derecho como si explicara algo. Una ceja levantada expresa enfado, otra relajada, felicidad; la redondez de las orejas, la mirada de sus ojos, la voz procedente de su boca: a nada de esto se le puede igualar una pintura china. A la derecha se encuentra la capilla de la Santa Madre, con el retrato de una joven sujetando a un niño, Jesús.

El retrato de Madonna y el Niño no era importado. Los jesuitas en Pekín tenían a su propio pintor en residencia, el hermano Giacomo Niva, que realizó este retrato, siguiendo el de Madonna de San Luca en Bolonia, Italia, supuestamente obra de San Lucas el Evangelista (véase figura 11).

Al lado de la capilla, delimitando el patio interior, estaban los edificios seculares. Al igual que todas las casas chinas, contaban con un recibidor tras el que se extendían pasillos que llevaban a diferentes grupos de habitaciones. Uno de ellos estaba reservado para almacenar los bloques de madera de las obras de Ricci; otro ejercía de espacio de taller/exhibición para instrumentos científicos occidentales; y los otros los usaban como cuartos domésticos para los residentes, lo que incluía la habitación de Ricci, con las baldas enfrentadas de libros occidentales y chinos, incluyendo la Biblia Regia.

En 1608, en la residencia vivían quince personas;[7] el número se mantuvo estable a pesar de que algunos vinieron y otros se marcharon.

Ricci era el superior, junto a otros dos curas: Diego da Pantoja había estado a su lado durante ocho años; el portugués Gaspar Ferreira (1571-1649) se quedó en Pekín entre agosto 1604 y primavera de 1607 antes de que le reasignaran a Nanchang; su lugar lo ocupó el italiano Sabatino de Ursis (1575-1620), formado en astronomía e hidráulica, conocimientos que Ricci había pedido específicamente para la misión de Pekín.[8] Luego tenemos a los cuatro coadjutores, hermanos jesuitas encargados de enseñar el catequismo o las tareas seculares. Tres nacieron en Macao: Antonio Leitão (1581?-1611) o Xu Pideng, Domingos Mendes (1582-1652) o Qiu Liangbin y Pascoal Mendes (1584-1640) o Qiu Lianghou, los dos últimos eran obviamente hermanos; y el cuarto, el pintor sino-japonés Giacomo Niva o Ni Yicheng. Ocho sirvientes completaban el resto del hogar.

Figura 11. La Madonna de San Lucas

Ricci trataba su hogar con cariño y caridad, como era de esperar, como él mismo advertía a los misioneros veteranos que debían acoger a los nuevos venidos de Europa. Le gustaba Ferreira, "una persona de gran virtud y prudencia y talentoso, me ha mostrado muchos ejemplos de edificación durante los dos años que ha estado aquí", como Ricci informó al general Acquaviva; "y a pesar de su escasa formación en teología (solo dos o tres años), entiende bien el chino y tendrá éxito en las letras chinas".[9]

¿Veía Ricci en Ferreira una versión de sí mismo más joven? Al superior también le gustó el reemplazo de Ferreira, de Ursis. Con este nativo de Lecce, Ricci podía practicar su italiano olvidado y hablaba sobre Fabio de Fabii, ahora superior de la Provincia Jesuita en Roma, que el más joven había conocido en su viaje a ultramar y cuyos recuerdos apelaban a la nostalgia del más mayor por sus propios días como un joven novicio jesuita en Roma.[10] A menudo lamentando su italiano oxidado en su correspondencia, Ricci pareció sentirse más cercano a sus compatriotas de la misión China. Ricci alabó ante Acquaviva a Longobardo y a Vagnoni y los recomendó para el Cuarto Voto, como *professi*; el primero, además, mostraba las cualidades para ser el superior de la misión.[11]

La única persona para a la que dirigía sus críticas era a Diego da Pantoja, el compañero que había pasado más años con el maestro que ningún otro jesuita, europeo o chino. Ya en 1606, Ricci escribió a Acquaviva:[12]

> Tengo otro compañero, Diego Pantoja, quien dos años antes el Padre Visitante ordenó que fuera profeso del cuarto voto, no ha dado muchos ejemplos de edificación, ni a los hermanos ni a otras personas de la casa, que consideran que le falta virtud y prudencia, o a nadie, y a mí en particular, a pesar de que lo he tenido conmigo durante cinco o seis años. Por ello siento que es una vergüenza que sea profeso.

Duras palabras sin duda. Discreto aún en sus críticas, Ricci no dio ningún ejemplo de la falta de virtud y prudencia de Pantoja. Sabemos, por fuentes chinas, que las dos personalidades eran muy diferentes.

El erudito chino Peng Duanwu describió después a Pantoja con estas palabras: "Al tratar con los chinos, Pantoja a menudo pierde sus amistades; debería entender el carácter de los chinos y no descubrir su corazón y su intimidad, diciendo cosas que no debería decir".[13] Como hombre sensible, honesto y probablemente colérico, falto de discreción y prudencia, habilidades diplomáticas cruciales para tratar con las élites chinas, Pantoja personificaba las cualidades que Ricci encontraba poco atractivas. La prudencia, además, representaba más que una característica personal; determinaba el éxito o el fracaso de la misión. Más tarde en una conversación sobre el neo confucianismo, Pantoja criticó a los eruditos chinos por confundir a los demonios con los ángeles y por perder la compostura.[14] Tales palabras ponían en peligro la síntesis cristiano-confuciana que tan cuidadosamente había desarrollado Ricci en su estrategia misionera. En sus elocuentes debates Ricci nunca dejaba de "tratar a la gente con educación", comentó Xie Zhaozhe (1567-1624), quien expresó su satisfacción con Ricci, ya que su discurso "era similar al confucianismo".[15] Recordemos también las palabras de Shen Defu, que Ricci era "capaz de calmar la impaciencia y el enfado, cuya sinceridad y humanidad llegaba a todos". Ricci escribió estas duras palabras en el verano de 1606, tras la muerte de Valignano, aún con las secuelas del martirio de Wang Mingsha y con el rumor sobre la sedición cristiana. Sus libros mostraban a los chinos que el cristianismo tenía que ver con la paz y la obediencia, y no con la guerra y la rebelión, explicó Ricci;[16] la prudencia era la única virtud en estos tiempos de peligro. Con el tiempo, Ricci suavizó sus palabras. La impetuosidad podía convertirse en empeño, la indiscreción en calidez: Pantoja destacaba junto a Ferreira en las misiones rurales alrededor de la capital prefectoral de Baoding, en los alrededores de la capital imperial; bautizaron a 142 en cuatro pueblos en los años 1606-1607.[17]

En los últimos años de su vida, Ricci había adoptado una rutina establecida los primeros años de su estancia en Pekín: cada día, leía una lección china a los jesuitas de la residencia; con frecuencia, discurría durante una hora sobre matemáticas y una hora sobre dialéctica a una audiencia china; recibía continuamente un flujo de visitantes estable. Cada tercer o cuarto día, Ricci hacía una visita a alguien que le hubiera visitado. Hacía esto a pesar de que todas estas idas y venidas eran "más de lo que podían asumir". Algunos días, recibía más de 20 visitantes; en Año Nuevo y otras festividades grandes, ¡había casi 100! Dejando a un lado el cansancio, no había necesidad de predicar, se consolaba Ricci, ya que los chinos venían de continuo a donde él.[18] Él dirigía la vida litúrgica y religiosa de la misión: en 1606, los jesuitas bautizaron a 36 personas, incluyendo algunos infantes abandonados, ya que ese año la gran inundación ocasionó una gran miseria en Pekín. Para 1608, Ricci presidía un rebaño de 300 cristianos en la capital, de un total de 2.000 en el país.[19] Más consumo de tiempo que los conversos le causaba tratar con admiradores. La correspondencia le comía todo el tiempo, se quejaba Ricci en una carta a Acquaviva: "Una de las ocupaciones más largas que tengo aquí es responder en chino al continuo torrente de cartas que provienen de diferentes partes del país, desde gente muy importante, algunos antiguos conocidos, otros jamás vistos, todos quieren contactarme por mi fama".[20] Como superior tenía que escribir: a Acquaviva sobre dinero y el preocupante desarrollo de otras residencias, un tema de creciente inquietud.

Por medio de Longobardo, Ricci se enteró de la hostilidad continuada hacia la misión en Shaozhou, lo que le llevó a pensar en transferir la residencia a la cercana Nanxiong. Malas noticias llegaban también de Nanchang. En 1607, un grupo de eruditos confucianos firmó una petición para denunciar a los occidentales y a su religión.

Wang Zuo, el *buzhengshi si*, comisario de la Administración Provincial, resultó ser un amigo de Ricci. Defendió el buen nombre de los jesuitas. Pero para mostrarse justo y para no hacer de menos a los demandantes eruditos, Wang Zuo propuso lo que parecía un compromiso perfectamente sensato para los chinos: los jesuitas no eran espías; les atraía China por la grandeza de su cultura y vivían vidas intachables; debería permitírseles practicar su religión ancestral, a pesar de ello los chinos no deberían seguir estos rituales. Esta proclama pública, como muchas otras en el gobierno de los Ming, apenas cambió la situación: los conversos continuaron visitando la iglesia jesuita para los sacramentos, a pesar de que los padres jurarían que venían en grupos separados y más pequeños, para no atraer demasiada atención. Si la rutina y la correspondencia daban forma al patrón de la vida de Ricci, situaciones inesperadas le recordaban a los contornos inexplorados del mundo. Primero, para continuar con los judíos de Henan: en el invierno de 1607, Ricci envió a Antonio Leitão a Kaifeng, donde bien le recibieron los judíos. Convertir a los últimos miembros de la una vez próspera nación hebrea no sería fácil, comentó Ricci en una carta a Acquaviva: "Cuando tratamos con gente versada en sus libros no es fácil venderles el plomo como si de plata se tratara". Prudencia y aprendizaje, instó Ricci.[21]

Al pretender conectar con el pasado de China, el pasado también vino a visitar a Ricci. El 28 de octubre de 1607, el jesuita chino Zhong Mingli (João Fernandes) trajo finalmente al armenio Isaac a la residencia jesuita de Pekín. Antiguo compañero de Ricci en Guangdong, el italiano despachó a Zong Mingli en marzo de 1606 a la provincia remota de Gansu en el noroeste. A principios de 1606 llegaron a la capital imperial la noticia de que un jesuita estaba tratando de llegar a China desde India y de que lo habían abandonado en Gansu. Este viaje épico, que comenzó en 1602, pretendía seguir las huellas de Marco Polo y unir la India portuguesa con Matteo Ricci. El hermano portugués Bento Goís comenzó el viaje desde la corte del emperador mogol en Agra, en el norte de India. Acompañado del mercader armenio Isaac, que hablaba perfectamente persa y turco, Goís viajó a Lahore, Kabul, subió montañas, cruzó ríos, cruzó algunos de los terrenos más difíciles del mundo, antes de llegar a la antigua ruta de la seda que transcurría por Asia Central a través del estrecho pasillo de pueblos oasis, rodeados por Tianshan cubierta de nieve al norte y por el árido desierto Tarim al sur. Cuando llegó a Suzhou dentro de la Gran Muralla China, Goís, aún a 1.000 millas de Pekín, murió de puro cansancio y una enfermedad grave. El relato heroico de este viaje, aunque temerario, reafirmó aún más a Ricci en su conocimiento de que el Cambulec en *Los viajes de Marco Polo* no era otra sino la China Ming. El robusto Isaac viajó a Macao, donde se embarcó en una nave de vuelta a la India, para reunirse con su mujer y sus hijos, que no lo habían visto en siete años.

Para Ricci no había una vuelta a casa. Se sentía mayor. "Ya he cumplido 55", escribió a Acquaviva en 1606, "y me siento bastante exhausto de esta iniciativa laboriosa en la que me he volcado aproximadamente veinticinco años".[22] Dos años después, escribió a su amigo Girolamo Costa, "pronto tendré sesenta años, y estaré por lo tanto muy cerca de la tumba. Ruego a Dios ser capaz de acabar este último acto, que aún necesito cumplir al servicio de Dios, para corregir los fallos de mi vida pasada".[23] A su hermano Antonio Maria en Macerata, Ricci se describió como " en una edad en la que me siento flojo, a pesar de que en estos últimos años siempre he estado sano".[24] En su última carta existente, fechada el 17 de febrero de 1609, a João Álvares, el ayudante portugués del general Acquaviva, Ricci estaba ya preparado para continuar con su trabajo: "Estoy viejo y cansado, pero sano y fuerte; ¡gracias al Señor!"'.[25] Viajar es para los jóvenes. Durante los últimos nueve años de su vida, Ricci nunca puso un pie fuera de Pekín: las misiones rurales se les confiaban a los compañeros más jóvenes y a los catequistas chinos; y los últimos cinco años de su vida Ricci rara vez cruzaba el umbral del recinto jesuita, excepto para realizar las visitas de cortesía necesarias, "más de lo que podían asumir". Ricci no necesitaba viajar. Todo el mundo acudía a él en forma de visitantes y cartas; y él alcanzaba a todo el mundo con sus libros. Tal era la importancia de los libros, escribió Ricci a Girolamo Costa, que trocaban la enemistad en amistad:[26]

> Un gran erudito vivía cerca de nuestra casa: era muy arrogante, tenía mucha fama entre ellos [los literatos confucianos], recibía un constante flujo de auditores en su casa y lo ascendieron de un puesto menor en la corte a uno más alto gracias a su virtud. Muchas veces se lo invitó a venir y visitarnos debido a la fama de nuestras letras y de las cosas nuevas y las doctrinas buenas sobre las que conversamos, pero en dos años nadie lo ha convencido de visitarnos. No sé cómo consiguió mi *Diez capítulos de un hombre extraordinario*, que disfrutó mucho, tanto que vino a verme de pronto con gran humildad y ya me ha invitado a dos o tres banquetes en su casa, también ha traído a sus amigos, mucha gente importante, para venir y visitarnos. Por esto, Su reverendo puede entender cuánto se obtiene publicando libros en China.

Como no tenía libros occidentales, agregó Ricci, había escrito todo esto usando solo su memoria. A pesar de ello, los eruditos chinos se maravillaron ante sus enseñanzas. Cuánto más podían conseguir los misioneros más jóvenes si seguían sus pasos. "Todo esto se debe al Señor, que un instrumento tan inepto [él mismo] ha ejercido un efecto tan bueno, y por esta razón hago lo posible para que todos nuestros padres estudien bien los libros chinos y aprendan a escribir libros, ciertamente, aunque no es fácil de creer, se puede hacer más con libros que hablando en China".[27]

Dejando a un lado su modestia, Ricci estaba inmensamente orgulloso de sus libros. Eran su mundo. A Ricci le consolaba saber que los jesuitas en Japón usaban sus libros.[28] Cuando recibía copias de Euclidio en chino, su traducción a dos manos con Xu Guangqi, enviaba copias orgulloso a Acquaviva, Costa y a su antiguo profesor, Clavio,[29] cuyo nombre ya conocían muchos chinos.[30] Otras obras científicas, traducciones colaborativas, las publicó su buen amigo Li Zhizao. A estas y a otras obras, los importantes mandarines chinos añadieron sus prefacios laudatorios, difundiendo la fama de Ricci. Incluso los musulmanes de China leían *Verdadero significado del Señor del Cielo*, aseguraba Ricci.[31] Sin duda, las múltiples reimpresiones reflejaban su éxito. Y ninguno de sus trabajos se reimprimió tantas veces como el *Mapamundi*. Ahora, incluso el emperador quiso una copia. Al descubrir que los bloques de madera estaban desgastados, Ricci había diseñado para el palacio imperial una representación nueva y elaborada del *Mapamundi* en una lámina laqueada, podría decirse que era la quinta impresión y una obra móvil.

Aunque el emperador Wanli permanecía recluido, inaccesible para Ricci, al menos estaba abierto al mundo jesuita. La reimpresión imperial del *Mapamundi* era una garantía tan segura para la misión como un edicto oficial, que era imposible de conseguir de otro modo, respondió Ricci en una carta a las preguntas de Francesco Pasio, el nuevo visitador del Lejano Este jesuita.[32] Muchos turcos viajaron a China sin permisos oficiales; al contrario que el Japón Tokugawa, no había una ley en China que estipulara la pena de muerte para los extranjeros que entraran ilegalmente. Lo mejor era enviar más misioneros sin pedir permiso, aconsejó Ricci. Resumiendo toda una experiencia vital en China, Ricci creía que era mejor tener una comunidad cristiana pequeña y de buena calidad que una gran multitud. Especialmente, era mucho más importante para los jesuitas conocer bien a los chinos que tener otros 10.000 bautizos nuevos: "conocer las nuestras propias [letras] sin saber las suyas no sirve de nada... yo mismo lo valoro [el conocimiento de los caracteres chinos] más que otros diez mil conversos, ya que este es el camino hacia la conversión universal del reino".[33] El único peligro al que se enfrentaban los jesuitas provenía de su continua conexión con los portugueses en Macao, que seguía siendo sospechosa, como demostraban notas recientes de los censores imperiales. En conjunto, Ricci era optimista.

En lo que respecta a los chinos, entre los que había vivido tantos años, "la razón de sus canas", la adaptación de Ricci no había sido sencilla al principio. No tanto el comer arroz y el no tomar pan ni vino, sino el dormir en camas duras y almohadas igual de duras, como era habitual en los chinos. Y aunque ellos, los jesuitas, imitaban con gusto a los literatos en muchas cosas "todos vestían en un honorable estilo chino con mangas largas y boinas cuadradas, con barbas y cabello largo, no podemos imitar [a los literatos] en sus fastidiosas costumbres con las uñas, que muchos llevan más largas de un palmo y medio, y, para que no se rompan, ponen tubos largos encima de ellas, algo que nos parece inmundo y deformado, pero que ellos se toman muy en serio, ya que son más frágiles que el cristal".[34] Tras una vida de ambivalencia, Ricci había perdonado la crueldad que los chinos le habían infligido al inicio de su carrera. "Para mí es superfluo hablar de la inteligencia de esta gente", le confió Ricci a Acquaviva en su opinión de los chinos, "a quien se someten todos los pueblos de Oriente y son muy devotos a las letras, y si no tienen grandes filósofos es porque no han tenido nunca filosofía de verdad. Pero si se les enseña esto, no solo serán iguales a nosotros, creo, sino que nos superarán en muchas cosas. Podemos decir esto sobre su religión también: si no creen en sus propios curas, es porque perciben que todo está basado en una falsedad; cabe esperar que una vez que les hayan enseñado la religión verdadera, no la rechazarán".[35] Y los que encabezarían el camino a la conversión, creía Ricci, serían los eruditos confucianos, "que siempre habían gobernado China... y [quien] nunca hablaban de cosas sobrenaturales, y están de acuerdo casi por completo con nosotros en la ética". Al no disputar a los eruditos confucianos, sino interpretando sus enseñanzas a la manera del cristianismo y sugiriendo que este era el camino de sus antiguos sabios, "muchos de ellos se han vuelto cristianos y dan signos manifiestos de ser buenos cristianos, yendo a confesarse y recibiendo la comunión, así como mostrando, en su medida de lo posible, su amor por nuestra santa fe".[36]

Un día de verano en 1608, algunos eunucos y mandarines invitaron a Ricci a un recorrido por las murallas de la ciudad. La descomunal albañilería defendía la capital imperial en contra de muchos bárbaros del norte. Tal era la amplitud de la muralla que diez caballos podían galopar sobre ella o se podían conducir siete u ocho carros uno al lado del otro. A cada tiro de piedra, Ricci pasaba al lado de una garita. "No podía contar el número, pero sin duda había muchos cientos", narró Ricci a Fabio de Fabii sobre su excursión a las murallas defensivas, y continuó: "Aparte de esto hay muchas torres y en esta parte una contramuralla muy ancha, donde se pueden encontrar otras dos puertas en el cuadrado, y esta contramuralla cuadrada se sitúa fuera de la puerta de la ciudad con torres mucho más altas que la muralla en sí. Sin duda, más de un millón de soldados y oficiales la patrullan día y noche la muralla". Reflexionando sobre su miedo a los invasores, Ricci escribió:

> Es difícil imaginarnos que un reino tan grande y con tantos soldados tenga un miedo tan constante de otros reinos tan pequeños... que los chinos no confíen de ningún reino extranjero; y por lo tanto que no dejan entrar a nadie, excepto a aquellos que no regresan, de la manera en la que estamos. Aunque pensásemos regresar a nuestra tierra, nunca lo consentirían. De este modo, Padre mío, no hay esperanza de que nos veamos de nuevo, excepto en la otra vida. Rece, Su Reverendo, porque Dios me crea merecedor de ello, cuando todo esto acabe.[37]

En la cima de las murallas de Pekín, Ricci echó un vistazo a una llanura marrón y polvorienta que se extendía tan lejos como alcanzaba la vista, las aguas del océano y las ciudades en las que había vivido -Nanjing, Macao, Goa, Lisboa y Roma- quedaban más allá de su vista, si no de su imaginación. Una vez que había pisado el precinto de Pekín, el 24 de enero de 1601, Ricci permaneció dentro de sus enormes murallas; una vez que se asentó en Zhaoqing, el 11 de septiembre de 1583, no hubo manera de regresar del reino del Gran Ming. Ricci había dado la espalda a los lugares y la gente de su juventud. Y a muchos recuerdos de China, muchos compañeros, ahora fallecidos, tantos conocidos, amigos, admiradores, que los vivos y los muertos, el pasado y el presente, su país de origen y de su nostalgia y la tierra que había adoptado con la que se había mezclado en un todo.

A ese todo, Ricci trajo división. Como dominaba la abundancia de recuerdos, Ricci ubicó cada situación, cada persona, todos los lugares de su vida en habitaciones específicas en su memoria, un espacio tan grande que se parecía más al palacio imperial de la Ciudad Prohibida, que a su propia residencia más modesta. “A finales del año pasado [1608] no sé cómo, pero me vino a la mente que yo soy el único que queda de entre los primeros que vinieron a este reino y que nadie conoce lo que ocurrió al inicio. Como era bueno dejar por escrito todo en el orden que ocurrió, he escrito muchas cosas que he experimentado, pero a veces de diferente manera a como ocurrieron en realidad. Por esta razón, he comenzado a escribir un informe sobre lo que opino de estas cosas que será de muy placentero [de leer]”.[38]

El año 1610 fue otro año de escrutinio trienal y de examen metropolitano del servicio civil. Una vez más, cientos de mandarines y eruditos aspirantes se dirigieron a la capital. “Esta marea aumentó inmensamente la fatiga del Padre Ricci ya que todos los literatos o bien le conocían personalmente o se veían atraídos por sus libros”, escribió de Ursis, el compañero italiano de Ricci en la residencia de Pekín, “y es increíble como inundan nuestra residencia. Estas olas de visitantes comenzaron en Cuaresma, por lo que el Padre se vio obligado a interrumpir sus comidas para recibir a los invitados. Y como era tremendamente escrupuloso al cumplir con exactitud todos los ayunos eclesiásticos, los demás jesuitas no le pueden convencer para que continúe con sus comidas interrumpidas o para comer a otra hora o para tomar algún aperitivo ligero". Durante esta época, Li Zhizao cayó gravemente enfermo. Ricci cuidó a su amigo hasta que se recuperó, todo mientras incitaba a Li a pensar en la otra vida. Tras haber evitado el bautizo durante ocho años, Li se dio por vencido. Aceptó echar a su concubina, el obstáculo que se había entrometido en su perfecta amistad con Ricci, y acogió la fe de su amigo y colaborador. De seguro, la conversión de Li Zhizao consoló a Ricci, cuya fuerza se vio mermada por cuidar de su amigo enfermo. El 3 de mayo, tras volver de una visita que era "más de lo que podían asumir", Ricci se retiró exhausto a su habitación. Sus compañeros jesuitas fueron a su superior, que les dijo que sentía fatigado y que estaba enfermo de muerte. Li Zhizao envió a su médico personal; los jesuitas contrataron a seis de los mejores doctores en Pekín; hicieron tres prescripciones diferentes. Cuando las noticias corrieron, muchos conversos fueron a la iglesia a unirse a los jesuitas para rezar por la recuperación de Ricci. Como carecían de autoridad médica, colocaron las tres recetas en frente del crucifijo. Finalmente, eligieron una para darle al encamado Ricci, sin ningún efecto. El 8 de mayo, tras seis días en cama, Ricci realizó una confesión de pecados general a de Ursis. Al día siguiente, Ricci recibió la comunión por la mañana. A las tres o cuatro de la tarde, el febril italiano caía a ratos inconsciente. Algunas veces respondía a las preguntas con claridad; otras veces, soltaba un flujo constante de palabras febriles, sobre la conversión de China y sobre el emperador. Después de veinticuatro horas, Ricci recobró la conciencia. Recibió la extremaunción. Rodeado de sus compañeros y conversos jesuitas, Ricci habló sobre la caridad que debían mostrar a los misioneros recién llegados, sobre dejar a sus compañeros "en la entrada abierta tras mucho esfuerzo, aunque no sin muchos riesgos y trabajo", y sobre su admiración por el jesuita francés Pierre Coton, a quien Ricci nunca conoció, confesor del delfín Enrique IV, el rey que se había convertido del calvinismo para ascender al trono. Exhausto a más no poder, tras veintisiete años de trabajo, Ricci pasó sus últimas horas en conversaciones lúcidas con sus compañeros y conversos. En sus últimos momentos,

Ricci se retiró al cuarto privado de su mente, cerrando la puerta tras de sí y se adentró en una corriente infinita de imágenes más allá de las palabras.

Matteo Ricci murió el 11 de mayo de 1610 con 58 años.

CONCLUSIONES

Bajo los arcos de danzantes ramas de cipreses y angulosas ramitas pinos, Ricci descansaba en una tumba de mármol con inscripciones en latín y en chino. El cementerio se ubicaba justo fuera de Fuchengmen, una puerta en mitad de las murallas occidentales de la Ciudad Interior, a la que los residentes Ming en Pekín aún se referían por su antiguo nombre Yuan, Pingzemen. Con su habitual afición por la expresión directa, la gente llamaba al cementerio Zhalan, literalmente las puertas de madera, en referencia a las vallas que delimitaban el lugar. En su pacífica soledad, con tan solo los cipreses y los pinos para recordarle a la campiña romana, Ricci esperó. Fue el primero, pero no el último. Muchos hermanos de su amada Compañía, la Compañía de Jesús, tendrían su lugar de descanso junto a él, Ricci había limpiado la dura tierra para los trabajadores de la viña de los misioneros.[1] Llegaron unos 500, entre su muerte y la disolución de la Antiguo Compañía en 1773; vinieron de todas partes de la Europa católica: portugueses, españoles, italianos, franceses, belgas, alemanes, austríacos y polacos; una pequeña minoría, con el transcurso del tiempo, la reclutaron de entre los conversos chinos.

Si los muertos pudieran mirar al cielo, Zhalan era una auténtica academia de astrónomos. Bajo los cielos estrellados de Pekín otros astrónomos jesuitas se reunieron con Ricci en el cementerio: el alemán Johann Terrenz Schreck fue enterrado allí en 1630, el italiano Giacomo Rho en 1638, otro alemán, Johann Adam Schall von Bell, en 1666 y el flamenco Ferdinand Verbiest en 1688; otros se unirían en el transcurso del siglo XVIII. Los primeros tres llegaron juntos a China en 1618, tras haber sido reclutados por el jesuita belga Nicolas Trigault, que jugó un papel fundamental en difundir el legado de Ricci.

Oriundo de Douai en los Países Bajos españoles, Nicolas Trigault (1577-1628) se unió a la Compañía de Jesús en 1594. Después de que su petición para trabajar de misionero en "las Indias" se aprobara,

Trigault se embarcó a Goa en 1607 y llegó a China en 1610. Tras ejercer en Hangzhou, Pekín y Nanjing, a Trigault lo eligió como procurador para la misión jesuita en China su superior Niccolò Longobardo. En febrero de 1613, Trigault viajó de vuelta a Europa, le confiaron con la tarea de recaudar dinero y reclutar refuerzos para la incipiente misión china; entre los papeles que Trigault llevaba consigo estaba el diario manuscrito de Ricci. Durante el largo viaje marítimo, Trigault tradujo las memorias de Ricci al latín, una lengua accesible a todos los lectores cultos de Europa. Tras viajar a través de India, Persia y Egipto, Trigault llegó al fin a Roma el 11 de octubre de 1614.

Como portavoz de la misión jesuita en China, Trigault triunfó sin duda. Ataviado con su túnica de seda china, su sombrero de erudito, su informe de progreso evangélico estable y la perspectiva de millones de almas que salvar, todo respaldado por la excelente narrativa de un excelente misionero, el fallecido Matteo Ricci, Trigault tuvo un éxito inmejorable: consiguió permiso papal para sustituir el latín de la misa católica por el chino, ya que la gente china, argumentó Trigault, no podían distinguir muchas consonantes del alfabeto latino; consiguió para la misión china el apoyo del monarca católico más poderos, Felipe III de España; y convenció al general Acquaviva para ordenar la creación de una vice provincia de China independiente dentro de la organización de la Compañía, uno de los últimos actos de Acquaviva antes de su muerte. Mientras tanto, la edición de Trigault de las memorias de Ricci se publicó en Augsburgo en 1615 con el título *Cinco libros dedicados a nuestro santo señor Pablo V en la expedición cristiana en China llevada a cabo por la Compañía de Jesús y el Padre Matteo Ricci de la misma compañía, en la que se describen con exactitud y fielmente las tradiciones y leyes de ese reino chino, y los difíciles comienzos de su recién establecida Iglesia*.[2] Trigault se inscribió como el autor. La página del título del libro usaba imágenes teatrales tan bien desarrolladas por los jesuitas en su drama sagrado y sus cuarenta horas de devoción durante la Cuaresma: representa a Ignacio de Loyola (con un halo) y a Matteo Ricci (con la vestimenta de un erudito Ming) de pie como columnas enmarcando y manteniendo una iglesia jesuita; una gran cortina blanca con el título y la fecha de publicación cubría la entrada, lo complementaban una vista parcial del Mapamundi de Ricci (ver Figura 12). Esta puesta en escena invitaba al espectador a imaginar el drama sagrado que se desplegaría y lo instaba a entrar en el teatro de acción misionera al pasar las páginas. Una segunda edición de Lyon la siguió en 1616, una edición de Colonia en 1617. *Sobre la expedición cristiana a la China* era una gran publicación y un éxito propagandístico. Más que como traductor,

Figura 12. *De Christiana Expeditione apud Sinas*, frontispicio

Trigault intervino en la presentación de las memorias de Ricci, borró, agregó y en general mostró la obra en una narrativa más fluida, justificando así quizá su propia etiqueta como "autor".

En mayo de 1616, Trigault partió de Roma en su viaje de reclutamiento, viajó a Lyon, Múnich, Colonia y Amberes. Allá a donde fue, Trigault permaneció en las escuelas jesuitas locales, avivando el fervor y la imaginación de los jóvenes jesuitas con su presencia y con la retórica de la extraordinaria aventura y las gloriosas misiones.

Su paso incrementó con los nuevos jesuitas reclutas misioneros, Trigault consiguió audiencias con los príncipes y prelados dirigentes de la Alemania católica, obtuvo contribuciones financieras del duque de Bavaria y del arzobispo de Colonia antes de dirigirse a sus Países Bajos natales. Allí, en el estudio del pintor más importante de su época, Pedro Pablo Rubens (1577-1640), Trigault se permitió vestir las túnicas de seda de los eruditos chinos y posar para un esbozo ante el gran maestro (véae Lámina X). Este boceto a tinta y acuarela contrasta de manera interesante con el retrato de Ricci que realizó You Wenhui (ver cubierta). Ambos hombres están ataviados con las túnicas negras de seda y altos sombreros cuadrados, el estilo Su Dongbo de los eruditos Ming, pero ahí terminan las similitudes. En la pintura de You, la autoridad masculina de Ricci se ve expresada por una barba blanca como si de una melena de león se tratara, su erudición ejemplificada por su nariz larga y elegante, su diplomacia simbolizada por unas manos unidas y tapadas, y su voluntad de hierro la revelaba la mirada firme. En contraste, Trigault parece una figura delicada, casi frágil en la representación de Rubens. Es mucho más delgado, quizá reflejaba el esfuerzo físico de dos viajes globales y numerosos trayectos entre China y Europa en menos de una década. Su larga y fina barba le hace parecer más chino que europeo. Por encima de todo, los ojos de Trigault, vivos e inteligentes, desvían la mirada del espectador bajo un deño fruncido, delatando una mirada de ansiedad. Se trata de una personalidad más sensible, nerviosa y frágil que la del maestro misionero Ricci. Quizá estemos leyendo demasiado en el retrato de Rubens en vista de los últimos años de Trigault, un tema al que volveremos ahora mismo. Mientras tanto, en la cúspide de su gloria, fortalecido por los reclutas misioneros y llenas sus arcas, Trigault viajó triunfante, partiendo de Lisboa a mitad de abril en 1618, llevaba consigo un nuevo grupo de jóvenes jesuitas, entre ellos Johann Schreck, Giacombo Rho y Adam Bell, los tres misioneros estaban destinados a ejercer de matemáticos para el emperador chino y compañeros en la muerte de Matteo Ricci.

Mientras Trigault galopaba por Europa con el viento del éxito como impulso, a la misión jesuita en China la azotaba una tormenta. En 1616, Shen Que (1565-1624), el viceministro de ritos en Nanjing, puso una petición al emperador en contra de los jesuitas en las dos capitales Ming. Shen se oponía a que el proyecto de reforma del calendario imperial lo llevaran a cabo Pantoja y de Ursis en Pekín, y fustigó a Alfonso Vagnone (1568-1640) y a Álvaro Semedo (1586-1658) en Nanjing por menoscabar la ética confuciana al prohibir ciertos ritos de culto a los ancestros.

A pesar de las notas en contra enviados por Xu Guangqi y Yang Tingyun, otro mandarín converso, un edicto imperial el 3 de febrero de 1617 exilió a los cuatro jesuitas a Macao. Allí fallecieron los antiguos compañeros de Ricci, Pantoja en 1618 y de Ursis dos años después, ambos hombres, sin duda, derrotados por decepciones personales. Otros jesuitas se ocultaron en la clandestinidad, protegidos por Yang Tingyun en su Hangzhou natal. Intensas pero cortas, las persecuciones de 1616-1617 no dañaron los pilares de la misión jesuita. Para 1619, cuando Trigault y sus reclutas llegaron a Macao, los vientos soplaban de nuevo a favor de la nave jesuita. En 1629, Xu Guangqi pidió al nuevo emperador Chongzhen (reinó entre 1628-1644) que reformara el calendario, tras otro fracaso de los astrónomos imperiales de predecir con precisión un eclipse. Preocupado por la incapacidad del estado Ming y temeroso de la reforma (¿no eran acaso todos los fenómenos celestes manifestaciones del Mandato del Cielo y tenían un profundo mensaje para la gestión del estado?), el emperador confió a Xu establecer una nueva Oficina del Calendario y citar a los matemáticos jesuitas para trabajar en la enmienda del calendario. Schreck, Rho y Schall fueron los primeros mandarines jesuitas, los siguieron Verbiest y una larga línea de otros misioneros matemáticos, astrónomos expertos en el Rectorado de Astronomía, hicieron valer sus términos incluso tras la disolución de la Antigua Compañía de Jesús en 1773.

Si la parte jesuita del legado de Ricci se aseguró con una línea de sucesión misionera durante los siguientes 160 años, su impacto en la comunidad cristiana china permitió a esta última sobrevivir a las catastróficas crisis de cambios dinásticos a mitad del siglo XVII.

Los amigos de Ricci, por lo menos, esquivaron la calamidad. Se recordará que Qu Rukui, el amigo más antiguo de Ricci en China, solo accedió a bautizarse en 1607. Su concubinato había supuesto un obstáculo. Solo tras la muerte de su primera mujer y haberse "casado" con su concubina pudo unirse Rukui a la Iglesia católica. Su hijo Shigu, un chico de quince años, siguió a su padre en la nueva fe. Qu Rukui llamó al niño Matteo, en memoria de su amistad con Ricci, cuyas oraciones, parecía ser, habían dado a Rukui su preciada descendencia.[3] Tras ser perdonado y recibido de nuevo por su clan, Qu Rukui falleció en 1612 en su Changshu natal, dos años después de la muerte de su buen amigo Ricci. Una nueva generación continuó con la amistad entre jesuitas y literatos. Qu Shigu se volvió un firme defensor de la misión, acogió al jesuita italiano Giulio Aleni en 1623 en su ciudad para predicar la fe occidental.

De los amigos de Ricci en Pekín, Xu Guangqi no solo sobrevivió a su mentor occidental por veintitrés años, sino que se convertiría en la persona más importante de la historia del catolicismo chino temprano, su patrocinio y protección permitió a la misión jesuita prosperar durante las últimas décadas de la dinastía Ming.[4] Entre la muerte de Ricci (1610) y su retiro a Shanghái (1622), Xu Guangqi se esforzó por mantener su posición en el creciente y amargo conflicto entre las facciones mandarinas. Aunque su responsabilidad estaba dividida entre la familia del heredero y la urgente tarea de entrenar tropas, Xu Guangqi encontró tiempo para sus experimentos en agronomía en su granja privda cerca de Tianjin. Todas sus múltiples actividades apuntaban a un objetivo: fortalecer China. La educación de un heredero ético para regir, el entrenamiento de tropas efectivas para defenderse contra los manchúes y la mejora de los cultivos para aumentar la producción agrícola, todo ello reflejaba las preocupaciones tradicionales de un mandarín íntegro. Pero para Xu Guangqi, estas preocupaciones públicas se combinaban sin fisuras con su devoción religiosa privada. Al igual que otros conversos de élite de la Ming tardía, Xu Guangqi esperaba que las enseñanzas del catolicismo resultaran en un comportamiento ético y disciplina social. El cristianismo, por usar una metáfora habitual en la literatura jesuita, representaba la mejor medicina para una

Figura 13. Estatua de Xu Guangqi en el parque Guangqi, Shanghái

sociedad enferma, profundamente enferma en lo social, político y espiritual.

Esta dolencia política, junto con la débil salud de Xu, promovió su retiro de la vida pública en 1622. En las políticas imperiales, la facción mandarina bajo el patrocinio del poderoso eunuco Wei Zhongxian emergió triunfante y vengativa. Muchos mandarines de la facción opuesta, la llamada movimiento Donglin, fueron ejecutados, encarcelados u obligados a dimitir. Sabiamente, Xu Guangqi mantuvo su neutralidad, dedicó sus años de retiro a promover la causa católica en su Shanghái natal. En 1628, Zhu Youjian ascendió al trono como el emperador Chongzhen. El joven, deseoso de reformas, echó a Wei Zhongxian y a la facción del eunuco del poder. El emperador llamó a Xu Guangqi para ejercer como el viceministro de Ritos derecho. A pesar de su avanzada edad a los 66, Xu Guangqi aceptó sin demora el cargo. En los últimos años de su vida pública, Xu Guangqi trabajó para reformar el estado Ming y promover el cristianismo, en lo que la introducción de los astrónomos jesuitas a la burocracia imperial representaba el logro más tangible y permanente. Los puestos más altos en la burocracia imperial distinguían estos cortos años de la carrera de Xu: primero lo ascendieron a ministro de Ritos y luego, ya anciano y enfermo, lo nombraron gran secretario en agosto de 1633, solo tres meses antes de su fallecimiento el 8 de noviembre de 1633. Los jesuitas de China lamentaron profundamente su muerte y lo ensalzaron como uno de los Tres Pilares (junto a Li Zhizao y Yang Tingyun) de su incipiente Iglesia.

El recinto de la familia Xu, al oeste de la Shanghái Ming y un suburbio de la metrópolis de hoy en día, ejercía no solo como cementerio de Xu Guangqi sino como uno de los centros del catolicismo en China (véase figura 13).

Para el exterior, el catolicismo chino crecía a pasos agigantados. Los 2.500 conversos en el momento de la muerte de Ricci aumentaron a una comunidad de 13.000 la víspera del ascenso del nuevo emperador. Durante el reinado de Chongzhen (1628-1644), un increíble aumento anual del 31 por ciento, nunca superado en la historia del cristianismo en China, hizo crecer las filas de la comunidad cristiana a 70.000.[5] Este sólido crecimiento ocultaba una crisis en la misión jesuita. Tras suceder a Ricci como superior en China, Niccolò Longobardo se volvió cada vez más escéptico respecto al método de Ricci. El jesuita siciliano no aprobaba la síntesis confuciano-cristiana y dudaba de la comprensión doctrinal de los mandarines dirigentes y de los conversos literatos. Como predicador carismático entre la gente común, Longobardo creía que el confucianismo era ateo y que la mayoría de eruditos Ming eran filósofos materialistas. Su recelo se reforzó con las críticas a los textos chinos de Ricci que manifestaban los jesuitas en Japón, Longobardo impulsó una reevaluación del método y legado de Ricci.

Ya como joven misionero en Shaozhou, Longobardo comenzó a desarrollar una actitud crítica hacia los métodos de Ricci. Escribió:[6]

> El nombre chino para Dios [cristiano], '*Shangdi*' (Emperador en lo Alto), lo vi por vez primera hará unos veinticinco años [1598] y me sentí inquieto de inmediato. Esto fue porque tras haber estudiado los clásicos confucianos (un requisito tras llegar a China),

> me contaron que el nombre *Shangdi* tiene muchas connotaciones diferentes que no coinciden en absoluto con las cualidades naturales de la divinidad. Sin embargo, cuando los curas de la compañía escucharon por primera vez el nombre *Shangdi*, abrieron sus corazones turbados y permitieron un nuevo concepto de Dios; quizás este concepto difiera de las glosas y connotaciones eruditas de los *Cuatro libros* confucianos, pero los comentarios de los eruditos también pueden variar en gran medida del significado de los textos canónicos originales. Pasé trece años en Shaozhou sin la oportunidad para reflexionar seriamente sobre este tema. Después de asumir la posición de superior tras la muerte del Padre Ricci, recibí una carta del visitador de la provincia japonesa, el Padre Francesco Pasio. Comentó que los curas en Japón pensaban que nuestros escritos chinos contenían errores doctrinales, lo que les obligaba a gastar sus energías en refutarlo. Por ello, me suplicó que investigara la situación a fondo, ya que le resultaba difícil de imaginar que alguien que hubiera escrito estas obras en chino, un teólogo experto entendido en los clásicos chinos, pudiera caer en unos errores doctrinales tan graves. Tras leer la carta, mis antiguas sospechas se confirmaron.

A pesar de que Longobardo no mencionó nombres, sin duda se refería a Ricci. En su papel de superior de la misión china, Longobardo ordenó a todos los curas jesuitas en China compartir sus opiniones de los términos *Shangdi*, *tianshen* [ángeles], *linghun* [alma] y de los clásicos confucianos (*Cuatro libros* y *Cinco clásicos*). Entre las respuestas, había quien creía que la antigua China poseía un concepto del Dios auténtico; otros entendían el neo confucianismo como una filosofía materialista que no reconocía ninguna divinidad.

Convencido de que la síntesis del catolicismo y el confucianismo había comprometido la pureza doctrinal de la Iglesia, Longobardo escribió en 1623 el tratado "Varios enfoques respecto a la religión china" en el que expresaba su creencia de que los filósofos neo confucianos planteaban un universo materialista y que los eruditos chinos eran básicamente ateos, oponiéndose del todo, por lo tanto, a la distinción de Ricci entre una filosofía china antigua prístina, naturalista y cuasi cristiana y el neo confucianismo corrupto. En 1627, once curas jesuitas en China se reunieron para una conferencia en Jiading. Aunque Longobardo ordenó prohibir como sinónimos del Dios cristiano *tian*, *Shangdi* y *Tianzhu*, la mayoría de los misioneros dirigidos por el belga Nicolas Trigault apoyaban la estrategia misionera de Ricci con fervor, que también contaba con el completo apoyo de los oficiales conversos chinos. El resultado de la conferencia fue que los nombres *tian* y *Shangdi*, palabras que se encuentran en los antiguos clásicos chinos, se abandonaron en el discurso católico, mientras que el neologismo *Tianzhu* se mantuvo, dibujando así un límite más preciso entre el mundo católico y el confuciano.

En lo que respecta a la adoración de Confucio y sus ancestros, la conferencia decidió mantener las políticas previas de Ricci. Tras haberlas ratificado el general de la Compañía en Roma, los jesuitas misioneros en China apoyaron por unanimidad esta política modificada de adaptación cultural. Como resultado, el tratado "Varios enfoques respecto a la religión china" de Longobardo fue eliminado tras Jiading. A mitad del siglo XVII, sin embargo, el jesuita francés Jean Valet, simpatizante con la postura de Longobardo, le pasó una copia del manuscrito al fraile franciscano Antonio Caballero de Santa María. Este último, muy crítico con el método de Ricci de la adaptación cultural, se la pasó a su vez al fraile dominicano Domingo Navarrete, que publicó el tratado en una traducción española en su propio libro, *Tratados históricos, políticos, ethicos y religiosos de la Monarquía de China*. Con el tiempo, esto constituiría el primer barril de pólvora en la Disputa de los ritos china, que destruiría los pilares de la misión católica.[7]

Como defensor del legado de Ricci, Nicolas Trigault emergió victorioso en la Conferencia de Jianding en 1627, pero sus nervios no dieron más de sí. Sensible, delicado y ansioso, como se ha visto en el retrato de Rubens, Trigault cayó en una depresión duradera y se colgó el 14 de noviembre de 1628 en Hangzhou. Para huir del escándalo, los jesuitas ocultaron el suicidio y solo se referían a él con códigos secretos.[8] Aun así, la santidad de Ricci permaneció intacta del pecado mortal de su principal promotor, al igual que la misión jesuita sobrevivió a la masacre de la conquista manchú de China.

Cuando campesinos rebeldes conquistaron Pekín en marzo de 1644 y las tropas manchúes accedieron a través de la Gran Muralla, el régimen Ming comenzó a morir en una agonizante y lenta muerte que duró casi cuarenta años. Misioneros jesuitas, conversos chinos, así como millones de personas perecieron en masacres y desastres naturales. Durante un tiempo, las palabras de Ricci parecían haberse hecho realidad: "Incluso el emperador de China se ha convertido al cristianismo", como reflexionó Ricci en 1605 en su carta sobre los exagerados informes de su éxito en Roma. Desesperados, los dirigentes de la Ming del sur, el régimen resistente a los nuevos conquistadores manchúes Qing, agradecieron la ayuda de los occidentales, ya fueran las armas de los portugueses o el Dios de los jesuitas.[9]

En 1648, la corte de Yongli en Guilin, la corte del último emperador Ming del sur, fue testigo de tres conversiones clave: la emperatriz y dos emperatrices viudas, bautizadas como Anna, Helena y María. Incluso el propio emperador Yongli consideró convertirse, afirmaron los jesuitas, solo para que lo parar la condición inaceptable de la monogamia cristiana. Pero Yongli accedió a reticente al bautizo del bebé heredero, debido a la presión de la emperatriz, cuando el niño padeció fiebres y solo se recuperó después del bautizo. Este Constantino no llegó a alcanzar los logros de su tocayo romano, ya que a él y a su padre los ejecutó en 1662 en Yunnan en el garrote Wu Sanguei, un general Ming que se había rendido y servía a sus nuevos dirigentes manchú.

Otros prosperaron en el nuevo régimen. Gracias a su importancia en el Rectorado de Astronomía, el jesuita alemán Adam Schall protegió a la comunidad católica de Pekín, primero de las tropas rebeldes bajo Li Zicheng, luego bajo el nuevo régimen Qing manchú. Con el tiempo, Schall entabló amistad con el joven emperador Qing Shunzi, que admiraba al occidental casi como a una figura paterna, otorgando a Schall el honor de un mandarín de primer rango. En las túnicas mandarinas de una nueva dinastía, Schall se aseguró de la supervivencia y la prosperidad de la misión jesuita. A pesar de un breve periodo de persecución tras la muerte de Shunzi en 1664-1665, la misión católica floreció bajo el emperador Kangxi (reinó entre 1662-1723). Interrumpida por la crisis de mitad del siglo XVII, la línea de sucesión misionera se retomó bajo Kangxi.

Un siglo después del asentamiento de Ricci en Pekín, el fundador de la misión católica tendría razones de sobra para sonreír en su tumba. En 1701, había aproximadamente 200.000 conversos y 153 clérigos en China. Esta última cifra incluía a los nueve curas chinos, todos los jesuitas y 82 jesuitas europeos.[10] Trabajando en las viñas junto a otras órdenes religiosas, a menudo celosos y hostiles, los jesuitas aún componían dos tercios del clero y contribuían con un ochenta por ciento de todos los escritos católicos chinos. Se podían encontrar iglesias católicas en casi cada provincia del imperio Qing y el mismo emperador Kangxi se mostraba cercano con los consejeros jesuitas, aprendía latín, matemáticas y ciencias occidentales de ellos, se benefició también de su uso de la quinina para recuperarse de una recaída de la viruela, una enfermedad que contrajo de niño y que mató a su padre, el emperador Shunzi. Una vez más, los jesuitas hablaron emocionados de las posibilidades de una conversión imperial.

Después todo cambió. Tan solo nueve años más tarde, en el centenario de la muerte de Ricci, se prohibió el cristianismo para los chinos. Los misioneros solo podían culparse a sí mismos. Durante medio siglo, los argumentos sobre los rituales chinos entre los jesuitas y las órdenes mendicantes en China incrementaron en intensidad y hostilidad. ¿Se habían adaptado demasiado los misioneros jesuitas a la cultura china? ¿Ricci y sus seguidores habían diluido los contenidos del cristianismo a tal extremo que los chinos estaban practicando un culto que apenas merecía ese nombre? ¿Podían estudiantes, eruditos y mandarines, si eran conversos cristianos, mostrar respeto a Confucio sin comprometerse quizás a ritos "idólatras"? ¿Era apropiado llamar a los antiguos sabios chinos santos que podrían haberse ganado el cielo mediante su virtud en vez de confinarlos al fuego del infierno por vivir en un estado de pecado e ignorancia de la "auténtica fe"? ¿Se trataba de piedad filial el ofrecer comida y bebida a los propios ancestros, inscribir sus nombres en tablas, mantener sus imágenes en los santuarios familiares y "honrarlos en la muerte como si estuvieran vivos"? ¿Dónde terminaba la cultura y comenzaba la religión? ¿Cómo podía representarse el cristianismo a sí mismo sin su expresión europea y sin comprometer su verdadera esencia? Todas estas y más preguntas, culturales y teológicas, afectaron a la creciente y cada vez más dividida iniciativa cristiana en China. Delegados a Roma, controversias teológicas, declaraciones ante el Santo Oficio y la Propaganda Fide, aperturas diplomáticas e incluso un legado papal a China en 1700 fracasaron al intentar resolver esta crisis. Harto de las incesantes disputas entre los occidentales y enfadado por las declaraciones extranjeras en lo que a las prácticas chinas respecta, Kangxi prohibió a sus sujetos en 1705 practicar el cristianismo. A los occidentales se les permitía el derecho a adorar acorde a sus costumbres, declaraba el edicto, pero debían abstenerse del proselitismo. Todos los misioneros occidentales que desearan permanecer en China debían jurar seguir "los métodos del Padre Ricci" y prometer no regresar nunca al Oeste. Los dominicanos, los agustinianos y los curas de las misiones Étrangères de París se marcharon en masa; los franciscanos se encontraban profundamente divididos ante el conflicto; y entre los padres de la Compañía, excepto por un puñado de portugueses, todos los jesuitas en China juraron mantener "los métodos del Padre Ricci".

Quizá esto era suficiente consuelo para Ricci en su tumba. El edicto imperial de 1705 rara vez se puso en práctica en los siguiente ochenta años. Persecuciones ocasionales debían sus orígenes bien a factores políticos o bien al celo de los oficiales individuales regionales o locales. La Iglesia católica continuó creciendo, si bien más despacio, y un rango más amplio de curas chinos complementaban el trabajo de misioneros europeos clandestinos. Aun así, Ricci no fue olvidado. Entre 1773 y 1782, el emperador Qianlong encargó el *Siku Quanshu*, la *Colección imperial de los cuatro tesoros*, un compendio enciclopédico de más de 10.000 libros y manuscritos aprobados por el estado Qing. Los editores incluyeron varios libros científicos de Ricci, el único autor jesuita honrado de entre los cuarenta que habían publicado en chino.

Había poco que celebrar en el bicentenario de la muerte de Ricci, Bajo el nieto y el bisnieto de Kangxi, los emperadores Qianlong (reinaron entre 1736-1796) y Jiaqing (reinaron entre 1796-1820), las persecuciones esporádicas hicieron mártires de los misioneros occidentales y de los conversos chinos, a pesar de que solo resultó en un puñado de muertes y multitud de exiliados, casi pacífico en comparación con el sangriento martirio de miles de asesinados en la represión del cristianismo en el Japón Tokugawa. Aún peor, la Compañía de Jesús ya no existía. Tras haber hecho varios enemigos poderosos, en parte debido a su orgullo y éxito, la Compañía incurrió en la ira de las monarquías portuguesa, española y francesa. Después de su disolución en 1773, embarcaron a los misioneros jesuitas desde los dominios coloniales de España y Portugal, algunos sufrieron largos años de encierro en las prisiones portuguesas. Solo en 1814 el papa Pío VII revirtió la bula de supresión.

Al igual que la Iglesia católica, la Compañía de Jesús se recobró rápidamente en la Europa post napoleónica. Los misioneros jesuitas estaban una vez más preparados para predicar el evangelio en China, cuando el imperio Qing fue derrotado por los británicos en la primera guerra del Opio (1839-1842) y por los ataques unificados britano-franceses en la segunda guerra del Opio (1858-1860). Los tratados formaron al régimen Qing a abrir el imperio a diplomáticos extranjeros, bienes occidentales y misioneros cristianos. Bajo la protección diplomática y militar de Francia, los jesuitas y otros misioneros católicos vinieron a China con rango de diplomáticos y nuevos poderes. Para los chinos, eran representantes de los poderes occidentales y de la extensión de la agresión europea. A su regreso, los jesuitas iniciaron múltiples demandas en un intento de reclamar las propiedades confiscadas hacía más de un siglo. En todas partes, los misioneros protegían a los conversos cristianos, intervenían en las disputas civiles y propietarias, apelando a los magistrados locales y a sus propios cónsules. A la vez que aumentaba su influencia, del mismo modo lo hacía el odio chino a todas las cosas cristianas y occidentales. Quedaba ya olvidada la síntesis entre el confucianismo y el cristianismo, la armonía entre el Este y el Oeste. De manera abrumadora, las élites confucianas de la tardía Qing eran firmes anticristianos si no directamente xenofóbicos. Los rumores y los mitos se multiplicaban. Algunos se originaban en fantasías paranoides: los misioneros pagaban por convertirse, asesinaban bebés tras los bautizos y extraían los ojos de los vivos para hacer medicamentos.

Otros parecían ciertos: proporcionaban información a gobiernos extranjeros, censuraban la cultura china como supersticiosa y en general no dudaban en llamar a sus diplomáticos y soldados para protección y presión. En 1870, un matón de Tianjin asesinó a un cónsul francés agitando la pistola y a una docena de misioneros y conversos. Bajo presión, el gobierno Qing ejecutó a multitud de líderes para apaciguar a Francia. Fue un presagio de lo que estaba por venir.

En 1899, conflictos locales en las provincias de Shangdong y Hebei escalaron en un movimiento general anticristiano. Muchas causas llevaron a esta explosión: una fue la competición entre los pueblos por recursos que asumían un carácter anticristiano cuando las comunidades en sí implicaban a pueblos cristianos; otra fue el nacimiento de un movimiento regional indígena, los bóxers, que afirmaban tener poderes médicos y mágicos además de su destreza marcial. Pronto, los bóxers consideraron a los conversos cristianos y a los misioneros extranjeros como sus enemigos principales. "Expulsar a todos los occidentales, restaurar la dinastía", tal era el lema de los bóxers, que permitían que los dirigiera la facción antioccidental de la corte imperial. Con la connivencia de la corte, los bóxers entraron en Pekín y asediaron las legaciones extranjeras, a donde todos los misioneros occidentales y los conversos chinos habían escapado. Una invasión con las tropas de ocho naciones levantó el asedio y erradicó a los bóxers. Se impuso a la dinastía Qing un tratado humillante. Además de asesinar a cientos de cristianos y a multitud de occidentales, los bóxers se desmandaron por Zhalan en junio de 1900, destrozaron 88 tumbas, las abrieron, quemaron los restos y dispersaron las cenizas a los cuatro vientos.

Con el tiempo, la Iglesia católica recuperó Zhalan, volvieron a enterrar cualquier resto humano que pudiera encontrarse y pusieron lápidas nuevas. Mucho más complicado, sin embargo, era para la Europa católica hacer frente al impacto de la violencia bóxer. Como se acercaba el tricentenario de la muerte de Ricci, la necesidad de recordar y celebrar al misionero pionero se volvió más acuciante, a la luz del reciente rechazo de China xenofóbico y nacionalista del cristianismo occidental. El joven reino de Italia expresó su orgullo nacionalista con una conferencia de geógrafos y eruditos orientales en Macerata, en celebración de su famoso hijo nativo, "geógrafo y apóstol en China".[11] La Iglesia católica no se quedó atrás. Después de casi tres siglos, los jesuitas finalmente desempolvaron el manuscrito de Sabatino de Ursis, uno de los compañeros jesuitas de Ricci en Pekín; esta primera biografía de Ricci apareció en imprenta la víspera del tricentenario de su muerte.[12] No fue este el único acontecimiento de publicación. Pietro Tacchi-Venturo (1861-1956), historiador oficial de la Compañía de Jesús, transcribió y publicó el manuscrito italiano de las memorias de Ricci guardado en los Archivos Romanos de la Compañía. Por primera vez, la voz de Ricci hablaba directamente a la posteridad, en vez de mediante la traducción interpretada de Trigault. El primer volúmen de la *Opere storiche del P. Matteo Ricci* apareció en 1911, el año de la revolución republicana en China y un año tras la inauguración del imperio colonial italiano con la invasión de Libia; el segundo volumen lo siguió dos años más tarde. Tacchi-Venturi incluyó cartas escritas por Ricci, así como por otros jesuitas en su órbita, a pesar de que habría que esperar hasta 2001 para una edición crítica moderna de estas cartas. A pesar de su erudición, Tacchi-Venturi no tuvo mucho cuidado en su uso de los papeles jesuitas procedentes de otros que no fueran Ricci: las pocas hojas del diario de Ruggieri incluidas en el apéndice documentario estaban erróneamente atribuidas a Rodolfo Acquaviva. Más grave era la ignorancia de Tacchi-Venturi del chino, lo que significaba que la *Opere storiche* permaneció extremadamente limitada en su erudición y fiabilidad. Consciente de sus limitaciones, Tacchi-Venturi apenas tuvo el tiempo para profundizar en su erudición. Durante las décadas de 1920 y 1930, el historiador jesuita actuó como la unión principal entre los papas Pío XI y Pío XII y Mussolini, con quien mantenía amistad desde 1922. Como confesor de il Duce, Tacchi-Venturi ejercía una enorme influencia informal tras bambalinas y jugó un papel fundamental para llevar a cabo los Pactos de Letrán que establecieron las relaciones entre el Vaticano y el estado italiano. Su cercanía con el fascismo provocó incluso un intento de asesinato en 1928. En su atareado puesto como "hombre en las sombras", Tacchi-Venturi no había olvidado a Ricci. En 1923, citó a Pasquale D'Elia (1890-1963) a Roma para preparar una nueva edición crítica de la obra de Ricci.

Mientras tanto, los jesuitas misioneros continuaron inspirándose de Ricci. Formado como matemático, el jesuita francés Henri Bernard (1889-1975) se identificó con las tareas científico-religiosas de su predecesor italiano del siglo XVI. Activo en China entre 1924 y 1947, Bernard enseñó por poco tiempo matemáticas en Tianjin, pero su interés en la historia misionera jesuita rápidamente lo llevó a la investigación a tiempo completo. Es el autor de varias obras sobre Ricci, a destacar un trabajo más corto sobre las contribuciones científicas de Ricci a la China Ming y una biografía de dos volúmenes sobre Ricci y la sociedad china.[13] Un enorme tomo se publicó en 1937, *Father Matteo Ricci and Chinese Society of his Age* 1552-1610, desarrolla la carrera de Ricci y la sociedad de la tardía Ming en narrativas paralelas que a menudo fracasan en su intersección. Apoyándose en la edición de los escritos de Ricci de Tacchi-Venturi, Bernard se centra en su historia sobre China, sin dejar de lado los años formativos de Ricci en Roma, así como su corta pero instructiva estancia en India. Al narrar la carrera de Ricci, Bernard discurre en profundidad, y a veces incluso se sale de la narrativa principal, sobre la sociedad, cultura y política Ming. Al igual que *Dell'entrata* del propio Ricci, Bernard se dirige a un lector occidental, es por ello la asunción de que Europa o la civilización cristiana no necesitan explicación, y China, el objeto de curiosidad e interés, junto con el protagonista de la biografía, supondría el tema principal de la exposición. Sin los beneficios de una edición crítica de las obras de Ricci y sin una identificación adecuada de los papeles chinos y una consulta integral de las fuentes chinas, la biografía de Bernard sigue siendo un monumento a la memoria de Ricci, en vez de un trabajo de erudición crítico. Esa contribución vendría, en la década después del libro de Bernard, de un compañero jesuita y compatriota de Ricci.

D'Elia, un investigador en el centro jesuita de Zikawei (Xujiahui), el antiguo hogar de Xu Guangqi en los suburbios occidentales de Shanghái, llegó a China como un joven jesuita en Shanghái, donde estudió entre 1913 y 1917. Después de entrenamiento teológico adicional en Estados Unidos e Inglaterra, D'Elia regresó a China en 1923 y enseñó en la Universidad Jesuita Aurora en Shanghái. Su formación como sinólogo y sus muchos años de experiencia en Shanghái hacían de D'Elia el sucesor ideal para Tacchi-Venturi. El jesuita veterano quería que el jesuita-sinólogo produjera una nueva edición de la obra de Ricci que incorporara caracteres chinos y bebiera de fuentes chinas. Profesor de Misionología en la Universidad Gregoriana jesuita y después profesor de Sinología en la universidad pública de Roma, D'Elia consagró su vida a los tres volúmenes de *Fonti Ricciane*, que se había convertido en la fuente de trabajo habitual para la vida y obra de Ricci. Su inmenso conocimiento aseguraba que cada persona china, institución y situación estaba investigado y documentado al detalle en la *Fonti Ricciane*. A pesar de errores menores de identificación, el *Fonti Ricciane* sigue siendo un trabajo indispensable y un monumento a la reconciliación entre la Iglesia y el Estado en la Italia fascista, lo que proyectó una imagen benigna y civilizadora, ambos hacia atrás al momento de las misiones católicas (los misioneros italianos eran menos beligerantes y culturalmente más corteses que sus equivalentes españoles, portugueses y franceses, o eso insinuaba el mensaje) y hacia delante a los proyectos coloniales de la expansión fascista. El *Fonti Ricciane* representaba un monumento a la erudición en tiempos dramáticos y difíciles. D'Elia tomó y completó el proyecto a la vez que Mussolini enviaba italianos a una guerra reacia. El primer volumen apareció en imprenta en 1942 bajo los auspicios de la Imprenta Estatal; el segundo y tercer volúmenes no se publicaron hasta 1949, tiempo después de la muerte de Mussolini, en los años de posguerra cuando comenzó a aumentar el escrutinio sobre la relación entre el papado y el fascismo.

Con la publicación de *Fonti Ricciane*, el papel heroico y central de Ricci en la misión china se estableció sin lugar a cuestionarlo. Todo y todos prepararon el camino para el gran misionero. Rodeado de sus hermanos compañeros, Ricci tomó el lugar central en el escenario de la obra misionera. Su veterano y primer compañero en China, Michele Ruggieri, se describe solo como alguien que "preparó el camino para Ricci, que lo presentó a China y luego despareció en silencio de la escena".[14] No ayuda que en la página del título del manuscrito de Ruggieri un archivista haya escrito el comentario: "Non e da fidarsene punto, che il faso v'e a tre quarti del vero in molte narration" ["Esto no es de fiar, ya que tres cuartos de la narración parecen invenciones"].[15] D'Elia, quien citó el diario casi ilegible de Ruggieri mucho más extensamente que Tacchi-Venturi, simplemente lo canibalizó para usarlo en comentario detallados en el texto de Ricci. Un héroe católico, un individuo notable, parecía justo el antídoto correcto ante la creciente marea de las anónimas masas comunistas. El año que D'Elia finalizó su trabajo sobre Ricci también fue un año donde los comunistas chinos cerraron la puerta en la cara de los misioneros occidentales.

Si los católicos se habían aliado con el fascismo anticomunista en la década de 1930, los comunistas no habían olvidado a los misioneros. Tres siglos después de su muerte, solo el espíritu de Matteo Ricci permanecía en Zhalan. Ese espíritu, unas veces calmado y otras agitado, flotaba sobre el paso de los regímenes: la dinastía Qing derrocada en 1911-1912, finalizando 5.000 años de historia imperial; y la república misma, con su balance precario de nacionalismo chino y apertura al Oeste, sucumbiendo a su vez a la Revolución Comunista. Tras 1949, la Iglesia católica fue absorbida por la Asociación Patriótica Católica China, que denunció la historia de la religión occidental y la invasión colonial; todos los misioneros occidentales se vieron forzados a marchar de China; y los clérigos chinos leales a Roma permanecieron años en campos de trabajo y detrás de rejas en prisión. Aun así, Ricci no fue olvidado. En 1954, el Comité del Partido Comunista de Pekín construyó una escuela para un cuadro de políticos en la zona de Zhalan: la mayoría de las tumbas se trasladaron, pero el líder Zhou Enlai insistió en mantener las tumbas de Ricci y de otros misioneros jesuitas en su lugar original como monumentos culturales bajo la protección del Consejo de Estado. Esto salvó las lápidas de la violencia de los Guardias Rojos, que descendieron sobre Zhalan en agosto de 1966 con la intención de destrozar todas las cosas occidentales, burguesas e imperialistas.

Las autoridades del colegio persuadieron a los jóvenes revolucionarios de que enterrasen las lápidas en vez de hacerlas pedazos. Cuando pasó la tormenta, las lápidas adornaron una vez más el lugar de descanso de Ricci y sus compañeros (véase figura 14).

Durante los años en que China se convulsionaba por olas de fervor revolucionario, la memoria de Ricci parecía restringida en el Oeste. En Estados Unidos, con las propias fantasías políticas, económica y misioneras (si bien casi siempre protestantes) del país sobre una China ilimitada y la subsecuente decepción tras 1949, se recordó a Ricci en la publicación de su "diario" de 1942 en una traducción al inglés.[16] Louis Gallagher, sin embargo, tradujo a Ricci desde la traducción del latín de Nicolas Trigault; y su fracaso de ceñirse a las transliteraciones latinas convencionales a la sinología de los nombres chinos dejaron su obra en una lectura curiosa pero sin valor académico. Esta edición se reeditó en el 400 aniversario del nacimiento de Ricci, un acontecimiento que también inspiró la amena narración de Vincent Cronin, el importante biógrafo británico, que se benefició del conocimiento de D'Elia, y cuya imaginativa prosa pintó a un sabio jesuita predicando el cristianismo a la "legendaria Catay".[17] *The Wise Man from the West*, un libro dinámico, representa a Ricci como él se representaba a sí mismo. Incapaz de leer en chino (el idioma de la mayoría de las obras de Ricci), Cronin describe el éxito del jesuita casi como si proviniera de una manera misteriosa o providencial. Y China, en su apogeo comunista al inicio de la década de 1950, permaneció en la memoria histórica como la "legendaria Catay" tras la realidad de la cortina de bambú.

Cuando los académicos occidentales centraron su atención en Ricci, ¡qué diferente fue su perspectiva! A unos pocos años del 400 aniversario de la llegado de Ricci a China, dos eminentes sinólogos occidentales publicaron estudios sobre Ricci y la misión jesuita que reflejaban en profundidad diferentes concepciones de la iniciativa de Ricci. En su libro de 1982 *Primeras reacciones chinas al cristianismo*, Jacques Gernet analiza la profunda oposición en pensamiento e idioma entre la China tradicional y el Oeste cristiano.[18] Desmintiendo la acusación de sus críticos de que había exagerado las diferencias culturales entre China y el Oeste, Gernet dio una respuesta categórica ("Eh bien, non!") a las siguientes preguntas: ¿no son los seres humanos los mismos en todos los lugares y no lleva la lógica más básica a creer en la existencia de un Dios creador? ¿No existen acaso las aspiraciones religiosas en todos los seres? Y afirma:

> En Europa como en China, los sentimientos religiosos e incluso las nociones más ordinarias y básicas tienen sus historias. Lo que

Figura 14. Entrada al cementerio jesuita, Pekín

> para los misioneros era evidente no lo era en ningún caso para los chinos de esa época. ¿Por qué, dicen algunos, podría Ricci no haber entendido mejor a los chinos entre los que vivía con familiaridad que un historiador del siglo xx? Es porque Ricci, sus compañeros y sus sucesores estaban totalmente convencidos de que las preguntas que se debaten aquí simplemente no se mencionan; y si los chinos no abrazaban con alegría la religión que les traería la salvación eterna, era debido a los obstáculos que presentaban sus supersticiones, la envidia de los monjes budistas y la hostilidad de los literatos.[19]

El mismo Ricci se dio cuenta del abismo entre idiomas y patrones de pensamiento, argumenta Gernet, por ello el heroico esfuerzo del jesuita de aprender chino y adaptar su mensaje cristiano a una audiencia confuciana. Sin llamar a esto disimulo, Gernet escribe que Ricci fracasó al transmitir las doctrinas cristianas con exactitud y en su totalidad, cita para ello la objeción de Niccolò Longobardo y las polémicas budistas anticristianas de mitad del siglo XVII. Tan profundo era la diferencia en idioma y pensamiento, expone Gernet, que perspectiva de un universo creado y un Dios personal encarnado en la tierra nunca lo hubieran embrazado más que una pequeña minoría de la China Ming.

Centrándose en Ricci más que en China, el libro de Jonathan Spence propone una mirada diferente.[20] Usa la mnemotécnica de Ricci como inicio y penetra en el *Xiguo Jifa* de Ricci para explorar el mundo mental del misionero italiano. Evitando una cronología convencional de la vida de Ricci, Spence se toma en serio la formación europea del misionero italiano. Sus alusiones sucintas a Macerata, Roma y la Europa de la Contrarreforma son algunas de las partes más sólidas de un ensayo idiosincrático de otra manera, uno que se centra en la obra menor de Ricci que tuvo poco impacto en la sociedad Ming. No obstante, la imaginación histórica de Spence y su habilidad para tejer las diferentes hebras de la historia europea y china en una narrativa sin fisuras inspiró, sin duda, otras narraciones de la historia de Ricci. Hay algo de irresistible en esta narración: gracias a su intelecto, un individuo heroico salvó las brechas imposibles entre civilizaciones, abrió un nuevo mundo de comprensión con la fuerza de su aprendizaje y genialidad.

Es este *ingegno* –ingenuidad, talento y rapidez mental, la esencia italiana– que hace que Matteo Ricci reciba el cariño de sus compatriotas, quienes ven en la figura del científico y religioso del jesuita un modelo para las relaciones culturales y diplomáticas entre la Italia y la China contemporáneas. Ingenioso en la diplomacia y el disimulo, un político pero intelectual: ¿no son acaso estas cualidades de Ricci afines a Giulio Andreotti, el padrino de la democracia cristiana y tres veces primer ministro de Italia entre 1972 y 1992, quien tras defenderse a sí mismo con éxito en diferentes juicios sobre sus conexiones con la mafia, encontró tiempo en su jubilación y avanzada edad para escribir una biografía de Ricci?[21] Para otros, es la experiencia diplomática y cultural en China la que ha proporcionado la inspiración, como en la hermosa biografía escrita por Michela Fontana.[22] En la tradición académica italiana de Ricci, jesuitas y sinólogos han escrito otras biografías sobre él. Gaetano Ricciardolo, sinólogo en la Universidad de Roma, se mostró escéptico con la interpretación de Jacques Gernet, destacó que muchos eruditos confucianos, no conversos, valoraban las contribuciones culturales de Ricci y de sus sucesores.[23] Y la última contribución jesuita es la corta biografía escrita por Francesco Occhetta, editor de *Civilità Cattolica*, la prensa oficial del Vaticano.[24] No nos olvidemos del orgullo local, Macerata conmemora a su hijo con una calle y una estatua; y en el Instituto Ricci, fundado conjuntamente por la municipalidad, provincia, universidad y diócesis, se puede encontrar un hervidero de producción académica, donde se publican ediciones críticas modernas de los escritos de Ricci y donde se traducen, por primera vez y con la ayuda de un equipo de investigadores chinos, el corpus entero de las obras de Ricci chinas al italiano.

El director de ese Instituto, Filippo Mignini, ha escrito también la biografía de Ricci, que evoca escenas imaginarias pero creíbles de la infancia de Ricci, trayendo a la vida la farmacia de su padre, las iglesias, escuelas y calles de la Macerata del siglo XVI.[25]

Los investigadores en Macerata no son solo los únicos chinos exportados en la iniciativa cultural de Ricci. Las tres décadas tras la Revolución Cultural (1966-1976) habían sido testigos de una explosión de interés en los encuentros tempranos sino-occidentales, sobre todo tras el anuncio de la reforma económica de Deng Xiaoping en 1978. Las publicaciones sobre Matteo Ricci en chino eran equiparables a la tasa de crecimiento económico.

Uno de las primeras y más importantes obras académicas en aparecer fue el libro *Li Madou yu Zhongguo* (*Matteo Ricci y China*) en 1996 de Lin Jinshui.[26] A pesar de su fecha de publicación, Lin había terminado el primer borrador en 1981, poco después del discurso de Deng sobre la liberación económica. En esos embriagadores años, parecía que China estaba dejando por fin atrás la xenofobia hacia el Oeste, encauzándose una vez más en el largo camino de la modernización, un proceso interrumpido repetidamente durante los últimos 120 años de su historia. Matteo Ricci, afirmaba Lin Jinshui, había hecho una importante contribución a China, inauguró la etapa de encuentros continuos con el Oeste. Lamentando que este encuentro cultural reciente fracasara en suscitar la modernización china, Lin concluyó que la dinastía Qing representaba un régimen aún más feudalista que el Ming y que las técnicas científicas y modernizadoras de los jesuitas estaban limitadas por sus objetivos religiosos primarios. Después, Lin advierte:

> No obstante, no podemos ver a todos los misioneros de China como "invasores culturales" y "vanguardias del colonialismo", sin considerar los periodos históricos o un análisis real, solo porque hubiera una relación entre los jesuitas y la expansión colonial-marítima ibérica. Esto es contrario al espíritu del materialismo histórico.
>
> Las misiones religiosas representan una forma de intercambio cultural y el canal principal de intercambios culturales entre la China tradicional y el Oeste. A través de ellos, la civilización llegó a China y la ilustre civilización china se extendió a todos los países... Por lo tanto, no deberíamos criticar sin pensar los intercambios culturales que tuvieron lugar en términos religiosos; deberíamos analizar en concreto preguntas históricas específicas. Existe una diferencia esencial entre los misioneros jesuitas en la tardía China Ming y la temprana Qing y esos misioneros que vinieron después de la guerra del Opio. Los misioneros jesuitas vinieron a China para ganar conversos para el cristianismo en un país que no era ni cristiano ni musulmán; se trataba de actividades misioneras propiamente dichas.[27]

La diferencia, elabora Lin, radica en las limitaciones legales y la adaptación cultural que caracterizaba a la misión jesuita Ming-Qing, en contraste con la invasión militar, económica y cultural de China tras la guerra del Opio en 1842. Aunque a estos invasores se los expondría y criticaría, Lin reivindicaba conmemorar a "aquellos misioneros, amigos de la gente china, que habían contribuido a los intercambios sino-occidentales. La renovación de la tumba de Ricci en Pekín es un buen ejemplo".[28]

Dejando a un lado la afirmación programática, el libro de Lin representa un hito importante en la academia. Además de analizar las contribuciones matemáticas, astronómicas, geográficas, artísticas, musicales y lingüísticas de Ricci, Lin da información sobre los 141 mandarines y eruditos mencionados en los escritos de Ricci, con datos recopilados de un gran número de informes chinos. Esta prosopografía sigue siendo el pilar para todas las investigaciones futuras sobre la historia social de los inicios de la misión jesuita.

En lo que respecta a lo intelectual, Sun Shangyang toma un enfoque filosófico en su libro 1994 *Jidujiao yu Mingmo ruxue* (*Cristianismo y confucianismo en la Ming tardía*).[29] En la primera parte del libro, Sun analiza atentamente la síntesis cristiano-confuciana en los escritos de Ricci; en la segunda parte, rastrea temáticamente las reacciones confucianas en el siglo XVII. Solo un puñado de académicos chinos, concluye Sun, adoptaron el cristianismo creativamente, como expuso Ricci, para sus propios objetivos para el estado, la reforma social o la salvación personal. La mayoría rechazó esta cultura extranjera, para preservar los valores tradicionales y la estabilidad social. Esta estabilidad, sin embargo, se compró a costa de la exclusión cultural y la xenofobia, dejando a la China del siglo XIX sin ningún tipo de preparación para lidiar con un reto mucho menos pacífico por parte del Oeste. Al perder la ventana pacífica del intercambio cultural en los tiempos de Matteo Ricci, las élites chinas aportaron a la condena de su país a un siglo de humillación semicolonial.[30]

A la vez que entramos en el siglo XXI, los estudios chinos sobre misiones católicas se han expandido más allá de los confines de la academia china y católica en las décadas de los años 1930 y 1940, igual que las reformas económicas implementadas primero en las "Zonas económicas especiales" han abarcado toda China. Desde el arte, las matemáticas, la astronomía, la religión, la filosofía, la música y hasta la lingüística, Ricci es un sujeto de estudio legítimo y popular. Una edición crítica de 2001 de los escritos chinos de Ricci la editó nada menos que Zhu Weizheng, profesor de la Universidad Fudan y una vez radical del campus durante la Revolución Cultural.[31]

En el 400 aniversario de su muerte, Matteo Ricci está de todo menos solo: su lápida está pulida, sus escritos reeditados y su memoria celebrada. Tres series de sellos, expedidos por la República de China (Taiwán) en 1983, en Italia en 2002 y en Macao en 2006, emocionan a los filatélicos jesuitas.[32] Cuatro institutos con su nombre en Taipéi, Macerata, San Francisco y Macao se dedican a los intercambios culturales sino-occidentales y apoyan los estudios sobre la misión jesuita en China. En el ajetreado horario de conferencias, exhibiciones y publicaciones que celebran su memoria, deberíamos recordar un tiempo antes de Nanchang, Nanjing y Pekín, cuando los visitantes llamaban a la puerta para conversar con el distinguido erudito del Oeste.

Hace algunos años, al inicio de mi investigación, visité Zhaoqing, la primera residencia de los jesuitas, donde Ricci pasó siete infelices años. Sin saber cantonés y modestos en sus logros misioneros, Ricci y sus compañeros permanecieron en una casa adyacente a la Pagoda Chongxi al lado del río Oeste justo fuera de la puerta este de la ciudad. En mi vista a cada monumento histórico y en mi paseo por las murallas, que aún rodean la antigua ciudad de Zhaoqing, busqué en vano señales de Ricci. La librería más grande, Xinhua, no tenía ningún libro sobre la historia de Zhaoqing, mucho menos libros del famoso jesuita. Esta hermosa ciudad provincial de Guangdong parecía haber olvidado a los jesuitas el instante que Ricci partió a Shaozhou. Tras tres días, marché a la terminal de ferry para regresar a Hong Kong. Después, con el impulso del momento, una carrera rápida a la Pagoda Chongxi desde la orilla del río. Al doblar la esquina alrededor de un murete que resguardaba unos talleres indistinguibles, con la imponente silueta de la pagoda frente a mis ojos, me percaté de la pequeña placa a mi izquierda. Erigida en 1998 por el municipio conmemora el lugar donde antiguamente se emplazó la residencia jesuita y donde Ricci vivió una vez.

Con la cabeza rasurada, ataviado con una túnica budista, despreciado por los locales como un monje bárbaro ignorante de su lengua y a un mundo de distancia de su hogar, Ricci hubiese encontrado consuelo en estas palabras que muestran que no sería olvidado, incluso en el hermoso remanso provincial de Guangdong.

EPÍLOGO

En 2010 los gobiernos de China e Italia celebraron el aniversario de la muerte del jesuita Mateo Ricci. Consecuentemente, la mayoría de la producción académica en el campo de las misiones católicas en China se centraron en la figura de Ricci. Un gran número de instituciones académicas y culturales, incluyendo el *Ricci Institute for Chinese-Western Cultural History* o el *San Francisco University Center for the Pacific Rim*, celebraron conferencias y encuentros para homenajear la vida y obra de Ricci. La monografía del profesor Ronnie Hsia, *Un jesuita en la Ciudad Prohibida*, se inscribe en esta constelación de acontecimientos, al haber sido publicada por Oxford University Press el mismo año de este aniversario. De hecho, el profesor Chen Hui-hung rápidamente destacó que "entre las abundantes publicaciones y actos celebrados en 2010 con motivo del 400 aniversario de la muerte de Matteo Ricci, el libro de R. Po-chia Hsia figura sin duda entre los más destacados, tanto para lectores académicos como profanos."[1]

Efectivamente, *Un jesuita en la Ciudad Prohibida* pronto se convirtió en un *best-seller*, alcanzando una gran popularidad y recibiendo elogios por parte de la comunidad académica. El éxito del libro fue tal que se reimprimió anualmente durante los tres primeros años de su publicación. *Un jesuita en la Ciudad Prohibida* también suscitó un debate crítico entre los estudiosos de la religión y los historiadores modernistas centrados en los intercambios culturales entre Asia y Europa. La obra fue reseñada en las más prestigiosas revistas académicas. Concretamente, expertos en estudios religiosos y asiáticos

[1] Chen Hui-hung, "A Jesuit in the Forbidden City: Matteo Ricci 1552–1610," *The Catholic Historical Review*, vol. 98, 1, (2012): 182-183.

como Jonathan Spence and Valentine Leys[2], Elisabetta Corsi[3], Chen Hui-hung[4], Jennifer L. Welsh[5], Anthony David Wright[6], Anthony E. Clark,[7] y Timothy Billings[8] escribieron sobre la obra de Hsia. Todos ellos ofrecieron sus opiniones sobre este libro, ensalzando su sofisticación intelectual. Los expertos valoraron como la obra de Hsia ha contribuido críticamente en el campo de estudio de la presencia y el modelo de evangelización de los jesuitas en China.

Los expertos subrayaron la novedad del libro del profesor Hsia por ser la primera biografía crítica que analiza rigurosamente la vida de Ricci utilizando todas las fuentes primarias (muchas de ellas inéditas) relevantes sobre su vida. Los lectores resaltaron la habilidad del autor para utilizar distintas y variadas fuentes primarias en diversos idiomas (incluyendo el inglés, latín, portugués, italiano, y chino) que proporcionan una base enormemente sólida a esta obra. Concretamente, todos ellos apuntaron a su maestría en el uso de las fuentes chinas, muy poco estudiadas para analizar la obra y vida de Ricci en la China Ming. Como indicaba el profesor Billings en su reseña, la obra del profesor Hsia "proporciona una narración legible del nacimiento a la muerte [de Ricci], a la vez que hace un uso espléndido de fuentes tanto europeas como chinas. Lo que distingue la obra de Hsia del registro biográfico anterior es su método de traducir o parafrasear fuentes chinas en puntos cruciales del orden narrativo".[9] Del mismo modo, el profesor Anthony E. Clark afirmaba que "al recurrir a una impresionante variedad de fuentes, la obra de Ronnie Po-Chia Hsia

---

2 Jonathan Spence and Valentine Leys, "R. Po-chia Hsia A Jesuit in the Forbidden City: Matteo Ricci, 1552-1610," *Annales. Histoire, Sciences Sociales*, vol. 66, 2, (2011): 540-542.

3 Elisabetta Corsi, "Visiting Humanists and Their Interpreters: Ricci (and Ruggieri) in China," *China Review International*, vol. 19, 1, (2012): 1-8.

4 Chen Hui-hung, "A Jesuit," 182-183.

5 Jennifer L. Welsh, "Review of A Jesuit in the Forbidden city: Matteo Ricci, 1552-1610," *The Sixteenth Century Journal*, vol. 43, 4, (2012): 1227-1229.

6 Anthony David Wright, "Review of A Jesuit in the Forbidden city: Matteo Ricci, 1552-1610", *The Journal of Ecclesiastical History*, vol. 62, (2011), 833.

7 Anthony E. Clark, "Ronnie Po-Chia Hsia, *A Jesuit in the Forbidden City: Matteo Ricci 1552–1610*, (Oxford: Oxford University Press, 2010)," *The American Historical Review*, vol. 10, (2011): 1101-1102.

8 Timothy Billings, "Review of A Jesuit in the Forbidden city: Matteo Ricci, 1552-1610," *Renaissance Quarterly*, vol. 64, 3, (2011): 981-983.

9 Billings, 981-983.

sobresale en términos de calidad académica y cohesión narrativa".[10] El uso de la erudición china en la construcción de esta obra también fue reconocido por los críticos, ya que las biografías anteriores de Ricci y de prácticamente todos los misioneros europeos en Asia se habían abordado desde la perspectiva eurocéntrica. Billings sentenciaba que Hsia contaba con la imbatible "la autoridad de la documentación".[11]

Los expertos concluyeron que el libro del profesor Hsia es la obra más completa y definitiva sobre Mateo Ricci por su riqueza archivista y su creativo y provocativo marco teórico. La obra de Hsia es fundamentalmente revisionista. Su libro redefine tanto el significado como el propósito de la presencia de los jesuitas en Asia a través de la figura de Ricci. De esta forma, el profesor Billings subrayó cómo en la obra del profesor Hsia, "los chinos emergen como individuos con sus propias historias en lugar de limitarse a proporcionar color local a la gran aventura de Ricci".[12] Hsia pone de relieve el particular modelo de conversión de Ricci, basado en el conocimiento de la sociedad china y las enseñanzas confucianas. Este modelo permitió un "arte de la conversión" en el que valores personales como la empatía y la fluidez de las creencias cristianas atraían de forma única a los conversos espirituales. Hsia ilumina la aventura de Ricci, su viaje misionero, y su producción intelectual en la China Ming. Gracias a su "inteligencia, encanto, y persistencia", Hsia afirma que el "misionero italiano consiguió acceder al reino interior de la civilización china, negado a casi todos los visitantes". Usando una metáfora del propio Ricci, el jesuita "esperaba entrar en la casa y obligar a sus residentes a salir con él en lealtad a la Iglesia católica".[13]

Hsia rompe con algunos de los estereotipos y leyendas que han rodeado la vida de Mateo Ricci al adoptar "un enfoque revisionista, sugiriendo que ya es hora de que examinemos las fuentes chinas para obtener la imagen completa parcialmente oscurecida por la

[10] Anthony E. Clark, (2011), "Ronnie Po-Chia Hsia, *A Jesuit in the Forbidden City,*" 1101-1102.
[11] Timothy Billings, "Review of A Jesuit in the Forbidden city," 981-983.
[12] Timothy Billings, "Review of A Jesuit in the Forbidden City," 981-983.
[13] Ronnie Po-Chia Hsia, *A Jesuit in the Forbidden City: Matteo Ricci 1552-1610*, (Oxford: Oxford University Press, 2010), XIV.

glorificación póstuma de Ricci".[14] A través de este método crítico e imparcial, Hsia ofrece nuevas perspectivas que redefinen la imagen de Ricci y la misión jesuita moderna en China en particular, y Asia en general. Como el profesor Clark afirma, la obra de Hsia "demuestra que la importancia de Ricci trascendió su propio trabajo de evangelización, iluminando el complejo clima religioso e intelectual de una interacción global en la edad moderna".[15]

En State College, a 28 de noviembre de 2024

Héctor Linares
The Pennsylvania State University

[14] Anthony E. Clark, "Ronnie Po-Chia Hsia, *A Jesuit in the Forbidden City,*" 1101.
[15] Clark, 1101-1102.

APÉNDICE:

VEREDICTO DEL MAGISTRADO SOBRE ACUSACIÓN DE ADULTERIO EN CONTRA DE MICHELE RUGGIERI

ARSI Jap-Sin I-198, fos. 183, 187

審得蔡一龍於九月廿五日哄騙番僧寶石到省意圖重價勒贖且因借陸於充本艮人刄欲寶石私償抵償債隨充往省尋見向論前憤是充執回寶石送 道驗明發還本僧此一龍解到本府暫收倉監喚僧面賢究懲乃捏羅洪告詞稱僧明堅與妻通姦即指一龍寫帖張掛準後慮本府審出真情又訴匿名詐害今據李主歷回稱羅洪原(187)案住南門與妻先期外躲即 是一龍供報詳看羅洪與明堅素無來往何故將妻自汙告害番僧況南門去本府頗遠以異言異服之僧私往通姦一路地方鄰佑豈不窺見即使潛跡亦難逃於近處耳目此中奸棍甚歹脫一瞰知登時捉獲或送官或嚇詐仍所不遂而始待久出之夫告鳴耶此俚人之所必無可知矣今洪既不出官對俚即是一龍捏名妄告圖洩私忿無(183)疑應將一龍問罪仍追還陸於充本艮人刄將一龍取問罪犯

El interrogatorio revela que el vigésimo quinto día del noveno mes. Cai Yilong engañó al monje extranjero para que le diera la piedra preciosa y huyó a la capital provincial, con la pretensión de pedir un precio alto por la devolución. Además, quería usar la piedra preciosa para pagar a Lu Yuchong, que era inocente. Lu marchó y encontró a Cai en la capital provincial y con enfado exigió que se devolviera la piedra, la cual, tras ser examinada por el magistrado, se devolvió al monje. Cai Yilong fue escoltado de vuelta a esta prefectura y encarcelado, mientras que se citó al monje para interrogarlo. Para evitar el castigo [Cai] falsificó una acusación en nombre de Luo Hung, diciendo que el monje Mingjian.

[Ruggieri] y la mujer de Luo habían cometido adulterio. Esta acusación se publicó como un folleto, pero ya que [Cai] estaba preocupado de que este magistrado supiera la verdad, inició otra denuncia anónima. Acorde al informe de Li Zhuli el acusador Luo Hung y su mujer residen en la Puerta Sur, pero se han marchado para ocultarse de antemano. Tras examinar la información proporcionada por Cai Yilong, parece que Luo Hung nunca ha tenido ningún trato con Luo Mingjian [Ruggieri]: ¿por qué denigraría a su propia mujer y acusaría al monje extranjero? Además, la puerta Sur está alejada de esta magistratura. ¿Cómo podría un monje vestido con ropas extranjeras y hablando una lengua extranjera ir allí para unirse sin ser visto por ninguna persona en su camino? Aunque fuera oculto, difícilmente podría evitar ser oído por los vecinos. Es complicado para los criminales escapar: habría sido capturado y enviado a la magistratura o chantajeado, y no tendría que haber esperado a ser denunciado por un esposo ausente durante tanto tiempo. El vulgo obviamente no sabría esto. Y ya que [Luoo Hung] no comparece ante la magistratura para enfrentarse al acusado, queda claro que Cai Yilong ha hecho la acusación bajo un nombre falso por venganza, y no hay duda de que es culpable. Por lo tanto, la deuda debida al inocente Lu Yuchong tendrá que ser recuperada y Cai Yilong sentenciado.

NOTAS

CAPÍTULO 1

1 *The Ratio Studiorum: The Official Plan for Jesuit Education*, trans. Claude Pavur, SJ (St Louis: Institute of Jesuit Sources, 2005), 137.

2 Cifras de Riccardo G. Villoslada, *Storia del Collegio Romano dal suo inizio (1551) alla soppressione della Compagnia di Gesù (1773)* (*Analecta Gregoriana*, vol. LXVI) (Rome: Gregorian University Press, 1954), 58.

3 Henri Bernard, *Le Pe`re Matthieu Ricci et la société chinoise de son temps 1552-1610*, 2 vols. (Tianjin: Hautes Études, 1937), i. 19.

4 Montaigne, *Travel Journal*, en Michel de Montaigne, *The Complete Works*, trans. Donald M. Frame (Nueva York: Alfred A. Knopf, 2003), 1167.

5 Se adjunta una lista de rectores y directores en Villoslada, *Storia del Collegio Romano*, 322-36.

6 James M. Lattis, *Between Copernicus and Galileo: Christopher Clavius and the Collapse of Ptolemaic Cosmology* (Chicago: University of Chicago Press, 1994), 150-1.

7 Gregory Martin, *Roma Sancta (1581)*, ed. George Bruner Parks (Roma: Edizioni di Storia e Letteratura, 1969), 162-3. He modernizado la ortografía del texto de Martin.

8 Ibídem 164.

9 Para estas figuras ver Jean Delumeau, *Vie économique et sociale de Rome dans la seconde moitié du XVIe siècle*, 2 vols. (París: de Boccard, 1957), 171.

10 Citado en mi 'Mission und Konfessionalisierung in Übersee', in Wolfgang Reinhard y Heinz Schilling (eds.), *Die Katholische Konfessionalisierung* (Münster: Aschendorff, 1995), 158.

11 *Avisi particolari delle Indie di Portugallo ricevuti in questi doi anni del 1551 & 1552 da li reverendi padri della compagnia di Iesu* (Roma, 1552).

12 *Novi avisi di piu lochi de l'India et massime de Brasil . . . doue chiaramente si puo intendere la conuersione di molte persone.* (Roma, 1553).

13 *Avisi particolari del avmento che Iddio da alla sua Chiesa Catolica nell'Indie, et spetialmente nelli Regni di Giappon con informatione della China, riceuuti dalle Padri della Compagna di Iesu, questo anno del 1558* (Roma, 1558).

14 *Diversi avisi particolari dall'Indie di Portogallo, riceuuti dallanno 1551 sino al1558, dalli Reuerendi padri della compagnia di Gesu, dove s'intende delli paesi, delle genti, & costumi loro, & la grande conuersione di molti popoli, che hanno riceuuti il lume della santa fede, & religione Christiana. Tradotti nuouamente dalla lingua Spagnuloa nella Italiana* (Venecia, 1565).

15 Véase Gian Carlo Roscioni, *Il desiderio delle Indie: Storie, sogni e fughe di giovani gesuiti italiani* (Turin: Einaudi, 2001).

16 Para la carrera de Valignano, ver Adolfo Tamburello, M. Antoni, J. Üçerler, y Marisa di Russo (eds.), *Alessandro Valignano S.I., uomo del Rinascimento: Ponte tra Oriente e Occidente* (Roma: Insitituo Histórico de la Compañía de Jesús, 2008).

17 Para biografías de jesuitas seleccionados para India en 1577, ver Joseph Wicki (ed.), *Documenta Indica*, xi: *1577-1580* (*Monumenta Historica Societatis Iesu*, vol. 103) (Roma: IHSI, 1970), 19*-23*.

18 Gregory Martin, *Roma Sancta*, ed. George Bruner Parks (Roma: Edizioni di Storia e Letteratura, 1969), 167.

CAPÍTULO 2

1 A. C. de C. M. Saunders, *A Social History of Black Slaves and Freedmen in Portugal 1441-1555* (Cambridge: Cambridge University Press, 1982), contiene figuras sobre el número y la distribución de esclavos africanos en Lisboa.

2 Para la historia general de la Compañía en Portugal, el trabajo habitual es Dauril Alden, *The Making of an Enterprise: The Society of Jesus in Portugal, its Empire,and Beyond 1540–1750* (Stanford, Calif.: Stanford University Press, 1996).

3 ARSI, Lusitania 39, Catalogii brevii, fos. 7-8.

4 *DI*, xi. 156.

5 Para la arquología marítima e investigación sobre los galeones portugueses, ver N. Fonseca, T. A. Santos, y F. Castro, 'Study of the Intact Stability of a Portuguese Nau from the Early XVII Century', in Guedes Soares et al. (eds.), *Maritime Transportation and Exploitation of Ocean and Coastal Resources* (Londres:

Taylor & Francis, 2005), 841-9 y los recursos web http://nautarch.tamu. edu. Sobre náutica y la historia de las exploraciones marítimas, ver Frédéric Mauro, Le Portugal *et l'Atlantique au XVIIe siècle (1570-1670): Étude économique* (París: SEVPEN, 1960).

6 He usado la elegante traducción de Landeg White (Oxford: Oxford Univer- sity Press, 1997).

7 Cuatro jesuitas en el viaje de 1578 registraron sus experiencias del viaje: tres de ellos –Nicolo Spinola, Francesco Pasio, and Rodolfo Acquaviva– se han publicado en *DI*, vol. xi, ed. Joseph Wicki, 304-24, 333-79. El cuarto, escrito por Ruggieri, está en su diario manuscrito, ARSI Jap-Sin 101 I, fos. 8-11, 116^{r-v}. Las narraciones de Spinola y Pasio son las más detalladas. Desafortunadamente, no parece haber un registro conservado escrito por Ricci. El relato de Ruggieri, compañero de barco de Ricci, es más bien corto, seguramente refleja el viaje sin inconvenientes. Ver también el artículo de Joseph Wicki, 'As relações de viagens dos Jesuítas na carreira das naus da Índia de 1541 a 1598', in Luís de Albuquerque e Inácio Guerreiro (eds.), *II seminário internacional de história Indo-Portugues* (Lisboa: IICT-CEHCA, 1985), 3-17. Las narraciones jesuitas obviamente hacen hincapié en conceptos edificantes, dejando a un lado lo vulgar. Para una descripción muy diferente del viaje a India, con una perspectiva no clerical ni secular, existe un registro corto pero dinámico de un viaje en 1583 escrito por el neerlandés Jan Huygen van Linschoten, que se encontraba al servicio del dominicano Vincente de Fonseca, asignado al arzobispado de Goa: *John Huighen van Linschoten: His Discours of voyages into ye Easte & West Indies* (Londres: John Wolfe, 1598), disponible en línea: http//name.umdl.umich.edu/ A05569.0001.001.

8 *DI*, xi. 307.

9 ARSI Jap-Sin 101 I, 'M. Ruggiero relaciones 1577-1591'.

10 *DI*, xi. 315. ARSI, Fondo Gesuitico, 723/5.

12 El porcentaje (15,3%) de fallecidos entre los jesuitas alemanes de viaje para misiones de ultramar es de Christoph Nebgen, *Missionarsberufungen nach Übersee in drei deutschen Provinzen der Gesellschaft Jesu im 17. und 18. Jahrhundert* (Ratisbona: Schnell/Steiner, 2007), 98.

13 *DI*, xi. 307.

14 Esta anécdota se publicó en *OS*, ed. Tacchi Venturi, ii. 395. Tacchi Venturi menciona el manuscrito del que se transcribe este extracto sin dar su firma en el ARSI. Atribuye erróneamente este texto a Acquaviva. De hecho, este episodio se relata en las memorias de Ruggieri, ARSI Jap-Sin 101 I, 'M. Ruggiero

Relaciones 1577-1591' bajo el título anónimo 'Relatione del successo dela missione della Cina dal mese di Novembre 1577 sin all'ano 1591 del P. Michel Ruggiero al nostro R. P. Claudio Acquaviva Generale della Comp di Gesu', fo. 11.

15 La información sobre la provincia jesuita en India se recoge de *DI*, vols. ix-xii, cubre los años de 1573 a 1583. Las cartas de Ricci se encuentran en vols. xi and xii, así como la correspondencia de Pasio, Ruggieri y Acquaviva.

16 Ines G. Županov, *Missionary Tropics: The Catholic Frontier in India (16th-17th Centuries)* (Ann Arbor: University of Michigan Press, 2005), 76.

17. *DI*, xi. 645–6.

18 Tacchi-Venturi, *OS* ii. 400, carta de Ruggieri a Mercuriano, Macao, 12 de noviembre de 1580.

19 Ibídem.

20 *DI*, xii. 435.

21 *Lettere*, 11.

22 *DI*, xi. 638, 699.

23 *Lettere*, 19.

24 Ibídem 24.

25 Ibídem 25.

26 Ibídem 40.

27 Sobre la Inquisición en Portugual y sus víctimas principales, los nuevos cristianos, ver A. J. Saraiva, *Inquisição e cristãos novos* (Oporto: Inova, 1969); António Borges Coelho ha estudiado el funcionamiento de uno de los tres tribunales de Portugal; ver su *Inquisição de Évora 1533–1668* (Lisboa: Caminho, 2002); 231-71 y 598-628 lidian específicamente con tener a los judíos conversos como objetivo. El anterior archivo de la Inquisición de Goa no ha sobrevivido; tenemos una antigua narración de un testigo presencial del siglo XVII de una víctima francesa: *L'Inquistion de Goa: La Relation de Charles Dellon (1687)*, ed. Charles Amiel y Anne Lima (Paris: Chandeigne, 1997). Para casos contra los conversos en India, Županov, *Missionary Tropics*.

28 Para el pogromo de 1506 contra los judíos, ver Yosef Hayim Yerushalmi, *The Lisbon Massacre of 1506 and the Royal Image in the Shebet Yehudah* (Cincinnati: Hebrew Union College, 1976).

29 *Lettere*, 31. Esta cita y otras son de 29-32.

30 Sobre el problema de la discriminación en la formación del clero indígena en India, visto desde fuentes jesuitas, ver Josef Wicki, SJ, 'Der einheimische

Klerus in Indien (16. Jahrhundert)', en Johannes Beckmann (ed.), *Der einheimische Klerus in Geschichte und Gegenwart, Neue Zeitschrift fu¨r Missionswissenschaft Supplementa* II (Schöneck-Beckenried: NZM, 1950), 17-72. Para un debate más profundo sobre prejuicios raciales en el catolicismo ibérico, ver Charles Boxer, *The Church Militant and Iberian Expansion 1440-1770* (Baltimore: Johns Hopkins University Press, 1978).

CAPÍTULO 3

1 Véase la carta de Leonel de Sousa al Infante D. Luís, 15 de enero de 1556, en Rui Manuel Loureiro (ed.), *Em busca das origens de Macau (Antologia documental)* (Lisboa: Grupo de Trabalho do Ministéro da Educação para as comemorações dos descobrimentos Portugueses, 1996), 91-9.

2 Ibídem.

3 La descripción de Macao de Lu Xiyan se cita en Fang Hao, *Zhongguo Tianzhujiao Renwu juan*, 3 vols. (Hong Kong: Zhonghua shuchu, 1970), ii. 250-2.

4 Sobre la alianza entre los jesuitas y las élites mercantiles en la temprana Macao, ver Luís Filipe Barreto, *Macau: Poder e saber. Séculos XVI e XVII* (Lisboa: Editorial Presença, 2006), 115 ff.

5 Los versos originales son más refinados: 'He Iapão, onde nace a prata fina, que illustrada será cosa ley divina.'

6 Un picul, adaptado de la medida china *dan*, equivalía aproximadamente a 133 lbs.

7 Las figuras de la carta de Francisco Cabral, superior de la misión jesuita en Japón, 15 de septiembre de 1581, fo. 8, en *Cartas que os padres e irmãos da Companhia de Iesus escreuerão dos Reynos de Iapão & China aos da mesma Companhia da India, & Europa, des do anno de 1549 atéo de 1580*, vol. ii (Évora 1598/ Maia 1997).

8 Mencionado en la carta de Ruggieri del 8 de noviembre al general Everardo Mercuriano, en Tacchi-Venturi, *OS* ii. 398.

9 Ibídem 397.

10 'Carta do P. André Pinto aos Jesuítas da Índia', en Loureiro (ed.), *Em busca das origens de Macau*, 122.

11 Tras haber ejercido anteriormente en Goa y Malaca, el oriundo de Oporto se unió a la Compañía en Goa en 1557. Pinto viajó el verano de 1563 desde Malaca a Macao, donde permaneció hasta 1568. Regresó a Goa y ejerció más tarde

en Malaca y Japón antes de unirse a los jesuitas en Macao en 1581 por segunda vez y permanecer allí hasta su muerte. Véase 'Carta do P. André Pinto aos Jesuítas da Índia', 117-29.

12 Véase documentos 46 y47 en John W. Witek y Joseph S. Sebes (eds.), *Monumenta Sinica*, i: *1546-1562* (Roma: IHIS, 2002) (MHSI, vol. 153), 232– 57, esp. 246-7.

13 Una traducción inglesa del informe de Gaspar da Cruz se publicó en C. R. Boxer (ed.), *South China in the Sixteenth Century* (Londres: The Hakluyt Society, 1953).

14 Véase carta de João de Escobar, secretario de la embajada, a Manuel Teixeira, superior de los jesuitas de Macao, Guangzhou, 22 de noviembre 1565, en Loureiro (ed.), *Em busca das origens de Macau*, 179–81.

15 Una traducción inglesa de los informes de Martin de Rada se publicó en Boxer (ed.), *South China in the Sixteenth Century.*

16 Los informes de los franciscanos están publicados en Anastasius van den Wyngaert (ed.), *Sinica Franciscana*, ii: *Relationes et Epistolas Fratrum Minorum Saeculi XVI et XVII* (Florencia: Collegium S. Bonaventurae, 1933).

17 ARSI Jap-Sin 101 I, fo. 20.

18 ARSI Jap-Sin 101 I, fo. 12v.

19 ARSI Jap-Sin 101 I, fo. 96.

20 Tacchi-Venturi, *OS* ii. 401.

21 Para las cifras de la población de Guangzhoy y una descripción de la ciudad Ming, ver Wang Zhuo *et al.*, *Jiajing Guangdong tong zhi* y *(Kangxi) Xin xiu Guang-zhou Fu zhi, juan* 16.

22 Para las misiones diplomáticas de Alonso Sanchez a China y Macao, ver los documentos y análisis recopilados en Francisco Colin, *Labor evangelica: Ministerios apostolicos de los obreros de la Compañia de Iesus, fundacion, y progressos de su provincia en las Islas Filipinas*, ed. Pablo Pastells, 3 vols. (Barcelona: Henrich y Co., 1900/2). Para un análisis de la política española respecto a China, ver Manel Ollé, *La invencíon de China: Percepciones y estrategias filipinas respecto a China durante el siglo XVI* (Wiesbaden: Harrassowitz, 2000). Para el comercio entre Macao y Manila, ver Benjamin Videira Pires, *A viagem de comérico Macau-Manila nos séculos XVI a XIX* (Macao: Museu Marítimo de Macau, 1994). Para la postura principal de Fujian del sur en el comercio marítimo chino, específicamente con las Filipinas, ver Chang Pin-tsun, 'Chinese Maritime Trade: The Case of 16th Century Fu-chien' (Tesis doctoral, Princeton, 1983).

23 Agustín de Tordesillas, *Relación de el viaje que hezimos en china nuestro hermano fray Pedro de Alpharo con otros tres frailes de la orden de Nuestro seraphico padre*

san Francisco de la prouincia de san Joseph etc. (1578). Archivo de la Real Academia de la Historia, Velázques, tomo LXXV. Disponible en http://www.upf.es/fhuma/ eeao/projectes/che/s16/tordes.htm, 13.

24 Para descripciones de las vestimentas y las insignias de los mandarines, ver *Ming shi, juan* 67.

25 ARSI Jap-Sin 101 I, fo. 26[r–v].

26 Colin, *Labor evangelica*, i. 281.

27 Ibídem 321-2.

28 La carta de Ruggieri está fechada el 14 de diciembre de 1582 y la de Pasio el 15 de diciembre. Ver Tacchi-Venturi, *OS* ii. 407–10.

29 *Lettere*, 45-9, 52.

30 Ibídem 53. Las otras citas criticando a los jesuitas portugueses también son de esta carta a Acquaviva, fechada el 13 de febrero de 1583.

31 Ibídem 46.

32 Las palabras de Ricci están citadas de su carta a de Fornari, el 13 de febrero de 1583, ibídem 46-9.

33 Ibídem 46-7.

34 Tacchi-Venturi, *OS* ii. 416. Carta de Ruggieri del 7 de febrero de 1583 a Acquaviva.

35 Carta de Francesco Pasio a Pedro Gomez, el 18 de febrero de 1583, en Colin, *Labor evangelica*, i. 320.

36 Para la relación entre el emperador Wanli y Zhang Juzheng ver Fan Shuzhi, *Wanli zhuan* (Pekín: Renmin chubanshe, 1993), capítulos 2 y 4; para la nota de ataque a Chen Rui y el rescripto de Wanli's desestimando al virrey, ver *Ming Shen zong shi lu, juan* 132, citado en Fan, *Wanli zhuan*, 182.

CAPÍTULO 4

1 *FR* I, 177.

2 *Zhaoqing Fuzhi*, Chongzhen edn., *juan* 12. En el décimo año de Wanli (1582), el registro de impuestos enumera 52.901 hogares y 213.714 jefes para la prefectura (*fu*) de Zhaoqing, y 16.629 hogares y 47.332 jefes para el condado (*xian*) de Gaoyeo, que prácticamente lindaba con la ciudad amurallada de Zhaoqing.

3 Los diarios de Ruggieri y Ricci describen sus primeros días en Zhaoqing, lo que complementan sus cartas: para la correspondencia de Ruggieri ver Tacchi-Venturi, *OS* ii, nos. 6-7 y 10, 419-24, 434-5; y el largo informe de Francisco

Cabral a Valignano, n.º 9, 427-34; para la correspondencia de Ricci en Zhaoqing, ver *Lettere*, 97-124.

4 Tacchi-Venturi, *OS* ii. 422-3.

5 Ibídem 425-6.

5 Archivo General de Indias, Patronato 25, 22, disponible en línea en www.upf.es/fhuma/eeao/projectes/che/s16/roman.htm/.

7 Para las incisivas crítcas de Valignano a Sanchez, ver los dos folletos de Acosta contra Sanchez, se encuentran en José de Acosta, *Obras*, ed. Francisco Mateos (Madrid: Ediciones Atlas, 1954). Ver también las cartas de Valignano en *DI*, xiv. 9. 11. 20-1, citadas en mi Valignano e Cina', en *Alessandro Valignano, S.I., uomo del Rinascimento: Ponte tra Oriente e Occidente*, 102-3.

8 Tacchi-Venturi, *OS* ii. 423-4.

9 La sinopsis en latín del catecismo en chino de Ruggieri está punblicado en Tacchi- Venturi, *OS* ii, no. 29, 'Vera et Brevis divinarum Rerum Expositio', 498-540.

10 ARSI Jap-Sin 101 I, fos. 28v-31.

11 *Lettere*, 123.

12 Timothy Brook, *Praying for Power: Buddhism and the Formation of Gentry Society in Late-Ming China* (Cambridge, Mass.: Harvard University Press, 1993), 249-77.

13 Ibídem 268–9.

14 Shi Shengyan, *Ming mo fojiao yanjiu* (Taipéi: Dongchu chubanshe, 1987), 239.

15 *Chongzhen Zhaoqing Fuzhi, juan* 20, 777-9; citación, 779.

16 *Chongzhen Zhaoqing Fuzhi, juan* 46, 296. La edición Kangxi de 1673 usa las palabras 'Guan jie' (官懈) en vez de 'Guan lan'(官懶). Véase *Kangxi Zhaoqing Fushi*, juan 30. El texto chino dice así: 官懶簿書稀,尋僧入翠微,白雲依榻靜, 紅葉近人飛, 愛爾能分供, 憐余未拂衣, 禪心共明月, 相對欲忘歸.

17 *Chongzhen Zhaoqing Fuzhi, juan* 46, 270–1. Los versos chinos son los siguientes: 深尋有丹穴, 乞藥駐朱顏, 興 來招鶴駕, 直欲提飛仙.

18 *Chongzhen Zhaoqing Fuzhi, juan* 49, 493:日射金輪散寶光.

19 Carta de Francisco Cabral a Alessandro Valignano, Macao, 5 de diciembre de 1584, Tacchi-Venturi, *OS* ii. 429.

20 Ibídem 424.

21 Reeditado en Nicolas Standaert y Adrian Dudink (eds.), *Chinese Christian Texts from the Roman Archives of the Society of Jesus*, 12 vols. (Taipéi: Ricci Institute, 2002), i. 1-86.

22 ARSI Jap-Sin 101 I, fos. 33v-35.

23 *Tianzhu shilu*, 53, 58. (Tianzhu huawei nanzi, 天主化為男子, "El Señor del Cielo se transformó a sí mismo en hombre").

24 Ibídem 59.

25 Ibídem 77.

26 Carta a Acquaviva, 20 de octubre de 1585, Ricci, *Lettere*, 98.

CAPÍTULO 5

1 *FR* I, 147 n.º 2.

2 Comparado con la amplia cantidad de obras sobre Ricci, a Ruggieri solo se le han dedicado unas pocas. Las más importante de ellas es la disertación que escribió Joseph Shih, SJ, en la Pontificia Universidad Gregoriana en Roma, solo una parte se ha publicado como *Le Père Ruggieri et le problème de l'évangélisation en Chine* (Roma: Pontificiae Universitatis Gregorianae, 1964). La tesis de Rossella Turner, 'La figura e l'opera di Michele Ruggieri, S.J., missionario Gesuita in Cina', Tesi di Laurea in storia e civilità dell'Estremo Oriente (Nápoles: Istituto universitario Orientale Napoli, 1984), a máquina, analiza el *Tianzhu shilu* y las cartas y no cita el diario manuscrito de Ruggieri en los Archivos de la Compañía de Jesús. La publicación de las cartas chinas de Ruggieri por parte de Albert Chan (véase n.º 3) es el descubrimiento más significativo de la importancia de Ruggieri en la misión jesuita china.

3 Albert Chan, SJ, 'Michele Ruggieri, S.J. (1543-1607) and his Chinese Poems', *Monumenta Serica*, 41 (1993), 129-76, aquí 158-9. La traducción de mano de Chan. Los versos chinos dicen así: 一葉扁舟泛海涯, 三年水路到中華, 心如秋水常涵月, 身若菩提那有花, 貴省肯容吾著步, 貧僧至此便為家, 諸君若問西天事, 非是如來佛釋迦.

4 Traduciría este verso como: 'The Body is like a bodhi so how can there be flowers?' ("El cuerpo es como un bodhi así que ¿cómo puede haber flores?") Esto sería una alusión a la famosa respuesta del sexto patriarca Weineng a la pregunta de su maestro en la manera de mantenerse puro: "Bodhi en origen no tiene árbol, así que ¿cómo puede estar manchado?" el poema chino de Ruggieri aspira al efecto de la meditación Chan, que se pierde en la traducción al inglés del padre Chan.

5 Carta de Almeida a Duarte de Sande, 10 de febrero de 1586, Shaoxing, ARSI Jap-Sin 101 I, fos. 150v-151.

6 ARSI Jap-Sin 101 I, fo. 44. Esta representación de Guanyin parece haber combinado los motivos iconográfico de la “Guanyin luna de agua” y la “Guanyin dadora de hijos”, a menudo retratada montando a una bestia portentosa. La explicación de Ruggieri a Almeida hace referencia a la leyenda de la princesa Miaoshan, que se convertiría en la “Guanyin de los mil ojos y los mil brazos”. Véase Chün- fang Yü, *Kuan-yin: The Chinese Transformation of Avalokitesvara* (Nueva York: Columbia University Press, 2001), 252, 295–9, 442.

7 Para una descripción detallada de la familia Sun, la identificación de la edad de esta persona y para la relación entre Sun Kuang y los jesuitas, ver mi artículo en preparación: ‘Who was “Scielou” in Ricci’s *Dell’entrata*?’

8 Carta de Antonio d’Almeida a Duarte de Sande, 10 de febrero de 1586, Shaoxing, ARSI Jap-Sin 101 I, fo. 152r.

9 ARSI Jap-Sin 101 I, fos. 48r–v.

10 ARSI Jap-Sin 101 I, fo. 90v.

11 ARSI Jap-Sin 101 I, fos. 91r-92r.

12 ARSI Jap-Sin 101 I, fo. 110v.

13 Para el texto del juicio chino, ver ARSI Jap-Sin I 198, fos. 183, 187r–v. Este texto, que se adjunta al diccionario chino-portugués recopilado por Ruggieri y Ricci, no se ha publicado en la edición editada por John Witek, *Dicionário Português–Chinês=Pu Han ci dian=Portuguese Chinese Dictionary* (San Francisco: Instituto Ricci, 2001). Para el texto chino del veredicto magisterial, ver apéndice, documento.

14 Carta de Ricci a Claudio Acquaviva, 20 de octubre de 1585, Zhaoqing, *Lettere*, 103.

15 Carta de Ricci a Giulio Fuligatti, 24 de noviembre de 1585, ibídem 116.

16 Carta de Ricci a Claudio Acquaviva, Zhaoqing, 20 de octubre de 1585, ibídem 100.

17 Ibídem 107.

18 Ibídem 115. 19. Ibídem 108-9.

20 Ibídem 112.

21 Ibídem 111.

22. Ibídem 116.

23 Ibídem 123.

24 La idea la propuso primero Ruggieri al general Mercuriano en una carta fechada el 12 de noviembre de 1581, escrita en Macao, y repetida en la carta de Ruggieri el 8 de noviembre de 1586 al general Acquaviva. *OS* ii. 403, 449.

25 *FR* I, 250. La sintáxis de este extracto es ambigua, a pesar de que el contexto hace referencia al 'yo' como Valignano.

26 ARSI Jap-Sin 11, fo. 29[v]. Citado en *FR* I, 250 n. 2.

27 ARSI Jap-Sin 9 II, fo. 186[r–v]. Citado en *FR* I, 222 n. 1.

28 Bibliothèque Nationale de France, Chinois 1320 y 9186; la anterior es la placa grabada para la impresión. Una edición moderna de las obras de Ricci publicadas en Taipéi (Guangqi chubanshe, 1986) ha modernizado el texto y ha cambiado todos los términos budistas a sus contemporáneos católicos, volviendo así el texto en inútil para el análisis histórico.

29 Wang Pan fue ascendido en el décimo segundo mes del décimo quinto año de Wanli, esto es, enero de 1588. Esta información del *Ming shilu* está recogida en Li Guoxiang yYang Chang (eds.), Yu Xu et al. (comps.), *Ming shi lu lei zhuan. Guangdong Hainan juan* (Wuhan: Wuhan chubanshe, 1993), 232.

30 Liu fue ascendido de *xunfu* de Guangxi a *zongdu de Guangdong* y Guangxi, a cargo de los asuntos militares, en el séptimo mes del décimo sexto año de Wanli (es decir, agosto de 1589). Ver *Ming shi lu lei zhuan. Guangdong Hainan juan*, 234. Su reputación de incorruptible, "segundo solo después de Hai Rui", se encuentra en una recopilación biográfica Ming, Guo Tingxun (comp.), *Benchao fensheng renwu kao, juan* 17 (Taipéi: Chengwen, 1971; reedición), v. 1448-9.

31 *FR* I, 263.

CAPÍTULO 6

1 La única fuente para la historia del monasterio de Nanhua en la dinastía Ming es el *Cao xi tong zi*, ed. Ma Yuan, recopilado en el reino de Kangxi en la dinastía Qing. Además de una narración concisa de su historia monástica, contiene una descripción detallada de la condición física del monasterio y de los alrededores. También se incluyen en esta historia monástica documentos cruciales de la reforma monástica en 1600 por Heshan Deqing: Ma Yuan (ed.), *Cai xi tong zi*, publicado en *Si ku jin hui shu cong kan bu bian*, vol. 27 (Pekín: Beijing chubanshe, 2005).

2 Liu Jiezhai, 'Inscription on Renovating Nanhua si', en Ma Yuan (ed.), *Cao Xi tong zhi, juan* 4, 90-1.

3 Ma Yuan *et al.* (comp.), *Shaozhou fuzhi*, Kangxi edn., *juan* 4, 1767–8.

4 Zhu Weizheng (ed.), *Li Madou Zhongwen zhuyi ji* (Shanghái: Fudan Daxue chubanshe, 2001), 117.

5 *FR* I, 295-6.

6 La historia de Qu Rukui y su genealogía familiar se reconstruye en Huang Yilong, *Liang toushe: Ming mo Qing chu de di yi tai Tianzhu jiao tu* (Xinzhu: Guoli Qinghua daxue chubanshe, 2005), 33-64; sobre el adulterio, ver 49–59. Para la biografía de su padre, ver *Ming shi, juan* 216, 28 vols. (Pekín: Zhonghua, 1997), 5696-7.

7 El poema de Qu Rukui está publicado en Ma Yuan *et al.* (comp.), *Shaozhou fuzhi*, Kangxi edn., *juan* 15, 2004.

8 Véase entradas en *juan* 233 y 235 de *Ming Shenzong shi lu*, publicado en Liu Chonglai et al. (eds.), *Ming shi lu lei zuan. She guan ren mian juan* (Wuhan: Wuhan chubanshe, 1995), 234.

9 Véase Guo Tingxun (comp.), *Benchao fensheng renwu kao*, 115 *juan, juan* 17 (reprint, Taipéi: Chengwen, 1971), v. 1448-9; *FR* I, 312-13.

10 Esta conversación forma el capítulo 9 en *Jiren Shipian*.

11 Ricci a Claudio Acquaviva, el 15 de noviembre de 1592, Shaozhou, *Lettere*, 169-80.

12 Ricci a Fabio de Fabii, el 12 de noviembre de 1592, Shaozhou, ibídem 157-63.

13 Ricci a Giovanni Battista Ricci, Shaozhou, el 12 de noviembre de 1592, ibídem 165-8.

14 Citado en *FR* I, 323 n.º 7.

15 Ricci a Claudio Acquaviva, el 10 diciembre de 1593, Shaozhou, *Lettere*, 183-5. 16. *FR* I, 336.

16 FR I, 336.

17 Ricci a Claudio Acquaviva, el 15 de noviembre de 1592, Shaozhou, *Lettere*, 171-2.

18 Ricci a Fabio de Fabii, el 15 de noviembre de 1594, Shaozhou, ibídem 191.

19 Ricci a Girolamo Costa, el 12 de octubre de 1594, Shaozhou, ibídem 189.

20 Ibídem 187.

21 *FR* I, 337.

22 Ibídem 337 y n. 1.

23 Para la identificación de este personaje, véase capítulo 5 n. 7.

CAPÍTULO 7

1 *Lettere*, 216.

2 Ibídem 218.

3 Ibídem 223-4.

4 Al contrario que los ministerios de Pekín, provistos de un ministro (*shangshu*) y dos viceministros (*shilang* derecho e izquierdo), los ministerios simplificados paralelos en Nanjing solo tenían un ministro y un viceministro (*shilang* derecho). Ver *Ming shi, juan* 75, 1833.

5 Carta a Duarte de Sande, Nanchang, 29 de agosto de 1595, *Lettere*, 240.

6 *FR* I, 355.

7 Guo Tingxun (comp.), *Benchao fensheng renwu kao*, 115 *juan, juan* 38 (Taipéi, 1971; reeditado), x. 3084–6.

8 La narración del sueño en la carta de Ricci a Girolamo Costa es esencialmente igual a la de su diario, excepto por la variación en el final. Véase *Lettere*, 290.

9 *Didaci Lainez Adhortationes*, 1559, en *Fontes Narrativi de S. Ignatio de Loyola et de Societatis Iesu initiis*, ii: *Monumenta Historica Societatis Iesu* (Roma: IHSI, 1951), 133-4. 'Vendeno noi a Roma per la via di Siena, nostro Padre, come quello che aveva molti sentimenti spirituali, et specialmente nella sanctissima Eucharistia, che egli ogni giorno pigliava, sendoli amministrata o da maestro Pietro Fabro, o da me, che ogni giorno dicevamo messa, et egli no; mi disse che gli pareva che Dio Padre gl'imprimesse nel cuore queste parole: "Ego ero vobis Romae propitious". Et non sapendo nostro padre quell che volesseno significare, diceva: "Io non so che cosa sará di noi, forse che saremo crocifissi in Roma". Poi un'altra volta disse che gli pareva di vedere Christo con la croce in spalla, et il Padre Eterno appresso che gli diceva: "Io voglio che Tu pigli questo per servitore tuo". Et cosi Gesú lo pigliava, et diceva: "Io voglio che tu ci serva". Et per questo, pigliando gran devotione a questo santissimo nome, voles nominare la congregatione: la Compagnia di Gesú.'

10 Véase mi 'Dreams and Conversions: A Comparative Analysis of Catholic and Buddhist Dreams in Ming and Qing China: Part I', *Journal of Religious History*, 29/3 (octubre 2006), 223–40.

11 Fan Lai (comp.), *Wanli xin xiu Nanchang fu zhi* (1588), *juan* 7, 122. *Lettere*, 282.

12 *Lettere*, 283.

13 Ibídem 242.

14 *FR* I, 357. *Lettere*, 220.

15 Carta de Ricci a Claudio Acquaviva, Nanchang, 4 de noviembre de 1595, *Lettere*, 311.

16 Ibídem 245.

17 *Ming shi*, vol. 19, *juan* 107, 5777.

18 Jiangxi estaba a la cabeza con el número de de academias privadas en la dinastía Ming, seguido por Guangdong (234), Zhejiang y Fujian (174 cada), Anhui (141), y Jiangsu (117). Ver Tai-loi Ma, 'Private Academies in Ming China (1368-1644): Historical Development, Organization and Social Impact' (Tesis de doctorado, University of Chicago, 1987), 153. Para cifras sobre *jinshi*, ver He Bingdi, *The Ladder of success in Imperial China: Aspects of Social Mobility 1368-1911* (Nueva York: Columbia University Press, 1962). Entre los estudios sobre el lugar del Jingxi en la vida intelectual Ming, véase: Kandice J. Hauf, 'The Jiangyou Group: Culture and Society in Sixteenth Century China' (Tesis doctoral, Yale, 1987); John Meskill, *Academies in Ming China: A Historical Essay* (Tucson, Ariz.: University of Arizona Press, 1982); Anne Gerritsen, *Ji'an Literati and the Local in Song-Yuan-Ming China* (Leiden: Brill, 2007).

19 *Lettere*, 246.

20 Lettre, 247.

21 Zhu Weizheng, *Li Madou Zhongwen zhu yi ji*, 146–7.

22 De esto informa el mismo Ricci en una carta a Claudio Acquaviva, Nanchang, 13 de octubre de 1596, *Lettere*, 336.

23 *Ming shi, juan* 100, 2503; ver Chen Baoliang, *Ming dai shehui shenghuo shi* (Pekín: Zhong guo she hui ke xue chubanshe, 2004), 68–70.

24 Li Qionying y Zhang Yingchao (eds.), *Ming shi lu lei zuan: zong fan gui qi juan* (Wuhan: Wuhan chubanshe, 1995), 1488, 1497.

25 Para Zhu Duogang, véase *Ming shi, juan* 102, 2732; para el otorgamiento de los clásicos confucianos, véase Li Qionying y Zhang Yingchao (eds.), *Ming shi lu lei zuan: zong fan gui qi zhuan*, 1238.

26 Hay una traducción reciente al inglés de Timothy Billings, *On Friendship: One Hundred Maxims for a Chinese Prince* (Nueva York: Columbia University Press, 2009).

27 *Lettere*, 262.

28 Zhu Weizheng, *Li Madou Zhongwen zhu yi ji*,. 108-15.

29 Ibídem 117.

30 Estoy en deuda con el profesor Professor Chu Hung-lam de la Universidad Politécnica de Hong Kong por dilucidar los matices de este término.

31 *FR* I, 372.

32 'Quei che più mi contentano sono gli accademici…' *Lettere*, 317.

33 Ibídem 255.

34 Ibídem 282.

35 Ibídem 316.

36 Ibídem 257.

37 Para un análisis detallado, ver mi 'Li Madou yu Zhang Huang', en *Wei le wenhua yu lishi: Yu Yingshi jiaoshou ba she shou qing lunwen ji* (Taipéi: Liangjing chu- banshe, 2009), 727-49.

38 'Zhang dou jin xian sheng xing zhuang', en Zhang Huang, *Tushu bian, juan* 127, recogido en *Wen yuan ge si ku quan shu*, vol. 972, 850-62 (Taipéi: Taiwan shangwu yinshu guan, 1983).

39 Huang Yilong, *Liang Tou She: Ming mo Qing chu de di yi tai Tianzhu jiaotu*, 34-5.

40 Li Yingsheng (ed.), *Bai lu shu yuan zhi* (1622), publicado en *Bai lu dong shuyuan gu zhi wu zhong* (Pekín: Zhong Hua shu chu, 1995). El discurso de los ocho claves de Zhang Huang se encuentra en 845-8.

41 Carta a Giuglio Fuligatti, Nanchang, 12 de octubre de 1596, *Lettere*, 325.

42 Carta a Claudio Acquaviva, Nanchang, 13 de octubre de 1596, ibídem 336.

43 Carta a Antonio Maria Ricci, Nanchang, 13 de octubre de 1596, ibídem 329–31.

44 Ibídem 347-8.

45 Para un estudio exhaustivo sobre el tema, ver Benjamin A. Elman, *A Cultural History of Civil Examinations in Late Imperial China* (Berkeley y Los Angeles: University of California Press, 2000).

46 La burocracia Ming se dividía en nueve rangos, el primero era el más alto. Cada rango se divide a su vez en pleno y asociado. Los mandarines con el cargo igual o superior al cuarto vestían túnicas carmín, debajo de las azules.

47 Carta a Girolamo Costa, Nanchang, 15 de octubre de 1596, *Lettere*, 343.

48 Carta a Cristóbal Clavio, Nanchang, 25 de diciembre de 1597, ibídem 353. 49. Ibídem 264-5.

CAPÍTULO 8

1 *FR* II, 30.

2 Fan Shuzhi, *Wanli zhuan*, 169-78.

3 Véase Leng Dong, *Ye Xianggao yu Ming mo Zheng tan* (Shantou: Shantou Daixue chubanshe, 1996), 220-9 y Adrian Dudink, 'Giulio Aleni and Li Jiubiao', y Erik Zürcher, 'Giulio Aleni's Chinese Biography', en Tiziana Lippiello and Roman Malek (eds.), *'Scholar from the West': Giulio Aleni S.J. (1582-1649) and*

the Dialogue between Christianity and China (Nettetal: Steyler, 1997), 85-127, 129-200.

4 *FR* II, 72.

5 Gu Qiyuan, *Ke zuo zhui yu* (Nanjing: Fenghuang chubanshe, 2005), 22.

6 Para astronomía en China, el reconocido trabajo de Joseph Needham es indispensable. Ver su *Chinese Astronomy and the Jesuit Mission: An Encounter of Cultures* (Londres: The China Society, 1958), y para profundizar, *The Shorter Science and Civilisation in China*, vol. i (Cambridge: Cambridge University Press, 1978), y Joseph Needham y Wang Ling, *Heavenly Clockwork: The Great Astronomical Clocks of Medieval China* (Cambridge: Cambridge University Press, 1960).

7 Zhu Weizheng (ed.), *Li Madou Zhongwen zhuyi ji*, 525.

8 Ibídem 529.

9 Ibídem 530.

10 Ibídem 532.

11 Gu Qiyuan, *Ke zuo zhui yu*, 128–9.

12 Ibídem 267.

13 Ibídem 266.

14 Ibídem 240.

15 *FR* II, 50 n. 1.

16 Ibídem 54.

17 Para un estudio en inglés ver Edward T. Ch'ien, *Chiao Hung and the Restructuring of Neo-Confucianism in the Late Ming* (Nueva York: Columbia University Press, 1986). Para una biografía sucinta, ver Shen Xinlin (ed.), *Ming dai Nanjing xue shu ren wu zhuan* (Nanjing: Nanjing Daxue chubanshe, 2004), 323-41. El mejor acercamiento, sin embargo, es leer el trabajo mismo de Jiao Hong, especialmente su *Jiao shi bi sheng* (Shanghái: Shanghai gu ji chubanshe, 1986), que contiene sus notas misceláneas, estas revelan una mente ecléctica y original.

18 He Xiaorong, *Ming dai Nanjing si yuan yan jiu* (Pekín: Zhongguo she hui ke xue chubanshe, 2000), 142-5.

19 Sus escritos sobre budismo están dispersados entre sus obras recogidas: alabanzas para Matreiya Buddha, Guanyin y estatuas de buda (*juan* 8), 'Preface to the Engraving of the Huayan Sutra' (*juan* 16), 'Record of the 500 Arhats of Qixia Monastery' (*juan* 21), 'Postscript to the Heart Sutra in Four Calligraphic Styles', 'Postscript to the Diamand Sutra' (*juan* 22), récogidos en *Jiao shi Danyuan ji*, 4 vols. (Taipéi: Weiwen, 1977).

20 Jiao Hong, *Jiao shi bi sheng, juan* 16.

21 Para una biografía sucinta, véase Shen Xinlin (ed.), *Ming dai Nanjing xue shu ren wu zhuan* (Nanjing: Nanjing Daxue chubanshe, 2004), 300–15.

22 En *Fen shu, juan* 3, *Li Zhi wen ji: Fen shu, Xu fen shu*, 162.

23 *Fen shu, juan* 4, 192.

24 *Xu fen shu, juan* 1, 370.

25 Ibídem, *juan* 2, 426.

26 Li Zhi en *Xu fen shu* (*Book to be Burned: Sequel*), *juan* 1, en *Li Zhi wen ji: Fen shu, Xu fen shu* (Pekín: Yanshan chubanshe, 1998), 378.

27 *Fen shu, juan* 6, 301-2.

28 Hay una entrada sobre el abad budista Xuelang Hong'en en Yu Meian (comp.), *Xin xu gao seng zhuan si ji* [65 *juan*], 4 vols. (Taipéi: liu li qing fang, 1967), *juan* 7, i. 305-8. Para estudios sobre la escuela Hua yan de budismo, en la que Hong'en era un experto, ver Francis H. Cook, *Hua-yen Buddhism: The Jewel Net of Indra* (University Park, Pa.: Penn State University Press, 1977); Guo Peng, *Zhongguo fujiao sixiangshi*, vol. ii (Fuzhou: Fujian renmin chu- banshe, 1994), 334–81; Wei Daoru, *Zhongguo Huayanzhong tongshi* (Nanjing: Jiangsu guji chubanshe, 2001), *passim*; hay una entrada en Xue lang Hong'en en 283. Para un estudio sobre los monasterios budistas en Nanjing, incluyendo el ambiente de Hong'en, véase He Xiarong, *Ming dai Nanjing si yuan yan jiu* (Pekín: Zhongguo shehui kexue chubanshe, 2000).

29 Gu Qiyuan, *Ke zuo zhui yu*, 257–8; *Xin xu gao seng zhuan si ji, juan* 5, 306–7.

30 *FR* II, 75.

31 Ibídem 77.

32 Gu Qiyuan, *Ke zuo zhui yu*, 284–5.

33 Ibídem 23.

34 *Lettere*, 363. En su carta a Girolamo Costa, escrita desde Nanjing el 14 de agosto de 1599, Ricci escribe que una multitud de visitantes "vienen a verme como locos" ('Vengonon a verdermi, come pazzi').

35 Ibídem 364.

36 Ibídem 361.

37 Ibídem 362.

38 Gu Qiyuan, *Ke zuo zhui yu*, 217-18.

39 Estos conversos no fueron identificados en *FR*. Les identificó por primera vez Huang Yilong, *Liang Tou She*, 74-5.

CAPÍTULO 9

1 La única biografía sobre Diego de Pantoja es *Zhang Kai, Pang di wo [Pantoja] yu Zhongguo* (Pekín: Beijing tushuguan chubanshe, 1997). Además de las obras chinas de Pantoja, que se publicaron tras 1610, también escribió una larga carta describiendo su entrada a China y las experiencias iniciales en Pekín: *Relacion de la entrada de algunos padres de la Compañia de Iesus en la China, y particulares sucesos que tuvieron, y de cosas muy notables que vieron en el mismo reyno* (Valencia: Juan Chrysostomo Garriz, 1606).

2 Ibídem.

3 A los emisarios coreanos se les permitía moverse con libertad hasta inicios del siglo XVI, cuando un director mandarín del *Xiyi guan* restringió su libertad de acción. Esto se quitó más tarde durante el siglo tras pedirlo. Ver la obra del siglo XVII sobre los palacios y las oficinas de Pekín, Sun Chengze, *Chun Ming meng yu lu* (Hong Kong: Longmen, 1965), *juan* 40, 606-7.

4 Sun Chengze, *Chun Ming meng yu lu, juan* 7, 73.

5 La nota se cita al completo en Shen Defu, *Wanli Yehuo bian, juan* 30, 3 vols. (Pekín: Zhonghua, 2004), iii. 784.

6 En 1566, el papa Pío V emitió leyes estrictas prohibiendo todas las prostitutas de Roma. A pesar de que la medida fracasó en erradicar la prostitución romana a largo plazo, las confinó a lugares específicas de la ciudad. Ricci estaba presente en Roma cuando estas leyes disciplinarias se llevaban a cabo. Ver Tessa Storey, *Carnal Commerce in Counter-Reformation Rome* (Cambridge: Cambridge University Press, 2008).

7 Se reconoció el salario extremadamente bajo de los mandarines Ming en el *Ming Shi, juan* 82 (*shi huo, juan* 6), 2003, e impulsó fuertemente la corrupción.

8 Esto es un resumen y una traducción parcial del texto chino *Shi ke wenda*, 37 unfoliated leaves, Bibliothèque de France, Manuscrits chinois 7024.

9 Ibídem.

10 Esta conversación conforma el capítulo 1 en *Jiren Shipian*, en Zhu Weijing (ed.), *Li Madou Zhong wen ju xi ji*, 443-5.

11 *FR* II, 182. 12. Ibídem, 190-1.

12 Esta conversación conforma el capítulo 2 en *Jiren Shipian*, en Zhu Weijing (ed.), *Li Madou Zhong wen ju xi ji*, 445-8.

13 Feng Qi sucedió a Yu Jideng como ministro de ritos en el décimo mes del vigésimo noveno año de Wanli (noviembre de 1601) y murió en el tercer mes del trigésimo primer año (abril de 1603). *Ming shi, juan* 112 (*biao, juan* 13), 3482-3.

14 Esta historia está en 'The Life: The Book of Xanthus the Philosopher and Aesop his Slave', in Lloyd W. Daly (trans.), *Aesop without Morals* (New York: Thomas Yoseloff, 1961), 58–9.

15 El banquete y el ensayo de Ricci sobre los ayunos cristianos se publicaron luego como el capítulo 6 de *Jiren shipian*, en Zhu Weijing (ed.), *Li Madou Zhong wen ju xi ji*, 470-3.

16 Li Zhizao, 'Preface' para *Kunyu wanguo quantu*, en Zhu Weijing (ed.), *Li Madou Zhong wen ju xi ji*, 180.

17 *FR* II, 165.

18 Véase el prefacio de Feng Yinjing en la reedición de Pekín de *On Friendship*, en Zhu Weijing (ed.), *Li Madou Zhong wen ju xi ji*, 116.

19 *FR* II, 168.

20 Zhu Weijing (ed.), *Li Madou Zhong wen ju xi ji*, 97–8.

CAPÍTULO 10

1 Ricci a Niccolò Longobardo, Pekín, 2 de septiembre 1602, *Lettere*, 369.

2 Hay una edición bilingüe del texto inglés-chino del *tianzhu Shiyi: The True Meaning of the Lord of Heaven*, trad. Douglas Lancashire y Peter Hu Guozhen (St Louis: Institute of Jesuit Sources, 1985). Las traducciones de este texto son mías y están basadas en el texto chino en Zhu Weijing (ed.), *Li Madou Zhong wen ju xi ji*, 6-102.

3 *FR* II, 182.

4 Citado en Fan Shuzhi, *Wanli zhuan*, 322.

5 Sobre el *Jiaxing zang*, ver Lan Jifu, *Fojiao shiliao xue* (Taipéi: Dong da tushu gongsi, 1997), 29-31.

6 Sobre las diferentes narraciones del tratamiento de Zibo en prisión, ver Fan Shuzhi, *Wanli zhuan*, 326 and Shen Difu, *Wanli Yeyuo bian, juan* 27, 3 vols. (Pekín: Zhon- ghua shuchu, 2004), iii. 692.

7 Guo Peng, *Ming Qing fojiao*, 190-5.

8 *FR* II, 190.

CAPÍTULO 11

1 Ricci a Ludovico Maselli, [mayo] 1605, *Lettere*, 371.

2 Shen Defu, *Wanli yehuo bian, juan* 30, entradas bajo 'Da Xiyang' (Europa) y 'Li Xitai' (Matteo Ricci). He usado la edición Zhonghua, 3 vols. (Pekín, 2004), aquí iii. 783-5.

3 Sobre Xu Guangqi, ha habido una avalancha de estudios recientes; ver Chen Weiping and Li Chunyong, *Xu Guangqi pin zhuan* (Nanjing: Nanjing Daxue chubanshe, 2006) y Catherine Jami, Peter Engelfriet, y Gregory Blue (eds.), *Statecraft and Intellectual Renewal in Late Ming China: The Cross-Cultural Synthesis of Xu Guangqi (1562–1633)* (Leiden: Brill, 2001); Chu Xiaobo, *Cong Hua yi dao wan guo de xian sheng: Xu Guangqi dui wai guan nian yan jiu* (Pekín: Beijing Daxue chubanshe, 2008).

4 Estas palabras aparecen en el epílogo de Xu Guangqi para *Ershiwu yan*, la traducción de Ricci de la versión en latín del *Encheiridion* de Epicteto, publicada en 1604, en Zhu Weizheng, *Li Madou Zhongwen zhu yi ji*, 135.

5 *Lettere*, 398.

6 Ibídem.

7 Citado en Xu Zongze, *Mingqingjian yesuhuishi yizhu tiyao* (Shanghái, 1949; reimpresión, Pekín, 1989), 261-2.

8 Ibídem 262.

9 Sobre la masacre de 1603 en Manila, ver José Eugenio Borao, 'The Massacre of 1603', *Itinerario*, 22/1 (1998), 22-40; Zhang Bincun, 'Meizhou bai yin yu funu zeng jie: 1603 nien ma li la dai tu sha di qian yin yu hou guo', en Zhu Delan (ed.), *Zhongguo hai yang fa zhan shi lun wen ji*, vol. viii (Taipéi: Academia Sinica, Zhongshan ren wen shehui kexue yanjiu zuo, 2002), 295-326.

10 Ricci a Girolamo Costa, 10 de mayo de 1605, *Lettere*, 400.

11 Gu Qiyuan, *Ke zuo zhui yu*, 217-18.

12 Ricci a João Álvares, 12 de mayo de 1605, *Lettere*, 405.

13 Ibídem 406.

14 Ibídem.

15 Ricci a Ludovico Maselli [mayo] 1605, ibídem 377.

16 Ibídem.

17 Zhu Weizheng, *Li Madou Zhongwen zhu yi ji*, 131.

18 *Lettere*, 371.

19 Ibídem 381.

20 Ibídem 389.

21 Ibídem 401.

22 Ricci a Claudio Acquaviva, 15 de agosto de 1606, ibídem 423.

23 Ibídem 409.

CAPÍTULO 12

1 Ricci a Fabio de Fabii, 9 de mayo de 1605, *Lettere*, 381-2.

2 Shen Defu, *Wanli Yeyuo bian, juan* 27, iii. 703.

3 Para la biografía de Yu Chunxi's, ver *Ming Shi, lie zhuan* (biografía), *juan* 112, bajo Sun Long, xix. 5894-5; Peng Jiqing, *Jushi zhuan* (biografías de laicos budistas), 1776, en *Xinbian wanzi xu zang jing* (Continuación del canon budista recopilado de nuevo), 150 vols. (Taipéi, 1994, reimpresión), vol. cxlix, *juan* 42, 946-7.

4 Zhu Weijing (ed.), *Li Madou Zhong wen ju xi ji*, 657–8.

5 La carta de Ricci está publicada ibídem 659–62.

6 Liu Tong y Yu Yizheng, *Di jing jing wu lue* (Shanghái: Yuan dong chubanshe, 1997), 229.

7 El número se menciona en la carta de Ricci a Claudio Acquaviva, 22 de agosto de 1608, *Lettere*, 487.

8 Véase la carta de Ricci a João Álvares, 12 de mayo de 1605, ibídem 407. 9. Ibídem 427.

9 ????

10 Ricci a Fabio de Fabii, 23 de agosto de 1608, ibídem 498.

11 Ibídem 426.

12 Ibídem 427.

13 Citado en Zhang Kai, *Pang Diwo yu Zhong Guo* (Pekín: Beijing tushuquan chubanshe, 1997), 183.

14 Ibídem 184.

15 Xie Zhaozhe, *Wu zazu*, citado Ibídem 185.

16 Ricci a Acquaviva, *Lettere*, 428.

17 Ricci a Acquaviva, 18 de octubre de 1607, ibídem 446-7.

18 Ricci a Masselli, [mayo] 1605, ibídem 377; Ricci a Acquaviva, 22 de agosto de 1608, ibídem 495-6.

19 Ibídem 486.
20 Ibídem 473.
21 Ibídem 471.
22 Ibídem 429.
23 Ibídem 463.
24 Ibídem 507.
25 Ibídem 523.
26 Ibídem
27 Ricci a Acquaviva, 8 de marzo de 1608, ibídem 470.
28 Ibídem 469.
29 Ricci a Acquaviva, 22 de agosto de 1608, ibídem 487.
30 Ricci a Álvares, 12 de mayo de 1605, ibídem 407.
31 Ricci a Acquaviva, 22 de agosto de 1608, ibídem 489.
32 Ricci a Pasio, 15 de febrero de 1609, ibídem 509.
33 ibídem 519.
34 Ricci a Giulio y Girolamo Alaleoni, 26 de julio de 1605, ibídem 420.
35 Ibídem 496–7.
36 Ricci a Pasio, 15 de febrero de 1609, ibídem 520.
37 Ricci a Fabio de Fabii, 23 de agosto de 1608, ibídem 504.
38 Ricci a Álvares, 17 de febrero de 1609, ibídem 524.

EPÍLOGO

1 Edward Malatesta y Guo Zhiyu (eds.), *Departed, yet Present: Zhalan, the Oldest Christian Cemetery in Beijing* (Macao: Instituto Cultural de Macau/ Ricci Institute, 1995).
2 *De Christiana Expeditione apud Sinas: Suscepta ab Societate Jesu ex P. Matthaei Riccii eiusdem societatis commentariis libri V ad S.D.N. Paulum V in quibus Sinensis Regni mores, leges, atque instituta, & novae illius Ecclesiae difficillima primordia accurate & summa fide describuntur* (Augsburg, 1615).
3 Esta historia se narra en la biografía de Ricci escrita por de Giulio Aleni, *Daxi Xitai li xiansheng xingji* (1630).
4 Para una cronología anotada de la carrera de Xu Guangqi, ver la contribución de Ad Dudink en Jami, Engelfriet, and Blue (eds.), *Statecraft and Intellectual Renewal in Late Ming China*, 399-409.

5 Para cifras sobre los conversos chinos, ver las diferentes estimaciones recopiladas en *HCC*, i. 382-3.

6 Citado en la traducción en inglés en mi 'Christian Conversion in Late Ming China: Niccolo Longobardo in Shangdong', *Medieval History Journal*, 12/2 (2009), 275-301; y en la traducción en chino en mi 'Tianzhu jiao yu Mingmo shehui', *Lishi yanjiu*, 2 (2009), 51-67.

7 El tratado de Longobardo se encuentra publicado en una traducción al español de Domingo Fernandez Navarete, *Tratados historicos, politicos, ethicos y religiosos de la monarchia de China* (Madrid: Imprensa Real, 1676), capítulo 5. Para un resumen sucinto de los orígenes de la Disputa de los Ritos y del conflicto de los jesuitas y las órdenes mendicantes en China, ver J. S. Cummins (ed.), *The Travels and Controversies of Friar Domingo Navarete 1618–1686*, 2 vols. (Cambridge: Cam- bridge University Press, 1962), i. xliii-xlv.

8 Véase Liam M. Brockey, *Journey to the East: The Jesuit Mission to China, 1579-1724* (Cambridge, Mass.: Harvard University Press, 2007), 87-9.

9 Véase mi 'Fürstenkonversionen in China', en Dieter Bauer, Wolfgang Behringer, and Eric-Oliver Mader (eds.), *Konversionen zum Katholizismus in der Frühen Neuzeit*, próximamente.

10 *HCC*, i. 307, 383.

11 Esta conferencia resultó en el volumen *Atti e memorie del convegno di geografi-orientalisti tenuto in Macerato il 25-27 settembre 1910* (Macerata, 1911).

12 *P. Matheus Ricci S.J.: Relação escripta pelo seu companheiro P. Sabatino de Ursis S.J.: Publicação commemorative do terceiro centenario da sua morte* (Roma: Enrico Voghera, 1910).

13 *L'Apport scientifique du P. M. Ricci à la Chine* (Tianjin: misión de Tianjin, 1935) and *Le Père Matthieu Ricci et la société chinoise de son temps 1552-1610*, 2 vols. (Tianjin: Hautes Études, 1937).

14 *FR* I, 147 n. 2.

15 ARSI Jap-Sin 101 I, fo. 2. Resulta que Ruggieri fue extremadamente preciso en sus anotaciones. El estilo desorganizado y sin editar de su diario es la razón principal de su marginación.

16 Louis J. Gallagher, *The China that Was: China as Discovered by the Jesuitsat the Close of the 16th Century* (Milwaukee: Bruce, 1942). Existe una reimpresión de 1953 del mismo libro bajo otro título: *China in the Sixteenth Century: The Journals of Matthew Ricci: 1583-1610* (Nueva York: Random House, 1953).

17 Vincent Cronin, *The Wise Man from the West: The True Story of the Man who First Brought Christianity to Fabled Cathay* (Nueva York: Image Books, 1955).

18 *Chine et christianisme: La Premie`re Confrontation* (París: Gallimard, 1982). Gernet publicó una edición revisada en 1990 con correcciones y un nuevo prefacio en respuesta a las críticas de su libro y es esta edición la que he usado. Apareció una traducción al inglés con el título *China and the Christian Impact: A Conflict of Cultures* (Cambridge: Cambridge University Press, 1985).

19 Gernet, *Chine et christianisme*, i-iii.

20 *The Memory Palace of Matteo Ricci* (Nueva York: Penguin, 1984).

21 Giulio Andreotti, *Un gesuita in Cina (1552-1610): Matteo Ricci dall'Italia a Pechino* (Milán: Rizzoli, 2001).

22 Michela Fontana, *Matteo Ricci: Un gesuita alla corte dei Ming* (Milán: Mondadori, 2005).

23 Gaetano Ricciardolo, *Oriente e Occidente negli scritti di Matteo Ricci* (Napoles: Chirico, 2003).

24 Francesco Occhetta, *Matteo Ricci: Il gesuita amato dalla Cina* (Cascino Vica-Rivoli: Elledici, 2009).

25 Filippo Mignini, *Matteo Ricci: Il chiosco delle fenici* (Ancona: Il lavoro editoriale, 2004).

26 Lin Jinshui, *Li Madou yu Zhongguo* (Pekín: Zhongguo shehui kexue chu- banshe, 1996).

27 Ibídem 284.

28 Ibídem.

29 Sun Shangyang, *Jidujiao yu Mingmo Ruxue* (Pekín: Dongfan chubanshe, 1994).

30 Ibídem 257-60.

31 Zhu Weizheng, *Li Madou Zhongwen zhuyi ji* (Shanghái: Fudan Daxue chubanshe, 2001).

32 Véase ilustraciones de los conjuntos en http://www.manresa-sj.org/stamps/home.htm. Estoy en deuda con Ellen Peachey de la American Philatelic Society por ayudarme a localizar estos sellos.

APÉNDICE

1 Esto representa la copia errónea de un carácter chino en el texto original.

GLOSARIO CHINO

Ai Tian 艾田
anchasi fushi 按察司副使
Bao en si 報恩寺
Biluodong 碧落洞
buzheng si shi 布政司使
Cai 蔡
Cai Mengshuo 蔡夢说
Cai Yilong 蔡一龍
Cao Yubian 曹于汴
Celiang fayi 測量法義
Changshu 長熟
Chaozhou 潮州
chayuan 察员
Chen Feng 陳奉
Cheng en si 承恩寺
Cheng Hua 成化
Cheng Qiyuan 成啓元
Chen Mo 陳謨
Chen Rui 陳瑞
Chongxita 崇禧塔
chu jia 出家
Chujian lu 吹劍錄
Ci Sheng 慈聖
Cixi tang 此洗堂
Cui Zijun 崔自均
Da Ming hui dian 大明會典
danjia 蛋家
Danyang 丹陽
dao ren 道人
Daxiyang 大西洋

Da xi yu shanren 大西域ft人
de 德
Deng Siqi 鄧思啓
Di jing jing wu lue 帝京景物略
Dingan 定安
Dongguan 东莞
Dong Yu 董裕
du shui qing li si 都水清吏司
dutang daren 都堂大人
Er shi wu yan 二十五言
Fang Yingshi 方應時
Fa yuan zhu lin 法苑珠林
Feng Bao 馮保
Feng cheng 豐城
Feng Qi 馮琦
Feng Shengyu 馮生虞
Feng Yinjing 馮應京
Fugu shuyuan 復古書院
Fuxi 伏羲
Gao ling 高嶺
Gao seng zhuan 高僧傳
Gao Yao 高 要
gong 公gongsheng 貢生
Guan Gu 管穀
Guanxiao si 光孝寺
Guan ya 关闸
Gui fan 閨范
Gui fan tushuo 閨范圖說
Guo Yingpin 郭應聘
Guo Zhengyu 郭正域
guozi jian 國子監
Gu Qiyuan 顧起元
haidao 海道
Hai Rui 海瑞
Hanshan Deqing 憨山德请
Han Yu 韓愈

Hao jing ao 濠鏡澳
heshang 和尚
He Shijin 何士晉
He Xinyin 何心隱
hou ru 後 儒
Huang Hui 黃輝
Huang Jilou 黃繼樓
Huang Men 黃門
Huang Mingsha 黄明沙
Huang Shiyu 黃時雨
Huang Zongxi 黃宗羲
Huayan 華嚴
Huihui 回回
Huiji 會稽
Huineng 惠能ji 機
Jiajing 嘉靖
Ji'an 吉安
Jian an 建安
Jiang Bin 江彬
Jiao Hong 焦竑
Jiao Shengguang 皦生光
Jiaxing zang 嘉興藏
Jie fa yin 戒發隱
Jiming shan 雞鳴ft
Jingjiang 靖江
jingzuo 静坐
jinshi 進士
jinyi wei 錦衣衛
Jiren shipian 畸人十篇
ji xun yuan wai lang 稽勲員外郎
Jubao 聚寶
junzi 君子
juren 舉人
Jurong 居容
Jushi Zhuan 居士傳
Kai yang 開陽

Ke zuo zhui yu 客座贅語
Kunyu wanguo quantu 坤與萬國全圖
laoye 老爺Le an 樂安li 理
liangzhi 良知
Li Chunhe 李春和
Li Dai 李戴
Li Huan 李環
lijia 里甲
li ke gei shi zhong 禮科給事中
Lin Daoqian 林道乾
linglongyi 玲瓏儀
Linqing 臨清
Linxidao 嶺西道
Lin Zhao'en 林兆恩
Li Ruzhen 李汝禎
Li Shizhen 李時珍
Liu Cheng 劉 成
Liu Dong 劉侗
Liu Dongxing 劉東星
Liu Guannan 劉冠南
Liu Jiezhai 劉節斎
Liu Wenfang 劉文芳
Liu Yaohui 刘堯誨
Liuzu 六祖
Li Xinzhai 李心齋
Li Xitai 利西泰
Li Yngshi 李應試
Li Zhi 李贄
Li Zhizao 李之藻
Li Zicheng 李自成
Lu¨ Kun 呂坤
Lu¨ Liangzuo 吕良佐
Luo Fushan 羅浮ft
Luo Hong 羅洪
Luo Hongxian 羅洪先
Luo Mingjian 羅明堅

Lu Wangai 陸萬垓
Lu Xiang shan 陸象ft
Lu Xiyan 陸希言
Lu Yuchong 陸于充
ma chuan 馬船
Ma tang 馬堂
Mei an 梅庵
Meiling 梅嶺
Mingru xue an 明儒學案
Mozi 墨子
Nanhua 南崋
Nanxiong 南雄
Nie Bao 聶豹
Ningxian 寧獻
Ni Yicheng 倪一誠
Ouyang De 歐陽德
Peng Duanwu 彭端吾
Peng Jiqing 彭際请qiang 槍
Qiankun tiyi 乾坤體義
Qinhuai 秦淮
Qiu Liangbin 邱良稟
Qiu Lianghou 邱良厚
quan 權
Quanzhou 泉州
Qujiang 曲江
Qu Jingchun 瞿景淳
Qu Rukui 瞿汝夔
Qu Rushuo 瞿汝説
Qu Shigu 瞿式穀
ran gui 染鬼
ren 仁
ren lun 人倫
Ru fa jie pian 入法界篇
Ruichang 瑞昌
seng 僧
Shangchuan 上川

Shang di 上帝
Shang Zhou 商紂
Shanyin ft陰
Shaoxing 紹興
Shaozhou 韶州
Shen Defu 沈德符
sheng ci 生祠
Shen Li 沈鯉
Shen Lingyu 沈令譽
Shen Nong 神農
Shen Yiguan 沈一貫
Shi ke wen da 釋客問答
shilang 侍郎
Shi Shen 石申
Shi zi men 十字門
shou chang zhai 守長齋
si 私
siyi guan 四夷館
Siyuan xing lun 四元行論
Su Daiyong 蘇大用
Su Dongpo 蘇東坡
Sun Kuang 孫鑛
Sun Long 孫鑨
Sun Sui 孫燧
Su Shi 蘇軾
taiji 太極
Taisu 太素
Taizhou 泰州
Tiandi 天帝
Tianfei 天妃
Tianmu 天母
Tianning si 天寧寺
Tianshen 天神
Tian shu 天樞
Tianzhu 天主

Tianchu guo jiaohua huang zhi daming huangdi shu 天竺國教化皇致大明皇帝書
Tianchu guo seng 天竺國僧
Tianzhu huawei nanzi 天主化為男子
Tianzhu shilu 天主實錄
Tianzhu shiyi 天主實義
Tianzhugong 天柱宮
tidu xuedao 提都學道
Tongwen suanzhi 同文算指
tongzheng si 通政司
tongzhi 同知
Tongzhou 通州
Tushu bian 圖書編
Wang Bo 汪柏
Wang Kentang 王肯堂
Wang Pan 王泮
Wang Qi 王奇
Wang Ruxun 王汝訓
Wang Shanglie 萬尚烈
Wang Yangming 王陽明
Wang Yinglin 王應麟
Wang Zhongming 王忠銘
Wang Zuo 王佐
Wanli 萬歷
Wanli yehuo pian 萬歷野獲篇
Wei Zhongxian 魏忠賢
wuji 無極
Wu Sanguei 吳三桂
Wu Shan 吳善
Wu Wenhua 吳文華
Xia Jie 夏桀
Xia Yu 夏禹
Xiang shan 香ft
Xiao Daheng 蕭大亨
Xiao Lianggan 蕭良幹
Xie Taiqing 謝臺卿

Xijiang 西江
xing xue 性學
xing 性
Xinjian xian 新建縣
xiru 西儒xi seng 西僧
xishi 西士xiucai 秀才
Xi yang 西 洋
Xi yu ji 西域記
xuan 璇
Xuancheng 宣城
Xuanwu 玄武
Xu Bideng 徐必登
Xu Da 徐達
Xu Daren 徐大任
Xuelang Hong'en 雪浪洪恩
Xu Guangqi 徐光啓
Xu Hongji 徐弘基
xunfu 巡撫
Xu Shi 徐栻
xunshi haidao fushi 巡視海道副使
Xu Sicheng 徐思誠
Xu Xiake 徐霞客
Xu Zhenjun 許真君
yamen 衙門
Yang Daobin 楊道賓
Yang Tingyun 楊廷筠
Yang Zhu 楊朱
yao 藥
Yao guang 搖光
Ye xiang gao 葉向高
yi 義Yingde 英德
yiren 異人
Yiyang 弋陽
You Wenhui 游文輝
yuan wai lang 員外郎
Yu Chunxi 虞淳熙

Yu Dayou 俞大猷
Yuegang 月港
Yuheng 玉衡
Yuhuatai 雨花臺
Yu Jideng 余繼登
yusha 玉沙
yushi 御使
Yu Wenbao 俞文豹
Yuyao 余姚
Yu Yizheng 于奕正
Zeng yiben 曾一本
Zhang Deming 張德明
Zhang Heng 張衡
Zhang Huang 章潢
Zhang Juzheng 張居正
Zhang Wenda 張問達
Zhang Yangmo 張養默
Zhang Ying 張鷹
Zhangzhou 漳州
Zhao Kehuai 趙可懷
Zhaoqing 肇慶
Zheng 鄭
Zheng de 正德
Zheng yang 正陽
Zheng Yilin 鄭一麟
Zhenjiang 鎮江
zhixian 知縣
Zhonghu men 中華門
zhong ji linglong 中極玲瓏
Zhong Mingli 鐘鳴禮
Zhong Mingren 鐘鳴仁
Zhongshan 中ft
Zhong Wanlu 鐘萬祿
Zhou Gongxiang 周公相
Zhou Qixiang 周啟祥
zhuangyuan 狀元

Zhuangzi 莊子
Zhu Changluo 朱常洛
Zhu Changxun 朱常洵
Zhu Chenhao 朱宸濠
zhudong 主洞
Zhu Duogeng 朱多熿
Zhu Duojie 朱多節
Zhuge Liang 諸葛亮
Zhu Guozuo 朱國祚
zhu ke si yuan wai lang 主客司员外郎
Zhu Shilu 祝世祿
Zhu Xi 朱熹
Zhu Yuanzhang 朱元璋
Zhu Zhifan 朱之蕃
Zibo Zhenke 紫柏真可
Zi Gong 子 貢
Zijinshan 紫 金 ft
zongbing 總兵
Zong jing lu 宗鏡録
Zou Shouyi 鄒守益

BIBLIOGRAFÍA

FUENTES PRIMARIAS

MANUSCRITOS

Archivo General de Indias, Patronato 25, 22. http://www.upf.es/fhuma/eeao/ projectes/che/s16/roman.htm.

Archivum Romanum Societatis Iesu.

Fondo Gesuitico, 723/5.

Jap-Sin 101 I.

Jap-Sin I 198.

Lusitania 39.

Bibliothèque Nationale de France, Chinois 1320, 7024, 9186.

FUENTES IMPRESAS

Acosta, José de. *Obras*, ed. Francisco Mateos. Madrid: Ediciones Atlas, 1954.

Aleni, Giulio. *Daxi Xitaili xiansheng xingji* 大西西泰利先生行蹟. Taipéi: Taibei Li shi xue she, 2002.

Avisi particolari del avmento che Iddio da alla sua Chiesa Catolica nell'Indie, et spetialmente nelli Regni di Giappon con informatione della China, riceuuti dalle Padri della Compagna di Iesu, questo anno del 1558. Roma, 1558.

Avisi particolari delle Indie di Portugallo ricevuti in questi doi anni del 1551 & 1552 da li reverendi padri della compagnia di Iesu. Roma, 1552.

Billings, Timothy. *On Friendship: One Hundred Maxims for A Chinese Prince*. Nueva York: Columbia University Press, 2009.

Boxer, C. R., ed. *South China in the Sixteenth Century*. Londres: The Hakluyt Society, 1953.

Cao Xi tong zhi 曹溪通志, ed. Ma Yuan 马元. *Si ku jin hui shu cong kan bu bian* 四库禁毁书丛刊补编. Pekín: Beijing chubanshe, 2005.

Cartas que os padres e irmãos da Companhia de Iesus escreuerão dos Reynos de Iapão & China aos da mesma Companhia da India, & Europa, des do anno de 1549 atè o de 1580, vol. ii. Evora 1598/Maia 1997.

Chan, Albert, SJ. 'Michele Ruggieri, S.J. (1543-1607) and his Chinese Poems', *Monumenta Serica*, 41 (1993), 129-76.

Colin, Francisco. *Labor evangelica: Ministerios apostolicos de los obreros de la Compan˜ia de Iesus, fundacion, y progressos de su provincia en las Islas Filipinas*, ed. Pablo Pastells. 3 vols. Barcelona: Henrich y Co., 1900/2.

Cummins, J. S., ed. *The Travels and Controversies of Friar Domingo Navarrete 1618-1686*. 2 vols. Cambridge: Cambridge University Press, 1962.

De Christiana Expeditione apud Sinas. Suscepta ab Societate Jesu ex P. Matthaei Riccii eiusdem societatis commentariis libri V ad S.D.N. Paulum V in quibus Sinensis Regni mores, leges, atque instituta, & novae illius Ecclesiae difficillima primordia accurate & summa fide describuntur. Augsburg, 1615. de Ursis, Sabatino. *P. Matheus Ricci S.J.: Relação escripta pelo seu companheiro P. Sabatino de Ursis S.J.; publicação commemorative do terceiro centenario da sua morte*. Roma: Enrico Voghera, 1910.

Didaci Lainez Adhortationes, 1559. In *Fontes Narrativi de S. Ignatio de Loyola et de Societatis Iesu initiis*, vol. ii, *Monumenta Historica Societatis Iesu*. Rome: IHSI, 1951. *Di jing jing wu lue* 帝京景物略, ed. Liu Tong 劉侗 and Yu Yizheng 于奕正. Shanghái: yuan dong chubanshe, 1997.

Diversi avisi particolari dall'Indie di Portogallo, riceuuti dallanno 1551 sino al 1558, dalli Reuerendi padri della compagnia di Gesu, dove s'intende delli paesi, delle genti, & costumi loro, & la grande conuersione di molti popoli, che hanno riccuuto il lume della santa fede, & religione Christiana. Tradotti nuouamente dalla lingua Spagnuloa nella Italian. Venecia, 1565.

Documenta Indica, 1540–1597, ed. Joseph Wicki. 18 vols. Rome: MHSI, 1948-88.

Fonti Ricciane: Matteo Ricci: Storia dell'introduzione del Cristianesimo in Cina, ed. Pasquale D'Elia. 3 vols. Roma: La Libreria dello Stato, 1942–9.

Gallagher, Louis J. *The China that Was: China as Discovered by the Jesuits at the Close of the 16th Century*. Milwaukee: Bruce, 1942.

Gu, Qiyuan 顾起元. *Ke zuo zhui yu* 客坐赘语. Nanjing: Fenghuang chubanshe, 2005.

Guangdong tongzhi 廣東通志, ed. Chen Changqi 陳昌齊. Taipéi: Huawen shuju, 1968.

Guo, Tingxun 过庭训, comp. *Benchao fensheng renwu kao* 本朝分省人物考, 115 *juan*. Reimpresión, Taipéi: Chengwen, 1971.

Jiao, Hong 焦竑. *Jiao shi bi sheng* 焦氏笔乘. Shanghái: Shanghai gu ji chubanshe, 1986.

—, *Jiao shi Danyuan ji* 焦氏澹園集. 4 vols. Taipéi: Weiwen, 1977.

Li, Zhi 李贽. *Li Zhi wen ji: Fen shu, Xu fen shu* 李贽文集：焚书，续焚书. Beijing: Yanshan chubanshe, 1998.

Li Madou Zhong wen zhu yi ji 利玛窦中文著译集, ed. Zhu Weizheng 朱维铮. Shanghái: Fudan daxue chubanshe, 2001.

Linschoten, Johann Huighen van. *John Huighen van Linschoten. His Discours of voyages into ye Easte & West Indies*. London: John Wolfe, 1598.

Li Yingsheng 李應昇 ed. *Bai lu shu yuan zhi* 白鹿書院志. 1622. En *Bai lu dong shu yuan gu zhi wu zhong* 白鹿洞書院古志五種. Pekín: Zhong Hua shu ju, 1995.

Loureiro, Rui Manuel, ed. *Em busca das origens de Macau (Antologia documental)*. Lisboa: Grupo de Trabalho do Ministéro da Educação para as Comemorações dos Descobrimentos Portugueses, 1996.

Martin, Gregory. *Roma Sancta*, ed. George Bruner Parks. Roma: Edizioni di Storia e Letteratura, 1969.

Matteo Ricci Lettere (1580-1609), ed. Francesco D'Arelli. Macerata: Quodlibet, 2001. *Ming shi lu lei zhuan* 明实录类纂. *Guangdong Hainan juan* 广东海南卷, ed. Li Guoxiang 李国祥 and Yang Chang 杨昶. Wuhan: Wuhan chubanshe, 1993.

Ming shi lu lei zuan 明实录类纂. *Zhi guan ren mian juan* 职官任免卷, ed. Liu Chonglai 刘重來. Wuhan: Wuhan chubanshe, 1995.

Ming shi lu lei zuan 明实录类纂: *Zong fan gui qi juan* 宗藩贵戚卷, ed. Li Qiongying 李琼英 and Zhang Yingchao 张颖超. Wuhan: Wuhan chubanshe, 1995. Montaigne, Michel de. *The Complete Works*, trans. Donald M. Frame. Nueva York: Alfred A. Knopf, 2003.

Monumenta Sinica, i: *(1546-1562)*, ed. John W. Witek y Joseph S. Sebes. Roma: IHIS, 2002.

Navarrete, Domingo Fernandez. *Tratados historicos, politicos, ethicos y religiosos de la monarchia de China*. Madrid: Imprensa Real, 1676.

Novi avisi di piu lochi de l'India et massime de Brasil … doue chiaramente si puo intendere la conuersione di molte persone … Roma, 1553.

Opere Storiche del P. Matteo Ricci S.I., ed. Pietro Tacchi-Venturi. 2 vols. Macerata: F. Giorgetti, 1913.

Pantoja, Diego de. *Relacion de la entrada de algunos padres de la Compañia de Iesus en la China, y particulares sucessos que tuvieron, y de cosas muy notables que vieron en el mismos reyno*. Valencia: Juan Chrysostomo Garriz, 1606.

Pavur, Claude, SJ, trans. *The Ratio Studiorum: The Official Plan for Jesuit Education*. St. Louis: Institute of Jesuit Sources, 2005.

Peng, Jiqing 彭際清. *Jushi zhuan* 居士傳. 1776. In *Xinbian wanzi xu zang jing* 新編卍字續藏經(Newly Compiled Continuation of the Buddhist Canon), 150 vols. Taipéi, 1994, reimpresión.

Ricci, Matteo. *Tianzhu Shiyi: The True meaning of the Lord of Heaven*, trans. Douglas Lancashire and Peter Hu Guozhen. St. Louis: Institute of Jesuit Sources, 1985.

—, and Trigault, Nicolas. *China in the Sixteenth Century. The Journals of Matthew Ricci: 1583-1610*. Nueva York: Random House, 1953.

Shaozhou Fu zhi (Kangxi) (康熙) 韶州府志, comp. Ma Yuan马元, Compilor.
Beijing: Shu mu wen xian chubanshe 书目文献出版社, [1988].

Shaozhou Fu zhi (Tongzhi) (同治) 韶州府志, eds. Dan Xingshi 單興詩. 1874. En Zhongguo di fang zhi ji cheng. Guangdong fu xian zhi ji. 2003.

Shen, Defu 沉德符. *Wanli Yehuo bian* 万历野获编. Pekín: Zhonghua, 2004.

Sinica Franciscana, ii: Relationes et epistolas Fratrum Minorum saeculi XVI et XVII, ed. Anastasius van den Wyngaert. Florence: Collegium S. Bonaventurae, 1933.
Standaert, Nicolas, and Dudink, Adrian, eds. *Chinese Christian Texts from the Roman Archives of the Society of Jesus*, 12 vols. Taipéi: Ricci Institute, 2002.

Sun, Chengze 孫承澤. *Chung Ming meng yu lu* 春明夢餘錄. Hong Kong: Longmen, 1965.

Tordesillas, Agustín de. *Relación de el viaje que hezimos en china nuestro hermano fray Pedro de Alpharo con otros tres frailes de la orden de Nuestro seraphico padre san Francisco de la prouincia de san Joseph etc.* 1578. Archivo de la Real Academia de la Historia, Velázques, tomo LXXV. Disponible en línea en http://www.upf.es/fhuma/eeao/projectes/ che/s16/tordes.htm, 13.

Witek, John. *Dicionário Portugués-Chinês Pu Han ci dian Portuguese Chinese Dictionary*. San Francisco: Ricci Institute, 2001.

Xin xiu Guangzhou Fu zhi 新修广州府志(Kangxi 康熙), ed. Wang, Yongrui 王永 瑞. En Beijing Tushuguan gu cong kan. Vols. xxxix–xl. Pekín: shumu wenxian chubanshe, 1998.

Xinxiu Nanchang Fu zhi 新修南昌府志 (Wanli 曹居), 1588, ed. Zhang Huang 章潢,. En Riben cang Zhongguo han jian di fang jie cong kan 日本藏中国罕见地方志丛刊. Pekín: shumu wenxian chubanshe, 1990.

Xu, Zongze 徐宗泽. *Mingqingjian yesuhuishi yizhu tiyao* 明清间耶酥会士译著提要. Shanghái, 1949; reimpresión, Pekín, 1989.

Yu Meian 喻昧菴, comp. *Xin xu gao seng zhuan si ji* 新續高僧傳四集 [65 *juan*]. 4 vols. Taipéi: liu li qing fang, 1967.

Zhaoqing Fuzhi 肇庆府志 (Chongzhen 崇祯), ed. Yin Mengxia 殷夢霞. Vol. xii. En Riben cang Zhongguo han jian di fang she cong kan xu bian 日本藏中國罕見地方志叢刊續编, vol. 12. Pekín: Beijing tushu guan chubanshe, 2003.

Zhang, Huang 章潢. *Tushu bian* 圖書編. In *Wen yuan ge si ku quan shu* 文淵閣四庫全書, cmlxxii. 850-62. Taipéi: Taiwan shangwu yinshu guan, 1983.

Zhang, Tingyu 张廷玉. *Ming shi* 明史, 28 vols. Pekín: Zhonghua shuju, 1997.

FUENTES SECUNDARIAS

Alden, Dauril. *The Making of an Enterprise; The Society of Jesus in Portugal, its Empire, and beyond 1540-1750*. Stanford: Stanford University Press, 1996.

Andreotti, Giulio. *Un gesuita in Cina (1552–1610): Matteo Ricci dall'Italia a Pechino*. Milán: Rizzoli, 2001.

Atti e memorie del convegno di geografi-orientalisti tenuto in Macerato il 25–27 settembre 1910. Macerata, 1911.

Barreto, Luís Filipe. *Macau: Poder e Saber. Séculos XVI e XVII*. Lisboa: Editorial Presença, 2006.

Bernard, Henri. *L'apport scientifique du P. M. Ricci à la Chine*. Tianjin: Mission de Tianjin, 1935.

—, *Le Père Matthieu Ricci et la société chinoise de son temps 1552-1610*, 2 vols. Tianjin: Hautes Études, 1937.

Borao, José Eugenio. 'The Massacre of 1603', *Itinerario* 22/1 (1998), 22-40. Boxer, Charles. *The Church Militant and Iberian Expansion 1440-1770*. Baltimore: Johns Hopkins University Press, 1978.

Brockey, Liam M. *Journey to the East: The Jesuit Mission to China, 1579-1724*. Cambridge, Mass.: Harvard University Press, 2007.

Brook, Timothy. *Praying for Power: Buddhism and the Formation of Gentry Society in Late-Ming China*. Cambridge, Mass.: Harvard University Press, 1993.

Chang, Pin-tsun (Zhang Bincun). 'Chinese Maritime Trade: The Case of 16th Century Fu-chien.' Tesis doctoral, Princeton, 1983.

—, (Zhang Bincun) 張彬村. 'Meizhou bai yin yu fu nu zhen jie: 1603 nian ma ni la da tu sha de qian yin yu hou guo' 美洲白銀與婦女貞潔:1603 年馬尼拉大屠殺的前因與後果. En Zhu Delan 朱德蘭, (ed.), *Zhongguo hai yang fa zhan shi lun wen ji* 中國海洋發展史論文集, vol. viii. Taipéi: Academia Sinica, Zhongshan ren wen shehui kexue yanjiu zuo, 2002, 295–326.

Chen, Baoliang 陈宝良. *Ming dai shehui shenghuo shi* 明代社会生活史. Beijing: Zhong guo she hui ke xue chubanshe, 2004.

Chen, Weiping 陈卫平 and Li Chunyong 李春勇. *Xu Guangqi pin zhuan* 徐光启评传. Nanjing: Nanjing Daxue chubanshe, 2006.

Ch'ien, Edward T. *Chiao Hung and the Restructuring of Neo-Confucianism in the Late Ming*. Nueva York: Columbia University Press, 1986.

Chu, Xiaobo 初晓波. *Cong Hua yi dao wan guo de xian sheng: Xu Guangqi dui wai guan nian yan jiu* 从华夷到万国的先声: 徐光启对外观念研究. Pekín: Beijing Daxue chubanshe, 2008.

Coelho, António Borges *Inquisição de Évora 1533-1668*. Lisboa: Caminho, 2002.

Cook, Francis H. *Hua-yen Buddhism: The Jewel Net of Indra*. University Park, Pa.: Penn State University Press, 1977.

Cronin, Vincent. *The Wise Man from the West: The True Story of the Man who First Brought Christianity to Fabled Cathay*. Nueva York: Image Books, 1955.

Daly, Lloyd W., trans. *Aesop without Morals*. New York: Thomas Yoseloff, 1961.

Delumeau, Jean. *Vie e'conomique et sociale de Rome dans la seconde moitié du XVIe sie`cle*. 2 vols. Paris: de Boccard, 1957.

Dudink, Adrian. 'Giulio Aleni and Li Jiubiao', en Tiziana Lippiello and Roman Malek, eds. *'Scholar from the West': Giulio Aleni S.J. (1582-1649) and the Dialogue between Christianity and China*. Nettetal: Steyler, 1997, 129-200.

Elman, Benjamin A. *A Cultural History of Civil Examinations in Late Imperial China*. Berkeley y Los Ángeles: University of California Press, 2000.

Fan, Shuzhi 樊树志. *Wanli zhuan* 万历传. Pekín: Renmin chubanshe人民出版 社, 1993.

Fang Hao 方豪. *Zhongguo Tianzhujiao Renwu juan* 中國天主教史人物傳. 3 vols. Hong Kong: Zhonghua shuchu, 1970.

Fonseca N., Santos, T. A., and Castro, F. 'Study of the Intact Stability of a Portuguese Nau from the Early XVII Century', en Guedes Soares et al., eds. *Martime*

Transportation and Exploitation of Ocean and Coastal Resources. Londres: Taylor & Francis, 2005, 841–49.

Fontana, Michela. *Matteo Ricci: Un gesuita alla corte dei Ming*. Milán: Mondadori, 2005.

Gernet, Jacques. *China and the Christian Impact: A Conflict of Cultures*. Cambridge: Cambridge University Press, 1985.

—, *Chine et christianisme: La premie`re confrontation*. Paris: Gallimard, 1982.

Gerritsen, Anne. *Ji'an Literati and the Local in Song-Yuan-Ming China*. Leiden: Brill, 2007.

Guo, Peng 郭朋. *Ming Qing fojiao* 明清佛教. Fuzhou: Fujian ren min chu ban she 福建人民出版社, 1982.

—, *Zhongguo fujiao sixiangshi* 中国佛教思想史, vol. ii. Fuzhou: Fujian renmin chubanshe, 1994.

Hauf, Kandice J. 'The Jiangyou Group: Culture and Society in Sixteenth Century China.' Tesis doctoral, Yale 1987.

He, Bingdi. *The Ladder of Success in Imperial China: Aspects of Social Mobility 1368-1911*. Nueva York: Columbia University Press, 1962.

He, Xiaorong 何孝荣. *Ming dai Nanjing si yuan yan jiu* 明代南京寺院研究. Pekín: Zhongguo she hui ke xue chubanshe, 2000.

Hsia, R. Po-chia. 'Christian Conversion in Late Ming China: Niccolo Longobardo in Shangdong', *Medieval History Journal*, 12/2 (2009), 275-301.

—, 'Dreams and Conversions: A Comparative Analysis of Catholic and Buddhist Dreams in Ming and Qing China: Part I', *Journal of Religious History*, 29/3 (octubre 2006), 223–40.

—, 'Li Madou yu Zhang Huang 利玛窦与章潢', in *Wei le wenhua yu lishi: Yu Yingshi jiaoshou ba zhi shou qing lunwen ji* 为了文化与历史: 余英时教授八秩寿庆论文集. Taipéi: Liangjing chubanshe, 2009, 727-49.

—, 'Mission und Konfessionalisierung in Übersee', in Wolfgang Reinhard and Heinz Schilling, eds. *Die Katholische Konfessionalisierung*. Münster: Aschendorff, 1995, 158.

—, 'Tianzhu jiao yu Mingmo shehui: Chongzhen chao Long Huamin Shandong chuanjiao de ji ge wenti' 天主教与明末社会：崇祯朝龙华民ft东传教的几个问题, *Lishi yanjiu* 历史研究, 2 (2009), 51-67.

—, 'Valignano e Cina', in Adolfo Tamburello, M. Antoni J. Üçerler, and Marisa Di Russo, eds. *Alessandro Valignano. S.I. Uomo del Rinascimento: Ponte tra Oriente e Occidente*. Roma: Jesuit Historical Institute, 2008, 102-3.

—, 'Fürstenkonversionen in China', en Dieter Bauer, Wolfgang Behringer, y Eric-Oliver Mader, eds. *Konversionen zum Katholizismus in der Frühen Neuzeit*, próximamente.

Huang, Yilong 黃一龍, *Liang Tou She: Ming mo Qing chu de di yi tai Tianzhu jiaotu* 兩頭蛇：明末清初的第一代天主教徒. Xinzhu: Guo li Qinghua daxue chubanshe國立清華大學出版社, 2005.

Jami, Catherine, Engelfriet, Peter, and Blue, Gregory, eds. *Statecraft and Intellectual Renewal in Late Ming China: The Cross-Cultural Synthesis of Xu Guangqi (1562-1633)*. Leiden: Brill, 2001.

Lan, Jifu 藍吉富. *Fojiao shiliao xue* 佛教史料學. Taipéi: Dong da tushu gongsi, 1997.

Lattis, James M. *Between Copernicus and Galileo: Christopher Clavius and the Collapse of Ptolemaic Cosmology*. Chicago: University of Chicago Press, 1994.

Leng, Dong 冷东. *Ye Xianggao yu Ming mo Zheng tan* 叶高与明末政坛. Shantou: Shantou Daixue chubanshe, 1996.

Lin, Jinshui 林金水. *Li Madou yu Zhongguo* 利玛窦与中国. Pekín: Zhongguo shehui kexue chubanshe 中国社会科学出版社, 1996.

Lippiello, Tiziana and Malek, Roman, eds. *'Scholar from the West': Giulio Aleni S.J. (1582-1649) and the Dialogue between Christianity and China*. Nettetal: Steyler, 1997.

Ma, Tai-loi. 'Private Academies in Ming China (1368-1644). Historical Development, Organization and Social Impact.' Tesis doctoral, University of Chicago, 1987.

Malatesta, Edward, and Guo Zhiyu, eds. *Departed, yet present: Zhalan, the Oldest Christian Cemetery in Beijing*. Macau and San Francisco: Instituto Cultural de Macau y Ricci Institute, 1995.

Mauro, Frédéric. *Le Portugal et l'Atlantique au* XVIIe *siècle (1570-1670): Étude économique*. París: SEVPEN, 1960.

Meskill, John, *Academies in Ming China: A Historical Essay*. Tucson, Ariz.: University of Arizona Press, 1982.

Mignini, Filippo. *Matteo Ricci: Il chiosco delle fenici*. Ancona: Il lavoro editoriale, 2004.

Nebgen, Christoph. *Missionarsberufungen nach U¨ bersee in drei Deutschen Provinzen der Gesellschaft Jesu im 17. und 18. Jahrhundert*. Regensburg: Schnell/ Steiner, 2007. Needham, Joseph. *Chinese Astronomy and the Jesuit Mission: An Encounter of Cultures*. Londres: The China Society, 1958.

—, *The Shorter Science and Civilisation in China*, vol. i. Cambridge: Cambridge University Press, 1978.

—, and Wang Ling. *Heavenly Clockwork: The Great Astronomical Clocks of Medieval China*. Cambridge: Cambridge University Press, 1960.

Ollé, Manel. *La invencíon de China: Percepciones y estrategias filipinas respecto a China durante el siglo XVI*. Wiesbaden: Harrassowitz, 2000.

Pires, Benjamin Videira. *A viagem de comérico Macau–Manila nos séculos XVI a XIX*. Macau: Museu Marítimo de Macau, 1994.

Ricciardolo, Gaetano. *Oriente e Occidente negli scritti di Matteo Ricci*. Nápoles: Chirico, 2003.

Roscioni, Gian Carlo. *Il desiderio delle Indie: Storie, sogni e fughe di giovani gesuiti italiani*. Turin: Einaudi, 2001.

Saraiva, A. J. *Inquisiçaão e cristãos novos*. Oporto: Inova, 1969.

Saunders, A. C. de C. M. *A Social History of Black Slaves and Freedmen in Portugal 1441-1555*. Cambridge: Cambridge University Press, 1982.

Shen, Xinlin 沈新林, ed. *Ming dai Nanjing xue shu ren wu zhuan* 明代南京学术人物传. Nanjing: Nanjing Daxue chubanshe, 2004.

Shi, Shengyan 釋聖嚴. *Ming mo fojiao yanjiu* 明末佛教研究. Taipei: Dongchu chubanshe, 1987.

Shih, Joseph, SJ. *Le Père Ruggieri et le problèm de l'èvangélisation en China*. Roma: Pontificiae Universitatis Gregorianae, 1964.

Spence, Jonathan D. *The Memory Palace of Matteo Ricci*. Nueva York: Viking Penguin, 1984.

Storey, Tessa, *Carnal Commerce in Counter-Reformation Rome*. Cambridge: Cambridge University Press, 2008.

Sun, Shangyang 孙尚扬, *Jidujiao yu Mingmo Ruxue* 基督教与明末儒学. Pekín: Dongfan chubanshe 东方出版社, 1994.

Standaert, Nicolas, ed. *Handbook of Christianity in China, i: 635-1800*. Leiden: Brill, 2001.

Turner, Rossella. 'La figura e l'opera di Michele Ruggieri, S.J., missionario gesuita in Cina.' Tesi di Laurea in storia e civilità dell'Estremo Oriente. Nápoles: Istituto universitario Orientale Napoli, 1984.

Villoslada, Riccardo G. *Storia del Collegio Romano dal suo inizio (1551) alla soppressione della Compagnia di Gesú (1773)* (*Analecta Gregoriana*, vol. LXVI). Roma: Gregorian University Press, 1954.

Wei, Daoru 魏道儒. *Zhongguo Huayanzhong tongshi* 中国华严宗通史. Nanjing: Jiangsu guji chubanshe, 2001.

Wicki, Josef. 'As relações de viagens dos Jesuítas na carreira das naus da Índia de 1541 a 1598', en Luís de Albuquerque e Inácio Guerreiro, eds. *II Seminário internacional de história indo-portugues*. Lisboa: IICT-CEHCA, 1985, 3-17.

—, 'Der einheimische Klerus in Indien (16. Jahrhundert)', en Johannes Beckmann, ed. *Der einheimische Klerus in Geschichte und Gegenwart* (*Neue Zeitschrift fu¨r Missionswissenschaft* Supplementa II). Scho¨neck-Beckenried: NZM, 1950, 17–72.

Yerushalmi, Yosef Hayim. *The Lisbon Massacre of 1506 and the Royal Image in the Shebet Yehudah*. Cincinnati: Hebrew Union College, 1976.

Yü, Chün-fang. *Kuan-yin: The Chinese Transformation of Avalokitesvara*. Nueva York: Columbia University Press, 2001.

Zhang, Kai 张铠. *Pang Diwo yu Zhong Guo* 庞迪我与中国. Pekín: Beijing tushuguan chubanshe, 1997.

Županov, Ines G. *Missionary Tropics: The Catholic Frontier in India (16th-17th Centuries)*. Ann Arbor: University of Michigan Press, 2005.

Zürcher, Erik. 'Giulio Aleni's Chinese Biography', en Tiziana Lippiello and Roman Malek, eds. *'Scholar from the West': Giulio Aleni S.J. (1582-1649) and the Dialogue between Christianity and China*. Nettetal: Steyler, 1997, 85-127.